칵테일 경제학 입문

극단주의를 넘어서

칵테일 경제학 입문

초판 1쇄 인쇄 2019년 2월 20일
초판 1쇄 발행 2019년 2월 28일

지은이 서익진 | 펴낸이 박재규 | 펴낸곳 경남대학교출판부

주소 경남 창원시 마산합포구 경남대학로7(월영동) | 전화 055) 249-2074 | 팩스 0505) 999-2115
전자우편 ko10@kyungnam.ac.kr | 홈페이지 www.kyungnam.ac.kr/press

값 20,000원 | ISBN 978-89-8421-520-7 03320

칵테일 경제학 입문

극단주의를 넘어서

서익진 지음

경남대학교출판부

머리말

"경제가 뭐냐?"라는 질문을 받으면 누구나 얼핏 쉽게 답할 수 있을 것 같은 생각이 들지도 모른다. 누구나 돈벌이를 하거나 일자리를 찾으며, 날마다 물건을 사거나 서비스를 이용하듯이 경제 활동은 일상생활의 일부이기 때문이다. 하지만 정작 이 물음에 답하려고 생각하기 시작하는 순간 뭔가 만만치 않다는 것을 깨닫게 된다. 더욱이 "시장경제란 뭐냐?", "자본주의는 뭐지?"라고 물으면 말문이 더 막힐지도 모른다.

대학에서 경제학을 4년씩이나 배운 경제학과 졸업생도 우리가 살아가고 있는 자본주의 경제는 고사하고 시장경제에 대해서조차 나름대로 체계적인 이해를 갖지 못한 채 졸업하는 게 현실이다. 하물며 경제학을 체계적으로 배운 적이 없는 다른 전공의 학생이나 일반인이라면 더 말할 것도 없다. 왜 그럴까? 학습자가 열의 부족으로 열심히 공부하지 않아서? 잘 가르치지 못해서? 경제학이 어려워서? 어느 것도 시원한 답이 아니어서 정말 왜 그런지 좀 더 진지하게 생각해보게 되었다.

경제학은 가장 오래된 역사를 가지면서 상대적으로 일관된 체계를 갖추고 있는 학문들 중 하나임은 명백한 사실이다.[1] 그래선지 경제학을 배우려

---

* 경제학의 아버지라 불리는 영국의 애덤 스미스(A. Smith)가 쓴 『국부론』(1776, 원제는 『국부의 본질과 원인에 관한 연구』)에서 경제학이 탄생했다고 보면 경제학의 역사는 근 260년에 가깝다. 사실은 프랑스의 중농학파 케네(F. Quesnay)가 쓴 『경제표』(1758)가 더 먼저 나왔지만 크게 주목 받지 못했다. 스미스를 비롯해 비교우위론으로 유명한 리카도(D. Ricardo) 등 초기 고전파 경제학자들은 대개 철학자이기도 했다. 현대 학문들은 모두

면 수많은 용어나 개념은 물론 기본이론부터 숙지해야 하고, 나아가 현실의 경제 현상을 분석하거나 경제 문제를 해결하는 데 도움을 얻을 수 있을 정도로 경제학 지식을 갖추려면 용어와 이론에 관한 단순한 앎을 넘어 논리적인 사고와 추론 능력의 배양이 요구된다. 이처럼 경제학은 경제 활동이나 경제의 작동 원리를 탐구하는 기초학문이므로 경제학에서 파생된 경영학, 무역학, 회계학 등 주로 실무지식을 배우는 여러 응용학문에 비해 상대적으로 어렵다고 느낄 수 있다. 그러나 논리적인 추론의 요구 때문이라면 어떤 기초학문인들 그러하지 않으랴. 따라서 다른 기초학문에 비해 유독 경제학이 더 어렵다는 주장을 받아들일 수는 없을 것 같다.

그렇다면 강단에서 경제학을 가르치는 교수 방법에 문제가 있는 건 아닐까. 개념이나 이론을 현실과 접목시켜 쉽게 풀어 설명하려는 노력이 부족하고, 수학과 통계학을 너무 많이 사용해 학생들이 지레 겁먹게 만들고 있기 때문이다. 과거처럼 고등학교 졸업생 중 소수만 대학에 진학하고 또 대학이 사회가 필요로 하는 전문가나 리더를 양성하는 역할을 하던 시절에는 나름 타당한 교수법이었을 수 있다. 하지만 요즘처럼 고졸의 다수가 대학에 진학하고 대학 졸업생의 대다수가 평범한 직장인이나 근로자가 되고 있는 상황에서도 과거와 거의 다를 바 없는 교과목과 교수법을 그대로 사용하는 것은 아무래도 아닌 것 같다.

사회가 빠르게 변하면서 대학에 요구하는 것도 달라져 왔다. 그래서 대학도 이른바 '수요자 중심 교육'이라 하여 사회가 요청하는 지식과 기능 그리고 인성을 가진 인재를 배출하기 위해 노력해왔다. 그러나 대학이 그동

중세철학에서 분리되어 나왔다고 하는데, 그 중에서도 경제학은 가장 먼저 독자적인 영역을 확립한 학문들 중의 하나다. 오늘날 학문의 지나친 분화가 문제시되고 오히려 학제간(學制間) 연구나 통섭(通涉, consilience)이 강조되고 있어 격세지감(隔世之感)이 든다.

안 그러한 역할의 수행에 필요한 만큼 충분히 변화했는지 또는 그러한 노력이 나름 성과를 거두고 있는지에 대해서는 의심이 들지 않을 수 없다. 어쨌든 한국의 대학들은 전통적인 상아탑을 벗어던지되 일종의 취업전문대로 전락하지 않기 위해 진통을 겪고 있음은 분명하다.

경제의 위기가 일상적으로 운위되고 있는 오늘날 경제학 역시 위기에 빠져 있다. 글로벌 경제는 물론 한국 경제에도 불황이 고착화되고 또 장기화되고 있지만, 경제학자들은 이를 예측하지 못했고 그렇다고 실효성 있는 대책을 제시하고 있지도 못하다. 그래서 경제 회복과 경제학 쇄신이 동시에 요구되고 있지만, 솔직히 말해서 이 두 가지 과업 중 어느 것도 쉽게 해결될 수 있을 것으로 보이지 않는다. 이 문제를 깊이 다룰 계제는 아니지만 그만큼 경제적 곤란이 경기적인 성격을 넘어 구조적인 성격을 띠고 있고, 경제학에는 사고와 이론의 발본적인 혁신이 요청되기 때문이라는 점만 지적해두고자 한다.

경제 활동 없는 인간사회를 상정할 수 없듯이 경제학 없는 학문(특히 사회과학) 세계도 상상하기 어렵다. 개인의 합리적인 경제생활과 사회라는 공동체의 물질적 기반의 구축, 특히 소득의 창조와 부富의 증대에 관한 기본적인 이해 없이 정치와 예술을 논하는 것은 좀 허망하지 않은가.

경제학은 기초학문의 하나이므로 경제에 관한 기본지식은 어떤 분야에서 일하든 지위고하를 막론하고 누구에게나 생활과 직업 활동을 위해 반드시 필요하다. 세상이 어떻게 먹고 사는지를 아는 것만큼 중요한 것도 없지 않은가? 너무 저급한 것으로 생각되는가? 아쉽게도 먹고 사는 문제를 해결하지 못하면, 정치든 예술이든, 복지든 자선이든, 어떤 고상한 일도 제대로 할 수 없다. 맹자께서 말했다. "항산恒産(일정 규모의 재산)이 없으면 항심恒心(변함없이 안정된 마음)도 없다"고. 일정한 소득이나 직업이 없는 사람은 끊임없는 불안과 부당한 욕망에 시달린다고 해석하고 싶다. 경제는 세상의 물적 기초이고, 경제 지식은 세상에 대한 종합적인 이해를 가능케 하는 지식체계의 기초라 해도 지나치지 않다. 더욱이 논리적인 사고력과 체계적인 이해력을 기르는 데는 경제학만큼 적당한 학문도 드물 것이다.

경제학 교재에 대해 말하자면, 한편으로, 이미 수많은 경제학원론과 경제학입문 책이 나와 있고, 그 저자들은 나름 쉽게 풀어쓰고 실제 사례를 들어 설명하는 등 내용 면이나 기술記述 면에서 개선의 노력이 상당히 경주되어왔다. 그럼에도 아무리 얇아도 500페이지가 넘는 방대한 분량은 그 자체로 학습자를 질리게 하고, 내용 면에서도 전문가가 되려는 사람이 아니라면 몰라도 되는 난이도가 높은 사항도 여전히 많다.

이렇게 된 데는 무엇보다 분량의 축소가 쉽지 않기 때문이라고 짐작된다. 경제학원론이나 입문이라는 이름에 값하는 틀과 내용을 가지려면 생략하기가 어려운 부분이 많은데다가 가능하다면 새로운 경제 현상과 이론도 소개할 필요가 있기 때문이다. 다른 한편으로, 세간에는 학생이나 일반인을 위해 쉽고 재미있게 풀어쓴 경제 관련 서적도 많이 나와 있다. 하지만 대부분 주식, 부동산 등 재테크에 관한 것이거나 경제 관련 가십거리 등으로 호기심을 자극하는 방식으로 기술되어 있어 재미는 있을지 몰라도 오히려 경제 전반에 관한 체계적이고 올바른 이해를 방해한다는 느낌이 들기도 하고 시장 만능주의를 부추기는 것 같기도 하다.

이런 상황에서 필자는 무엇보다 일상생활에서 많이 사용되는 주요 경제 용어를 좀 더 정확하게 이해할 필요가 있다고 생각했다. 먼저 용어의 중요성에 대해 생각해보자. 용어나 개념을 모르면 이론을 이해할 수 없고, 이론적 지식 없이는 경제 문제에 대한 실효성 있는 처방의 제시는커녕 정확한 진단을 내리기도 어렵다. 건축에 비유하자면 용어는 벽돌이고 이론은 건물이다. 동일한 벽돌들을 가지고 서로 다른 모양을 가진 수많은 집을 지을 수 있듯이, 동일한 용어들을 가지고 서로 다른 내용을 가진 이론은 물론 상충되는 이론까지 만들 수 있다. 따라서 용어나 개념의 정확한 이해는 무시하고 이론 습득에만 치중하는 것은 교육과 학습에서 본말本末이 전도된 거나 마찬가지다. 현실이 바뀌면 이론도 바뀌게 마련이지만, 한번 합의된 용어나 개념은 결코 바뀌지 않는다. 현실이 바뀌면 용어나 개념은 사라지거나 아니면 새로운 현상을 지칭하고 분석하기 위해 새로운 용어나 개념이 추가될 뿐이다. 이처럼 이론이 시공時空의 제약을 받는 반면, 용어는 시공의 제약을 초월한다. 더욱이 용어는 가치중립적이지만 이론은 가치지향적인 경우가 많다. 용어는 많이 알수록 좋지만 이론은 많이 알수록 자신이나 남에게 피해를 초래할 수도 있다.

이미 많은 용어사전이 나와 있고, 인터넷에서 검색엔진을 사용해 언제든지 공짜로 이용할 수 있는 전자용어사전이나 용어해설도 무진장이다. 따라서 용어가 아무리 중요하다 해도 또 하나의 용어사전 같은 것을 추가로 만들 이유는 전혀 없다. 용어와 개념을 상황과 이론적 맥락 속에서 그 본래적 의미를 어떻게 이해할 것인가, 즉 전체 시스템 속에서 서로 다른 용어들이 맺는 관계를 어떻게 파악할 것인가가 더 중요하다.

이러한 점에 유의하면서 경제학 입문을 위한 교재를 만듦에 있어 두 가지 목표를 세웠다. 하나는 독자들이 기본적인 경제 용어들의 핵심적인 의미와 그것들 간의 관계 특히 차이점을 명확하게 안 후 이를 바탕으로 핵심적인 기본 이론을 이해하고, 나아가 이를 현실 경제에 비추어보는 능력을 키울 수 있도록 만드는 것이다. 다른 하나는 독자들이 자본주의 시장경제에 대해 좀 더 올바른 이해를 할 수 있도록 돕는 것이다. 현대에는 국내적으로는 물론 국제적으로도 자본주의와 시장경제가 이미 일반화된 상태이기 때문에 자본주의 체제의 특징과 그 기본 제도로서의 시장의 작동방식과 장단점에 관한 이해를 돕는 것이야말로 경제학 입문서가 추구해야 할 기본 덕목이라고 생각한다.

오늘날 신자유주의neo-liberalism 사상이 득세하면서 시장경제가 남용 내지 오용되고 있을 뿐만 아니라 그로 인한 폐해가 가시화되면서 시장경제에 대한 건전한 비판을 넘어 오해마저 증폭되고 있는 실정이다. 시장경제의 남용 내지 오용이 시장 만능주의 또는 시장 원리주의 사상을 전파하고 있다면, 시장경제에 대한 오해는 그에 대한 불신을 조장하고 정부의 지나친 규제나 개입을 조장하고 있다. 그래서 자본주의 시장경제의 특징과 그 장단점을 제대로 이해하는, 균형 잡힌 시각의 확립이 절실하다고 생각한다. 이 책이 이러한 의도를 제대로 달성했는지 여부에 관한 판정은 독자의 몫일 것이다.

이 책은 2013년에 나온 졸고 『시장경제, 만능인가 기본인가』를 바탕으로 한다. 약 5년간 강의교재로 사용하면서 수정 또는 보완할 부분이 많다는 사실을 알았다. 개정판을 준비하다 욕심 탓인지 거의 새로운 책이 되어 버렸다. 그래서 아예 책 제목도 『칵테일 경제학 입문』으로 바꾸기로 했다. 따라서 이번 책이 앞선 책과 어떻게 다른 지부터 밝혀두고, 칵테일이라는 수식어는 왜 붙이게 됐는지 해명할 필요가 있다.

먼저 앞선 책과 달라진 점들이다.

첫째, 전체적으로 서술을 대폭 수정했다. 표현을 좀 더 명료하게 바꾸려고 노력했고, 설명을 추가한 곳도 많다. 경제의 순환을 다루는 3장과 시장 메커니즘을 다루는 4장의 순서를 바꿈으로써 강의와 학습의 흐름이 좀 더 자연스럽도록 만들었다.

둘째, 앞선 책에서 1장의 일부로 되어 있던 경제사에 관한 부분을 독립된 장(2장)으로 만들어 완전히 새로 썼다. 오늘날 자본주의 시장경제의 특징을 좀 더 잘 이해하려면 이전의 역사를 아는 것만큼 좋은 방법이 없기 때문이다. 일반적인 세계 경제사의 개요를 기술한 후 한국의 근대 경제사에도 한 절을 배정해 한국경제가 어떤 과정을 거쳐 오늘의 모습에 이르렀는지를 알 수 있도록 했다.

셋째, 거시경제의 기초사항에도 한 장(6장)을 할애했다. 사실 경제학의 핵심은 미시경제학보다는 거시경제학에 있다 해도 지나치지 않다. 경제순환을 다루는 5장 다음에 거시경제의 기본사항을 다룸으로써 경제 전체를 조망할 수 있는 견지를 가질 수 있도록 했다. 거시경제 방정식을 활용해 경제의 동학을 설명한 후 경제의 성장과 위기를 다루었다.

끝으로 책 이름에 칵테일이라는 수식어를 붙인 이유를 해명해두자. 그것은 한 마디로 경제와 경제학을 구성하는 다양한 관점과 분석방법을 결합시켜 현실 경제의 모습과 작동을 좀 더 잘 이해할 수 있도록 해보고자 하는 시도다. 이를 위해 필자는 독자가 경제학에 적당히 취할 수 있도록 최소한 다음 세 잔의 칵테일을 제공하고자 한다. 첫 잔은 당연하게도 미시경제학과 거시경제학의 칵테일이요, 둘째 잔은 이론과 역사의 칵테일이다. 경제이론에 한국과 세계의 경제사를 가미하고자 했다. 마지막 세 번째 잔은 표준 경제학에 비주류경제학과 약간의 인문사회과학 일반을 섞은 잔이다. 학문의 통섭과 기술의 융·복합 시대에 걸맞게 말이다. 물론 필자는 이 칵테일 잔들이 더 좋은 맛을 줄 것으로 기대하고 있지만 독자 개개인이 느끼는 맛은 전혀 다를 수 있을 것이다.

이 책은 대학생과 일반 시민을 주요 독자층으로 삼고 있다. 경제학입문이라는 제목을 달고는 있지만, 칵테일이라는 수식어가 암시하듯이 기존의 어떤 경제학입문 서적과도 차별적인 구성과 내용을 가지고 있다고 자부한다. 경제학원론의 내용을 축약하는 방식이 아니라 오로지 필자만의 생각과 소신대로 만들었다. 참신하게 느낄 독자도 있겠지만 생소하게 느낄 독자도 많을 것이다. 독자들의 많은 질정 있기를 기대한다.

이 책을 교재로 사용하는데 어려움을 느끼는 강의자는 경제학원론이나 입문 과목의 부교재나 참고도서 또는 독후감 대상 도서로 활용할 수도 있다. 일반인이라면 경제학과 자본주의 시장경제론에 관한 입문서로 사용할 수 있다. 이 책을 읽는 독자가 누구든 자본주의와 시장경제를 좀 더 잘 이해할 수 있게 되고 나아가 오늘의 경제가 어떤 상태에 있는지, 더욱이 어떤 모순을 가지고 있는지를 알고 어떤 대안이 가능한지를 생각해보는 계기가 될 수 있다면 필자로서는 그 이상의 기쁨이 없을 것이다.

끝으로 감사말씀을 드리고 싶다. 경제학을 전공하지 않아 경제학 입문서의 교정교열에 적합하다 싶어 허정도 선생에게 부탁했다. 바쁜 일정을 쪼개 낯선 경제학 서적을 꼼꼼하게 봐주시고 제언도 해주신데 대해 존경과 고마움의 마음을 전하고 싶다. 이처럼 예쁜 책으로 만들어준 경남대학교 출판부 김미숙 선생께도 고마움을 전하는 건 당연한 일이다. 그래도 남아 있을 오류나 부족한 부분은 전적으로 필자의 책임임을 밝혀둔다.

2019년 2월

무학산 자락 우거에서 조각 난
'가고파의 고향' 마산만을 내려다보며

서익진

차례

제7장 • 자본주의 시장경제의 평가

표 /
그림 목차

경제의 기본

제1장

수많은 독립된 경제주체들이 자신의 이익을 극대화하기 위해 분권적이고 자율적으로 의사결정을 내림에도 불구하고, 더욱이 그들이 항상적인 경쟁과 갈등 관계 속에 있음에도 불구하고, 경제 전체는 왜 혼돈상태chaos로 귀착되지 않고 나름의 질서order 하에 전개될 수 있는 것일까? 이 의문이야말로 경제학의 시초에서부터 제기된 문제이자, 오늘날의 발전된 경제학도 여전히 탐구 중인 문제다.

제**1**장

경제의 기본

시장은 경제의 일부이고, 경제는 사회의 일부다. 여기서는 경제의 의미, 경제 주체와 활동, 경제 문제와 경제학 등 자본주의 시장경제를 본격 탐구하기 전에 경제를 둘러싼 기본사항들을 생각해본다.

1 경제와 경제 활동

경제

경제經濟, economy란 무엇인가라는 물음에 쉽게 답하지 못하는 까닭은 아마 경제라는 용어와 관련된 현상이 너무 많은데다가 너무 복잡하기도 해서 나름 정리하기가 쉽지 않다는 데 있을 것이다.

먼저, 경제라는 단어의 어원을 통해 그 의미를 짐작해보자. 우선, 경제는 한자어에서 온 말이므로 '經濟'란 단어의 의미를 살펴봐야 한다. 경제는 경세제민經世濟民이나 경국제세經國濟世의 준말로 알려져 있고, 그 의미는 '세상이나 나라를 다스리고 백성을 구제한다'는 것이다. 다음, 영어

economy는 고대 희랍어 오이코스oikos와 노모스nomos의 결합에서 나왔다고 하며, 이는 '가정을 다스리는 규범'이라는 뜻이다. 이러한 대비로부터 다음과 같은 상상을 할 수 있을까? 애당초 서양은 가정경제를 중시한 반면 동양은 나라경제를 중시했고, 그래서 서양에서 개인주의가 먼저 발전되었고 동양에는 집단주의 전통이 여전히 강하게 남아 있다고 말이다.

이제 경제라는 용어의 사전적 정의를 살펴보자. 국립어학원 표준국어대사전에서 경제라는 표제어를 찾아보면, "①인간의 생활에 필요한 재화나 용역을 생산·분배·소비하는 모든 활동 또는 그것을 통해 이루어지는 사회적 관계, ②경제학, ③돈이나 시간, 노력을 적게 들임"으로 되어 있다. 네이버 백과사전에는 "재화와 용역을 생산·분배·소비하는 활동 및 그와 직접 관련되는 질서와 행위의 총체"로, 네이버 지식사전에는 "경제행위가 계속적·규칙적으로 이루어져 형성된 일정한 사회적 질서, 재화와 서비스의 생산·분배·교환·소비와 관련되는 사회제도와 인간행위"로 정의되어 있다. '우리 모두의 백과사전'이라는 부제를 달고 있는 위키백과(ko.wikipedia.org)에는 경제가 "특정 국가 혹은 다른 나라의 생산, 교환, 분배 그리고 재화 및 서비스의 소비와 관련된 인간의 모든 활동"으로 규정되어 있다. 그런데 매경이나 한경 경제용어사전에는 '경제'라는 항목 자체가 없다. 왜? 경제용어사전이니까? 아니면 너무 기본적인 용어여서?

이러한 정의들을 종합해보면 경제란, 인간의 생존과 생활에 필요한 재화와 서비스, 생산·교환·분배·소비 등 규칙적으로 반복되는 활동, 나라 등 특정의 공간, 사회적 질서나 관계 또는 제도 등과 관련되어 있음을 알 수 있다. 이 점들을 하나씩 좀 더 자세히 살펴보자.

첫째, 경제는 '생존'과 '생활'을 위한 활동이라는 점이다. 생존生存, survival(살아 있음)이 동물로서의 인간이 생명을 부지하는 것을 지칭한다면, 생활生

活, living, life(살아서 활동함)은 단순한 살아남기를 넘어 인간다운 삶을 영위하는 것을 말한다. 생존이 생명 부지를 위한 것이라 해도 그 활동이 동물의 본능적인 생존 활동과 같을 수는 없다. 그리고 생활은 생존을 전제로 하므로 생활은 당연히 생존을 포함하는 상위 개념이다. 경제학적으로 생존과 생활을 구별해본다면, 생존이 주로 의식주衣食住와 관련해 반드시 소비해야 하는 필수품[1]과 관계가 있다면, 생활은 생존과 직접적인 관계는 없어도 삶을 풍성하게 만들고 삶의 질을 높여줄 수 있는 재화나 서비스로서 생존을 위한 필수품을 제외한 나머지 모든 생산물을 포괄한다. 따라서 생존이 인간의 물질적 필요necessities와 관계가 있다면, 생활은 인간의 정신적 또는 문화적 욕구needs와 무관하지 않다. 역사적으로 인간의 경제 활동은 생존수단을 만드는 것에서 생활수단을 만드는 것으로 발전되어 왔으며, 인간들의 욕구가 다양해지면서 생활을 위한 것들도 양적 증대와 질적 개선을 이루어왔다고 할 수 있다.

둘째, 경제는 '재화goods'와 '서비스services'를 대상으로 삼는다는 점이다. 인간은 생활을 위해 자신의 필요나 욕구를 충족시킬 수 있는 어떤 쓸

---

1. 일반적으로 상품은 필수품과 사치품으로 구분된다. 양자의 경계는 시공(時空)에 따라 달라질 수 있다. 예컨대 경제가 발전하고 소득수준이 향상됨에 따라 사치품이었던 것이 필수품으로 바뀔 수 있고, 빈국에서는 사치품이 부국에서는 필수품일 수도 있다. 자동차나 휴대폰을 생각해보면 쉽게 이해할 수 있을 것이다.
   그러나 경제학에서는 말하는 '사치재'는 이러한 일반적인 구별을 따르지 않는다. 사치재는 '수요의 소득 탄력성'이 1보다 큰 재화를 지칭한다. 어려운가? 소득이 변할 때 특정 재화의 수요가 변화하는 정도를 말한다. 탄력성(elasticity)은 쉽게 민감도라고 보면 된다. 보통 소득이 늘어나면 상품에 대한 수요도 늘어나게 마련인데, 이때 수요의 증가율이 소득의 증가율보다 더 큰 상품을 사치재로 정의하는 것이다. 쉽게 말해 사치재란 호주머니 사정이 나아지면 그보다 더 많이 사게 되는 상품이다. 이러한 경제학적 정의에 따른다 해도 사치재로 분류되는 상품의 종류가 시공에 따라 달라질 수 있음은 물론이다.

모[2]를 가진 것들을 사용(소비)해야 한다. 이것들은 모두 인간의 생산 활동의 산물이므로 '생산물products'이라 불리지만, 오늘날처럼 일반화된 시장경제에서 생산물은 자신의 소비가 아니라 타인의 소비를 위해 생산된다. 이처럼 타인에게 팔기 위해 만들어져 시장에서 거래의 대상이 된다는 의미에서 오늘날 대다수 생산물은 곧 '상품commodities'이다[3]. 이러한 생산물이자 상품은 그 형태에 따라 크게 유형의tangible 재화와 무형의intangible 서비스로 나뉜다.[4] 경제의 발전과 더불어 상품의 종류는 다양해지고 상품의 양은 풍부해져왔다.

셋째, 경제는 인간의 '활동'이라는 점이다. 경제활동이란 사람들이 생존과 생활을 위해 필요로 하거나 원하는 것을 확보하는 것과 직접 또는 간접으로 연계된 모든 종류의 활동을 총칭한다. 생산과 판매, 유통과 운송, 소비와 구매는 물론 저축, 투자, 수출, 수입, 연구개발, 기술혁신, 대출과 차입 등 다양한 활동을 포괄한다. 경제의 발전과 더불어 경제활동

---

2. 인간에게 어떤 쓸모(가치)도 갖지 않는 것은 소비의 대상이 될 수 없고, 소비의 대상이 아닌 것을 생산하고자 하는 사람은 아무도 없을 것이다. 생산물이 가진 어떤 쓸모를 경제학에서는 효용(utilities) 또는 사용가치(value of use)라 부른다. 여기서는 합리적인 소비자의 행동원리는 효용의 극대화라는 것, 그리고 사용가치는 교환가치(value of exchange)와 대응되는 개념이라는 것 정도만 지적해둔다.

3. 오늘날처럼 발전된 시장경제에서도 자가소비를 위해 생산되는 생산물이 없는 것은 아니다. 전형적으로 농산물의 경우가 그러하다. 그러나 그 비중이 너무나 미미해서 무시해도 좋을 정도인데다가 거래의 대상이 아니어서 국내총생산(GDP)의 측정에 포함되지도 않는다.

4. 재화와 서비스는 이처럼 그 형태에 따라 유형재와 무형재라 불리기도 한다. 현실에서는 양자를 간단히 구별하는 방법이 있다. 재화는 그것을 획득하기 위해 치러야 하는 대가를 가격(price) 또는 값이라고 부르지만, 서비스는 '요금(fee)' 또는 '료'라고 부르기 때문이다. 예컨대 시내버스 회사가 버스 차량을 구입하려면 버스가격을 치러야 하지만, 시민은 시내버스를 일회 이용하는 서비스의 대가로 버스요금을 치러야 한다.

의 종류도 다양화되는 경향이 있다.

넷째, 경제를 말하려면 일정한 '공간'을 전제해야 한다는 점이다. 이는 한마디로 사회적 분업과 교환(즉 거래) 때문이다. 시장경제에서는 자급자족 경제와 달리 사람들은 각자 자신이 필요로 하거나 원하는 것을 모두 생산하지 않고, 각자 특정 상품의 생산에 종사하여 상품을 판매하여 벌어들인 수입으로 타인들이 생산한 상품들을 구매하여 소비함으로써 살아간다. 따라서 이러한 사회적 분업 및 교환의 네트워크에 참가하는 사람들로 이루어지는 일정한 지리적 공간을 설정할 수 있다. 마을경제, 지역경제, 국민경제, 국제경제, 글로벌 경제 등은 바로 이러한 경제적 공간을 지칭하는 사례들이다.

이러한 공간들을 모두 진정한 경제적 공간으로 볼 수는 없다. 진정한 경제적 공간이 되려면 다양한 경제주체들이 일정한 질서(또는 규범) 하에서 경제 활동을 규칙적으로 반복해 실행함으로써 상호 연관을 맺고 있는 일종의 네트워크를 갖추어야 하기 때문이다. 오늘날 이러한 의미에 가장 걸맞는 경제적 공간은 국민경제national economy다. 한편으로, 국민경제의 일부 공간을 대상으로 지역경제(예컨대 경남경제)를 거론할 수는 있지만 이는 정책적 필요에서 인위적으로 구획된 경제로서 그 자체로 독자성과 완결성을 갖는 공간이 아니다. 다른 한편으로, 국민경제들이 대외 경제 활동을 통해 서로 맺고 있는 관계망 전체를 국제경제international economy라 부른다.

이러한 경제의 국제화가 범지구적 차원을 획득하면서 세계화globalization라는 현상으로 발전해왔다. 이처럼 국민경제들이 하나의 단일한 공간으로 통합됨과 동시에 동일한 규범 하에 관장되어가는 과정이 한창 진행 중이다. 이러한 세계화 과정의 종착점은 틀림없이 범지구적 범위에서 작동하는 단일한 글로벌 경제global economy의 출현일 것이다. 이러한 세계화 현상에 대해서는 나중에 더 자세히 살펴볼 것이다.

끝으로, 이처럼 다양한 유형의 경제활동들이 유기적으로 상호 연계되어 있다는 점이다. 실제로 개별 경제주체는 다른 경제주체들과 상호의존 관계를 맺지 않으면 생명부지조차 어렵다. 이미 말한 바와 같이 이러한 사회적 관계는 공동생산, 작업장에서의 협업과 분업[5], 사회적 분업 및 시장 교환 등으로 대변된다. 더욱이 생산과 소비, 저축과 투자, 판매와 구매, 대출과 차입 등 서로 연관되지 않은 경제활동을 찾기도 어렵다. 따라서 경제는 여러 주체들이 상호의존 관계 하에서 다양한 활동을 전개하는 일종의 네트워크라 할 수 있다.

그렇다면 이처럼 수많은 독립된 경제주체들이 자신의 이익을 극대화하기 위해 분권적이고 자율적으로 의사결정을 내림에도 불구하고, 더욱이 그들이 항상적인 경쟁과 갈등 관계 속에 있음에도 불구하고, 경제 전체는 왜 혼돈상태chaos로 귀착되지 않고, 나름의 질서order하에 전개될 수 있는 것일까? 이 의문이야말로 경제학의 시초에서부터 제기된 문제이자, 오늘날의 발전된 경제학도 여전히 탐구 중인 문제다.

크게 보면 두 갈래의 논의가 있다. 하나는 홉스Thomas Hobbes의 전통으로서 인간사회가 "만인에 의한 만인의 투쟁"이라는 자연 상태를 벗어날

---

5. 작업장 내에서의 분업을 '기술적 분업'이라 하고, 이는 '사회적 분업'과 구별된다. 기술적 분업은 한 작업장 내에서 특정 상품의 생산에 필요한 여러 공정들 중 각 공정이 특정 작업자 또는 작업팀에 의해 전담되는 것을 말한다. 애덤 스미스의 『국부론』은 핀 공장의 사례를 통해 이러한 기술적 분업이 가져다주는 엄청난 생산성 증가 효과를 보여준다. 사회적 분업은 한 사회를 구성하는 개인이나 기업이 각자 수많은 상품 중에서 하나 또는 소수의 상품 생산에 특화(전문화, specialization)하는 것을 말한다. 기술적 분업은 그 구체적인 양상이 주로 해당 상품의 생산기술에 달려 있기 때문에, 그리고 사회적 분업은 거기에 참여하는 경제주체들 전체가 하나의 사회를 이룬다는 점에서 각각 그러한 명칭이 붙었다.

수 있는 것은 오로지 국가의 존재 덕분이라고 본다. 국가가 비록 정치적 절대권력를 행사하는 경우라도 자연상태로 돌아가는 것보다는 낫다는 것이다. 다른 한 갈래는 자연법적 전통으로서 스미스Adams Smith의 '보이지 않는 손invisible hand'으로 상징되는 인간의 자연적인 성향이 균형을 잡아준다고 본다. 그런데 이 두 전통은 보이든 보이지 않든, 실재하든 실재하지 않든, 어떤 전능자의 존재가 질서를 잡아준다고 보는 점에서 궁극적으로는 같은 아이디어에 기반을 둔다.

오늘날 가장 설득력 있는 견해는 시장이 성립하려면 상품의 품질, 교환 절차, 시장접근, 결제 방식 등 여러 면에서의 조건이 사전에 충족되어야 하는데 이것이 사회적 계약을 통해 마련된다고 보는 것이다. 요컨대 시장을 하나의 사회적 구축물, 즉 제도institutions로 보는 것이고, 국가 역시 그렇다고 본다. 이것이 다양한 제도학파들이 공유하는 견해라 할 수 있다.

이러한 제도학파의 견해에 입각해 보면 다양한 경제활동이 질서 있게 이루어지기 위해서는 여러 가지 규범norms이 반드시 필요하다. 이러한 규범에는 경제주체들이 의무적으로 지켜야 하는 경제 관련 법률이나 규정과 같은 명시적인 것만이 아니라 그 준수 여부가 경제주체의 양심에 맡겨지는 관습이나 관행처럼 암묵적인 것도 포함된다. 규범은 일종의 게임 규칙game rules에 비유될 수 있다. 현실에서 이러한 경제적 규범은 구체적인 내용과 형태를 갖춘 제도를 매개로 시행된다. 현실에서 규범과 제도는 그것이 적용될 일정한 경제적 공간을 전제로 한다. 대표적인 경제적 규범의 하나인 화폐제도를 보자. 예컨대 원화는 오직 한국경제 내부에서만 통용될 수 있다. 이는 원화를 중심으로 하는 화폐적 규범 및 제도가 적용되는 공간이 바로 한국이라는 국민국가의 경제적 공간임을 말해준다.

경제적

어떤 단어의 의미를 더 잘 이해하려면 관련 있는 다른 용어와 비교해보는 것이 유용하다. 경제는 정치, 경제, 사회, 문화 등 인간 활동의 다른 범주와 비교해보면 그 의미가 더 잘 드러난다.[6]

한편으로 '경제적economic'이라는 관형사는 경제적 현상이나 경제적 문제라는 표현에서처럼 '경제와 관련된'이라는 뜻을 가진다. 인간의 다른 활동(또는 현상)과 비교해볼 때 경제는 다른 모든 활동(또는 현상)의 물적 기반(또는 토대)을 이룬다. 왜냐하면 경제는 바로 인간들이 생존, 즉 물질적 대사代謝에 필요한 것을 확보하는 활동이기 때문이다. 예컨대 유물론적 사고에 따르면 이러한 경제 활동을 하부구조infrastructure로 하여 그 위에 정치, 사회, 문화, 종교 등 인간의 다른 모든 활동을 총칭하는 상부구조suprastructure가 성립되며, 기본적으로 하부구조의 성격과 양태에 의해 상부구조의 성격과 양태가 규정된다고 본다.[7] 하지만 경제의 발전과 더불어 경제 활동이

---

6. 여기서 특별히 경제와 정치의 차이를 생각해보자. 경제 활동의 최종목적이 부(wealth)의 창출과 획득이라면, 정치 활동의 그것은 정치권력(political power)의 장악이라 할 수 있다. 여기서 부는 인간에게 유용한 유 · 무형의 모든 재財를 가리키며, 통상 재산(fortune)으로 불린다. 정치적 권력은 타인을 자신의 의지대로 움직이도록 강제할 수 있는 합법적인 힘을 말한다. 이러한 힘은 사회적 지위가 높을수록 커진다. 그래서 부와 권력은 보통 개인들이 일생을 바쳐 획득하고자 하는 대상이 되고, 이로써 인간사회의 역동적인 변화를 추동하는 원동력이 된다.

   과거 농업경제 시대들에서는 부의 상징이 토지였다면 오늘날처럼 화폐 거래가 일상화되어 거의 모든 것을 돈으로 살 수 없는 화폐경제 시대에는 당연히 돈이 그 지위를 대체한다. 화폐경제에서는 돈이 많을수록 경제적 선택에 따르는 제약이 약화된다. 그래서 필자는 개인적으로 '돈=자유=해방'으로 규정하고 싶다. 독자 여러분은 돈을 다른 한 단어로 무엇이라 규정할 것인지 한 번 생각해보라.

7. 여기서 유물론(唯物論)적 사고를 둘러싼 논란을 다룰 필요는 없을 것이다. 어쨌든 물질과

생존만이 아니라 생활을 위한 활동으로 되면서 경제가 정치, 사회, 문화 등 인간이 수행하는 다른 모든 유형의 활동과 맺는 상호 의존 및 조장 관계는 갈수록 더 긴밀해지고 있다.

다른 한편, 경제적이라는 관형사는 경제의 기본원리의 하나인 효율성efficiency이나 합리성rationality과 관련된 의미도 가진다. 이는 경제적 방식 또는 판단이라는 표현에서 잘 드러난다. 경제적 효율성이나 합리성[8]을 판정하는 가장 기본적인 척도는 비용cost 대비 편익benefit으로 측정되는 수익성이라는 지표다. 이러한 '비용-편익 분석cost-benefit analysis'은 어떤 사업의 사후 평가를 위해 사용되기도 하지만 사업 실행 이전에 그 결과를 예측해보기 위해서도 이루어진다. 어떤 투자의 실행 여부를 결정함에 있어 사전에 그 수익성을 추정해보는 것은 개인적으로든 사회적으로든 자원 낭비의 방지라는 관점에서 중요한 일이다.[9] 여기서 비용과 편익에 대해 좀 더 자세히 살펴볼 필요가 있다.

먼저 투자안의 실행 여부를 결정하고자 하는 시점에서 비용의 크기는 알 수 있지만 편익(혹은 수익)은 미래 시점(들)에서 발생하기 때문에 현재로서는 그 크기를 정확히 알 수 없고 추정될 수밖에 없다. 그래서 편익은 기

정신의 관계에서 양자의 상호작용 관계를 인정하더라도 기본적으로 물질(경제)이 정신(문화)을 좌우한다는 보는 사고가 유물론이라면, 역으로 정신이 물질을 지배한다고 보는 사고가 유심론(唯心論)이다. 이 두 개의 사고는 상충되는 것임에도 각기 나름의 타당성을 가지고 있음을 부정하기는 어렵다.

8. 합리성은 이성(reason)의 작용으로 이치에 맞는 성질을 가리키는 철학 용어다. 당연히 경제적 합리성 외에도 여러 가지 합리성이 있을 수 있다. 경제적 합리성에 대해서는 뒤에서 '경제인'을 다룰 때 좀 더 자세히 검토될 것이다.

9. 최근 일부 대규모 사회간접자본 SOC 사업에 대해 정부가 예비타당성 조사를 면제해주기로 했다는 소식에 자원 낭비를 우려하는 목소리가 있는 것도 이와 무관하지 않다.

대expected 편익일 수밖에 없다. 기대편익은 여러 가지 조건을 전제로 하지 않고서는 추정조차하기 어려울 뿐만 아니라 투자가 이루어진 후에도 의사결정자의 노력이나 운수에 따라 실현된 편익의 크기는 크게 달라질 수 있다. 게다가 기대편익은 추정자의 개인적인 성향이나 주관적인 판단에 따라 과대평가 또는 과소평가되기 십상이다. 결국 기대편익의 크기는 객관적으로 추정하기가 쉽지 않지만, 최대한 객관적으로 추정하도록 노력해야 합리적인 투자 결정에 도움을 줄 수 있을 것이다.[10]

다음, 비용과 관련해 알아두어야 할 유용하고도 중요한 개념이 하나 있다. 통상 비용은 무언가를 사기 위해 또는 어떤 사업을 하기 위해 실제로 지출되어 장부에 기재되는 금액(돈의 액수)을 말하며, 이러한 비용을 회계비용accounting cost이라 한다. 그런데 실제로 지출되지 않아 장부에 기재되지 않음에도 사실상 비용으로 간주해야 마땅한 암묵적 성격의 비용이 있다.

예를 들어 생각해보자. 어떤 주식투자자가 은행에서 연간 5% 금리로 1억 원의 대출을 받아 주식투자를 하여 1년 후 1,000만 원을 벌었다고 하자. 이 경우 그는 당연히 자신의 투자수익률이 10%가 아니라 5%(=10%-5%)라고 생각할 것이다. 왜냐하면 벌어들인 1,000만 원 중 500만 원(=1억 원

---

10. 그런데 현실에서는 기대편익이 의도적으로 과대 추정되는 경우가 없지 않다. 공공 인프라를 민간자본으로 건설하는 경우 사업의 타당성 조사와 관련해 이런 일이 비일비재하다. 최소운영수입보장(MRG: Minimum Revenue Guarantee)이라는 조건이 붙은 민간제안 인프라 사업의 경우에는 더욱 그러하다. 기대편익을 부풀려 수익성 있는 사업으로 판정되어야 민간으로서는 일정한 수익이 보장된 사업을 시행할 수 있기 때문이다.

그 사례로 창원시의 사례만 든다 해도 마창대교와 가포신항만이 있다. 과도한 수요 예측을 바탕으로 기대편익을 부풀려 공사를 완공했지만 MRG 조항 때문에 엄청난 적자를 보전해주고 심지어는 일정한 수익까지 보장하기 위해 해마다 수백 억 원 대의 세금을 투입하고 있는 것이다. 이런 일을 방지할 수 있는 좋은 방법은 없는 것일까.

×5%)은 은행에 대출이자로 지불해야 한다는 걸 너무나 잘 알고 있기 때문이다. 이 이자 지불은 회계상으로도 지불이자라는 계정과목에 반영된다. 그런데 만약 이 투자자가 자기 돈 1억 원으로 주식투자를 하여 마찬가지로 1,000만 원을 벌었다고 하자. 이 경우라면 그가 올린 수익률은 당연히 10%라고 보아야 하지 않을까? 회계상으로도 지불이자라는 비용은 발생하지 않는다. 그러나 합리적인 투자자라면 그렇게 생각하지 않을 것이다. 왜냐하면 그는 앞의 경우처럼 만약 1억 원을 빌려서 투자했더라면 5%의 이자 비용을 지불해야 한다는 사실, 역으로 자신이 이 돈으로 주식투자 하느라 고생하지 않고 은행에 예금했더라면 가만히 앉아서 연간 5%의 이자를 받을 수 있었다는 사실을 알고 있기 때문이다.

이처럼 어떤 선택을 했을 때 그로 인해 포기된 다른 선택지(기회)가 가져다줄 수 있었을 수익은 그 선택에 따른 비용으로 간주되어 마땅하다. 이처럼 실제로 지출된 비용은 아니지만, 잠재된 비용으로 간주해야 마땅한 비용을 기회비용opportunity cost이라 부른다. 기회비용을 공제한 수익(또는 이윤)이야말로 진정한 경제적 의미를 가진다는 점에서 이를 경제적 이윤economic profit이라 부른다. 여기서 유의할 점은 실현된 즉 지출된 것만 비용으로 간주하는 회계학에서는 기회비용이나 경제적 이윤이라는 개념 자체가 존재하지 않는다는 것이다.

그런데 동일한 선택을 한 사람들일지라도 각자가 포기한 선택지는 서로 다른 것일 수 있고, 또 누군가는 두 개 이상의 기회를 포기했을 수도 있다. 그래서 기회비용의 크기는 사람에 따라 그리고 경우에 따라 달라진다. 만약 포기된 선택지가 여러 개일 경우엔 그것들이 가져다주었을 수익 중 가장 큰 것을 기회비용으로 간주하는 게 합당하다. 그리고 모든 사람에게 그리고 모든 선택지에 공통으로 적용될 수 있는 일반적인 기회비용이 있다. 바로 은행의 예금금리다. 어떤 투자나 사업도 기대수익률이 최소한 예금금리보다 높지 않다면 실행해야 할 경제적 이유가 없다. 역으로 만약 실현된 수익률(예컨대 3%)이 예금금리(예컨대 5%)보다 낮다면, 이는 돈을 번 것이 아니라 오히려 잃은 셈(이 경우 -2%)이다. 투자안의 실행 여부를 판단하기 위해 수익률을 평가할 때 금리 수준이 고려되는 것은 바로 이 때문이다[11].

기본적인 경제 활동: 생산과 소비

앞에서 경제는 다양한 경제 활동의 총체로 이루어진다고 했다. 여기서는 생산과 소비 활동에 대해 좀 더 자세히 살펴보고자 한다. 다른 활동들이 중요하지 않아서가 아니라 이 두 활동이 경제의 기본을 이루는 활동이고 나머지는 이로부터 파생된 활동이기 때문이다. 모든 경제활동이 서로 연관되어 있다. 그러나 소비가 경제활동의 궁극적인 목적에 해당되고 생산과 여타 경제 활동은 이 목적을 달성하기 위한 수단으로 볼 수 있다.

그런데 경제에서는 인간의 본성이라 할 수 있는 더 나은 소비(생활수단의 양적 증대와 질적 심화)의 추구가 주어져 있는 것이라면, 생산(유통 포함) 과정에서 일어나는 생산수단의 개선과 새로운 생산수단의 발명은 경제 발전을 시행하는 핵심 동력의 역할을 한다. 특히 자본주의 시장경제에서는 소비자들의 선택을 받기 위해 생산자들 사이에 이루어지는 경쟁이 이러한 생

---

11. 현실에서는 이자율이 여러 개 존재하기 때문에 비교대상으로 어떤 이자율을 선택할 것인가라는 문제가 생길 수 있다. 예컨대 은행예금금리, 은행대출금리, 비은행금리, 고리채금리, 할인율 등이 있다. 그럼에도 누구에게나 적용될 수 있는 금리를 기준으로 삼는 게 일반적일 것이다.

산수단의 혁신을 끊임없이 부추기고 있다.

먼저, 생산 활동을 살펴보자. 생산은 인간이 필요로 하거나 원하는 것을 '획득하는' 모든 활동을 총칭한다. 경제학에서 생산이라는 개념은 단지 뭔가를 '만들어낸다'는 의미에 한정되지 않는다. 경제에는 생산물 또는 상품의 수만큼이나 다양한 생산 활동이 존재하지만 이 활동들을 나름의 기준에 따라 구분한 것이 산업 분류다. 가장 기본적인 산업 분류는 1차, 2차 및 3차 산업의 분류이고, 이들 각 산업은 하위 산업(대분류, 중분류, 세분류, 세세분류 등)으로 계속해서 세분될 수 있다. 그런데 이 기본적인 산업 분류의 기준이 무엇인지를 가르쳐주는 책은 거의 없다.

1차 산업이 농업, 임업, 수산업 및 광업을 포괄한다는 것쯤은 누구나 안다. 이 산업들의 공통점은 무엇일까? 그것은 이것들이 자연을 대상으로 하며 인간이 아닌 자연의 생산물을 획득하는 활동이라는 점이다. 농업처럼 자연의 생육력을 활용할 수도 있지만, 농사라는 생산 활동은 자연에 존재하지 않는 뭔가 새로운 것을 만들어내는 것이 아니라 자연으로 하여금 더 많이 만들어내도록 인위적인 도움을 주는 활동에 지나지 않는다. 이러한 자연의 생산물을 자원資源, resources이라 부르며, 인간은 자원을 찾아내어 활용할 뿐이다.[12]

2차 산업은 이러한 1차 산업의 생산물을 원료나 소재로 삼아 가공·변형·결합시킴으로써 자연에 존재하지 않는 어떤 유용한 것을 만들어내는

---

12. 이러한 의미의 자원에 대응되는 용어는 광의의 자본(capital)이다. 인간의 입장에서 볼 때 자원이 인간의 노동으로 만들 수 없는, 인간 외부에 주어져 있는 것을 지칭한다면, 자본은 이러한 자원을 활용해 인간이 만들어낸 모든 것을 지칭한다. 이러한 의미에서 자본은 문화(culture)와 상통한다. 여기서 유의할 것은 경제학에서 자본이라는 용어는 정말 다양한 의미로 사용된다는 점이다. 앞으로 보게 되듯이 자본이라는 개념은 다양한 의미와 용법을 가지고 있으며, 이것들을 정확하게 이해한다는 것은 쉬운 일이 아니다.

즉 제조 활동이다. 2차 산업을 제조업 또는 공업이라 부르는 까닭이다. 2차 산업의 생산물은 자연에는 존재하지 않는 것이므로 인간의 창조물이라 해도 지나치지 않다.[13] 이른바 공업화[14]라는 과정은 이러한 2차 산업의 집중적인 발전 과정을 지칭한다.

3차 산업은 1차와 2차 산업을 제외한 나머지를 총칭한다. 좀 더 정확히 말한다면 3차 산업 활동은 1차와 2차 산업 활동을 지원하는, 즉 이 활동들이 좀 더 원활하게 수행될 수 있도록 도와주는 일체의 활동을 총칭한다. 3차 산업을 서비스 산업이라고도 부르는 까닭이다. 대표적으로 상업, 운송, 금융, 교육, 의료 등을 들 수 있다.

다음, 소비는 생산 활동의 결과인 생산물이 가진 효용(사용가치)을 취득하는 활동을 지칭한다. 앞서 말한 것처럼 소비 활동은 인간의 생존 및 생활 자체를 가능케 하는 활동이므로 모든 경제 활동 중 목적에 해당되는 활동이다. 소비의 양적 증대와 질적 수준의 제고를 통해 보다 풍요로운 소비 생활을 영위하는 것은 인간이 경제 활동을 통해 달성코자 하는 최

---

13. 인간은 예컨대 산에 있는 나무를 베어 와서 책상과 걸상을 만들고, 땅 속의 석유를 캐서 휘발유를 분리해내고, 철광석으로 주철을 만들어내고 심지어는 자동차라는 복잡다단한 수송기계까지 만들어낸다. 이러한 인간의 생산 활동도 당연히 일종의 창조(creation)라 할 수 있지만, 자연이나 창조주처럼 무無에서 유有를 창조하는 것이 아니라 유에서 유를 창조한다는 점에서 창조의 성격 자체가 다르다.

여기에 자연(自然, nature)과 문화(文化, culture)라는 단어의 유사성과 차이점이 있다. 자연은 하나님이 만든 것은 아닐지 몰라도 적어도 인간이 만든 것은 아님은 확실하다. 사실 인간은 땅, 공기, 광석, 물고기, 쌀 등 한마디로 자연을 결코 만들 수 없다. 그래서 자연은 '있는 그대로'를, 문화는 '인간이 만든 것'을 의미한다. 'culture'라는 단어가 인간의 최초이자 기본적인 생산 활동인 식물의 재배나 경작(agriculture)에서 시작되었다는 사실은 의미심장하다.

14. 공업화를 산업화라고도 부르는데, 이 용어는 혼동을 유발한다. 자세한 것은 뒤에서 다룬다.

종목적이라 할 수 있다. 더 좋은 집, 더 맛있는 음식, 더 아름다운 옷, 세계 여행, 요트 타기 등 풍요한 소비를 향한 인간의 욕구는 끝이 없다고 해도 지나치지 않다.[15] 그래서 표준경제학에서는 이처럼 무한한 인간의 욕구를 충족시킬 수단(즉, 자원)이 유한하기 때문에 무엇을 얼마나 생산해 소비할 것인가라는 가장 기본적인 선택의 문제가 생긴다고 본다. 경제학이 개인적 차원에서든 사회적 차원에서든 '선택의 학문'이라 불리는 까닭이 여기에 있다.

자본주의 시장경제에서 생산이나 사업의 목적이 돈벌이(이윤 추구)에 있음은 틀림없지만, 이 돈 역시 더 나은 생활의 영위 즉 소비라는 활동에 필요한 것들을 확보할 수 있게 해주는 수단에 지나지 않는다. 저축을 통한 재산의 형성 역시 미래의 소비를 위한 것이라는 점에서 저축과 축재도 역시 소비를 위한 수단일 뿐이다. 오늘날의 경제 위기의 근저에 이러한 생산과 소비의 불일치가 깔려 있음을 감안하면 이러한 목적과 수단의 전도에 관한 인식과 목적으로서의 소비의 중요성에 관한 재인식이야말로 경제 위기의 해결책 모색에 있어 반드시 필요할 것으로 보인다.

---

15. 바로 이러한 인간 욕구의 무한성을 오늘날의 경제사회가 부닥치고 있는 자원 고갈, 환경 훼손, 물질 만능주의, 경제 위기 등 제반 문제의 근원으로 보는 사람들이 있다. 그래서 인간 욕구의 적절한 축소만이 이 문제들을 근본적으로 해결할 수 있다고 본다. 한 때 슈마허(1972)의 『작은 것이 아름답다』가 베스트셀러가 된 적이 있고, 요즘 중시되는 '지속가능한 성장'이라는 화두 역시 이러한 문제의식을 바탕으로 한다. 이러한 인식은 인간의 무한 욕구를 가정하는 표준경제학에 대한 근본적인 도전이 아닐 수 없다.

2 경제주체

경제주체란 수입과 지출의 독립된 계산단위로서 자율적인 경제적 의사결정을 내리는 개인이나 집단을 말한다. 먼저 경제학에서 상정하고 있는 '경제인Homo Oeconomicus'(줄여서 '이콘(Econ)'이라 부르기도 한다)[16]이라는 이념형에 대해 살펴본 후 경제주체의 구체적인 존재형태에 대해 알아본다.

이념형으로서의 경제인

표준경제학은 대표 경제주체를 경제인으로 가정한다. 여기서 경제인은 경제적 합리성으로 똘똘 뭉쳐져 오로지 사적 이익의 극대화를 추구하는 속성을 가진 가상의 이념형적인ideal 인물을 지칭한다. 즉 경제인은 현실에 존재하는 다양한 인간들의 평균적인 모습을 대변하는 인물이 아니다. 그럼에도 표준경제학은 이러한 '이콘들'만으로 구성된 경제 세계를 대상으로 이론을 전개한다는 점에 유의하자.[17]

---

16. 다른 동물에 비해 인간이라는 종만이 가진 특정한 속성을 포착해 인간을 지칭하는 용어로는 여러 가지가 있다. 경제인 외에 예지인(Homo sapiens), 공작인(Homo faber), 언어인(Homo loquens), 정치인(Homo politicus), 종교인(Homo religliosus), 예술인(Homo artex), 마술인(Homo magicus), 유희인(Homo ludens) 등을 들 수 있다. 가장 최근에 등장한 유희인이라는 용어는 오늘날 고도소비사회의 출현과 엔터테인먼트 산업의 발전과 관련해 특별한 의미를 가진다.

17. 참고로 주류 경제학이라고도 불리는 표준 경제학(standard economics)이라는 명칭은 표준이나 주류가 아닌 경제학이 있음을 함의한다. 오늘날의 표준 경제학의 지위를 차지하고 있는 학파는 고전학파 이론과 네오케인스 이론을 결합한 신고전학파 종합이다. 비주류 경제학으로는 포스트케인지언 학파, 마르크스경제학파, 제도학파, 조절학파 등 그

한편으로, 경제인은 항상 합리적으로 경제적 선택을 내리거나 경제 활동을 수행한다. 간단히 말해서 그는 앞서 말한 비용-편익 분석에 의거해 모든 결정을 내린다. 예를 들어 두 개의 선택지가 있다고 하자. 만약 비용이 같다면 편익(기업은 수익, 가계는 효용)이 더 큰 선택지를 선택하고, 만약 편익이 같다면 비용이 더 작은 선택지를 선택하는 것이 합리적이다. 그러나 현실에서는 비용과 수익이 서로 다른 둘 이상의 투자안 중 선택을 내려야 하는 경우가 더 흔하다. 이 경우에는 각 투자안의 수익률(=수익/비용)을 추정(또는 계산)하여 수익률이 더 큰 투자안을 선택하는 것이 합리적인 결정이다.

또 다른 예를 보자. 시장에서의 수급(수요와 공급을 줄인 말) 상태에 의해 결정되는 시장가격으로 판매 여부만 결정해야 하는 완전경쟁시장에 속한 기업은 이윤 극대화를 위해 비용의 절감이나 판매량 증가를 도모하는 것이 합리적인 선택이다[18].

그런데 합리적인 경제주체, 즉 경제인이라는 가정은 틀렸다기보다는 대단히 비현실적인 가정이다. 현실의 인간은 경제적 이익이나 다른 대가를 기대하지 않으면서 더구나 비용만 초래하는 선택을 하는 경우도 많다. 예컨대 기부와 같은 자선행위나 무보수 자원봉사는 물론 상속과 같은 증여가 그러하다. 경제적으로 비합리적인 선택으로 볼 수밖에 없는 이러한 행위는 정신적 만족의 추구, 사회적 책임감의 실천, 핏줄 보존의

외의 모든 경제학파를 포괄한다. 주류와 비주류 사이에는 많은 차이점이 있지만 경제인이라는 가정의 채택 여부가 핵심 사안이다.

최근 주류 경제학 내부에서도 인간이 보여주는 행동 자체를 연구하고자 하는 행동경제학(behavior economics)이 각광을 받고 있는 것도 경제인이라는 가정이 얼마나 비현실적인 가정인지를 잘 보여준다. 행동경제학에 관심이 있는 사람에게는 입문서로 『넛지(Nudge)』라는 책을 추천할 수 있다.

18. 기업의 이윤은 판매가격에 판매량을 곱한 매출액에서 총비용을 뺀 것이기 때문이다.

본능에 따른 것으로서 당연히 있을 수 있고, 또 때로는 개인적으로나 사회적으로 바람직한 행위로 간주되기도 한다. 이렇게 보면 경제적으로 비합리적인 행위나 선택을 전혀 하지 않는 것으로 정의되는 경제인은 어찌 보면 냉혈인이거나 수전노가 아닐까.

또한 좀 더 장기적인 시계視界로 보면 경제적 합리성의 판단은 달라질 수도 있다. 당장의 손해와 나중의 이득을 저울질해야 하는 경우도 있기 때문이다. 할인판매나 심지어는 출혈판매(생산원가나 구매원가보다 낮은 가격으로 손해보고 파는 것)를 한다면 당장 손실은 보겠지만 그로 인해 시장 점유율이 높아져 나중에 그보다 더 많은 이익을 올릴 수 있다. 기업이 메세나Mecenat 활동을 통해 문화예술단체를 지원한다면 그 자체로는 대가 없는 비용만 초래하겠지만 그 덕분에 회사의 평판이 좋아지고 브랜드 가치가 올라가 결국 매출 증대로 이어질 수도 있다. 이처럼 경제적 합리성의 판단도 고려되는 기간, 예컨대 단기냐 중장기냐에 따라 달라질 수 있다. 모스Mauss의 『증여론』에 따르면 증여는 당장 일방적인 이전의 형태를 취하지만 향후의 반대급부를 전제로 하고 있다는 점에서 나름의 합리성을 가진다. 그는 증여 시스템이 자본주의 경제가 아닌 대다수 공동체 경제의 작동원리임을 밝혀냈다.

다른 한편으로, 경제인은 사적 이익의 극대화를 위해 최대한의 소득 획득과 재산의 축적을 도모한다. 더욱이 이러한 동기는 인간의 본성에 따른 것으로 간주된다. 화폐경제에서 소득이나 재산은 모두 돈으로 환원되기 때문에 가능한 한 많은 돈을 벌어들이고 이를 최대한으로 늘리는 것이야말로 경제인의 궁극목표가 된다. 자본주의 시장경제는 이러한 이기적인 인간관을 전제하고 있다. 이 점에서 자본주의capitalism는 사회주의socialism와 극명한 대조를 이룬다. 사회주의는 원리적으로 이러한 인간의 이기적인 본성을 무시하고 사회와 공익을 위해 자기희생도 마다하지 않는 이타적인 인간을 상정하기 때문이다. 이 사회주의 인간관은 현실 사회주의의 실패를 초래한 근본원인의 하나로 지목되기도 한다. 반면, 자본주의는 사유 재산권을 천부적인 권리로 미화하고 축재(재산 또는 부의 형성)의 자유를 지나치게 신성시하기 때문에 '부익부 빈익빈'으로 대변되는 양극화 등 각종 사회적 폐해를 초래할 수밖에 없다는 비판을 받고 있다.

경제적 합리성이라는 개념을 버려야 할 이유는 전혀 없다. 그러나 '이콘들'의 세상을 전제하지 않더라도 현실의 경제가 어떻게 돌아가는지를 탐구하는 데는 아무 지장도 없다. 인간의 본성을 이기심과 이타심 중 어느 하나만으로 규정하는 것은 비현실적이다. 그렇다면 사회주의에서처럼 아예 사전에 인간의 이기적 본성을 제거한다는 불가능한 일을 시도하기보다는 사전에는 인간의 이기심을 적절히 규제하고 이타심을 조장하는 교육을 중시함과 동시에 사후적으로는 이기심의 발로에 따른 사회적 폐해를 교정하는 장치를 모색하는 것이 인간의 양면성을 감안한 실효성 있는 사회적 대책이 아닐까.

경제의 세 주체: 기업과 가계 그리고 정부

경제학에서는 생산의 주체를 기업enterprise, 소비의 주체를 가계household라 부르는데, 이들이 바로 민간 시장경제를 움직이는 두 부류의 핵심 민간 경제주체다. 그리고 시장경제 전체 즉 거시경제의 성장과 안정을 추구하는 제3의 공공 경제주체로 정부government가 있다. 정부에 대응시켜 민간 주체들 전체를 시장으로 통칭하기도 한다. 이는 '시장 대 정부', '정부 정책에 대한 시장의 반응' 등의 표현에서 잘 드러난다.

기업, 생산과 공급의 주체

자본주의 시장경제에서 생산 활동을 수행하는 경제주체를 기업[19]이라 부른다. 국립어학원 표준국어대사전에 기업은 "영리營利를 얻기 위하여 재화나 용역을 생산하고 판매하는 조직체"로 정의되어 있다. 네이버 백과사전에 따르면 "기업은 국민경제를 구성하는 기본적 단위이며, 생산수단의 소유와 노동의 분리를 기초로 하여 영리 목적을 추구하는 독립적인 생산경제단위"를 말한다. 그 법적 지위가 개인 기업이든 주식회사와 같은 법인 기업이든, 규모상 자영업자든 중소기업이든 수많은 자회사를 거느린 그룹(예컨대 한국의 재벌)이든 상품(재화나 서비스)을 생산 또는 판매하는 일에 종사하는 모든 경제주체(개인 또는 집단)는 기업으로 총칭된다.

이처럼 이윤(영리)을 목적으로 하는 기업은 생산 활동에 그치지 않고 생산물을 시장에 내다팔아야 한다. 따라서 기업은 생산의 주체이면서 시장에서는 그것을 팔고자 하는 공급자이자 실제로 판매를 수행하는 판매자이기도 하다.

기업의 행동원리는 이윤 극대화다. 앞서 본 비용-편익 분석에서 기업의 경우 비용은 생산비이고 편익은 이윤이다. 이윤은 매출액에서 비용을 뺀 것이므로 이윤 극대화를 위한 행동은 매출의 극대화와 생산비의 최소화로 이루어진다. 그래서 기업은 광고 등 매출을 위한 노력과 임금인상

---

19. 기업을 지칭하는 영어 단어에는 여러 가지가 있다. 경제학에서는 보통 'enterprise'라 하는데, 이 단어에는 모험이나 시도라는 의미가 들어있다. 벤처(venture)는 IT기술 등 신기술을 바탕으로 새로운 시장을 개척하는 모험성이 강한 기업을 지칭하며, 모험(adventure)이라는 단어에서 파생했다. 이 외에도 통상적인 회사, 사업체를 나타내는 'company', 상회나 상사의 의미가 강한 'firm', 법인이나 조합을 지칭하며 법률적 색채가 강한 'corporation' 등이 있다.

억제, 조달가격의 인하, 낭비의 제거 등 비용 축소를 위한 노력을 아끼지 않는 것이다.

기업은 생산량을 어떻게 결정할까? 이론적으로는 마지막 한 단위의 생산이 가져다주는 수익이 그 생산에 들어가는 비용보다 커서 조금이라도 이윤이 생기는 한 생산량을 계속 늘릴 것이다. 그래서 기업은 한계생산비와 한계수익이 같아지는 생산량에서 생산을 멈출 것이라고 볼 수 있다.[20]

특정 상품(최종소비재)의 생산과 판매 과정에서 기업들 사이에 분업이 이루어진다. 이는 사회적 분업에서 중요한 부분을 차지한다. 먼저, 생산과 판매라는 활동별 분업이다. 생산 기업과 판매 기업이 분리되는 이유는 앞서 본 바와 같이 생산 부문 전체의 관점에서 유통비용이 줄어들기 때문이다. 다음, 특정 상품의 생산계열 내부에서의 기업 간 분업이다. 조립 전문 기업이 있고 해당 상품의 소재나 부품을 전문으로 생산하는 기업이 존재한다. 이 경우에도 전체적 입장에서 생산비가 절감되기 때문이다.

이를 우회생산roundabout production이라 한다. 생산계열의 네트워크가 복잡해질수록 우회생산이 발전하는데, 경제 발전 특히 공업화 과정에서 핵심적인 현상이다. 사실 이러한 기업 간 분업은 최종생산물 생산기업이 자신이 필요로 하는 소재나 부품을 직접 생산하지 않고 또 자신의 생산물을 직접 판매하지 않고 다른 기업에게 외주를 준 것이나 마찬가지다. 그런데 기술의 발전에 따라서는 이러한 생산이나 판매의 외주화outsourcing

---

20. 수학에서 도입된 한계(marginal)라는 개념은 경제학에서 혁명적일 정도로 중요한 개념이다. 그래서 한계 혁명이라는 말이 있을 정도다. 한계생산비는 추가 한 단위의 생산에 들어가는 비용이고, 한계수익은 마지막으로 생산된 추가 한 단위의 판매로 들어오는 수입을 말한다. 기업은 한계수익이 한계생산비보다 큰 한 생산량을 늘릴 것이다.

가 기업(또는 그룹) 내부로 흡수되기도 한다. 이를 내부화insourcing라 하며, 보통 계열사 설립 또는 인수합병M&A을 통해 시행된다.[21]

어떤 기업이든 자신이 만들어 팔고자 하는 생산물product을 만들기 위해서는 그 생산production에 필요한 것들을 다른 기업 또는 개인으로부터 사들여야 한다. 이처럼 생산 과정에 투입되는 모든 것을 생산요소factor of production라 부른다. 생산요소는 크게 자본capital과 노동labour, 그리고 토지land라는 3대 요소로 나뉜다.[22] 생산요소로서의 자본은 기계, 장비, 원자재, 소재, 부품, 에너지 등 모든 물적 투입요소를 포괄하는 물적자본physical capital[23]이다. 생산요소로서의 노동은 기업에 고용된 근로자의 노동력을

---

21. 특정 상품의 생산계열은 주로 최종소비재를 생산하는 대기업에 납품하는 중소기업들로 이루어지는 피라미드 형태를 취한다. 이 중소기업들을 협력업체나 하청업체 또는 밴드 등으로 부른다. 이들은 생산계열에서의 순서에 따라 1차, 2차, 3차 등으로 구별된다. 이 모든 고리마다 발주업체와 납품업체가 있고, 이들 사이에는 양자 간의 협상력의 차이로 인해 주로 발주업체에 의한 횡포가 일어날 수 있다. 예컨대 품질, 납기일, 대금결제 조건 등에서 불이익을 주거나 이른바 계약에 없는 '갑질'이 횡행하기도 한다.

22. 최근 들어 토지는 자본의 일부로 간주되는 경향이 강하다. 왜냐하면 농업경제에서와는 달리 공업경제에서는 생산에서 토지가 수행하는 역할과 비중이 상대적으로 아주 작은 데다가 그것도 자연 그대로의 토지가 아니라 이미 인간의 노동이 투하되어 가공된 토지만이 생산과정에 투입되기 때문이다. 즉 토지는 이미 자본의 성격을 강하게 갖고 있다.
    노동도 마찬가지다. '인적 자원'으로 불리던 노동력이 최근에는 '인적 자본'으로 불리기도 한다. 이는 노동이라는 생산요소가 생산 과정의 외부에서 주어진다는 양적 측면보다 교육과 훈련을 통해 그 질적 능력을 향상시킬 수 있다는 점에서 자본의 성격을 띠기도 한다는 점을 포착한 것이다. 이처럼 모든 생산요소가 자본으로 간주되는 경향이 갈수록 짙어지고 있다.

23. 물적자본은 금융자본(financial capital)에 대응되는 개념이다. 물적자본이 기계, 장비, 원자재 등 자본재라는 실물 형태를 취한다면(그래서 '실물자본'이라고도 불린다), 금융자본은 상품을 구매할 수 있는 힘, 즉 구매력을 지칭하는 화폐의 형태를 취할 수도 있고, 나아가 일정한 화폐량=금액을 청구할 수 있는 권리, 즉 청구권을 나타내는 증권(securities)의 형태를 취할 수도 있다. 생산요소로서의 자본에 대해서는 5장에서 좀 더 자세히 살펴

지칭한다. 자본과 노동은 생산 과정에서 일정한 양적 비율로 결합되는데, 이 비율은 사용되는 생산기술에 달려 있다.

그런데 기업이 무언가를 생산하여 판매하는 목적은 이를 통해 사람들과 사회가 필요로 하거나 원하는 것을 생산해 공급하는 그 자체에 있는 것이 아니라 더 많은 돈을 버는 것(이윤 추구)에 있다. 돈을 벌기는커녕 손실을 보고 손실이 감당할 수 없을 정도로 누적되면 이 기업은 도산할 수밖에 없다. 이처럼 이윤 추구가 기업의 지상목적이라는 사실로 인해 적어도 다음 두 가지 사회적 부작용이 나타날 수 있다.

한편으로, 기업은 이윤을 남길 수 있다고 기대되는 것만 생산한다는 것이다. 어떤 재화나 서비스가 아무리 인간의 생활을 풍요롭게 만들고 사회적으로 바람직한 것이라 하더라도 상품의 성격상 돈 받고 팔기가 어렵거나 혹은 팔린다 하더라도 적정한 이윤을 가져다줄 만큼 수요가 존재하지 않는다고 판단되면 그런 상품을 생산할 기업은 없다.[24] 바로 이 때문에 기업들이 생산하려 들지 않지만 사회적으로 필요한 재화나 공공서비스, 즉 공공재나 가치재는 정부가 공기업을 설립하여 생산·공급할 수밖에 없다. 이와는 정반대로, 비록 사회적으로 해악을 끼치는 것일지라도 돈만 벌 수 있다면 기업은 그것이 무엇이든 만들어 팔려고 할 것이다. 그래서 마약이나 무기처럼 민간 기업이 임의로 만들어 팔면 안 되는 품목들은 정부가 생산을 금지하거나 통제하게 된다.

다른 한편으로, 기업은 이윤 극대화를 위해 비용의 최소화를 도모할 것이다. 이미 본 바와 같이 인건비, 협력업체 납품가 등 모든 종류의 생산

보게 될 것이다.

24. 이에 대해서는 7장에서 시장 실패를 다룰 때 좀 더 자세히 살펴볼 것이다.

비용을 줄이려 들 것임은 당연하다. 심지어는 세금이나 사회보장 분담금처럼 이윤에서 지불되어야 하는 의무납부금조차 가급적 적게 내려고 할 것이다. 더욱이 환경보호를 위한 공해방지시설은 결코 자발적으로 설치하지 않을 것이다.

바로 이러한 이유로 사회적 비용을 초래하는 행위나 부당 거래 또는 회계 부정 같은 행위에 대해서는 정부가 감시나 규제를 하고, 때로는 관련법과 제도를 만들어 위반 시에는 처벌하는 것이다. 만약 기업들에게 공해방지시설의 설치가 의무화된다면 그만큼 생산비가 높아지고, 이는 소비자 가격에 전가될 가능성이 높다. 이렇게 본다면 공해 등 부정적 외부효과를 줄이기 위한 비용의 지출을 기업에게 강제할 것인지 여부와 그 범위를 두고 정치적 판단과 사회적 합의가 필요함을 알 수 있다. 이는 궁극적으로 해당 사회의 구성원들의 경제적 처지와 사회적 및 환경적 인식의 수준에 달려 있을 것이다.

가계, 소비와 수요의 주체

경제학에서는 소비 활동을 하는 경제주체를 가계라 부른다. 가계는 그 구성원들이 수입과 지출에 관한 경제적 의사결정을 공동으로 행하는 단일한 회계단위다.[25]

기업의 경우와 마찬가지로 가계의 규모 역시 다양할 수 있다. 가계는 독신가구일 수도 있고 조부모와 손자가 함께 사는 대가족일 수도 있다.[26]

---

25. 가계는 행정적으로는 가구로, 사회적으로는 가정이나 가족으로 지칭되기도 한다.

26. 자본주의의 발전과 더불어 가계의 크기는 갈수록 작아지는 경향을 나타냈다. 우리나라의 경우, 얼마 전까지만 해도 3대 이상이 함께 사는 대가족이 많았지만, 직계 2대만 사는

가계의 행동원리는 효용 극대화이다. 비용-편익 분석에 의거해 보면 여기서의 비용은 상품 구매가격이고, 편익은 해당 상품의 소비로부터 얻는 만족이다. 효용 극대화를 위해서는 가급적 싸게 구입해야 하고, 일단 구입한 상품은 그 효용을 최대한으로 누려야 한다.[27]

가계의 구매량 결정도 기업의 경우와 동일한 논리에 따른다. 추가 구입에 들어가는 한계비용보다 그것이 주는 한계효용이 더 크다면 구매는 계속될 것이다. 그래서 소비자는 한계비용(=구입가격)과 한계효용(=주관적인 만족)이 같아지는 구매량에서 구매를 멈출 것이라고 볼 수 있다. 그런데 가계는 하나의 상품만 구입하는 것이 아니라 생활에 필요한 여러 상품을 구매해야 한다. 이때 가계는 구입하는 모든 상품에 대해 앞선 원리를 관철해야 하고, 또 한정된 소득의 범위 내에서만 지출이 가능하다. 표준경제학이 가계의 합리적인 선택을 설명하는 논리는 상당히 복잡한 것처럼 보이지만 그 원리는 이처럼 매우 단순한 것이다.

화폐적 시장경제에서 가계가 소비지출을 하려면 돈(화폐)을 가지고 있어야 한다. 그런데 오늘날처럼 법화legal tender시대에는 누구든 돈을 획득하려면 '벌어들이는' 방법밖에 없다[28]. 어떤 방식으로든 벌어들인 돈을 소

소가족 또는 핵가족을 거쳐 지금은 혼자 사는 단독가구의 비중이 빠르게 늘어나고 있다. 인구가 늘어나지 않더라도 가구의 크기가 작아져 가구 수가 늘어나는 것은 경제적으로 보면 시장 수요가 증가하는 결과를 가져다준다. 이 효과는 특히 주택, 자동차, 가전제품 등 내구소비재의 경우 더 크다. 대량생산-대량소비 시대와 더불어 가구의 규모가 빠르게 작아진 것은 결코 우연이라고 볼 수만은 없다.

27. 효용 극대화가 소비자 행동 원리라 하지만 현실에서는 지켜지지 않는 경우도 많다. 사 놓고 한 번 입어 보지도 않은 옷이 얼마인가, 돈 주고 산 경제학입문을 끝까지 읽어본 적이 있던가를 생각해보자.

28. 이것은 당연한 것처럼 보이지만 약 1세기 전까지 불환지폐가 사용되지 않던 시기에는

득income이라 한다. 소득을 올리기 위해서는 결국 새로운 가치를 창출하는 생산(판매 포함) 활동에 종사하지 않으면 안 된다. 예컨대 사업을 하든 취업을 하든 뭔가를 만들어 남에게 판매하는 활동에 종사해야만 돈을 벌 수 있다. 물론 이미 축적된 재산을 굴려 돈을 벌어들이는 행위 즉 재테크財Tech를 통해 돈을 벌어들일 수도 있다.[29]

어쨌든 사람들은 무한한 욕구를 충족시키기 위해 가능한 한 많은 돈을 벌고 싶어 한다. 그러나 소득의 제한 없이 소비를 할 수 있는 사람은 극소수이므로 거의 모든 가계는 소비에서 소득 제약 하에 놓여 있고, 더욱이

반대였다. 예컨대 금본위제 하에서는 금이 곧 화폐이기에 금을 가진 사람이라면 누구든 금을 녹여 금화를 주조하거나 역으로 금화를 녹여 금반지를 만들 수도 있었다. 법화인 불환지폐의 도입과 더불어 민간주체에 의한 자유로운 화폐 발행은 엄격히 금지되었고, 그 발행은 중앙은행에 의해 독점되었다. 그 이유에 대해서는 나중에 '시뇨리지'라는 개념과 함께 설명할 것이다.

29. 소득은 크게 근로소득과 재산소득으로 나뉜다. 근로소득은 노동력을 제공함으로써 부가가치의 생산에 기여한 대가로 받는 소득, 즉 임금을 말하며, 재산소득은 재산을 굴려 번 소득이다. 재산은 건물, 토지 같은 부동산일 수도 있고, 현금, 예금, 주식, 채권, 외환 등 동산(금융재산)의 형태를 취할 수도 있다. 재산은 남에게 빌려줌으로써 이자, 지대, 배당 등의 소득을 올릴 수 있고, 매매를 통해 시세 차익(자본이득(capital gain)이라고도 한다)을 올릴 수도 있다.

발달된 금융시장과 부동산시장이 존재하는 오늘날에는 근로소득은 없이 재산소득만으로 살아가는 사람도 있고, 때로는 주식이나 부동산 거래에 몰두하여 시세차익으로 큰 돈을 벌어들이는 사람도 있다. 이처럼 시세차익을 목적으로 하는 거래를 정의상 투기(speculation)라 하는데, 이러한 투기에서는 대박을 치는 사람보다는 쪽박을 차는 사람이 더 많은 게 현실이다.

그런데 재산은 벌어들인 돈인 소득을 다 쓰지 않고 남긴 부분인 저축(saving)에 의해서만 형성될 수 있다는 사실을 감안하면 기존 재산도 원래는 이전에 벌어들인 소득 중에서 지출하지 않고 모아둔 저축이라는 사실을 쉽게 알 수 있을 것이다. 유산 등 증여를 통해 형성된 재산의 경우에도 그 원천은 증여자가 과거에 형성했던 저축에서 기인한다는 사실에는 변함이 없다.

미래의 불확실성과 미래의 예상 지출에 대비하기 위해 소득의 일부분을 저축해야 한다는 제약 하에서 소비지출에 관한 결정을 내려야 한다.

요즘 '똑똑한 소비'라는 표현이 유행이다. 그 형태는 다양하다. 예컨대 명품 구입보다는 여행하기 등 행복을 느낄 수 있는 소비, 쿠폰이나 캐쉬백cash back 등 각종 부가혜택의 적극적인 활용, 소득공제를 받을 수 있는 현금영수증 받기나 카드 결제, 에너지 절약 등 돈 버는 소비, 지역에서 생산된 상품, 친환경 상품, 공정무역[30]을 통한 수입품 애용하기가 그러하다. 이 사례들은 소비가 오로지 상품의 가격이나 품질에 대해서만 반응하는 것은 아니라는 점을 보여준다. 그럼에도 불구하고 대부분의 소비자들이 상품의 가격과 품질에 가장 민감하게 반응한다는 것은 여전히 변함없는 사실이다.

요컨대 소비의 주체인 가계는 시장에서는 상품을 구매할 의도를 가진 수요자이면서 시장에서 실제로 그것을 사들이는 구매자이다.

정부, 공공주체

공공주체로서 정부는 특정한 민간주체나 경제의 특정 부문을 대상으로

---

30. 공정무역(公正貿易, fair trade)은 투명성, 존중 및 소통에 기반을 두면서 국제무역의 공정성 확대를 추구하는 협력적 무역 거래다. 경제발전 단계가 낮고 국제 경쟁에 뒤처진 개도국들의 생산자와 노동자의 권익을 보장하고, 더 나은 무역 조건을 제공함으로써 이 나라들의 지속가능한 발전에 기여하는 데 목적이 있다.

공정무역 기구들은 (소비자들의 지원을 받아서) 전통적인 국제무역의 법규와 관습을 변화시키고, 의식적 자각을 일으키고, 생산자들을 돕는 데 적극적으로 참여하는 운동을 벌이고 있다(European Fair Trade Association: 2006). 공정무역은 다양한 상품의 생산을 둘러싸고 여러 지역에서 사회와 환경 표준뿐만 아니라 공정한 가격의 지불을 촉진하기 위하여 국제무역의 시장모델에 기초를 두고 조직된 사회운동이다. 이 운동은 개발도상국에서 선진국으로 수출되는 품목에 특히 초점을 두고 있으며, 그 주된 대상은 수공예품, 커피, 코코아, 차, 바나나, 꿀, 코튼, 와인, 과일 등이다.

하지 않으며 국민경제 전체의 안정과 성장이라는 공익을 위해 일한다. 그런데 정부는 민간 경제주체들과는 달리 기본적으로 생산의 주체도 소비의 주체도 아니므로 민간부문에서 조세를 거두어 목적 달성에 필요한 재원을 조달한다. 이 때 세입은 조세 법정주의에 의거하여 법으로 허용된 세목과 세율로 이루어지며 세출은 반드시 국회의 심의를 거치고 사후 감사를 받아야 한다.

이론적으로 정부의 경제적 행동원리는 제한된 조세수입을 가지고 공익을 극대화하는 것이며, 정부의 경제적 활동은 경제정책의 시행을 통해 이루어진다. 여기서는 정부 또는 국가에 관한 경제적 시각을 간략히 소개하고, 경제정책과 그 한계에 대해서는 나중에 자세히 다루고자 한다.

대체로 시장주의자들은 이른바 최소정부를 지향한다. 최소정부란 행정, 치안, 국방 등 엄격한 의미의 공공서비스만 제공하는 정부를 지칭하며 야경국가라 불리기도 한다. 정부는 가급적 모든 경제 활동을 시장의 자율에 맡기고 시장에 대한 개입을 자제해야 한다는 주장이다. 이와 정반대의 시각은 계획경제를 운영하는 사회주의 국가일 것이다.

역사적 현실에서 국가에 대한 일반적인 경제관은 케인스식 개입국가와 복지국가 정도일 것이다. 자본주의 혼합경제에서 정부는 총수요 관리 등 경기 조절 역할은 물론 사회보장 등 사회적 역할까지 수행하고 있는 게 현실이기 때문이다. 표준경제학이 정부 없는 순수한 시장경제를 전제하고 정부는 이러한 경제를 구현하는 정책을 펴야 한다고 주장하지만, 현실에서는 오히려 자본주의 시장경제의 발전에 내포된 모순 때문에 경제에서의 정부의 비중을 증대시키고 그 역할을 강화하는 방향으로 전개되어 왔다.

3 경제 문제와 경제학

경제가 돌아가는 과정에서 개인이나 사회는 여러 가지 경제 문제에 부닥치게 마련이다. 일하고자 하는 모든 사람이 적절한 일자리를 구할 수 있을 정도로 충분한 경제 성장의 리듬이 유지되고, 물가도 용인할만한 수준에 안정되어 있으며, 누구나 생산에 기여하는 만큼의 보수를 받아 사회적 품위를 유지할 수 있는 소비수준을 유지하며, 그래서 기업들도 생산물의 판매에 큰 어려움이 없다면 아마 경제 문제는 존재하지 않을 지도 모른다. 이처럼 경제 문제가 없다면 경제학이 존재해야 할 이유도 없을 것이다.

그러나 현실의 경제가 이러한 이상적인 상태를 유지하는 경우는 극히 드물며, 그런 상태가 온다 해도 그다지 길게 지속되지 않는 게 보통이다. 통상의 경제는 항상 저성장, 실업, 인플레이션 등 이런저런 문제를 안고 있으며, 경제가 거품 등 과열현상을 보일 정도로 잘 돌아가는 것 역시 심각한 경제 문제로 간주된다. 경제학은 경제가 어떤 문제를 가지고 있는지, 그 원인은 무엇이며 어떻게 해결할 수 있는지를 연구하는 학문이라 해도 지나치지 않다.

개별 경제주체의 문제

개별 경제주체를 보자. 최소생활조차 유지하기 어려운 극빈층은 문화생활은 고사하고 하루 끼니조차 걱정해야 하는 생활고에 시달릴 것이다. 소득은 빠듯한데 물가가 지속적으로 상승하면 서민들은 부아가 치밀 것이다. 아무 잘못도 하지 않았는데 실질소득이 감소해 이전의 생활수준을 유지할 수 없기 때문이다. 형편이 좀 나은 중산층이라도 천만 원 대로 치솟은 대학 등록금 마련에 고심하지 않을 수 없다.

사회에 첫걸음을 내딛는 대졸자나 정리해고로 직장에서 쫓겨난 사람에게 구직이나 재취업은 일생일대의 경제 문제일 것이다. 노후생활 자금을 충분히 마련하지 못한 퇴직 예정자나 퇴직자의 생활고가 갈수록 심각해지고 있다는 소식도 들린다. 오래된 노후 아파트 거주자들은 과거처럼 재개발이나 재건축 사업이 거의 불가능해졌음에도 새 집 마련 자금을 따로 모아둔 것도 아니어서 뾰족한 대책이 없는 상태다.

생활고와는 전혀 관계없는 고소득층이나 부자라고 해서 경제 문제가 없을까. 그동안 모아둔 재산의 가치가 줄어들지는 않을까, 어떻게 해야 재산을 더 불릴 수 있을까 노심초사할 것이다. 최근에는 대출 받아 산 아파트의 원리금 상환에 쩔쩔매는 이른바 하우스 푸어house poor까지 등장했다.

사업에 실패한 사장이나 주식투자에 실패해 엄청난 빚을 진 사람이라면 자살의 유혹에 쉽게 넘어갈 수도 있다. 대기업에 납품하는 중소기업 사장은 납품가격이 계속 유지될 수 있을지, 어느 날 갑자기 거래 중단 통고를 받지는 않을지 항상 걱정이다. 퇴직금에 대출까지 받아 자영업을 시작한 사람들 중 대다수는 파산의 운명을 벗어나지 못한다. 대기업조차 글로벌 경쟁에서 살아남기 위해 전전긍긍하고 있다.

이처럼 곰곰 생각해보면 경제 문제는 누구에게나 있고 또 도처에 늘려 있고, 한도 끝도 없다고 할 수 있다. 우리가 의식하든 의식하지 않든 언제나 이런저런 경제 문제로 신경을 쓰고 있다 해도 지나치지 않다.

사회의 경제 문제

경제 전체로 보더라도 여러 가지 문제가 있다. 경제의 3대 목표로 보통 경제 성장과 물가 안정 그리고 완전 고용을 꼽는다.

경제 성장이란 국민경제의 규모가 갈수록 커지고 그에 따라 국민소득, 특히 일인당소득이 증가하는 현상을 말한다. 달리 말해서 나라 전체의 경제력이 커지고 이에 따라 국민의 평균적인 생활수준이 제고되는 것을 말한다. 물가 안정이란 시장에서 거래되는 상품들의 가격이 안정적으로 변동하는 것을 말한다. 물가의 급격한 변동은 경제주체들에게 상충되는 영향을 주며, 무역 등 대외관계에도 복잡한 영향을 미치기 때문이다. 물가는 장기적으로 상승하는 경향이 있지만 예측과 적응이 가능한 범위 내에서 상승하는 게 바람직하다. 끝으로 완전 고용이란 일자리를 원하는 사람은 모두 나름의 일자리를 갖고 있어 자발적 실업자 외에는 실업이 존재하지 않는 상태를 말한다. 나아가 모두들 괜찮은 일자리decent job를 가지고 있어 인간다운 생활을 할 수 있을 수준의 임금을 받는다면 금상첨화일 것이다.

문제는 이러한 이상적인 경제적 상태가 현실에서 항상 실현되지 않는다는 데 있다. 자본주의 시장경제는 분권적 의사결정 즉 생산의 무정부성 때문에 호황과 불황의 반복 재생이라는 경기변동business cycle이나 활황-폭발boom-burst 과정을 반복할 수밖에 없는 숙명을 가지고 있다. 경제가 항상 성장만 하는 법은 없는 것이다. 법정 불환지폐 제도 하에서는 물가 상승이 천형처럼 잠복되어 있다. 완전고용은 오늘날 더 이상 실현 불가능한 목표처럼 보인다.

더욱이 어떤 경제정책 패키지를 사용하더라도 이 '세 마리 토끼'를 한꺼번에 잡을 수 있는 방안은 존재하지 않는다는 게 경제학이 가르쳐주는 바다. 일종의 삼위불일체三位不一體, in-trinity다. 왜냐하면 경험적으로 경제 성장은 일자리 창출을 동반해 실업을 축소시키는 반면 대개는 물가상승을 유발하기 때문이다. 그래서 비록 그 수준은 좀 낮더라도 물가 상승 없는 경제 성장률의 달성이 바람직한 것으로 간주된다. 그것은 완전고용하에서 달성 가능한 성장률 즉 잠재성장률이다.

실제 성장률이 잠재성장률을 상회하는 일이 지속되면 거품을 동반한 활황이 조성되고, 이는 물가상승을 불가피하게 만들고 때로는 거품의 폭발을 일으킬 수 있다. 잠재성장률보다 낮은 실제 성장률은 물가는 안정시킬지는 몰라도 고용을 충분히 창출하지 못해 실업을 증대시킬 수 있다. 심지어 물가의 지속적인 하락을 지칭하는 디플레이션deflation을 동반하는 장기 침체로 빠져들 수도 있다. 오늘날의 세계경제가 이런 상황에 빠져 있다 해도 틀리지 않을 것이다.

최근 각국 경제는 물론 세계 경제에 새롭게 부각되고 있는 중대한 문제가 있다. 그것은 환경 파괴에 따른 지속 가능한 경제성장과 고용 없는 성장이다. 한편으로, 그동안 산업혁명과 공업화를 통한 빠른 경제성장이 초래한 심각한 환경 문제로 인해 성장 자체가 지속되기 어려울 수도 있다는 인식이 확산되어왔다. 이 문제는 생태적 경제순환을 다룰 때 좀 더 자세히 언급될 것이다. 다른 한편으로, 경제가 성장하고 있음에도 오히려 고용이 줄어들고 장기 실업이 늘어나는 경향이 갈수록 뚜렷해지고 있다. 이러한 현상을 초래하는 원인이 무엇인지는 아직 명확히 밝혀지지 않았지만, 이 현상 자체가 경제의 역사에서 전혀 새로운 현상임과 동시에 이로 인해 경제이론의 근간이 흔들리고 있음은 사실이다.

경제학의 역할

경제학은 개인의 일상적인 경제 문제의 해결에 직접적인 도움을 줄 수 없을뿐더러 직접 다루지도 않는다. 냉정하게 말하면 자본주의 시장경제에서 개별 경제주체의 경제적 운명은 기본적으로 각자의 노력과 요행에 달려 있고, 자신의 경제 문제는 스스로 해결해야 한다. 이 경제는 개인의 자유의지에 따른 자율적 선택과 그 결과에 대한 자기 책임의 원칙에 의거해 작동하기 때문이다.

그럼에도 개인의 경제 문제를 경제 전체가 안고 있는 문제와 전혀 무관하지 않다. 국민경제의 상황에 따라 개별 민간경제 주체의 처지가 평균적으로 상당히 달라질 수 있기 때문이다. 예컨대 호황기에는 생산이 늘어나 일자리와 소득도 늘어나고, 덩달아 가계들의 소비도 활발해진다. 가계 소비가 증가하면 기업 생산도 늘어나는 일종의 선순환이 작동한다. 이런 시기에는 경제 문제로 골머리를 썩이는 개인도 줄어든다.

역으로, 불황기에는 생산이 줄어들고 도산하는 기업도 발생하는데 이에 따라 일자리가 줄고 임금이 정체 내지 감소해 가계 소득도 줄어든다. 이리하여 가계 소비가 위축되면 기업 생산도 줄어드는 일종의 악순환이 정착된다. 이런 시기에는 정리해고나 구조조정으로 실직할까봐 고민하는 개인이 늘어나고 충분한 소득을 올리지 못해 소비규모를 줄이거나 기존의 소비수준을 유지하기 위해 빚을 내는 가계도 늘어날 수 있다. 또한 어떤 이유로 물가가 급등하면 연금이나 이자수입 같은 고정된 수입을 가진 가계는 구매력이 줄어 소비여력도 줄어든다.

그래서 민간 경제주체들은 경제 전체의 상황에 지대한 관심을 가진다. 그러나 경제성장률, 물가상승률, 수출입, 무역수지, 환율, 금리, 주가 등 수많은 거시경제 지표들의 변동과 그 원인에 관한 지식이 없다면 자신이 부닥친 경제적 문제의 해결은 고사하고 왜 그런 문제가 생겼는지조차 이해할 수 없을 것이다. 반면 개별 경제주체들은 거시경제 전체에 대해 어떤 영향력도 행사하지 못한다. 거시경제를 관찰하고 문제를 해결하는 것은 공공주체인 정부가 해야 할 역할이다. 그래서 불황이 오면 정부에 대한 기대와 비판이 증대한다.

경제학은 경제 현상의 분석과 해명을 일차적인 목적으로 삼고 있지만, 그와 동시에 다양한 경제 문제에 대한 시장적 또는 정책적 해법의 모색도 한다. 이론과 실천의 종합을 추구한다고나 할까. 그래서 경제학은 실증적 분석(현재의 상황이 왜 그런지를 아는 것)과 이를 바탕으로 한 규범적 정책(바람직한 상태를 조성하기 위한 대책)의 모색을 동시에 추구하는 학문이다. 전자를 실증경제학, 후자를 규범경제학이라 부른다. 어떤 상태가 바람직한 것인지 또는 어떤 대책이 옳은 것인지를 판단하기 위해서는 가치판단이 전제되므로 객관적인 해법은 고사하고 다수가 동의하는 해법을 찾는 것조차 쉽지 않다. 그럼에도 올바른 해법을 모색하려면 있는 그대로의 현실 분석이 전제되어야 한다는 사실에는 변함이 없다.

어쨌든 개별 주체가 직면하는 경제 문제의 원인이나 해결은 경제의 구조와 동학은 물론 경제 체제와도 긴밀하게 연관되어 있다는 점에서 경제학은 결국 개인의 경제 문제를 간접적으로 다루는 거나 마찬가지다. 따라서 경제학을 배운다 해서 개개인이 직면하고 있는 문제에 대한 맞춤형 해법을 찾기는 어렵겠지만, 경제학 지식은 최소한 그러한 개인적인 경제적 고민이 발생하게 된 경제 전체의 상황을 파악하고, 나아가 실효성 있는 해결책을 모색하는 데 적지 않은 도움을 줄 수 있다고 하겠다.

경제의 역사 개관

제**2**장

인류의 경제적 역사를 정치, 사회, 문화 등 인간 생활의 다른 영역들의 역사와 분리시켜 살펴보는 것은 인간의 삶의 총체성과 삶을 구성하는 세부영역들 간의 상호영향 관계를 생각하면 애당초 불가능한 일이다. 혹시 그럴 수 있다 하더라도 바람직한 일은 아니다. 이 장에서는 인류의 삶의 경제적 변동을 중심에 두되, 다른 영역의 주요 현상들도 부가적으로 살펴보는 방식을 취한다.

제2장

경제의 역사 개관

역사가 카E. H. Carr는 "역사는 과거와 현재의 대화"라고 갈파했다. 현재의 입장에서 과거를 반추하고 교훈을 얻는 태도가 역사를 있었던 그대로 파악하고 기술하는 것 못지않게 중요함을 강조한 것이다. 오늘날의 자본주의 시장경제를 제대로 이해하고 그 특징을 알기 위해서는 인류가 지금까지 어떤 경제들을 살아왔는지를 알아보는 게 좋은 방법이다. 그럼으로써 지난 시대들은 어떤 경제 문제(모순과 부작용)를 어떻게 해결해왔는지를 알 수 있고, 이는 오늘의 경제 문제를 해결하는 데도 큰 도움이 될 수 있기 때문이다. 그럼에도 지금까지 경제학 원론도 입문도 경제의 역사에 대해서는 아예 언급조차 하지 않았다. 이것은 경제학 교육에서 중대한 실책이 아닐 수 없다.

이 장에서는 먼저 역사의 경제적 해석 방법을 개략적으로 소개한다. 이어서 2절에서는 세계 경제사의 개관을 통해 인류 공통의 경제적 변화 과정을 알아보고, 3절에서는 근대 이후 한국의 경제적 변천을 살펴봄으로써 우리가 현재 어떤 경제적 세상을 살고 있는지를 알아본다. 이 장을 통해 인류의 역사가 진정 진보의 역사라면 어떤 점에서 그러한지, 미래에도 진보가 이어질 수 있도록 하려면 어떤 노력이 필요한지에 대해서도 생각해보는 계기가 되었으면 한다.

1 역사의 경제적 해석

인류의 경제적 역사를 정치, 사회, 문화 등 인간 생활의 다른 영역들의 역사와 분리시켜 살펴보는 것은 인간의 삶의 총체성과 삶을 구성하는 세부영역들 간의 상호영향 관계를 생각하면 애당초 불가능한 일이다. 혹시 그럴 수 있다 하더라도 바람직한 일은 아니다. 여기서는 인류의 삶의 경제적 변동을 중심에 두되, 다른 영역의 주요 현상들도 부가적으로 살펴보는 방식을 취한다.

경제사를 살펴보는 방식에는 여러 가지가 있을 수 있다. 여기서는 인간의 경제 활동 중 가장 중요한 두 개의 기본활동인 생산과 소비를 중심으로 하되 생산 측면에 좀 더 치중해 살펴보고자 한다. 그 이유는 다음 두 가지다.

먼저, 역사는 변화를 탐구하는 것인데, 소비는 목적이므로 일정 기간 동안은 거의 변하지 않는 반면 생산은 수단이어서 상대적으로 빠른 변화를 보인다. 더욱이 소비의 내용은 결국 인간이 생산할 수 있는 것에 의해 제한될 수밖에 없다는 점에서 소비는 수동적인 성격을, 생산은 능동적인 성격을 가진다고 볼 수 있기 때문이다.[1] 다음, 소비는 대개 개인적으로 이

---

1. 이러한 생산의 능동성에 대한 인식은 오늘날과 같은 현대 경제에는 더 이상 타당하지 않은 것처럼 보인다. 특히 1930년대 과잉생산 대공황 발발 이후로 그러하다. 그동안 불변의 법칙으로 간주되어 왔던 "공급은 스스로 수요를 창조한다"는 세이(Say)의 법칙이 더 이상 타당하지 않게 된 것이다.

   대공황 이후 정부들의 주요 관심사는 소비 측면에서 총수요를 어떻게 관리하는가에 있게 되었다 해도 지나치지 않다. 전통적인 복지정책이 그러하고, 최근 논란이 되고 있는 소득(또는 임금) 주도 성장이나 최저임금 관련 논란 또는 기본소득 아이디어의 확산도 이러한 상황을 반영한다. 그만큼 현대경제에서는 소비와 수요의 중요성이 커졌고, 소비의 역

루어지지만 생산은 협업과 분업(및 교환) 체계를 통해 대개 사회적으로 이루어지므로 생산 측면의 변동이 각 시대의 특징을 더 잘 드러내주기 때문이다.

생산 측면에서 보는 역사는 생산력과 생산관계라는 두 가지 측면에서 파악될 수 있다. 생산력이란 인간의 생산 능력을 총칭하는 개념으로서 구체적으로는 노동력labour force과 생산수단means of production의 결합으로 주어진다. 다시 말해 생산력은 노동력의 크기와 질 그리고 생산수단의 종류와 성능에 의해 좌우된다. 먼저, 노동력이란 인간이 체화하고 있는 노동하는 능력(육체적 및 정신적)을 지칭한다. 한 사회의 노동력은 인구(특히 노동 가능 인구) 증가에 의해 양적으로 증가하고 교육이나 훈련을 통해 질적으로 향상될 수 있다. 다음, 생산수단은 인간이 생산 과정에서 사용하는 일체의 수단을 지칭하며, 이는 다시 노동대상과 노동수단으로 구분된다[2].

이처럼 생산력이 사물(자연과 인공)에 대한 인간의 지배력을 반영한다면,

동성 여부가 경제상황을 결정한다고 보는 견해가 득세하고 있다. 그럼에도 끊임없이 증대하는 경향이 있는 생산력의 능동성이 부정되는 것은 아니다. 현대에 들어서는 생산의 지나친 능동성(만성적인 과잉생산 상황)이 오히려 소비와 수요의 중요성을 부각시키고 있는 상황이라 할 수 있다.

2. 노동대상은 생산 과정에서 인간의 노동력이 작용하는 대상을 총칭한다. 식물이나 광석처럼 자연 그대로의 것(원자재)도 있고 소재나 부품처럼 이미 가공되거나 변형된 것도 있다. 노동수단은 인간이 노동을 하면서 사용하는 일체의 수단으로서 작업도구나 기계 또는 장치 같은 것을 말한다. 예컨대 나무를 가지고 책상을 만드는 경우 나무는 노동대상이고 칼, 전기톱, 망치 같은 것은 노동수단이다.

노동대상은 그 자체가 생산과정에서 생산물의 일부로 포함되어 가는 반면, 노동수단은 생산물로 이전되지 않고 독립적으로 존재한다. 그래서 노동대상의 가치는 통째로 생산물의 가치로 이전되지만, 노동수단의 가치는 그 중 일부만 생산물로 이전된다. 참고로 회계학에서 노동대상은 유동자본(또는 유동비용)으로, 노동수단은 고정자본(또는 고정비용)으로 간주된다.

생산관계는 생산 조직과 노동 과정에 참여하는 인간들 간의 관계를 지칭한다. 주로 생산수단의 소유 여부에 의해 결정되는 생산관계는 사회관계(사회에서의 인간들 간의 관계)를 결정하는 토대가 된다. 이로부터 서로 다른 사회계급social class이 등장한다. 크게 보면 어느 시대든 생산수단을 소유한 개인이나 집단이 생산을 조직하고 통제함으로써 사회적 지배계급이 되고, 생산수단을 소유하지 못한 개인이나 집단은 그 사회의 피지배계급을 이루게 된다. 나중에 보듯이 이러한 지배-피지배 관계가 구체적으로 어떤 모습을 띠는가에 따라 생산관계의 규정이 달라진다.

생산력이 서서히 그러나 꾸준히, 때로는 급격하게, 발전하는 속성을 가지고 있다면, 일단 확립된 생산관계는 상당히 오래 동안 유지되는 속성이 있다. 생산력의 항상적인 증대는 인간에 의한 끊임없는 과학지식의 누적과 기술개발의 실행에 기인한다. 이 노력의 강도와 효과에 따라 생산력의 발전 속도가 달라진다. 생산관계는 관습이나 법률 등 규범으로 정착되고 제도로 구체화되기 때문에 제도 변화 없이는 바뀌지 않으며, 제도 변화는 지배계급의 기득권 유지로 인해 대개 사회적 갈등과 투쟁을 통해 이루어진다. 이른바 계급투쟁이 그것으로 때로는 폭력적인 혁명을 거치기도 한다.

통상 생산력의 일정한 발전 수준에 조응하는 특정한 생산관계가 성립하며, 이처럼 주어진 생산관계 하에서 생산력은 꾸준히 증대된다. 이처럼 특정한 수준의 생산력과 특정한 형태의 생산관계가 확립될 때 이 전체를 특정한 생산양식mode of production으로 규정할 수 있다. 생산양식은 한 시대를 규정하는 물적 토대이자 하부구조다. 그 위에 정치, 사회, 문화, 종교, 예술 등 총칭 상부구조가 조응한다.

[표 2-1] 인류 경제사의 시대 구분

구분	원시 공산제	고대 노예제	중세 봉건제	근대 자본주의	현대 자본주의
생산력	•채취+수렵 •집단노동(분업+협업) •원시도구: 타제석기(구석기)→마제석기(신석기) •불 •유목생활 •농업혁명 물물교환, 물품화폐	•농업과 농업혁명 지속 •금속도구: 청동기, 철기 등 다양화 및 성능 개선(수공업) •금속화폐	•농업 •금속도구 다양화 및 성능 개선 •농노의 생산력 제고 유인 •인쇄술 •농업혁명 지속+매뉴팩처 •본원적 축적과정	•산업혁명(공업화) •통신, 녹음기 •공장제 기계공업 •자본주의: 사유재산, 자본간 경쟁과 혁신 유인, 노동의 성과급 유인 •금본위제, 불환지폐	•디지털(IT) 혁명: 컴퓨터+인터넷 •서비스 산업화(문화산업) •금융 지배 •개인의 지력+집단지성 •4차 산업혁명: 융·복합 기술 •전자화폐, 암호화폐
생산관계	•원시공산제: 생산수단과 생산물의 공동 소유 및 분배	•최초 계급사회: 노예-노예소유자 •노예소유자에 의한 잉여의 전유	•기본계급: 농노-영주 •잉여의 분점(소작료) •봉건적 속박	•기본계급: 노동자-자본가 •계약 분점(임금/이윤) •포드주의(대량생산+대량소비, 임금-생산성 연동)	•기본계급과 잉여분배 방식의 지속과 변동 •교섭력에서 자본〉노동 •계약 형태의 다양화
사회/국가/이데올로기	•원시공동체: 무계급사회 •말, 신화와 주술	•정착생활: 농업 •가부장제 •고대국가 •문자 •세계 4대문명 •국교(기독교)	•가부장제 •봉건국가: 신성로마제국 •종교(가톨릭) 지배	•산업사회 •절대왕정 체제 •계몽주의 •시민혁명 •국가의 경제적 역할	•후기산업사회, 포스트모더니즘 •애드호크러시 •신자유주의 •자본주의 다양성 •문화 다양성 •통섭, 융복합
국제관계	•씨족/부족 간 전쟁	•노예 획득 정복전쟁 •로마제국 + 중국 당나라	•원격지무역(실크로드), •자유도시 •지리상의 발견: 대항해시대 •식민제국: 포르투칼→스페인	•Pax Britanica •제국주의+식민지주의 •양차 세계대전 •냉전	•Pax Americana •탈식민지화+개도국 공업화: NICs*, BRICs** •세계체제 다극화 •글로벌화
모순/변동	•잉여생산물, 사적소유권, 계급 출현 •원시적 계급투쟁	•노예제의 한계 •전쟁과 제국 유지비 증대 •외부 침입	•종교개혁 •르네상스: 다빈치(모나리자), 인본주의 •과학 발전: 코페르니쿠스, 갈릴레오	•경기변동, 대공황, 양극화 •사회주의 도전 •수정자본주의, 파시즘	•고용 없는 성장 •세계화 진행과 세계정부 부재

*NICs : 신흥공업국, Newly Industrializing Countries(그 대표적인 나라가 한국이었음).
**BRICs: 브라질, 러시아, 인도 및 중국(거대한 영토와 인구를 가지고 있어 경제적 잠재력이 큰 개도국들을 지칭함).

그렇다면 경제적 시대 구분의 기준이 되는 생산양식은 어떻게 바뀌는 것일까. 주어진 생산양식 하에서 생산력의 증가가 일정한 단계에 이르면 기존의 생산관계에 의해 더 이상의 증가가 오히려 제약 당하는 모순적인 상황이 도래한다. 이렇게 해서 생산력과 생산관계가 갈등 관계로 들어서면 기존의 생산관계 및 사회관계를 유지하려는 세력과 새로운 관계를 도입하려는 세력 사이에 정치적 격변을 동반한 사회적 투쟁이 일어난다. 이 변혁 과정은 생산관계(더 넓게는 사회관계)가 증대된 생산력에 조응하는 방향으로 변경됨으로써 새로운 생산양식의 출현으로 마무리된다. 이는 통상 상당히 긴 기간에 걸쳐 진행되며 폭력이 동반될 때도 있다.

인류의 경제사는 이처럼 생산력과 생산관계의 변증법적(정(正)-반(反)-합(合)) 발전으로 이루어져왔다. 따라서 인류의 생산 활동의 발전 과정은 생산력과 생산관계를 동시에 고려할 때 그 전모를 파악할 수 있고, 나아가 시대 구분도 가능해진다. 인류의 역사는 보통 원시, 고대, 중세, 근대(및 현대)로 구분되는데, 경제사 역시 이러한 시대 구분을 따른다. 경제사에서는 이 시대들을 각각 좀 더 구체적으로 원시 공산제, 고대 노예제, 중세 봉건제, 근대 자본주의제로 지칭하며, 각 시대는 고유한 생산양식을 가진다.

이 책에서도 이 구분에 따라 각 시대의 특징과 모순, 다음 시대로의 이행에 대해 순서대로 살펴보고자 한다([표 2-1] 참조). 그러나 다음 두 가지 점에 유의할 필요가 있다. 하나는 각 시대의 사회경제체제 규정은 핵심적인 공통 특징을 추출한 하나의 이념형이며, 현실에서는 나라나 지역에 따라 다양한 모습으로 나타났다는 점이다. 특히 서양과 동양은 경제사의 구체적인 전개 모습에서 적지 않은 차이점을 보인다. 다른 하나는 시대 구분의 경계선 획정은 쉬운 일이 아니라는 점이다. 한 시대의 종말은 뒤이은 시대의 시작이기도 하며, 시대 이행의 과정은 장기간에 걸칠 수도 있다. 또한 이행기(또는 과도기)에는 생산관계(더 넓게는 사회관계)의 급격한 변화가 동반되거나 생산력 측면에서 획기적인 기술혁명이 동반되는 경우가 흔하다. 후자의 사례로 농업혁명과 산업혁명 그리고 디지털혁명(또는 4차 산업혁명)을 들 수 있다([표 2-2] 참조).

[표 2-2] 인류사의 3대 기술혁명

<table>
<tr><th>구분</th><th>농업 혁명
(BC 7천년 경)</th><th>산업 혁명
(18~19세기)</th><th>디지털 혁명
(1980년대 이후)</th></tr>
<tr><td>변화 동인</td><td>•농경기술
•원시도구->금속도구
•불; 천문학, 문자</td><td>•과학지식과 공업기술
•기계, 엔진
•화석연료, 전기
•인쇄술</td><td>•디지털 기술 + 4차 산업혁명
•통신혁명
•개방형 혁신</td></tr>
<tr><td>변화 속도</td><td>정체적
5,000년</td><td>점진적
200년</td><td>고속
30년(?)</td></tr>
<tr><td>변화 주도력</td><td>물리력 (군대)</td><td>경제력 (기업)</td><td>지력(知力) (지식 근로자, 신지식인) / 창의력, 집단지성</td></tr>
<tr><td rowspan="2">사회적 통제 구조</td><td>혈연/지연의 가부장제
(Patriarchy)</td><td>관료적 중앙집권제
(Bureaucracy)</td><td>애드호크러시*</td></tr>
<tr><td colspan="2">피라미드식 계층구조 / 상명하복(上命下服) / 수직적 의사소통</td><td>수평적 / 민주적 / 쌍방향 의사소통</td></tr>
<tr><td>사회·경제·정치</td><td>원시사회경제(유목; 채취, 사냥) 농업사회경제(정착, 영농, 축산) / 부족사회, 봉건국가(노예, 농노) / 공동체 성격</td><td>산업사회경제 (제조업 위주, 노동자와 자본가) / 근대사회 / 근대 국민국가</td><td>서비스 및 지식 기반 경제 / 가상사회 / 글로벌 경제 / 세계국가 혹은 공동체(?)</td></tr>
</table>

*애드호크러시(Adhocracy): 'ad hoc'는 라틴어로서 '특별한' 또는 '임시변통의' 뜻이다. 애드호크러시는 '임시조직'의 뜻으로 토플러(Alvin Tofler)의 『미래의 충격』에서 유래한다. 그 특징은 일시성, 능동성, 동태성, 유기성에 있으며, 흔히 특별위원회나 작업반(Task Force Team)의 형태로 운영된다. 특정한 문제를 해결하기 위해 이질적인 전문가 집단으로 구성되므로 구조 없는 조직, 변화하는 조직, 공유된 목적을 가진 조직의 성격을 띤다. 고정된 과업과 직무는 없고, 모든 구성원이 그때그때 주어지는 일을 수행한다. 애드호크러시는 컴퓨터와 네트워크를 통한 정보 공유 덕분에 과업의 비공식적인 상호조정이 가능해진 덕분에 출현할 수 있었고, 빠르게 확산 중이다. 대표적인 사례는 영화제작 스튜디오, 광고대행사, 소프트웨어 개발사, 기업의 연구개발팀 등이다.

2 세계 경제사 개관

원시 공산제

원시 시대에는 인간도 다른 동물과 마찬가지로 생존에 필요한 것을 자연에서 획득했다. 인간이 수행한 최초의 생산 활동은 나무 열매나 풀잎을 따거나 뿌리를 캐는 채취gathering와 다른 야생동물을 잡는 수렵hunting이었다. 특히 수렵에서는 인간보다 더 크거나 더 힘센 동물을 잡기 위해 또는 인간보다 약하지만 더 빠른 동물을 잡기 위해 여러 명이 함께 작업하는 집단노동(나름의 분업과 협업 포함)이 불가피했다.[3]

원시인들이 이러한 생산 활동을 좀 더 용이하게 그리고 좀 더 효율적으로 수행하기 위해 최초로 사용했던 도구tool는 자연에서 우연히 발견한 단단하고 긴 나무와 뾰족하거나 날선 돌이었다. 하지만 그런 돌을 찾아내기가 쉽지 않았을 것이므로 원시인들은 의도적으로 큰 돌을 던져 깨뜨림으로써 원하는 돌을 좀 더 쉽게 확보할 수 있는 방법을 깨우쳤을 것이다. 이러한 석기를 깬 돌(타제석기(打製石器))이라 부른다. 그 후 깬 돌의 불편함을 개선하기 위해 깬 돌을 더 뾰족하게 또는 더 날카롭게 갈아서 사용하게 되었는데, 이를 간 돌(마제석기(磨製石器))이라 부른다. 전자를 사용했던

---

3. 원시인의 생산 활동, 특히 수렵은 때로는 목숨을 걸어야 할 정도로 위험하고 힘든 노동이었을 것임을 짐작하기는 어렵지 않다. 이는 생산의 기계화 또는 자동화가 일반화된 오늘날에조차 산업이나 건설 현장에서 안전사고가 근절되지 않고 있음을 감안하면 더욱 그러하다. 사람들이 위험하고(dangerous), 더럽고(dirty), 힘든(difficult) 이른바 3D 작업이나 업종을 기피하는 경향은 아주 먼 옛날에도 마찬가지였을 것이 틀림없다.

시기가 구석기 시대, 후자를 사용했던 시기가 신석기 시대다. 이처럼 원시적인 도구를 사용했음에도 석기 시대의 생산 활동은 수렵과 채취에 한정되어 있었고, 그래서 한 지역의 동식물을 다 먹고 나면 다른 지역으로 이동해야 했기 때문에 유목생활이 불가피했다.

그 후 인간은 불을 다루는—발화와 진화 그리고 세기 조절—방법을 터득하게 되면서 음식을 익혀먹고, 광석을 녹여 금속도구를 만드는 방법도 알게 되었다. 이에 따라 생산 활동은 사냥과 채취에서 목축stock farming과 재배cultivation로 바뀌었다. 인류는 더 이상 먹거리를 찾아 유목생활을 해야 할 필요가 없어져 적절한 장소에 정착, 농경agriculture을 시작했다[4]. 농업이라는 생산 형태가 거주 형태까지 변화시킨 것이다. 하지만 생산력의 발전은 사적 소유권을 출현시켰고[5], 그 결과 인간사회에 불평등의 씨앗

---

4. 농업의 시작은 마지막 빙하기 직후인 약 1만 1천 년 전에 시작된 것으로 추정된다. 농업의 최초 흔적은 현재의 중동지방과 터키 남부지역('비옥한 초승달'로 불리는 지대)에서 밀과 보리의 재배 흔적이 발견되었다.

5. 경제사에서 해묵은 논쟁의 하나로 '농업이 먼저냐 소유권이 먼저냐'라는 논쟁이 있다. 이는 기술과 제도 간의 선후 관계에 관한 일반적인 논쟁의 일환을 이룬다. 마르크스(Marx)는 "손방아(맷돌)가 지주와 농노로 형성된 봉건제를 낳았고, 기계방아가 자본가와 노동자로 형성된 자본주의를 낳았다"(마르크스, 1989)고 말했다.

"농경의 경우 농사는 채취나 사냥보다 훨씬 고되고 힘든 작업이어서 농업 기술을 가진 자라도 농부가 되는 것을 주저했을 것으로 추정된다. 왜냐하면 농업은 생산성은 더 높을지 모르지만 상대적으로 힘들고 더 많은 시간을 투하해야 하고, 환경(토질, 날씨)에 크게 좌우되어 산출이 불확실하고, 특히 더 많은 생산물을 상대적으로 안정적으로 생산할 수는 있지만 그것을 자기 것으로 그리고 자기 맘대로 처분할 수 있는 권리가 보장되지 않았기 때문이다. 즉 내가 뿌린 씨를 내가 거둘 수 없다면... 농업기술을 가진 사냥꾼이 과연 농부로 변신할 것인가? 따라서 사적 소유권 제도의 확립이 농업의 확산과 정착을 가져다주었을 것이다. 그리고 엘리트 지배층이 착취를 강화하기 위해 농업을 강제했을 것이라는 주장도 있다"(최정규, 2017).

필자의 생각은 이렇다. 긴 역사를 보면 기술과 제도는 상호연쇄 관계 속에서 상호작용

이 뿌려졌다.

청동기나 철기 같은 금속도구의 사용은 농업 생산력을 급격히 신장시켰다. 경제사에서는 이러한 변화 과정을 인류사 최초의 기술혁명인 농업혁명agricultural revolution이라 부른다. 혁명이라고는 하지만 수 천 년에 걸친 아주 완만한 변화 과정이었다. 이 무렵에 문자도 사용되기 시작했다. 이렇게 해서 확립된 농업경제는 고대와 중세를 거쳐 수 천 년 동안 지속되어왔다. 이 장구한 세월 동안 생산력은 농업 생산도구와 농경방법의 개선 덕분에 서서히 발전해왔다. 그러나 산업혁명이 일어나 제조업 중심의 공업경제로 바뀔 때까지 농업 중심의 경제구조는 거의 변하지 않았다[6].

이제 원시 시대의 생산관계에 대해 살펴보자. 이 시대에는 가족이나 부족 단위의 집단생활이 일반적이었다. 사냥에서의 집단적 협력의 필요성과 낮은 생산력 수준(원시적인 도구라는 빈약한 생산수단) 때문에 공동체의 구성원 모두가 생산에 참여해야만 했다. 더욱이 생산물(예컨대 잡은 동물)의 저장기술이 없었기에 생산 활동은 거의 매일 반복되어야 했다. 이에 따라 집단 노동과 생산물의 공동소유 및 공동분배가 일반적이었다. 공동소유는 생산물만이 아니라 생산수단(토지와 각종 도구)에도 해당되었다. 이처럼 생산

해왔지만 연쇄의 첫 고리가 기술인가 제도인가라는 문제다. 이 문제는 마치 닭이 먼저냐 달걀이 먼저냐라는 문제와 같다. 아무래도 기술이 먼저 아닐까라고 생각하는데 그 까닭은 기술은 개인이 개발하지만 제도는 개인들 즉 사회가 만들기 때문이다. 개인적 차원에서 개발된 기술이 사회적 제도화를 통해 확산(일반화)되는 과정에서 또 새로운 기술이 생겨나고 ... 이러한 연쇄가 반복되어 왔을 것이다. 마치 생산력과 생산관계 간의 관계가 그러하듯이 말이다. 정-반-합이라는 변증법적 과정의 무한 반복 과정에서 맨 처음의 '정'이 무엇인가라는 의문은 당연히 제기될 수 있지만 정답을 찾기는 정말 어려워 보인다.

6. 한국의 경우 고작 반세기 전까지만 해도 인구의 대다수가 농업에 종사하는 농업경제였음을 상기해보면 쉽게 이해할 수 있을 것이다.

물과 생산수단에 대한 사적 소유권이 존재하지 않았기에 이른바 사회계급도 존재하지 않았다. 원시 시대의 사회경제체제를 원시공산제라 부르는 이유다.

원시공동체 사회는 대체로 자급자족autarky 공동체 경제였지만, 생산력의 점진적인 증가와 더불어 결국 일인당 생산력이 한 사람의 최소 필요량이라는 일종의 임계점을 넘어서자 잉여 생산물surplus이 발생했다. 잉여의 발생은 한편으로 장기 보관의 어려움으로 교환의 필요성을 낳았다. 잉여의 물적 구성이 서로 다른 집단들이 서로 잉여를 교환하면 더 많은 그리고 더 다양한 소비를 할 수 있기 때문이다. 교환이 빈번해지면서 장터marketplace가 출현하고,[7] 물물교환barter의 불편이 화폐라는 아이디어를 낳았을 것으로 추정된다[8]. 최초의 화폐로는 조개껍질이나 쌀 등 물품이

7. 장터는 예컨대 보름달 뜨는 날 개천이 서로 만나는 곳처럼 정해진 날짜에 정해진 곳에 개설되었다. 그 유구한 흔적은 지금도 남아 있는 5일장이다.

8. 물물교환(X-Y, 판매와 구매의 동시 실행)의 불편은 각자 원하는 것을 가진 상대방을 찾기가 쉽지 않다는 점과 그러한 상대방을 찾았다 하더라도 교환의 양적 비율이 사전에 정해져 있지 않아 교환할 때마다 흥정이라는 쉽지 않은 과정을 거쳐야 한다는 점이다. 화폐(M)가 중간에 도입되어 화폐교환(X-M-Y)으로 바뀌면 교환은 훨씬 용이해질 수 있다. 이젠 누구나 자기 물건을 원하는 사람에게 팔아서 받은 화폐로 언제든지 자신이 원하는 물건을 가진 사람에게 화폐를 주고 사면된다. 또한 교환 대상물들의 가치가 화폐와의 교환 비율을 지칭하는 가격으로 표현되면 그 크기들을 직접 비교할 수 있어 흥정도 용이해진다. 이처럼 화폐의 도입은 거래와 유통의 편의를 제고함으로써 생산력 발전에도 크게 기여했을 것으로 생각된다.

그러나 화폐의 기원에 관한 이러한 견해에는 강력한 반론이 존재한다. 화폐는 신용(credit, 즉 채권-채무)에서 출현했다는 주장인데, 이 견해 역시 상당한 타당성이 있다. 필자는 화폐라는 아이디어 자체는 물물교환에서 나왔을 개연성이 크지만 나중에 신용의 확산과 더불어 하나의 제도로 정착된 것은 아닐까라는 절충적인 견해를 제시해본다. 이 견해는 신용이 화폐의 존재를 전제로 하고 있다는 것, 그리고 화폐는 신용과 더불어 일반화되었다는 생각을 바탕으로 한다. 화폐의 기원에 관한 논란은 더 많은 역사적 및 논리적 연

사용되었다[9].

다른 한편으로 생산력 증대로 인한 잉여 생산물의 출현은 생산관계에 변화를 유발했다. 예컨대 이제 생산력이 증대되어 한 사람이 두 사람 이상이 소비할 수 있는 먹거리를 생산할 수 있게 되었다 하자. 그러면 공동체의 구성원 전부가 일해야 할 필요가 없어진다. 그렇다면 누가 일하고 누가 일하지 않을 것인가라는 심각한 문제가 제기된다. 처음엔 노약자부터 생산에서 제외되었을 지도 모른다. 또는 직접적인 생산 활동은 아니지만 공동체를 위한 서비스 활동이 개발되었을 것이다. 예를 들어 자연과 교감하거나 노약자와 병자를 돌보는 기능을 사회적으로 필요한 노동으로 인정하고 생산물의 분배에 참가할 수 있는 권리를 주는 것이다.

그러나 생산력이 그 이상으로 증대하면 오로지 타인의 잉여생산물을 공짜로 수취함으로써 살아갈 수 있는 특권을 두고 인간들 간의 투쟁이 시작되었을 것이다. 잉여의 점유권을 가진 자는 노동에서 해방될 수 있기 때문이다. 이리하여 각 공동체(사회) 내부에서는 잉여생산물의 합법적인 수취를 둘러싼 인간들 간의 계급투쟁이 일반화된다. 이 원초적인 계급투쟁의 결과 생산수단과 생산물에 대한 사적 소유가 등장했고, 공유제(공동소유와 공동분배)를 바탕으로 한 원시 공동체는 와해되기 시작했다.

이와 동시에 대외적으로는 다른 부족을 노예로 삼기 위한 전쟁이 노골적으로 전개된다. 이 투쟁은 오로지 물리적 힘에 의해 이루어졌고, 강자와 강국이 승리할 수밖에 없다. 승리자는 노예소유자가 되고 패배자는 노예가 되었다. 노예소유자들은 지배계급을 형성해 공동체의 생산과 타

구를 필요로 한다.

9. 화폐 형태의 역사적 변화 과정에 대해서는 뒤에서 다루어질 것이다.

공동체와의 전쟁을 지휘하고, 나머지는 노예가 되어 직접적인 노동에 종사하고 전투원이 되었다. 이러한 계급 분화가 제도화되면서 인류 최초의 계급사회인 노예제사회로 이행해간다. 이처럼 사회계급의 출현은 잉여생산물의 존재를 물질적 기반으로 한다. 일단 출현한 계급사회가 모습을 달리하면서 지금까지 지속되고 있음은 현실의 역사가 보여주는 바와 같다.

고대 노예제

생산력의 관점에서 볼 때 고대로 넘어와서도 경제는 기본적으로 농업경제였고, 농업은 부족국가나 왕조국가의 물질적 기반이었다. 금속도구의 개량, 경작지의 확대 및 농사기술의 개선 등을 통해 생산력은 꾸준히 증가했지만 잉여가 소수의 지배계급에 독점되었기 때문에 다수의 피지배계급의 평균적인 생활수준은 여전히 생존 유지에 급급할 정도였다.

농업경제는 토지로 대표되는 자연 그 자체가 가장 중요한 생산수단이고, 농업과 어업 등 자연을 대상으로 하는 1차 산업이 주축을 이루는 경제다. 농업경제 하에서도 농업용 도구와 무기 제작을 위한 수공업手工業이 일정 정도 발전되었고, 이것이 나중에 제조업으로 발전해갔다. 그럼에도 인간은 천부의 지능을 활용하여 과학과 생산기술을 발전시킴으로써 새로운 생산물을 창조하거나 기존 생산물의 생산량을 증대시켜왔다.

고대 왕조들이 이룩한 문명이 어느 정도인지를 짐작케 해주는 인류 유산들은 오늘날의 눈으로 보더라도 기적에 가깝다. 이 시대에 만들어졌던 이집트의 피라미드와 중국의 만리장성을 생각해보자. 당시의 건축기술도 놀랍지만 막대한 잉여생산물을 집중시킨 왕조와 강제 노동을 가능케 한 노예제가 없었더라면 이러한 기적은 일어나기 어려웠을 것이라는 주장은 일리가 있다.

생산관계 측면에서 보면 고대 노예제 사회경제의 기본계급은 노예와 노예 소유주다. 노예는 이른바 '말하는 동물'로서 노예 소유주의 물건이나 마찬가지다. 노예는 주인이 제공하는 노동수단을 사용하여 주인의 지시에 따라 직접 노동을 수행했다. 노예의 생산물은 전부 주인의 소유가 되고, 노예는 주인이 되돌려주는 만큼만 소비한다. 노예 소유주는 노예라는 상품의 사용권과 처분권은 물론 생사여탈권까지 갖고 있었다.

노예 소유주의 입장에서 보면 노예를 최대한 부려먹는 대신 생명 부지를 위해 최소한의 먹거리만 주는 것이 자신의 이익을 극대화하는 방법이다. 이러한 이유로 노예의 수명은 길지 않았을 것이다. 반대로 노예 입장에서 보면 자발적으로 생산의 증가나 생산성 향상을 도모해야 할 어떤 유인도 없었고, 오히려 나태나 태만이 득이었다. 그래서 노예는 철저한 감시 하에 노동하는 게 일반적이었다. 더구나 노예는 세습되었기 때문에 자식 생산을 통한 가족 보존의 의지마저 약했으므로 노예의 수는 자체 재생산을 통한 증가를 기대하기 어려웠다. 이러한 상황에서 노예제 사회경제의 유지발전은 외부로부터의 노예 공급에 크게 좌우되었고, 로마제국이 그랬듯이 전쟁을 통한 영토 확대가 노예의 주된 공급수단이 될 수밖에 없었다.

이처럼 노예경제는 내재적 발전 메커니즘이 없다는 모순, 즉 노예제 사회경제의 재생산 조건 자체가 이 시스템의 지속 불가능성을 드러내준다. 제국이 지리적으로 확장될수록 노예 획득을 위한 전쟁 비용은 기하급수적으로 커지는 반면 노예의 생산성은 기술 변화가 없는 한 거의 불변이었을 것이다. 결국 노예를 획득하는 비용이 노예를 사용해 얻을 수 있는 수익을 상회하는 순간이 도래한다. 이 시점부터 노예제 사회경제는 성장을 멈추고 쇠퇴할 수밖에 없다. 로마제국의 경우 외국 용병까지 고용함으로써 제국의 유지비가 급증한 반면 빈발하는 노예 반란으로 내부적으로 취약해진 상태에서 북방 게르만족의 침입을 받아 붕괴했던 것이다.

끝으로 로마제국이 기독교를 결국에는 국교로 공인할 수밖에 없었던 이유는 무엇일까를 생각해보자. 하나님 앞에 만인의 평등을 주장하는 기독교가 노예들 사이에 널리 퍼져 더 이상 물리적으로 저지할 수 없게 된 탓도 있겠지만, 이승에서 미래가 없는 노예에게 천국이라는 마음의 안식처를 제공하는 것이 오히려 노예제 사회의 유지에 유리하다고 판단했을 법하지 않는가. 기독교는 노예에게 고통스러운 현생을 감수해야 하는 이유를 제공하고, 이를 통해 극단적으로 불평등한 세상을 정당화하는 이데올로기 역할도 했다. 정교분리가 원칙으로 된 오늘날에도 종교의 이러한 기능은 적어도 개인적 차원에서는 여전히 남아 있다 해도 지나치지 않다.

중세 봉건제

먼저 환기해두고 싶은 것은 서양의 중세는 암흑시대라 불릴 정도로 인류사의 진보 과정에서 정체된 시기로 간주되어왔지만 실상은 꼭 그렇다고만 보기 어렵다는 것이다.[10]

10. 중세에는 생산력의 지지부진한 발전, 종교에 의한 지배와 인간(사회)에 대한 경시 등으로 인해 인류사가 진보하지 못했다는 것이다. 이러한 인식은 르네상스(문예부흥) 시기에 형성되어 일반화되어 왔지만, 중세 경제사 연구의 진전으로 이러한 인식은 지나친 것으로 드러났다. 중세로 구분되는 약 10세기(로마제국 멸망~15세기) 동안 생산력은 서서히 발전했고, 화학(연금술) 등 인간의 과학적 지식도 증대되어왔기에 중세 말 문예부흥기의 학문 발전이 가능했으며, 인간사회가 중시되지는 못했다 해도 나름의 역동적인 변화를 겪어왔기 때문이다.

중세 봉건제는 생산력 측면에서 보면 앞선 고대 노예제에 대비해 질적인 변화를 보여줄 만한 기술혁명을 이루지는 못했다. 그러나 생산관계의 측면에서는 노예제의 모순을 나름대로 극복함으로써 생산력의 양적 발전을 할 수 있도록 해주었고, 이것이 새로운 생산양식의 출현과 새로운 시대로의 이행을 가능케 했다. 봉건제 생산양식에서는 장원을 중심으로 영주와 농노가 기본적인 사회계급을 형성한다. 이 두 계급 사이에는 일종의 암묵적인 형태로 봉건적 성격의 계약이 성립된다. 노예제는 계약이 아니라 폭력과 강제에 바탕을 두었고, 자본주의 제도는 자본가와 노동자 간의 자유 계약에 기반을 둔다는 점에서 봉건제 생산관계는 이 두 생산관계와 근본적인 차이를 보여준다. 그리고 역사적으로 양자의 중간에 위치했다는 점에서 역사의 단계적 진보를 보여주는 것은 아닐까.

로마제국 붕괴 후 유럽은 크고 작은 수없이 많은 장원으로 쪼개졌다. 장원의 지배자는 일정한 세력(토지와 무력)을 가진 귀족이나 장군이다. 제국이 사라지고 황제의 영향력이 취약해진 세상에서 이들은 자신의 영역을 보존하고 나아가 확대하기 위해 서로 끝없는 전쟁을 벌였다. 영주들은 연합하기도 하고 더 큰 세력을 가진 대영주의 휘하에 들어가기도 했다. 대영주들 중 가장 큰 세력을 가진 자는 스스로 왕이 되거나 왕으로 옹립되기도 했다. 중세 왕국은 이른바 영주들의 연합체로서 마치 오늘날의 연방국가에 비유될 수 있다. 수틀리면 연방에서 탈퇴하거나 다른 왕의 휘하로 들어갈 수 있고, 스스로 힘을 길러 대영주나 왕이 될 수도 있었다. 이러한 영주제가 중세 유럽에는 일반화되었지만 아시아에서는 일본에서만 이와 유사한 제도를 볼 수 있다[11].

---

11. 일본은 19세기 후반에 산업화에 성공한 유일한 비 유럽계 나라다. 그 이유 중 하나로 유

장원경제를 물질적으로 떠받치는 직접생산자는 농노serf다[12]. 도망치는 데 성공했거나 해방이 되어 자유민으로 된 노예들은 경작할 땅도 자신을 신변을 보호할 수단도 없었다. 그래서 이들은 스스로 영주들을 찾아가 경작지와 신변 보호를 요구했고, 영주들은 그 대신 토지의 사용료(즉 소작료)를 받고 다양한 봉건적 의무(전쟁 시 징병, 영주 전용지의 농사 대행, 영주 집안일 거들기, 각종 부역 등)를 부과했다. 농노는 영주의 허락 없이는 장원의 경계 바깥으로 나갈 수 없었고, 거주 이전의 자유도 없었다. 농노는 오늘날의 눈으로 보면 토지와 봉건적 속박에 결박된 소작인이었다.

그러나 농노는 노예처럼 주인의 소유물이 아니라는 점에서 인권 측면에서는 상당한 진보를 보여준다. 더욱이 생산력 측면에서 농노제는 획기적인 의의를 가진다. 노예제라는 생산관계에 의해 억제되고 있던 생산력을 해방시켰기 때문이다. 토지라는 가장 중요한 생산수단은 영주의 소유이지만 거기서 생산된 생산물은 농노의 소유다. 농노는 생산물의 절반 이상을 소작료나 공물로 납부해야 했지만 나머지 절반 정도는 자신의 것으로서 마음대로 처분할 수 있다. 그래서 농노는 노예와 달리 자발적으로 더 열심히 일하고(노동시간의 증대) 생산성 향상 노력(품종 개량, 도구의 개량이나

럽과 유사한 봉건영주제의 존재가 꼽힌다. 그리고 오늘날 연방제를 취하고 있거나 지방자치가 활성화되고 있는 나라들은 대체로 이러한 중세의 장원 중심의 지역적 정체성과 전통이 강하게 남아 있는 반면, 한국처럼 오랜 중앙집권적 통치의 역사를 가진 나라들은 현대에 들어서도 지방분권이나 지방자치의 정착에 어려움을 겪고 있다는 사실은 역사적 경험의 장구한 영향력을 깨닫게 한다.

12. 한국 등 동양 사회에서는 고대에서부터 소작농(농노에 비견되지만 토지 소유자가 왕이거나 귀족 또는 관료다)과 노비(노예의 동양식 이름)가 직접생산자 역할을 오랫동안 담당해왔다. 그래선지 동양에서는 중세를 규정하는 데 애로가 있지만 굳이 서양식 시대구분을 따를 필요가 무엇인가라는 반론도 일리가 있다.

발명, 영농방식의 개선, 경지 정리 등)을 해야 할 동기가 있었다. 이 점에서 봉건제는 외부에 의존하지 않아도 생산력 증대가 가능한, 즉 내생적인 경제 성장을 추동할 수 있는 고유의 메커니즘을 부분적으로나마 확보한 경제체제라 할 수 있다. 필자는 이를 중세가 인간 경시와 진보 없는 암흑시대였다는 인식을 부정하는 강력한 반증으로 본다.

중세에 기독교는 국교가 되었을 뿐만 아니라 유럽 전역을 지배하는 종교권력이 되었다. 세속의 지배자(영주, 왕, 황제 등)는 자신의 정치권력을 정당화하기 위해 하나님의 대리인인 가톨릭 교황에 의한 임명 형식을 취함으로써 자신의 권력과 재산권이 하늘에서 준 것임을 보여줌과 동시에 농노가 현세의 고통스러운 삶을 감내해야 하는 이유를 제공하는 이데올로기(허위의식) 역할을 했다. 이러한 가톨릭의 중요한 기능에 대한 보답으로 왕이나 황제들은 가톨릭 교황청을 비롯해 각지에 산재한 교회에 토지 등 막대한 재산을 희사했다. 종교 권력이 인간 세상을 지배하고, 가톨릭 승려는 지배계급의 일원이 되었다.

중세 봉건제 생산양식은 다양한 이유로 침식되어갔다. 무엇보다 중세 중엽에 이교도로부터의 성지 탈환이라는 명목으로 7차에 걸쳐(제1차 1096~1099년, 제7차 1270년) 벌어진 십자군 전쟁이다. 이 전쟁은 강제 징집된 무고한 농노의 희생만 초래했던, 사실상의 침략 전쟁이었지만 봉건 질서의 해체를 가져온 단초가 되기도 했다. 그 결과 교황의 영향력 축소, 제후와 기사 계급의 몰락과 왕권의 강화, 동방무역의 발전과 북이탈리아 도시들의 번영, 이슬람 및 비잔티움에게서 받은 문화적 자극 등이 나타났기 때문이다.

흑사병(페스트)의 대 유행(1346~1350)은 인구를 격감시켰고(유럽 인구의 1/3~1/2이 사망한 것으로 추정됨), 무엇보다 생산관계에 큰 변화를 초래했다. 미 경작 토지의 증가와 격심한 노동력 부족은 농노의 신분 상승과 농업노동자의 임금 인상 기회로 작용했다. 이에 영주들이 재정적 이유로 그동안 추진해오던 농노 해방과 부역의 금납화를 중단하고 임금 인상 요구에 노동조례Statute of Labourers(자유노동의 임금 동결) 제정으로 맞서자 농민 반란이 빈발했다.

프랑스가 영국의 지배하에 있던 영토(특히 모직산업의 중심지였던 플랑드르 지역과 포도주 생산지인 보르도 지역) 회복을 위해 벌인 백년전쟁(1337~1453)은 양국에 새로운 국민의식을 심어주었고, 상비군 설치와 대포의 사용 그리고 보병부대의 출현 등 전쟁 방식과 군사력에 질적 변화를 초래했다. 이는 영주와 기사계급이 몰락하고 왕권이 강화되는 계기로 작용했고, 이후 왕권은 시민계급(부르주아지)이라 불리는 신흥 상공업세력과 제휴해 절대왕정체제로 나아갔다.

르네상스, 지리상의 발견 및 종교개혁

중세의 종말을 상징하는 대 사건은 르네상스renaissance(14~16세기, 문예부흥 운동)와 종교개혁(16~17세기)이라는 두 개의 운동이다. 르네상스는 기독교 중세에 사라졌던 인간과 자연을 되찾자는 문예부흥 운동이다[13]. 고대 초기 아테네와 로마에서 활발히 전개되었던 인문학과 자연과학(천문학, 수학, 화학 등)의 부흥을 도모했다. 이 시기에 이루어진 지식과 기술의 발전은 나중에 이루어질 산업혁명(기계의 발명과 제조업의 탄생)의 기반을 닦았다. 종교개혁은 타락한 가톨릭교회를 개혁하려는 종교계의 자기반성 노력이며, 그 결과 개신교(프로테스탄트)가 탄생했다. 개신교의 윤리적 지침은 이승에서의 근검과 절약을 통한 부의 축적을 구원의 징표로 간주하는 것이었고, 이는 자본주의의 탄생에 필요한 자본가 정신(근면, 절약, 도전)의 기초를 제공했

13. Renaissance는 프랑스어로서 재탄생이라는 의미다.

다는 평가를 받기도 했다(베버, 2018).

유럽의 자연 조건은 농업경제의 지속적인 발전에 큰 도움이 되지 않았기에 군주들은 소아시아(지금의 중동), 인도, 중국 등지와의 교역, 이른바 원격지무역을 통해 부를 축적하고자 했다. 맨 먼저 베네치아, 제노아 등 이탈리아의 도시국가들이 원격지 무역을 지배했다. 중동 지역과는 지중해 뱃길이 이용되었지만, 인도와 중국과의 교역은 비단길silk road이라는 육로를 이용했기에 한 번 여행에 수년이 걸리는데다 위험하기 짝이 없는 모험적인 교역활동이었다. 그래서 천문학과 항해술을 이용해 시간도 적게 걸리며 상대적으로 안전하고 한꺼번에 많은 물자를 운반할 수 있는 뱃길을 찾아 나섰다. 15~17세기 유럽 각국이 인도와 중국으로 가는 뱃길 탐색을 위해 수많은 항해를 시도했던 시기를 '지리상의 발견' 또는 '대항해 시대'라 부른다.[14] 15세기 초 아프리카 및 인도 항로 개척을 시작으로 15세기 말 콜럼부스에 의한 서인도제도와 아메리카 대륙의 발견, 그리고 16세기 초 마젤란에 의한 최초의 세계일주로 이어졌다.

아메리카 대륙과의 물자 및 노예 무역을 가장 먼저 독점한 것은 포르

---

14. 유럽은 이 과정에서 신대륙을 발견했다고 주장하지만, 이는 서양의 관점에서 그럴 뿐이다. 사실 아메리카 대륙에는 이미 마야와 잉카 등 신비한 문명을 구축한 아메리카 인디언 종족들이 오래 전부터 살고 있었고, 이들은 선사 시대에 알래스카를 건너갔던 몽고족의 후손들이다(그 증거는 몽고반점이다). 쿠바와 인근 도서지역에 서인도제도라는 이름이 붙은 것은 당시 지구가 둥글다고 믿고 대서양을 건너 서쪽으로만 가면 인도에 도착할 수 있다고 생각한 콜럼부스 일행이 고생 끝에 도착했던 땅이 당연히 인도의 서쪽 해안일 것으로 생각했기 때문이다.

이후 뱃길을 따라 아메리카를 침략했던 유럽의 약탈자들은 중남미의 원주민들을 거의 멸종시키고 금은보화를 약탈해갔다. 나중에 식민지로 만들어 유럽 수출용 열대작물을 재배하는 플랜테이션 운영에 인력이 부족하자 이를 메우기 위해 아프리카 흑인을 노예로 사서 아메리카로 데려가 강제노동을 시켰다. 그 인원은 합계 1,300만 명에 달하는 것으로 추산된다(Adda, 2012).

투갈이었고, 곧 스페인이 그 뒤를 이었다[15]. 스페인은 식민지 아메리카 대륙에서 가져온 열대작물과 금은보화로 막대한 부를 축적해 르네상스 시기에 번창했던 베네치아와 제노바 등 이탈리아 도시국가들로부터 패권을 빼앗았다. 그러나 스페인은 식민지 약탈을 통해 획득한 엄청난 부를 생산적으로 활용하지 못했고, 네덜란드의 독립을 지원하던 영국과의 전쟁에서 무적함대가 패배한(1588년) 후 몰락의 길을 걸었다.

스페인의 지배에서 독립한 네덜란드 지역은 신생 독립국을 창설했고, 수도 암스테르담은 국제교역의 새로운 중심지가 되어 국제교역과 식민지 경영을 체계화했다. 17세기 초 영국, 네덜란드, 프랑스 등은 동아시아의 식민지 경영을 체계화하기 위해 동인도회사를 설립했다. 동인도회사들은 근대적 회사경영의 효시로 평가된다.

본원적 축적, 자본가와 노동자의 형성

봉건제의 물적 기반을 지탱해주던 농노들은 이상기후로 인한 농업 생산력 감소, 영주들 간의 끝없는 전쟁 등으로 고통을 받았다. 중세 중엽 이후로 자기 소유의 농지를 경영하거나 상업에 종사하는 자유민이 늘어났다. 원격지 무역은 대 상인을 출현시켰고, 수공업자도 늘어나면서 이들이 모여 사는 곳에 새로운 도시들이 형성되기 시작했다. 그 중에는 군주에게 돈을 주고 자치권을 획득해 이른바 자유도시로 발전하기도 했다.

본원적 축적이란 한편으로는 자본주의적 축적의 시행에 필요한 부의

15. 이 과정에서 포르투갈은 지금의 브라질 지역만 식민지로 삼았고, 중남미 대륙의 나머지 지역은 모두 스페인 식민지가 되었다. 식민지 지배의 흔적은 언어로 남았다. 지금도 브라질은 포르투갈어를, 나머지 라틴아메리카 나라들은 스페인어를 사용한다.

일정한 집적과 집중이 이루어지고 다른 한편으로는 임금노동자가 형성되는 과정을 의미한다. 본원적 축적 과정은 여러 갈래로 이루어졌다. 애초 상인과 수공업자들은 자신들의 공동 이익을 보호하기 위해 길드라는 조직을 만들었다. 한 길은 원격지무역 등으로 부를 축적한 대 상인이 길드의 운영과 도시행정을 독점해 자본가가 되어 다른 장인과 직인을 노동자로 고용하는 것으로 주어졌다.

다른 한 길은 대 상인의 지배를 벗어날 수 있었던 수공업자 길드 내에서의 수공업자들 간의 경쟁을 통한 양극분해에 의해 주어졌다. 경쟁의 결과 승자는 장인이 되고 패자는 장인에게 고용된 직인이 되었다. 길드 내에서 최고 지위의 장인의 숫자가 법으로 고정되자 장인은 폐쇄적인 특권이 됨과 동시에 일반 숙련공인 직인은 장인이 될 길이 막혀버린 것도 이 과정을 촉진시킨 요인으로 지적된다.

끝으로 가장 중요한 것은 엔클로저Enclosure 운동이다. 양모공업의 발전에 따라 농지가 목양지로 바뀌는 바람에 경작지를 박탈당한 농민(농노)들은 도시로 이주해 노동자나 빈민이 될 수밖에 없었다[16]. 도시의 공업화에 필요한 공장 노동자는 대부분 이런 식으로 공급되었다.

이렇게 해서 중세 말 플랑드르와 이탈리아의 대 공업도시들에서는 상인이나 장인에서 자본가로 변신한 상층 부르주아지의 착취에 대항해 직

16. 엔클로저 운동은 2차에 걸쳐 진행되었고 유럽 특히 영국에서 전형적으로 나타났다. 제1차 엔클로저 운동은 15세기 말에서 17세기 중반까지 주로 지주인 영주들이 곡물 생산 농지를 양모 생산 목장으로 전환시킨 운동으로 농민의 실업과 이농, 농가 황폐, 빈곤 증대 등을 초래했다. 제2차 엔클로저 운동은 18세기 후반에서 19세기 전반에 걸쳐 인구 증가에 따른 식량 수요의 급증에 대처한다는 명목으로 합법적인 의회입법을 통해 정부 주도하에 이루어졌다. 엔클로저 운동은 농민의 임금노동자화를 촉진시켰고 지주, 농업자본가, 농업노동자로 형성되는 자본제적 대농 경영을 낳았다.

인이나 장인에서 노동자가 된 하층 프롤레타리아가 일으킨 소요와 반란이 줄을 이었다.[17]

근대 자본주의 체제

중세에서 근대로의 이행 역시 장기간에 걸친 복잡한 과정이었다. 근대는 절대왕정에서 시작한다고 보는 게 정설이고, 산업혁명을 계기로 개화했다. 근대 사회로 이행해가는 과정을 근대화modernization라고 한다. 근대화는 경제적 차원의 산업혁명(넓게는 공업화)과 정치적 차원의 시민혁명(넓게는 민주화)이라는 이중의 혁명을 통해 완결된다.[18]

요컨대 자본주의 경제체제는 생산력 측면에서는 산업혁명을 통해 생산력을 전례 없는 수준으로 증대시킴과 동시에 생산관계 측면에서는 자본가와 노동자라는 새로운 사회계급을 출현시켰다. 그리고 자본주의 경제체제는 민주주의 정치체제와 결합함으로써 계급 갈등과 불평등이라는 경제 영역의 모순을 정치적으로 해결할 수 있는 제도적 장치를 갖추고 있는 역사상 최초의 사회경제체제라 할 수 있다.

---

17. 그 대표적인 사건은 1378년 피렌체의 치옴피(Ciompi)에서 일어난 소모공들의 반란이다.

18. 이러한 근대화 규정으로 오늘날의 세계를 살펴보면 이미 근대화 과정을 종결하고 포스트모더니즘 시대로 들어선 공업국(또는 선진국)이 있는 반면 아직도 근대화 과정을 밟고 있는 개발도상국(줄여서 개도국이라 부른다)이 있다. 게다가 아직도 자의로든 타의로든 근대화 과정을 개시조차 못하고 빈곤의 늪에서 빠져나오지 못하고 있는 나라도 수두룩하다.

절대왕정과 중상주의, 매뉴팩처

중세 말 유럽에서 종교권력은 로마 가톨릭에 의해 그리고 세속권력은 봉건영주들에 의해 장악되어 있었다. 왕(군주)도 있었지만 실질적인 권력을 행사하지는 못했다. 이러한 상황에서 세속권력을 종교권력의 지배로부터 해방시켜 왕(군주)에게 집중시키고자 하는 움직임이 일어났고, 이를 절대주의absolutism 또는 절대왕정이라 부른다.

앞서 보았듯이 인간의 재발견을 가져온 르네상스는 예술과 과학의 발전을 통해 종교적 권위가 주술에 지나지 않음을 폭로했고, 종교개혁은 바티칸의 절대권위를 무너뜨렸다. 군주들은 대외교역을 통한 재원 확보, 전쟁을 통한 영토 확대, 근대계몽사상을 바탕으로 한 개혁을 통해 근대국가의 기초를 닦았다. 상비군을 만들고, 법과 질서를 수립하고, 징세徵稅의 중앙집권화로 국가 재정을 확대하고 정적을 추방·숙청하는 등 절대권력을 행사했다. "짐은 곧 국가"라는 프랑스의 태양왕 루이14세(재위기간 1643~1715년)의 말은 절대왕정의 상징적인 표현이다. 이러한 절대권력의 횡포에 저항해 일어난 것이 시민혁명이고, 그 결과 오늘날과 같은 민주공화국과 시민사회가 탄생했다.

절대왕정이 부국강병을 위해 채택했던 경제정책을 중상주의mercantilism라 한다. 우선 상품 유통의 수단인 화폐·도량형을 통일하고, 항해법을 제정해 자국의 무역·해운의 발달을 꾀하며, 무역상인의 독점 조직인 특허무역회사를 정비하고, 시장 개척을 위해 열국과 통상조약을 체결하고, 식민지 건설을 위해 다른 강국들과 경쟁했다. 중상주의는 금·은의 축적을 국부로 간주했기에 수출 공업의 발전을 위해 원료의 수출을 제한하는 반면 외국상품 수입은 억제함으로써 무역흑자를 추구했다. 공업을 육성하고 발명을 촉진하기 위해 각종 공업에 독점권을 설정해 신흥 부르주아지 계급을 지원한 반면, 저임 노동력의 확보를 위해 최고임금과 함께 최저노동시간을 규정하는 등 노동계급에 불리한 정책을 시행했다.[19]

시민혁명과 국민국가

절대주의의 지배계급 내부에 내재된 모순이 절대왕정을 붕괴시켰던 것도 역사 발전의 일반 법칙의 관철로 볼 수 있다. 절대주의 국가 권력의 재정력은 국민경제의 발달과 근대 부르주아의 산업 및 무역 활동에 근거를 두었다. 그런데 절대왕정의 지원에 힘입어 성장한 부르주아 세력이 산업혁명 과정에서 대 산업자본가로 변신하면서 세력을 키웠고, 이들은 더 많은 축적을 위해 산업과 무역에 대한 절대왕정의 통제에서 해방을 추구하기 시작했다. 이들은 프롤레타리아트와 결합해 시민혁명을 일으켜 절대왕정을 붕괴시키고 봉건 잔재를 청산함으로써 자본주의 시장경제에 바탕을 둔 근대적인 민주·국민국가로 나아가는 길을 열었다. 이 과정에는 프롤레타리아트도 대거 참가했지만 혁명의 성과는 대부분 부르주아 계급에게 돌아갔다. 이를 부르주아 혁명으로 지칭하는 까닭이다.

시민혁명은 유럽 각국에서 다양한 형태로 전개되었지만 그 대표적인 사례는 영국과 프랑스였다. 영국의 경우 청교도혁명(1642~1649)으로 로마가톨릭의 교회권력으로부터 독립한 후 명예혁명(1688년)을 거쳐 권리장전(마그나 카르타)을 만듦으로써 상대적으로 평화롭게 입헌군주국의 형태로 근

19. 이러한 중상주의가 한국의 1960~1990년대의 고도성장기에 시행된 개발독재를 상기시키는 것은 우연이 아니다. 사실 한국 등 20세기 후반에 고속 압축 공업화 과정을 시행했던 신흥공업국들의 경제정책을 신중상주의라 부른다.

대국가를 확립했다. 프랑스의 경우는 시민혁명의 전형을 보여준다. '자유, 평등, 박애'를 기치로 내건 프랑스 대혁명(1789년 바스티유 감옥 습격으로 시작됨) 과정에서 왕과 왕비까지 처형하는 등 유혈혁명을 거쳤다. 왕정은 폐지되고 공화정이 성립됐지만 로베스피에르의 공포정치, 여타 유럽 국가들의 반혁명 간섭전쟁 등으로 새로운 시대는 쉽게 다가오지 않았다. 나폴레옹 제정(1799년)과 7월왕정(1830년)을 거친 후 최종적으로 2월혁명(1848년)을 통해 민주공화정이 확립되었다.

산업혁명과 산업 자본주의의 확립

18세기 중엽부터 영국에서 증기기관과 방적기를 비롯한 일련의 기계가 발명되면서 산업혁명industrial revolution이 시작되었다[20]. 생산기술의 관점에서 볼 때 산업혁명의 의의는 기계machines에 의한 도구tools의 대체에 있다.[21] 기계는 그 역할에 따라 엔진 등 원동기, 동력 전달장치, 작업기 그리

---

20. 이 때 산업이라는 단어는 공업(제조업)의 의미로 쓰인 것이다. 정확한 번역은 공업혁명이지만 산업혁명이라는 단어가 보편적으로 사용되고 있어 여기서도 그대로 사용한다. 산업혁명은 그야말로 혁명이라는 이름에 값할 정도로 인류의 물질적 생산력을 급격하게 증대시켰다. 이에 따라 정치, 사회, 문화 등 인간생활의 모든 측면이 자본주의 시장경제의 발전에 적합한 가치와 질서에 맞추어 변화해갔다.

21. 주된 생산수단이 도구에서 기계로 바뀐 것은 생산력 면에서 혁명적인 변화였다. 도구는 그 자체로 동력을 발생시키거나 작업을 수행하는 능력을 가지고 있지 않으며 단지 인간의 육체적 생산능력을 증대시켜줄 뿐이다. 도구의 효과는 도구를 사용하는 인간의 육체적 능력의 정도에 따라 달라짐과 동시에 이 능력에 의해 제한된다. 이와는 반대로 기계는 그 자체로 에너지를 만들거나 전달하고 또 스스로 작업을 수행하기 때문에 그 생산능력은 더 이상 인간의 육체적 능력에 의해 제한되지 않는다.

예컨대 수동식 톱과 전기톱 그리고 물레와 방적기의 생산력 격차를 생각해보라. 비교할 수 없을 정도로 생산성이 증대되었음을 쉽게 알 수 있다. 뿐만 아니라 기계의 생산력은 인간의 지식과 창조력의 발휘, 즉 연구개발에 의해 얼마든지 신장될 수 있음은 그 이

고 공작기계[22]로 구분된다. 생산에 기계의 사용이 확산되어감에 따라 오래 동안 지속되어 온 가내수공업과 매뉴팩처manufacture(공장제 수공업)가 사라지고 오늘날과 같은 공장제 기계공업이 확립되었다. 인류의 생산력은 비약적으로 증대했고, 경제구조는 더 이상 농업이 아니라 제조업이 주도하는 공업경제로 바뀌었다. 이른바 대량생산mass production의 시대가 시작된 것이다.

이와 동시에 산업혁명은 자본주의 시장경제를 지배적인 경제체제로 정착시켰다. 생산관계 측면에서는 자본가와 노동자가 사회의 기본계급으로 확립되었다. 여기서는 자본가에게 고용된 노동자가 경영자(소유경영자 또는 전문경영자)의 지휘 하에 직접적인 생산 활동을 수행한다. 계급사회의 출현 이래 언제 어디서든 토지나 자본 등 생산수단을 소유한 자들이 생산 과정을 조직하고 노동 과정을 지휘하는 반면 생산수단을 소유하지 못한 자들이 직접 노동을 담당한다는 사실에는 변함이 없다.

직접생산자의 존재 형태는 역사적으로 노예에서 농노로, 다시 노동자로 바뀌면서 이들의 사회경제적 지위와 정치적 권리는 크게 개선되어 왔다. 특히 오늘날과 같은 자본주의 체제에서 노동자는 법적으로 자신의 자유의지에 따라 자본가와 노동계약을 하는 자유인이다. 그런데 노동력의 공급자인 노동자는 그 수요자인 자본가에 대해 법적으로 동등한 지위를 가지지만 임금과 노동조건에 관한 협상력에서 사실 약자의 입장에 처할 수밖에 없다. 이를 극복하기 위해 노동조합의 결성 등 노동자 협상력

후 기계의 발전사가 잘 보여준다.

22. 공작기계는 기계를 만드는 기계로서 기계산업의 꽃이다. 산업자본주의에서 공작기계의 국내 자급은 자립적인 국민경제의 상징이라 할 수 있다.

강화를 목적으로 하는 노동운동이 전개되었고, 그 결과 오늘날 대부분의 나라에서 '노동 3권'(단결권, 단체교섭권, 단체행동권)이 노동자의 기본권으로서 법적 보장을 받고 있다.

제국주의와 식민지주의

산업혁명을 선도해 최초의 공업국이 된 영국은 곧 세계의 공장이 되었고[23], 섬유제품을 위시한 각종 공산품의 해외 수출을 조장하기 위해 중상주의적 보호주의를 버리고 자유무역의 기수로 변신했다. 그러나 당시 자유무역은 사실상 제국주의와 식민지주의의 다른 이름에 지나지 않았다. 영국은 공업화에 필요한 원자재의 확보와 새로운 시장 확보를 위해 강력한 군사력을 앞세워 식민지 개척에 나섰고 결국 '해가 지지 않는 나라' 대영제국Great Britain을 건설하여 세계의 패권국가로 군림했다.[24]

약간의 시차를 두고 프랑스가 영국의 뒤를 따랐다. 그 결과 19세기 말경에는 이미 스페인과 포르투갈의 식민지가 되어 있던 라틴 아메리카와 벨기에 및 네덜란드의 일부 식민지를 제외한 세계의 거의 모든 지역이나

23. '세계의 공장'이라는 표현은 공산품을 세계에서 압도적으로 가장 많이 수출하는 나라를 지칭하는 비유적인 표현이다. 20세기 중반 미국이 영국의 지위를 이어받았고, 1980년대부터는 일본이 그 자리를 차지하다가 한국과 대만에게 잠시 넘겨준 적이 있다. 21세기 들어 중국이 명실상부하게 그 이름에 값하는 나라가 되었다.

24. 영국이 세계패권을 행사하던 시절을 팍스 브리태니카(Pax Britanica)라 부른다. 이는 영국이 세계의 질서를 만들고 유지한다는 사실을 지칭한다. 마찬가지로 제2차 세계대전 이후 지금까지 계속되고 있는 팍스 아메리카나(Pax Americana)는 미국이 그러한 역할을 수행하는 시대를 지칭한다. 20세기 후반에 유럽연합의 출현과 중국의 부상으로 미국의 패권국가 지위에 균열이 나타나기 시작했고, 2020년대를 바라보는 지금 세계 패권을 둘러싼 미국과 중국의 다툼이 사실상 시작된 거나 다름없다.

나라가 영국과 프랑스의 식민지로 전락했다.

19세기 후반에 개도국이었던 미국, 독일, 일본 등은 강력한 국민국가를 형성한 후 보호주의 하에서 공업화를 시행했다. 미국이 독립전쟁(1775~1783년)으로 민주공화국을 탄생시킨 후 남북전쟁(1861~1865년)을 계기로 산업화의 기반을 닦아 민간자본 주도의 산업화를 시행했다면, 일본은 메이지유신(1867년)을 계기로 그리고 독일은 비스마르크의 집권(1871년)을 계기로 강력한 중앙집권국가를 만들어 국가 주도하에 산업화를 시행했다[25].

이 세 나라의 공통점은 유치산업보호론[26]에 입각해 영국산 공산품에 대항하면서 국가 주도(지원) 공업화를 수행함으로써 공업국으로 부상했다는 점이다. 그러나 이들 19세기 후반의 신흥공업국들도 국내에 독점 자

---

25. 독일과 일본은 스스로 시민혁명을 달성하지 못하고 제2차 세계대전에서의 패전을 계기로 실질적인 민주주의 정체로 이행했다는 점에서 차별성을 가진다. 그리고 미국을 포함한 이 세 나라의 공업화를 영국과 프랑스에 비해 상당히 뒤늦게 이루어졌다는 점에서 '후발 공업화'라 부르기도 한다. 이런 맥락에서 20세기 후반 아시아 신생공업국들의 공업화를 '후후발 공업화'라고 지칭하기도 한다.

26. 이 이론은 미국의 초대 재무장권 해밀턴(Hamilton)이 처음 주장하고 독일 경제학자 리스트(List)가 체계화한 후발국 공업화 이론이다. 논지의 핵심은 다음 두 가지다. 하나는 이미 산업혁명을 완수한 선발국들이 존재하는 상황에서 후발 공업화를 시행하려는 나라는 자국의 유치산업(幼稚産業, infant industries)을 선발국들과의 경쟁으로부터 보호하지 않는다면 공업화의 시행 자체가 불가능하다는 것이다. 다른 하나는 자국 산업이 '성인' 산업이 되어 일정한 국제 경쟁력을 확보한 후에는 보호주의를 버리고 시장 개방을 통해 국제경쟁을 도입한다는 것이다.

    장하준(2004)의 『사다리 걷어차기』는 오늘날 자유무역의 기수로 자처하는 미국을 비롯한 선진국들이 과거 그들이 개도국이던 시절에 얼마나 많은 보호주의 정책을 체계적으로 시행했던가를 보여준다. 이 책 이름은 과거 그들이 타고 올라갔던 사다리(보호주의)를 오늘의 개도국들이 사용하지 못하도록 걷어차 버리고는 이 나라들에게 자유무역을 강요하고 있는 현실을 비꼬는 것이다. 20세기 후반에 이러한 유치산업보호론을 더욱 체계적으로 적용해 산업화에 성공한 대표적인 사례는 한국이라 할 수 있다(서익진, 2010b 및 2011).

본주의가 확립됨과 동시에 제국주의적 팽창을 도모해 해외 식민지 개척에 나섰다. 하지만 당시 세계에는 이미 식민지가 아닌 지역이 거의 남아 있지 않았기에 이 나라들은 전쟁을 통해 기존의 식민지를 빼앗아오는 방법밖에 없었다. 이것이 제1차 세계대전을 발발시킨 경제적 원인의 하나였다 해도 지나치지 않다.

오랜 식민지 생활에서 18세기에 유혈 독립투쟁을 통해 정치적 독립을 달성한 중남미 나라들은 19세기에 수입대체공업화를 통해 나름의 공업화를 달성하고 경제적 번영을 구가한 바 있다. 그러나 이 나라들은 20세기 후반에 미국을 비롯한 선진국 출신 다국적기업의 직접투자를 대거 받아들였다. 이로 인해 오늘날 이 나라들은 사실상 미국의 경제적 식민지로 전락했다는 평가를 받기도 한다.[27]

사회주의의 도전

20세기 들어서면서 선진 공업국들에서 산업자본주의의 모순이 적나라하게 드러나기 시작했다. 역설적이게도 자본주의가 아직 제대로 정착하지 못했던 제정 러시아에서 제1차 세계대전의 소용돌이 속에서 레닌이 주도한 사회주의 혁명이 성공했고, 그 결과 소비에트연방이 출범했다. 제2차 세계대전을 계기로 동유럽 나라들과 중국, 북한, 베트남 등 동아시아에

27. 이른바 종속(dependency) 이론이 남미에서 발전된 것은 우연이 아니다. 이 이론의 핵심은 개도국의 경제발전을 개발국 자본의 국제적 진출에 따른 것으로 보는 데 있다. 자생적 발전이 아니라 종속적 발전이라는 것이다. 이 이론은 세계경제가 중심부와 주변부라는 위계적인 구조로 형성되어 있다는 이른바 세계체제론으로 발전했다. 우리나라에서도 1970~1980년대에 종속이론과 세계체제론이 도입되어 학계에 붐을 일으킨 적이 있었지만, 한국경제가 주변부에서 중심부로 이동해가자 이 이론들은 국내에서 더 이상 주목받지 못하고 있다.

도 사회주의 국가가 성립해 소비에트연방과 중국이 주도하는 사회주의 국제체제가 출현했다. 이는 미국이 주도하는 자본주의 세계와 대치해 이른바 냉전cold war이라는 체제 경쟁의 시대를 열었다.

현실 사회주의 국가들은 사유재산제를 폐지하고 생산수단의 공유를 바탕으로 계획경제를 운영했다. 당연히 사회계급은 사라졌지만, 공산당 독재 하에서 공산당원이 새로운 지배계급으로 떠올랐다. 사회주의 국가들은 혁명 이후 일정 기간 동안 강렬한 열의와 높은 생산성을 바탕으로 상당한 경제적 성과를 달성했다. 그러나 사회주의 계획경제는 스스로를 자멸로 이끌어가는 씨앗(모순)을 품고 있었고,[28] 이 씨앗은 1970년대 경부터 모습을 드러내기 시작했다.

결국 1990년 소비에트 국제체제는 공식적으로 해체되었고, 구 소비에트연방 소속국들은 자본주의 시장경제로의 체제 전환 과정에서 엄청난 혼란과 경제적 어려움을 겪었다. 이와는 정반대로 아시아의 사회주의 국가들은 공산당 독재라는 정치체제를 유지하면서 이른바 개혁/개방 정책을 추진해 점진적으로 자본주의 시장경제로 이행했다. 대표적으로 중국과 베트남이 그러했고,[29] 최근에는 북한이 체제 전환을 시도 중이다.

---

28. 사회주의 국제체제의 붕괴는 자본주의와의 체제 경쟁에서 패배한 탓으로 해석하는 게 일반적이다. 대외적으로 자본주의 세계체제와의 과도한 군비 경쟁을 지탱할 능력이 부족했고, 이로 인해 다음과 같은 내부 모순이 폭발할 수밖에 없었다는 것이다. "능력에 따라 일하고 필요에 따라 분배한다"는 이상적인 원리가 야기하는 주체들의 도덕적 해이, 갈수록 규모가 커지고 복잡해지는 경제의 계획적 운용에 따르는 곤란의 증대, 비대해진 국가 관료기구 자체의 비효율성, 공산당 일당독재에 대한 지식인과 인민의 불만 증대 등을 들 수 있다.

29. 사실 중국이나 베트남의 경우 공산당 독재라는 정치체제와 자본주의 시장경제체제가 언제까지 양립 가능할까라는 의문을 품게 한다. 이 문제는 21세기 인류의 주요 관심사 중 하나다. 경제가 발전하는 동안에는 잠복되어 있을 수 있는 자본주의의 내적 모순들(특히

대공황과 세계대전 그리고 수정자본주의

1930년대에 선진자본주의 국가들은 대공황Great Depression을 겪었다. 1929년 미국에서 발발한 대공황은 선진국들 전체로 번져나갔고, 기업들의 줄도산, 은행 붕괴와 신용 마비, 35%에 달하는 높은 실업률 등 엄청난 경제적 시련과 혼란을 초래했다. 이를 극복하는 과정에서 미국식 뉴딜New Deal을 선택한 나라가 있다면 나찌 독일식 파시즘Fascism을 선택한 나라도 있었다. 자유민주주의 진영과 파쇼진영 간의 대립은 제2차 세계대전으로 끝을 보게 되었고, 대공황과 국제경제의 무질서 상태도 종식되었다.

제2차 세계대전 이후 자본주의 경제체제는 중대한 변화를 겪었다. 우선, 국내적으로는 이른바 수정자본주의다. 기존의 자유주의 시장경제에서 국가가 적극적인 역할을 수행하는 케인스식 포드주의 복지국가로 이행한 것이다. 포드주의fordism 성장체제의 핵심은 대량생산에 대량소비를 결합시킨 데 있다. 더 이상 과잉생산 공황이 발생하지 않도록 하기 위해서는 늘어난 생산물을 소비해줄 구매력의 대량 창출이 불가피했기 때문이다. 각국은 나름의 사회적 대타협을 통해 산별 단체교섭 제도와 임금인상을 생산성 향상에 연동시키는 제도를 확립해 중산층의 수요를 증대시킴과 동시에 다양한 복지정책의 시행으로 저소득 빈곤층의 경제적 안정을 도모했다. 이 과정에서 국가가 총수요 관리 정책 등으로 적극적으로 경제에 개입했음은 물론이다.

다음, 국제적으로 브레턴우즈 국제체제의 출범이다. 제2차 세계대전

다양한 유형의 불평등 현상)이 노골적으로 드러나고, 경제적 생활수준이 높아진 인민들의 민주주의에 대한 갈망이 일정 수준을 넘어설 때 과연 이 나라들이 어떤 선택을 할 수 있을지 궁금하기 짝이 없다.

이 종식될 무렵(1944년) 승전국들은 전후 국제경제질서 회복을 논의하기 위해 브레턴우즈Bretton-Woods 회의를 개최했다. 그 결과 관세 및 무역에 관한 일반협정GATT이 체결되었고, 국제통화기금IMF과 세계은행WB이 설립되었다. 전자가 국제 무역 질서를 관장하고, 후자들은 국제 통화·금융 질서를 관장했다.[30] 이때부터 미국 달러는 세계 기축통화key currency로 자리매김했고, 미국은 세계 패권국가로 부상했다. 팍스 아메리카나 시대가 시작된 것이다.

이러한 각국 자본주의와 세계 자본주의에서 일어난 제도적 혁신을 바탕으로 선진 자본주의 세계는 약 30년 동안 미증유의 경제적 호황과 사회적 안정을 누렸다. 자본주의 역사상 전성기라 해도 지나치지 않는 이 시기는 '영광의 30년'이라 불린다.

제3세계와 신흥공업국

제2차 세계대전을 계기로 하나둘 식민지에서 해방되기 시작한 아시아와 아프리카의 신생독립국 29개국이 1955년 인도네시아 반둥에서 회의를 개최하고 냉전 상황에서 중립을 선언하고 식민지주의의 철폐를 촉구했다. 이후 이미 19세기에 독립을 쟁취했지만 20세기 중엽 이후 미국의 신식민지(정치적으로는 독립국이지만 경제적으로는 사실상 식민지)로 전락한 라틴 아메리카 나라들과 함께 비동맹주의 제3세계[31]로 발전해 국제적으로 목소리를

30. GATT가 상품 무역에서 자유무역의 원리를 관철하고자 했다면(비관세 장벽들의 철폐와 관세화 등), IMF는 미국 달러의 금 태환(1온스=35달러) 보장을 정점으로 회원국들의 환율을 미국 달러에 대해 고정시키는 고정환율제를 관장했다. IMF의 자매기관인 WB는 개도국들의 개발금융을 관장했다.

31. 제3세계라는 명칭은 미국이 주도하는 자본주의 세계를 제1세계로, 소련이 주도하는 사

내기 시작했다. 인도가 주도하고 중국이 지원한 비동맹주의는 냉전 시기 양 진영 간의 세력 균형을 유지하고 집단이익을 도모하고자 했다. 제2세계가 공식적으로 사라진 이후 제3세계는 더 이상 성립하지 않지만 비동맹주의는 새로운 남북관계와 남남협력을 주장하는 국제정치 세력으로 여전히 남아 있다.

어쨌든 이 나라들 역시 공업화와 민주화를 통해 개발국으로 도약하고자 노력했지만 현실은 녹록하지 않았다. 자본과 기술이 없는 이 나라들이 제1세계나 제2세계의 도움 없이 독자적인 발전전략을 수행할 수는 없었기 때문이다. 석유 등을 가진 자원 부국들만이 자원 수출로 획득한 외환으로 공업화에 필요한 생산재를 구입하고 SOC 건설 사업을 발주할 수 있었을 뿐이다. 대다수 제3세계 국가들은 외부로부터의 원조 없이는 자생적인 발전 과정을 수행할 능력을 갖고 있지 못했고 다국적기업들의 진출을 위한 주목도 끌지 못했던 것이다.

20세기 후반에 신생 독립국들 중 근대화 특히 공업화에 성공한 나라는 한국, 대만 등 손에 꼽을 정도다.[32] 주목할만한 것은 이 나라들은 비동맹국가 그룹에 속하지 않았던 나라들이라는 사실이다. 오히려 이들은 냉전 속에서 자본주의 진영의 종주국인 미국의 막대한 지원을 받았던 나라

회주의 세계를 제2세계로 지칭한 데서 나왔다.

32. 이들 아시아 신흥공업국들 중 한국, 대만, 홍콩, 싱가포르를 한때 '네 마리 용(dragons)' 또는 '호랑이(tigers)'라고 지칭했다. 슈먼(2010)은 일본을 비롯한 아시아 각국의 경제성장에 관한 스토리를 인물 중심으로 풀어쓴 책으로서 경제성장과 발전에 관한 입문서로서 재미있게 읽을 수 있다.

다른 한편, 한국이나 대만은 공업화에 이어 민주화에도 성공함으로써 외형상 명실상부한 개발국이 되었다. 그럼에도 국민의 의식이나 사회적 관습 또는 정치적 행태 면에서 진정한 선진국으로 발돋움하려면 더 많은 노력이 필요한 것으로 보인다.

들이다. 이 나라들의 경제적 성공 요인에 대해서는 논란이 많지만 이들도 후발공업국들처럼 신중상주의적 보호주의 정책을 시행한 것이 결정적이었던 것으로 평가된다.[33]

이제 특히 중국과 동남아시아 나라들이 제2세대 신흥공업국으로 부상하고 있다. 이 나라들 역시 비동맹주의가 아니라 자본주의 진영으로의 적극적인 편입(시장 개방과 다국적기업 유치 등)을 통해 경제발전을 이루고 있다.

현대 자본주의의 변모: 근대의 연장인가 새로운 시대인가?

통상 1970년대에 시작하는 것으로 간주되는 현대는 근대의 연장에 지나지 않는 것으로 보아야 할까 아니면 별도의 새로운 시대로 규정할 수 있을까?[34] 이에 대한 답은 없지만 이러한 물음을 중심으로 현대의 변동을 살펴보면 현대의 특징을 더 잘 알 수 있을 것으로 생각한다. 현대는 근대의 기본적인 성격을 계승하고 있지만, 새로운 현상도 많고 근대와 상반

---

33. 신중상주의는 유럽의 절대왕정이 사용했던 중상주의가 20세기 후반 주로 아시아 신흥공업국들에 의해 재현된 것을 지칭한다. 시대의 차이에도 불구하고 정부가 수입통제와 수출지원을 통해 무역흑자를 추구하거나 무역적자를 줄이는 정책을 체계적으로 시행했다는 점에서 공통점을 가진다.

   다른 한편, 대체로 한국을 비롯한 동아시아 나라들은 수출주도 공업화 전략을, 브라질 등 남미 나라들은 수입대체 공업화 전략을 시행했는데, 전자는 성공했고 후자는 실패했다는 게 일반적인 평가다. 그러나 한국의 사례에 관한 좀 더 면밀한 분석(서익진, 2010b)은 이러한 단순한 분석에 의문을 제기한다. 한마디로 수출 공업화의 성공 이면에는 수입대체 공업화의 성공이 숨어 있다는 것이다.

34. 용어상으로도 근대와 현대는 유사어이고, 영어로는 둘 다 'modern times(or ages)'로 구별되지 않는다. 현대를 'contemporary era'로 표기하는 경우도 있지만 이 단어는 역사상 모든 시대를 대상으로 당대 또는 동시대라는 의미로 사용되는 게 일반적이므로 현대를 표현하는 적절한 단어라 보기 어렵다.

되는 현상도 적지 않다.

만약 현대를 근대와 구별한다면 그 계기는 무엇이며 시점은 언제라고 볼 수 있을까? 답하기 어려운 물음이지만 몇 가지 후보는 있다. 그것은 20세기 중엽 특히 제2차 세계대전 종식 이후 등장한 포스트모더니즘 post-modernism(탈근대) 담론, 전후 영광의 30년이라 불리는 자본주의의 전성기가 종식되던 1970년대의 스태그플레이션stagflation, 1980년대에 득세하기 시작한 신자유주의, 또는 늦게 잡아도 1990년대에 본격적으로 전개되기 시작한 IT 신기술 혁명이 그것이다.

나아가 사조로서의 포스트모더니즘, 사회경제정책으로서의 신자유주의, 신기술로서의 IT 디지털 혁명, 이 세 가지는 향후에도 상당 기간 동안 현대 사회의 물질적 조건과 현대인의 사고체계를 지배할 것으로 보인다. 이것들을 검토함에 있어서도 생산력과 생산관계라는 관점을 놓쳐서는 안 될 것이다.

포스트모더니즘

우리말로 후기모더니즘이나 탈근대주의 등으로 불리는 포스트모더니즘은 1960년대에 미국과 프랑스를 중심으로 학생운동·여성운동·흑인민권운동·제3세계운동 등 사회운동과 전위예술, 그리고 해체Deconstruction 혹은 후기구조주의 사상으로 시작되어 문화·정치·경제·사회의 모든 영역과 관련해 근대적 속성들을 해체하거나 반대하는 시대 이념이다. 1968년 혁명 이후 1970년대 중반에 나름의 반성 과정을 겪기도 했지만 지금까지 그 기조는 이어지고 있다.

포스트모더니즘에서는 근대의 구조와 질서를 해체하고, 이성을 넘어

감성을 중시하고, 합리성을 넘어 비합리적인 것을 인정하고, 구조 속의 개인의 자율성(개성), 다양성과 대중성을 추구한다. 철학에서는 실존주의와 해체주의, 역사학에서는 미시사, 미술에서는 추상화 등으로 나타났다.

경제학에서 포스트모더니즘을 거론하는 일은 드물지만 근대 시기에 신고전파종합 이론이 표준경제학이라는 지위를 확립했다면, 현대에 들어 이에 대항하는 다양한 비주류 경제 이론들이 부상하기 시작했다. 그 중에서도 특히 여러 제도학파들과 행동경제학 등은 포스트모더니즘 계열로 평가할 수 있을 것으로 보인다. 이들은 근대적 방법론인 구조 결정론을 거부하고 표준을 해체하기 때문이다.

제도학파는 거시라는 구조와 경제인이라는 대표주체 사이에 제도라는 매개층위를 설정하고 제도를 중심으로 전개되는 개체와 구조 간의 역동적인 관계에 주목한다. 행동경제학은 표준경제학이 가정하는 경제적 효율의 극대화를 추구하는 합리적인 대표주체를 해체시켜 현실의 경제주체들이 보여주는 이른바 비합리적인 행동을 설명하고자 한다.

신자유주의: 금융화와 세계화

신자유주의neo-liberalism[35]는 영광의 30년 기간에 활성화되었던 케인스 복

35. 왜 신(neo) 자유주의인가? 기존의 고전적 자유주의(classical liberalism)와 구별하기 위해서다. 먼저, 시대적 차이다. 후자가 중세 말부터 근대로의 이행기에 꽃피웠다면 전자는 20세기 후반 산업 자본주의의 황금기의 종식과 더불어 등장했다는 점이다. 다음, 성격의 차이다. 후자가 인간 경시의 종교적 도그마와 절대왕정의 정치적 억압 및 경제적 제약으로부터 개인과 기업의 자유와 해방을 주장하며 새로운 시대를 여는 진보적 역할을 했다면, 전자는 자본의 축적 위기를 타개하기 위해 축적의 자유와 그 영역의 확대를 추구함으로써 기존 지배세력의 유지를 도모한 것이라는 점에서 보수적 성격을 가진다는 점이다. 끝으로, 위상의 차이다. 고전적 자유주의가 추구했던 가치들(자유와 민주)는

지국가와 포드주의 축적체제가 위기에 빠지자 지배계급에 의한 위기 극복책의 모색 과정에서 출현했다. 이는 1980년대 초 이른바 영국의 대처 정부와 미국의 레이건 정부의 보수혁명에 의해 이루어졌다. 그 핵심은 노동시장 개혁과 이른바 금융 빅뱅big-bang이다. 노동시장 개혁이 노동시장 유연성 강화(정리해고 등 고용 유연화, 노조 협상력 약화 등)를 노린 것이라면, 금융 빅뱅은 금융 자유화(금융부문 내 경계 철폐, 파생상품 등 금융 규제 철폐 등)가 핵심이다.

신자유주의 정책은 여타 선진국들로 빠르게 확산되어갔을 뿐만 아니라 1980년대 남미 국가들의 채무위기 때 IMF 긴급융자 조건으로서 구조조정 패키지(긴축, 시장 개방, 규제 철폐, 민영화 등)로 정리되었다. 이후 개도국들의 외환 또는 채무 위기가 발생할 때마다 개입한 IMF는 이러한 신자유주의 정책을 세계적으로 확산하는 데 크게 기여했다.[36] 뒤에서 보듯이 한국의 1997년 외환위기 때 미국이 IMF를 내세워 한국정부에게 강요했던 것도 다름 아닌 신자유주의 정책이었다.

신자유주의 정책은 무엇보다 글로벌 경쟁[37]의 격화를 초래함으로써 생산관계 측면에 큰 영향을 미친 것으로 보인다. 여전히 자본가와 노동

인류가 영원히 유지/발전시켜야 할 가치로 자리매김 된 반면, 신자유주의는 지배계층의 기득권만 돌봄으로써 대중의 인정을 획득하지 못하고 있다.

36. 이러한 미국식 신자유주의 자유시장경제가 개도국들을 비롯한 전 세계로 전파되어야 한다는 교리를 워싱턴 컨센서스(Washington concensus)라 부른다. 그러나 이것이 개도국들의 경제사회발전을 이루어내지 못하고 오히려 위기의 빈발만 초래하자 중국이 자국의 경험을 바탕으로 국제협력, 강제이행조항 삭제 등을 중심으로 하는 새로운 교리를 제시하고 이를 베이징 컨센서스(Beijing consensus)라고 자칭했다. 선진국의 정계와 학계는 이를 무시한 반면 개도국들 특히 중국의 해외진출과 관련된 나라들의 관심을 받고 있다.

37. 신자유주의가 강제하는 글로벌 경쟁의 핵심은 무한 경쟁과 무차별 경쟁이다. 무한 경쟁은 누군가의 절멸에 이르기까지 경쟁이 격화되는 경향이 있다는 것이고, 무차별 경쟁은 국내외 시장에서 자국 정부의 특혜 없이 경쟁이 이루어진다는 것을 말한다.

자라는 양대 기본 계급의 대립/협력 관계로 나타나는 사회관계 자체는 유지되고 있지만, 산업별 또는 기업별 사측 대표와 노측 대표 간의 임금과 노동조건을 둘러싼 집단 협상을 중심으로 하는 근대적인 노자관계가 크게 균열을 보이는 등 생산관계는 중대한 질적 변화를 드러낸다. 예컨대 무엇보다 노조의 무력화와 조직률 하락 그리고 일용직·파견직·계약직 등 비정규직과 프리랜서의 증가로 노자 간 교섭력이 자본 쪽으로 일방적으로 기울어지고 있다. 특히 사무직의 임금체계는 개별 협상에 기반한 연봉제가 정착되고 있다.

노동조직 면에서는 여전히 수직적인 위계가 관철되고는 있지만 애드호크러시 같은 수평적이고 임시적인 조직이 늘어나고 있다. 전형적인 노자관계가 관철되지 않는 자영업(프리랜서 포함)의 비중이 증가하고 있다. 게다가 이윤 추구가 아니라 사회적 가치 실현을 목적으로 참여자 모두가 주인이자 노동자인 협동조합과 같은 사회적기업도 갈수록 늘어나고 있다.

또한 신자유주의는 금융 자유화를 통해 자본의 축적 영역을 실물부문에서 금융부문으로 확장했다. 결국 금융부문은 독자적인 축적이 이루어지는 영역(주식, 채권, 외환, 파생상품 시장)으로 독립했고, 나아가 주요 가격변수들(이자율, 환율, 주가 등)이 더 이상 실물부문이 아니라 금융부문에 의해 결정되고, 이것들이 오히려 실물변수들(GDP, 매출, 수출입, 고용 등)을 좌우하는 상태가 되었다. 경제의 금융화 내지 금융 주도 축적체제가 운위되는 까닭이다.

신자유주의는 경제적 세계화의 속도와 성격에도 큰 영향을 미쳤다. 경제의 세계화는 과거 지리상의 발견 이후 무역 증가, 식민지 자원 개발을 위한 해외투자 증가 등을 통해 근대 초기 이래 지속되어온 현상으로서 새로운 현상으로 보기 어렵다는 주장도 있지만 어떤 관점에서 보는가에 따라 평가는 달라질 수 있다. 국제 무역과 투자의 규모나 비중에서 보면 큰 변동이 없을 지도 모르지만, 무역(산업간 무역에서 산업내 무역으로)과 투자(자원 개발 투자에서 제조업 투자 그리고 서비스 투자와 증권 투자로)의 내용은 크게 달라졌을 뿐만 아니라 글로벌 스탠더드global standard[38]의 출현은 새로운 질적 현상이 아닐 수 없다. 즉 세계화를 국민적 공간들의 통합과 국민적 규범들의 통일이 동시에 이루어지는 이중의 과정으로 규정한다면[39] 전례 없는 현상이기도 하다.

비록 제2차 세계대전 직후부터 1970년까지 세계경제질서를 규정했던 브레턴우즈Bretton-Woods 체제와 같은 공식적인 국제경제 시스템은 더 이상 존재하지 않지만 다자간 및 쌍무적 국제경제협정이 급속히 늘어나 경제적 세계화를 촉진시키고 있다. 그동안 이른바 지역화regionalization 현상도 강화되어 왔는데, 이 역시 세계화에 역행하는 것이 아니라 세계화를 오히려 앞당기는 역할을 한다고 평가할 수 있다. 이렇게 규정되는 세계화는 현대를 근대와 구별지우는 또 하나의 근거가 될 수 있다.

이러한 금융화와 세계화의 진전에는 여러 부작용을 동반했고, 이에 대한 불만세력을 키워왔다. 국제 NGO들의 이른바 반세계화 운동은 물론 각국의 노동자와 시민들까지 불만 표출을 넘어 행동으로 나서고 있다.

---

38. 현실에서 글로벌 스탠더드는 여러 가지 이유로 세계 최강대국인 미국의 게임 규칙, 즉 아메리칸 스탠더드인 경우가 많다. 예컨대 한미 FTA의 협상의 내용을 살펴보라.

39. 이러한 세계화 규정은 오로지 필자의 것임을 밝혀둔다. 공간의 통합은 각국 시장이나 경제가 하나의 더 큰 시장이나 경제를 형성하게 되는 것을 말하며, 규범의 통일은 국가별로 서로 다른 경제적 게임 규칙(법규는 물론 심지어는 관습까지)을 국가 간 합의로 동일한 것으로 만드는 것이다. 이를 위한 협상은 크게 국제무역기구(WTO)와 같은 국제경제기구의 다자간 협상과 자유무역협정(FTA)처럼 양국 또는 소수 나라들 간의 쌍무협상으로 이루어진다.

예컨대 월가Wall Street 점령 운동이 금융 주도 세계화와 글로벌 금융 세력들에 대한 시민적 반발이라면, 미국 트럼프 대통령의 당선과 영국의 유럽 회원국 탈퇴BREXIT 사태는 기층 민중들의 세계화에 대한 불만을 행동으로 표출한 것에 다름 아니다.

자본주의 다양성

세계화와 관련해 자본주의 시장경제 체제로의 전일화 경향을 말하는 것은 상당히 유혹적이다. 1990년 사회주의 세계체제가 붕괴한 이후 『역사의 종말』(후쿠시마, 1989)이나 『문명의 충돌』(헌팅턴, 1997)을 말하는 사람이 늘어났다. 전자가 공산주의의 사망과 더불어 이데올로기의 역사는 종식되고 미국식 자유민주주의로 완성되었다고 주장한다면, 후자는 그래서 이젠 세계의 주요 갈등이 더 이상 이데올로기가 아니라 문명들(헌팅턴은 9개의 문명을 구별한다) 사이에서 전개될 것이라고 주장했다. 이에 따라 자본주의 세계는 세계 최대 강대국 미국의 자본주의, 즉 앵글로색슨 모델로 수렴될 것이라는 주장이 득세했다.

세계가 자유민주주의 자본주의로 수렴할 것이라는 일종의 자본주의 수렴 이론은 논란의 대상일 수밖에 없다. 무엇보다 정치적 용어인 자유민주주의와 경제적 용어인 자본주의를 등치 내지 혼용하는 오류를 저지르고 있을 뿐만 아니라 자본주의라는 경제체제의 다양한 존재양태를 무시하고 있기 때문이다. 정치적 자유민주주의는 위협을 당하거나 위험에 처할 때도 있지만, 인류사회가 영원히 유지 발전시켜야 할 사회이념임을 부정하는 사람은 없을 것이다. 그러나 자본주의 역시 그런 것은 아니다. 자본주의는 인류가 겪어온 여러 생산양식들 중 가장 최근에 경험하고 있는 생산양식에 지나지 않는다. 더욱이 이것이 최후의 생산양식이라고 확신할 수 있는 현실적 증거도 이론적 근거도 없기 때문이다.[40]

다른 한편으로, 자본주의 경제체제의 다양한 모델에 관한 인식이 증대하고 있다. 체제 대결의 냉전 시대가 종식되자 오히려 승자인 자본주의 체제의 내부 모순과 각국 자본주의들 간의 차이점이 부각되고 있는 것이다. 각국 자본주의는 그 작동방식과 제도적 측면에서는 물론 성장률 같은 성과 면에서도 상당한 차이를 드러내고 있다. 나라별 자본주의가 다양한 형태를 드러낸다고 할 때 가장 뚜렷이 대별되는 두 개의 이념형이 있다. 하나는 시장의 역할을 신성시하는 영미식(앵글로·색슨식) 자본주의요, 다른 하나는 국가의 역할을 상대적으로 중시하는 대륙유럽식 자본주의다. 기업 거버넌스corporate governance의 관점에서는 전자를 주주stockholder 자본주의, 후자를 이해관계자stakeholder 자본주의라 부르기도 한다.[41]

---

40. 물론 현재로서는 자본주의 생산양식을 대체할 대안적인 생산양식이나 경제체제에 관한 전망이 전무한 것처럼 보인다. 사회주의 체제의 실패를 목도하고 있는 시점이어서 더욱 그럴 것이다. 자본주의 시장경제의 장점과 현대 글로벌 자본주의의 모순에 대해서는 나중에 더 자세히 살펴볼 것이다.

41. 기업 거버넌스란 기업의 소유구조와 다른 것이다. 기업의 대표적인 형태인 주식회사의 경우 법적 소유자는 주식을 보유한 주주들이지만 주주 외에도 기업에 대해 일정한 이해를 가진 자들이 많다. 전문경영자와 관리층, 근로자와 노동조합, 협력업체와 소비자, 은행을 위시한 채권자, 기업이 소재한 지역의 지자체와 주민 등이다. 이처럼 기업에 대해 각자 나름의 이해관계(stake)를 가진 모든 집단을 총칭하여 이해관계자라 한다.

    기업 소유구조가 주주의 구성 상태만 보는 것이라면, 기업 지배구조는 기업의 주요 의사결정에 다양한 이해관계자들이 참여하는 방식 또는 구조를 지칭하며 기업이라는 생산단위의 의사결정구조를 가리키는 지배구조라 할 수 있다. 따라서 기업 거버넌스라는 개념은 기업을 주주 이익의 극대화를 유일한 목적으로 하는 경제적 조직으로 보는 전통적인 생각을 넘어선다. 이는 생산의 주체인 기업이 갖는 사회적social 및 공공적public 의미가 중요해지고, 또 그만큼 사회적 조직의 하나로 주목 받게 되었음을 의미한다.

이 두 개의 기본형 외에 일본식 모델이나 동아시아 개발독재 자본주의가 별개의 유형으로 제시되기도 한다. 중국은 국가 자본주의 모델로 별도로 분류해야 한다는 주장도 있다. 더욱이 세계에는 여전히 개도국 처지를 벗어나지 못하고 있는 수많은 나라들이 존재하고, 기아와 빈곤조차 극복하기 어려운 상황에 처해 있는 나라도 많이 있다. 이 나라들은 민주화는 고사하고 공업화조차 수행하기 어려운 여건에 놓여 있다.

후발 및 후후발 공업화의 성공조건이었던 보호주의적 중상주의 경제정책을 시행할 수 있기는커녕 무차별·무한 경쟁을 조장하는 글로벌 경쟁 속으로 내몰리고 있기 때문이다. 21세기에는 과연 어떤 나라들이 근대화에 성공해 공업국 내지 선진국으로 부상할 수 있을지 궁금하다. 현대가 근대와는 다른 조건하에 있다면 기존의 근대화와는 전혀 새로운 방식의 사회경제 발전 방식이 등장할 가능성도 배제할 수 없다.

요컨대 오늘날의 세계경제는 자본주의 국민경제들의 각축장이다. 이들은 시장경제를 근간으로 하되 국가(사회 포함)가 경제에서 차지하는 비중과 역할에 따라 그 작동방식과 성과 면에서 다양한 차이를 보여준다. 그리고 자본주의가 과연 자유민주주의와의 결합을 계속 유지할 수 있을지 또는 어떤 자본주의 모델이 자유민주주의와 가장 잘 결합할 수 있을지에 관한 의문도 여전히 사라지지 않았다.

디지털 기술혁명

정보통신기술ICT, Information Communication Technology 혁명이라고도 불리는 디지털digital 기술 혁명은 자본주의의 생산력 측면에 중대한 변화를 일으켰다. 이 기술 혁명의 요체는 전자electronic를 활용해 정보를 처리(가공, 전달,

저장 등)하는 단말기와 네트워크의 결합에 있다. 이는 컴퓨터와 스마트폰의 활용 그리고 이들을 하나로 연결시켜주는 인터넷의 확산으로 구체화된다. 이 기술혁명은 생산의 자동화를 통해 생산력(1인당 노동 생산성, 자본 생산성)을 급격히 증대시킴과 동시에 인간의 삶을 더욱 편리하고 풍족하게 만들어주는 새로운 IT 제품을 중심으로 산업을 창출하고 해당 시장을 확대시키고 있다.

최근 이 새로운 기술혁명을 약 250년 전에 시작된 산업혁명의 연장선에서 파악하는 의견이 각광을 받고 있다. 4차 산업혁명이라는 개념이 그것이다. 이 견해는 21세기 들어 지금도 진행 중인 기술혁명을 산업혁명의 연장선상에 있는 것으로 간주한다. 1차는 18세기 중반의 증기기관 기반 기계화 혁명이고, 2차는 19세기와 20세기 초에 걸친 전기 에너지 기반 대량생산혁명이며, 3차는 20세기 후반의 컴퓨터와 인터넷 기반 지식정보혁명이라고 본다. 4차 산업혁명의 구체적인 내용이 무엇인지는 아직 합의된 바 없지만, 통상 사물인터넷IoT, Internet of Things 또는 만물인터넷IoE, Internet of Everything, 센서Sensor, 빅데이터Big Data, 3차원 프린터3D Printer, 가상현실Virtual Reality과 증강현실Augmented Reality, 인공지능Artificial Intelligence, 블록체인Block Chain 등 다양한 신기술이 포괄되며, 기계와 IT의 결합, 산업의 융·복합, 가상공간과 현실공간의 연계 시스템의 구축이라는 특징을 갖는 것으로 정리되고 있다.

여기서 필자는 다음과 같은 가설을 제시하고 싶다. 기존의 산업혁명은 1차와 2차에 한정하고 3차와 4차는 디지털(또는 IT) 혁명으로 구별하고, 이 구별을 현대를 근대와 구분시키는 생산력 측면의 근거로 삼자는 것이다. 앞서 본 것처럼 농업혁명은 도구와 관련되고, 산업혁명은 기계와 관련이 있다. 그렇다면 디지털혁명은 도구나 기계가 아닌 무엇과 관련이 있을까?

필자의 가설은 전자기계다. 그럼 전자기계는 기존의 물리적 기계와 본질적인 차이가 있을까? 전자기계(예컨대 컴퓨터)는 외형상 물리적 기계hardware와 다를 바 없지만 오로지 전자 형태로만 존재하는 소프트웨어software(예컨대 문서작성용 프로그램 혼글) 없이는 작동하지 않는다. 결국 새로운 생산수단의 핵심은 소프트웨어라 할 수 있다. 소프트웨어를 장착한 하드웨어는 새로운 유형의 상품 즉 전자 형태의 콘텐츠contents(예컨대 특정 주제에 관한 보고서)를 생산하며, 이 디지털 콘텐츠는 결국 정보information이자 지식knowledge이다. 정보 또는 지식 기반 경제라는 명칭은 이 점을 포착한다.

컴퓨터와 스마트폰 그리고 센서가 인터넷(IoT와 IoE)을 통해 만물(인간과 사물)이 서로 소통할 수 있게 해주는 통신혁명이 가속화되고, 데이터베이스에 무한 축적될 수 있는 정보와 지식의 스톡(빅데이터)이 지식산업을 견인하고, 하드웨어와 소프트웨어를 넘어 콘텐츠 관련 산업이 서비스산업의 새로운 확장을 부추긴다. 물리력(육체, 도구, 기계)이 아니라 지력(개인의 창의력, 집단지성)이 새로운 부가가치의 원천으로 등장한다. 기술혁신도 실험실을 뛰쳐나와 집단지성을 활용하는 개방형 혁신open innovation으로 바뀌고 있다. 이에 따라 기술, 공간, 상품, 산업 등 모든 면에서 기존의 것들을 해체하거나 융·복합하는 경향이 나타난다.[42]

---

42. 이와 관련해 6차 산업화를 생각해보자. 6차산업은 산업분류의 한 범주가 아니다. 여기서 6차란 1차, 2차, 3차 산업의 숫자를 더하거나 곱해서 구한 수치일 뿐이다. 말 그대로 산업간 융·복합을 상징한다. 특히 농·수산·산림업 같은 1차 산업을 담당하는 농·어·산촌의 경제 활성화를 위한 방법으로 고안되었다.

예컨대 어떤 농촌마을이 쌀을 재배해 판매만 하는 게 아니라 쌀로 술이나 과자 등 다양한 상품으로 가공하는 제조업을 발전시키거나 나아가 주변의 자연이나 농산물(가공한 것 포함)을 활용해 관광 서비스 산업까지 발전시킴으로써 일자리와 소득(부가가치)을 창출하는 것이다.

디지털 혁명은 심지어 경제학에도 중대한 변화를 초래하고 있다. 디지털 경제 세계에는 무엇보다 경제학의 기본전제인 규모의 경제와 수확체감의 법칙이 적용되지 않기 때문이다.[43]

3 한국 근대 경제사 개관

먼저 세계 경제사 일반을 살펴본 이유는 결국 우리가 살아왔고 또 앞으로도 살아갈 한국 경제의 역사적 변동을 더 잘 이해하는 데 있다. 여기서는 지면 제약 상 근대의 시작으로 간주되는 조선 말기 이후부터 현재에 이르는 기간의 한국 경제의 역사를 개략적으로 살펴보기로 한다.

미리 말해두자면 선진국들에서는 식민지화를 통해 근대 자본주의를 꽃피웠던 반면, 한국처럼 불행하게도 식민지를 겪었던 다른 많은 나라들은 식민지 자본주의와 더불어 근대로 들어서기 시작했다는 사실이다.

조선 말기: 자본주의 맹아

한국은 조선 말기에 이르기까지 오랜 세월을 중앙집권적인 봉건 왕조국가 체제 하에서 농업경제를 영위해왔다. 그동안 왕조가 여러 번 바뀌고 경제 관련 제도 변화를 겪으면서 생산력도 완만하지만 꾸준히 발전해왔지만, 지주(왕, 귀족, 관료 등)와 소작농이라는 기본적인 사회관계에는 큰 변

43. 이에 관한 좀 더 자세한 것은 서익진(2018)을 보라.

화가 없었다 해도 지나치지 않다.

조선 후기 특히 19세기 후반 이래 근대화를 위한 자주적인 노력이 전개되기 시작했다. 갑신개혁(1884년)과 갑오경장(1894년) 등 위로부터의 혁신, 실학자와 개화파의 활동, 독립신문 발행(1896~1899년)과 계몽주의 운동 등이 그러하다. 그러나 대원군의 쇄국정책은 국제정세에 둔감하게 만들었고, 개화파와 수구파의 대립으로 미미한 내부 역량조차 집중시킬 수 없었다.

대외적으로는 제국주의 열강들의 식민지주의가 극에 달해 있어 대한제국의 어떤 외교적 노력도 성과를 거둘 수 없었다. 특히 일본 제국주의는 조선 합병을 목표로 치밀한 계획 하에 움직였다. 일제는 동학농민전쟁으로 청국 군대의 조선 진출을 핑계로 일본군을 파견해 청일전쟁(1894~1895년)에 승리했다. 이후 영일동맹(1902년)을 체결해 러일전쟁(1904~1905년)에서 승리의 계기를 만들었고, 승리 직후엔 미국과 가쓰라-태프트 밀약(1905년)으로 조선 합병에 대한 미국의 인정을 받아냈다.[44]

1960~1980년대에 학계에서는 조선 후기와 관련해 자본주의 맹아 논쟁이 있었다. 이 논쟁은 조선의 경제사 탐구를 통해 조선은 자생적으로 근대화를 할 수 있는 역량이 없었기 때문에 식민지 경영을 통해 자본주의가 외부로부터 이식될 수밖에 없었다고 주장하는 식민지 근대화론과 같은 식민사론을 반박할 수 있는 내재적 발전론의 근거를 찾고자 했던 노력의 산물이었다. 당시 자본주의로의 이행을 가능케 했을 수도 있는 맹아적인 요소로 사농공상 신분질서의 와해, 이모작 보급 등 생산성 향

44. 영국은 러시아 발틱함대의 수에즈 운하 통과를 불허함으로써 일본이 러일전쟁에서 승리하는 데 일등공신이 되었다. 미국은 미국의 필리핀 지배를 인정받는 대신 일본의 조선 합병을 인정한 것이다.

상과 고추, 담배 등 상품 작물의 도입, 공장제수공업과 상인의 등장, 화폐 유통의 일반화와 임노동자의 출현, 국제 중계무역의 존재 등이 강조되었고, 특히 소농의 양극(빈농과 부농) 분해론은 자본주의적 대농 경영의 씨앗이 존재했다고 주장했다.

그러나 각 현상의 비중이 미미했고 엄밀한 과학적 근거가 부족했던 탓에 자본주의 맹아론은 사학계의 정설로 발전하지는 못했다. 그럼에도 이 논쟁은 조선 후기의 경제적 변동과 그 성격을 규명하는 데 상당한 기여를 했다는 의의를 가진다.

일제강점기: 이식된 식민지 자본주의

1910년대: 원료 및 식량공급 기지화

1905년 을사늑약과 1910년 한일병합조약의 강제 체결을 통해 조선을 합병한 일본 제국주의는 당시 활발히 전개되고 있던 의병운동을 박멸하고 식민지 지배에 대한 민중의 저항을 억누르기 위해 헌병경찰제를 시행하고 무단통치를 시작했다. 이와 동시에 식민지의 체계적인 경영에 필요한 근대적 제도(행정, 사법, 조세 등)를 도입했다.

일제의 조선 식민지 경영의 최초 목적은 조선을 일본 공업의 발전에 필요한 원료 및 식량 공급기지로 만드는 것이었다. 이를 위해 토지조사사업(1910~1918년)을 벌여 근대적인 토지소유권 제도와 조세 제도를 확립했다. 이 과정에서 상당수의 토지를 강탈해 동양척식회사의 소유로 만들었고, 수많은 자작농이 동양척식회사의 소작농으로 전락했다.[45] 또한 회사

45. 일제는 토지조사사업의 시행 자체를 몰랐거나 신고 절차에 미숙해 기한 내에 신고하지

설립 허가제를 핵심으로 하는 회사령(1910년)을 공포해 조선인의 산업 활동을 사전에 방지함과 동시에 일본 본토 자본의 조선 침투도 막음으로써 식민지의 공업화를 원천봉쇄했다.

그러나 독립운동 탄압과 무단통치 그리고 토지 약탈은 1919년 3.1혁명을 불러일으켰고, 이를 계기로 일제는 이른바 문화통치로 전환한다.

1920년대: 병참기지화를 위한 공업화

1920년대에 일본 제국주의는 만주와 중국을 침공하려는 야욕을 품고 그 준비의 일환으로 조선을 병참기지로 만들고자 했다. 이를 위해 회사령을 폐지하고 일본 독점자본이 조선에 발전소를 건설하고 중화학공업에 투자하는 것을 허용했다. 교통로 확보를 위해 이른바 항만과 군항 건설, 도로 건설 및 철도를 확대했다. 이 모든 사회간접자본은 중국 침공을 위한 군사적 목적이 최우선이었다.

대동아공영권의 건설이라는 미명 하에 일제는 1931년 만주사변을 일으켜 만주를 점령했다. 만주에서는 조선에서의 직접통치가 아니라 괴뢰국인 만주국을 수립해 간접통치를 시작했다. 1937년에는 오래 동안 노려왔던 중국 본토 침략을 감행했고, 1940년에는 독일 및 이탈리아와 추축국 삼국동맹을 체결한 후 미국을 상대로 태평양전쟁을 도발했다.

전시총동원체제 하에서 조선의 병참기지 역할은 강화되었고, 수많은 조선인들이 강제징용과 강제징병을 통해 공장 근로자로 그리고 군인으로 끌려갔다. 심지어 정신대라는 이름으로 처녀들까지 끌고 가 일본군의

못한 토지와 실제 경작자임에도 자기 소유임을 증명하지 못한 토지 등을 몰수해 동양척식회사의 소유로 만들었다.

위안부로 만들었다. 내선일체(내지인과 조선인은 같은 일본국민이라는 뜻) 정책에 따라 한국어 사용 금지, 창씨개명 등으로 조선인의 일본인화를 강제했다. 오랜 식민지 생활로 해방의 가능성을 포기하고 자발적으로 일제에 협력한 사람도 있었고, 일제의 강요로 친일부역 행위를 한 지식인도 적지 않았다.

경제적으로만 본다면 조선의 병참기지화는 결과적으로 북한 지역의 중화학공업화와 남한 지역의 경공업화를 시행한 셈이었다. 1930년대 이후 세계 식민지 역사상 유례없는 공업화가 진행되었는데, 이는 오로지 전쟁용 군수물자의 생산을 위한 것이었다. 이를 두고 식민지 유산이라는 이름으로 1960년대 이후 한국의 고도 공업화 과정의 성공을 가능케 했던 요인의 하나로 꼽는 이들이 있다. 이와 관련해 지적해둘 것은 식민지 유산의 존재 자체는 부정하기 어렵다 하더라도 주요 시설은 대부분 북한에 있었고, 남한의 경공업 시설조차 6.25전쟁 통에 대부분 사라진 상태에서 공업화가 시작되었다는 사실 역시 부정하기 어렵다는 점이다. 물론 식민지 공업화에 참가했던 일부 관료와 기술자 그리고 해방 당시 100만 명에 육박했던 노동자들이 근대적 공장에서의 근무 경험을 통해 획득한 지식이 무형자본으로 활용되었을 것이다.

요컨대 식민지 공업화는 일본 자본에 의해 이식된 공업화로서 일본 제국주의의 대외 침략전쟁에 봉사한 것이었고, 식민지 자본주의 경제는 본국 일본 경제를 보완하는 역할을 수행하도록 운영되었다. 따라서 식민지 한국 경제는 불균형적이면서 기형적인 성격과 동시에 극단적으로 대외 의존적인 성격을 띨 수밖에 없었다.

해방과 원조경제

1945년 해방과 더불어 한국 경제는 일본 경제와 급격히 단절되었고, 일본인 경영진과 기술진의 도망으로 제조업은 사실상 마비상태에 빠졌다. 생산의 격감으로 공산품 물가는 천정부지로 뛰었고, 북한의 송전 중단은 사태를 더욱 악화시켰다. 유엔과 미국의 식량원조로 겨우 아사상태를 면하고 있었다.

해방 후 3년에 걸친 미군정 하에서 신탁통치를 둘러싼 찬반 등 신생독립국의 건설 노선을 둘러싼 첨예한 이데올로기 갈등이 벌어졌다. 이는 1948년 여름 남북한에 각각 별도의 국가 수립으로 귀착되었고, 이렇게 시작된 분단체제는 1950년에 발발한 한국전쟁으로 고착화되어 지금까지 지속되고 있다.

1950년대의 한국 경제는 미국의 원조 없이는 제대로 돌아갈 수 없는 원조경제였다. 한국 정부의 재정은 원조물자의 판매대전인 대충자금이 거의 절반을 차지할 정도였다. 적산(적국 일본인과 일본 정부 소유의 재산으로 귀속재산이라고도 한다)의 불하 과정에서 특혜로 생산시설의 소유자가 된 초기 자본가들은 원조물자의 배정과 특혜성 은행 대출을 통해 축적 기반을 마련했다. 이 시기에 주로 원조로 수입된 원자재를 활용해 일부 필수 소비재를 생산하는 이른바 삼백三白공업(설탕, 밀가루, 면방직)을 중심으로 경공업 분야에서 부분적인 수입대체 공업화가 이루어졌다. 이 과정은 본원적 축적을 통한 토착 자본가 계급의 형성 과정이기도 했다.[46]

---

46. 1950년대에 이미 재벌이라고 불리는 대기업들이 출현했다. 이들 중 지금까지 남아 있는 재벌은 삼성이 유일하다.

그러나 원조경제는 미국의 원조 총액과 잉여농산물 위주로 구성된 원조의 상품별 구성에 의해 그 작동이 좌우되는 일방적으로 대외 의존적인 경제였다. 공짜로 얻은 원조물자가 부정축재로 얼룩진 천민자본주의의 복마전 경제를 낳았던 것은 당연한 귀결일지도 모른다. 그리고 예컨대 미국산 밀이 원조물자로 대거 유입됨으로써 국산 밀이 거의 완벽하게 사라졌다는 사실은 미국 잉여농산물 원조의 양면성을 잘 보여준다.

이 시기에 경제적으로 가장 유의미한 사건은 1949년에 시행된 농지개혁이다. 그 결과 지주계급이 완전히 사라지고, 농지 소유는 3정보 미만의 자작소농 체제로 재편되었다. 소농이지만 자작농이 된 농민의 의욕과 생산성은 높았다. 기존의 소작료로 농지 구입대금을 5년 간 분할 상환만 하면 자기 소유의 농지가 된다는 희망에 부풀었기 때문이다. 이 시기에 농업 부문은 초기 수입대체 공업화의 주된 시장을 제공했다.

1950년대 후반 동북아는 물론 세계 전체의 정세 변화와 더불어 미국의 대외정책이 선회했다. 특히 미국의 대외원조 정책이 원조에서 차관으로 변경됨에 따라 미국의 원조가 양적으로 급감하기 시작했다. 당연히 한국의 원조경제는 위기에 직면했다.

1950년대 말 원조경제의 위기 속에서 그동안 부당한 방법으로 정권을 연장해왔던 자유당 이승만 정권이 1960년 정부통령 선거에서 노골적인 부정선거를 감행했고, 이는 3.15의거와 4.19혁명을 유발해 정권 자체가 무너졌다. 이어 치러진 총선에서 집권한 민주당 장면 정권은 1년도 채 지나지 않아 일어난 1961년 박정희 장군이 주도한 5.16 군사쿠데타로 붕괴되었고, 박정희 정권 하에서 이른바 한국식 개발독재development dictatorship 시대가 열리게 되었다.

개발독재 하의 고속·압축 공업화

사실 경제개발계획을 통한 경제의 계획적 운용은 미국이 대외원조 정책을 무상원조에서 유상차관으로 변경할 때 이미 그 필요성이 제기되었다. 공짜로 받은 것을 잘 쓰기만 하면 되던 사정에서 빌린 돈을 잘 활용해 갚을 돈을 벌어야 하는 상황으로 바뀌었기 때문이다.[47] 차관이 강제하는 상환 제약이 없었다 하더라도 쿠데타로 집권한 박정희 정권으로서는 경제의 계획적 운용을 통해 경제적 성과를 올리는 길 외에는 정치적 정당성을 확보할 방법이 없었다.

여기서는 조절이론의 시각에 의거하여 한국의 고도성장기 경제발전 양식을 차입-수출 주도 축적체제와 개발독재 조절양식의 결합으로 해명해보고자 한다.[48]

차입-수출 주도 축적체제

차입-수출 주도 축적체제는 다음 두 가지 연쇄로 완결된다. 먼저, 경제개발(즉 공업화)의 개시에 필요한 자원도 자본재도 기술도 없고 잠재력을 가진 풍부한 인력밖에 없는 초기 조건에서 해외에서 차관과 은행신용 형태

---

47. 미국 원조당국은 이승만 정부에 경제개발계획안 작성을 요구했지만 이승만 정부는 그 필요성조차 이해하지 못한 채 무너져버렸고, 새로 들어선 장면 정부도 처음 해보는 계획 수립에 허둥대긴 마찬가지였다. 1961년 5.16쿠데타로 집권한 박정희 정부도 미숙하기 짝이 없었지만 그간의 경험을 바탕으로 그리고 시행착오를 거치면서 체계적인 경제개발계획을 수립해나갔다.

48. 용어가 너무 전문적이긴 하지만 축적체제는 거시적 성장방식으로 보면 되고, 조절양식은 특정 축적체제의 작동과 관련된 주체들 간의 이해를 조정하는 제도들을 총칭한다고 보면 된다. 이 부분은 졸저(2010b 및 2011)를 주로 참고했음을 밝혀둔다.

로 외환을 차입해 공업화의 개시에 불가결한 생산재(시설, 장비, 기술 등)를 수입해 제조업을 국내에 구축한다.[49] 다음, 이렇게 해서 구축된 제조업의 생산물을 해외시장에 수출하고, 벌어들인 외환을 최대한 모아서 애초의 차입으로 누적된 대외채무를 상환한다.[50] 이러한 공업화 내지 경제성장 방식은 간단히 말해서 어떤 개인이나 회사가 은행에 돈을 빌려 사업을 벌이고 벌어들인 돈으로 빚을 갚는다는 일반적인 방식과 전혀 다를 바 없다. 유일한 차이점은 이 방식을 주도하는 것이 정부이고 빌린 돈이 외화(예컨대 달러)라는 점이다.

한국에서 시행된 이 축적체제의 특징과 급속한 공업화의 성공요인을 정리해보면 적어도 다음 네 가지를 들 수 있다.

첫째, 농업과 공업 간의 상호 병진 관계다. 농지개혁으로 가능해진 농업 생산력의 빠른 증대는 공업화 과정에 두 가지 효과를 낳았다. 한편으로 농촌에 상대적 과잉인구를 조성해 1960년대 이후 빠르게 성장하는 도시의 경공업에 필요한 여성 근로자와 1970년대의 중화학공업화에 필요한 남성 근로자를 공급할 수 있게 했다.

다른 한편으로 농업 생산성의 증대는 농가 소득의 증대를 가져와 공산

---

49. 영국과 프랑스 등 산업혁명을 스스로 시행했던 나라들은 이 방식을 사용할 수 없었다. 미국, 독일, 일본과 같은 후발 공업국들도 기본적으로 이러한 차입-수출 방식을 채택했다. 후후발 공업국과의 차이점은 이 방식의 강도가 상대적으로 약했을 뿐이라는 점이다. 후발 또는 후후발 공업화는 이처럼 선발 공업국에서 개발된 기술과 기계를 수입함으로써 연구개발에 필요한 시간과 노력을 절약할 수 있었고 나아가 그 활용 과정에서 향후의 기술개발 능력을 연마할 수 있었다는 점에서 합리적인 선택이었다고 볼 수 있다.

50. 이 방식에서 수출은 외환 표시 대외채무를 갚기 위해 강제된다는 성격을 띤다. 이 빚을 갚기 어려워지면 대외채무위기가 발발함은 물론이다. 뒤에서 보듯이 한국경제는 적어도 두 차례의 대형 채무위기를 겪었다.

품의 초기 수요를 제공했고, 농기계와 화학비료 및 농약 등 농업용 공산품의 수요 창출에도 기여했다. 물론 이러한 농공병진 관계는 오래 지속되지 못하고 1970년 이후 농업이 일방적인 희생을 당하는 관계로 바뀌었다는 점도 중요하다. 공산품 수출 진흥 정책으로 저곡가-저임금 정책에 내포된 농업 경시와 특히 1970년대부터 쌀이라는 주곡 생산 위주로의 농업정책의 전환으로 인해 농업은 더 이상 타산이 맞지 않은 산업이 되었다. 수많은 농민이 도시로 이농해감으로써 도시의 제조업과 서비스업의 발전에 필요한 노동력을 공급했다. 이러한 노동자 계급의 형성 과정은 앞서 언급한 영국의 엔클로저 운동을 상기시킨다.

둘째, 이중의 복선적 공업화다. 한국의 축적체제를 수출 주도 공업화로 규정하는 게 일반적이지만 이는 진실의 일면에 지나지 않는다. 우선, 수출 진흥과 수입대체 노력이 동시에 이루어졌다는 점이다. 외화벌이를 위한 수출 노력은 이 축적체제가 채무위기를 극복하고 지속될 수 있기 위한 관건임에는 틀림없다. '수출입국'이라는 구호는 이를 잘 말해준다. 그럼에도 그와 동시에 수입대체를 통한 국내 생산장치의 육성이 없었더라면 자립적인 경제구조의 구축은커녕 과다 성장한 수출산업은 비지飛地경제[51]로 되었을 것이다.

다음, 계열 상승 방식과 계열 하강 방식의 결합적 시행이다. 여기서 계열은 특정 산업을 구성하는, 예컨대 원자재, 소재, 부품, 부분품, 최종소

51. 국내경제의 다른 부분들과는 유리된 채 해외시장에만 연계된 마치 섬처럼 붕 뜬 경제부문을 지칭한다. 자원 부국들의 경우 자원 수출산업이 주로 이러한 처지에 빠졌다. 그런데 한국경제에서 고도성장기의 수출산업과 오늘날의 수출산업을 비교해보면, 과거에는 타당하지 않던 비지경제가 오히려 지금 타당성을 가지고 있음을 알 수 있다. 오늘날 대기업이 주도하는 수출산업은 해외시장에만 연결된 채 국민경제 전체와 유리된 모습을 보여주고 있기 때문이다. 이는 좋은 연구주제가 될 수 있다는 생각이다.

비재에 이르는 생산의 기술적 연계를 지칭한다. 공업화 과정에서 상류에 해당하는 원자재 부문부터 먼저 건설하고 이것의 공급 효과를 활용해 생산계열의 하류로 내려가는 공업화 방식을 계열 하강 방식이라고 한다. 역으로 하류산업의 수요 창출 효과를 활용해 그 반대 방향으로 공업화를 추진하는 방식을 계열 상승 방식이라 한다. 한국의 경우 예컨대 소재 산업인 종합제철소와 최종생산물 산업 자동차 산업과 조선 산업을 동시에 구축함으로써 계열 상승과 계열 하강을 연계시키고자 했던 것이 주효한 것으로 보인다.

셋째, 1950~1960년대의 경공업화에 이어 1970~1980년대 중화학공업화로 나아가는 단계를 밟았다는 점이다. 상대적으로 국내수요가 있고 수출도 용이한 경공업을 먼저 육성한 후 복잡한 고도 기술과 장비를 요구하는 중화학공업으로 나아간 것은 국내 여건에 맞는 공업화 과정이었다.

넷째, 학습learning 동학의 적극적인 활용이다. 수입한 기계와 기술의 효과적인 학습을 통해 빠르게 소화할 수 있었고, 이를 바탕으로 소혁신(기존 기술의 개선과 기존 기계의 개량을 중심으로 하는 혁신) 역량을 키웠다는 점이다. 여기에는 한국인의 높은 교육열과 주입식 교육방식이 큰 기여를 했다.[52]

개발독재 조절양식

조절양식의 관점에서 보면 개발독재는 다음과 같은 특징을 가진다. 정부가 이러한 축적체제의 시행을 민간주체들의 자율에 맡기지 않고 경제계

52. 신기술 개발 중심의 혁신을 대혁신이라 부른다. 여기에는 학습 역량보다는 창조 역량이 필요하며, 이를 위해서는 교육의 발본적인 혁신이 필요하다. 한국 경제가 아직도 확실한 기술 선진국으로 진입하지 못한 데는 이러한 교육개혁이 지지부진한 탓이 가장 크다고 판단된다.

획을 수립하고 이들로 하여금 정부의 계획에 맞추어 행동하도록 당근과 채찍 등 다양한 정책수단과 제도를 적극적으로 활용하는 방식을 말한다. 그래서 개발독재라는 용어는 한마디로 '개발을 위한 독재' 또는 '개발에 의해 불가피한 독재'라는 의미를 내포한다.

한국의 개발독재 조절양식의 기본 골격은 다음과 같다.

첫째, 경제정책 관련 정부기구의 정비다. 경제기획원을 설치해 경제개발 5개년계획을 수립하고, 예산 배정권도 부여함으로써 계획의 실질적인 추진력도 갖추게 했다. 경제기획원 장관은 부총리로서 산업정책, 무역정책, 금융통화정책, 외환정책 등 모든 경제부처의 정책이 일관성을 유지하도록 조정 및 통제하는 권한을 가지기도 했다.

둘째, 자금 흐름의 중앙통제다. 통화제도와 관련해 중앙은행인 한국은행의 독립성을 제한하고 사실상 재무부장관 산하에 둠으로써 통화정책을 경제개발의 수단으로 삼았다. 금융제도와 관련해서는 시중은행을 모두 국유화함으로써 국내 금융 흐름을 장악하고, 관치금융(정책자금과 창구지도)를 통해 투자자금의 배정을 통제했다. 이는 기업의 투자가 정부 계획대로 이루어지도록 통제하는 장치로 기능했다.

셋째, 교묘한 수입 통제의 실행이다. 외형상 수입 자유화 비율은 높이면서 원화의 고평가 유지, 외환 배정, 수입 심사, 수입 쿼터 및 다변화 정책 등으로 실질적인 수입 통제를 시행했다. 이는 불가결한 생산재 수입에 외환을 집중시킴과 동시에 국내 산업의 보호를 위한 것이기도 했다. 전형적인 유치산업 보호 및 육성 정책이라 할 수 있다.

넷째, 선별적인 외자 도입이다. 우선 외자도입심의회를 두어 외국인 직접투자는 엄격한 심사를 통해 향후 국내 기업이 진출 가능한 분야에는 직접투자를 억제했다. 국내 생산장치의 구축에 불가결한 분야에는 외국인 직접투자를 허용하되 가급적 외국인 소수 합작투자 형태를 선호하고 기술이전 조건을 부과했다. 자본시장의 엄격한 규제를 통해 외국인 증권투자는 사실상 금지했다. 그 대신 필요한 산업은 차관과 민간신용 등 차입을 통해 구축하고, 이에 따른 대외채무 상환 제약은 수출 소득으로 극복함으로써 기업과 산업에 대한 내국인의 소유권과 경영권을 보장하고자 했다.[53]

다섯째, 외환제도와 관련해서는 우선 외환관리법을 제정해 내국인의 외환 보유를 금지함과 동시에 외환집중관리제를 통해 국민이 어떤 방식으로든 벌어들인 외환은 모조리 시중은행을 통해 중앙은행에 집중시켰다. 집중된 외환은 불가결한 수입에만 배정되었다. 환율정책에서는 외형상 관리변동환율제를 사실상 고정환율제로 운영하고, 대폭의 평가절하 maxi-devaluation와 수출 보조금을 결합적으로 사용했다.[54]

그럼에도 지속적인 무역적자로 누적되는 대외채무와 만성적인 외환부족에 대처하기 위해 다양한 방식으로 외화벌이를 조장했다. 국민의 극

---

53. 이러한 외국인 투자는 통제하는 대신 차입-수출을 통해 국내 산업을 구축하는 공업화 전략은 특히 남미 국가들의 외국인 투자를 통한 공업화 전략과 상반된다. 그 결과 남미 나라들에서처럼 기간산업과 중요 산업의 통제권이 외국인에게 장악되는 비극을 피할 수 있었다. 한국의 경우 그 대가는 국내 재벌에 의한 경제력 집중과 지배였다. 이러한 저간의 사정을 감안할 때 오늘날 세계 각국이 직접투자든 증권투자든 외국인 투자를 대환영하는 상황으로 바뀐 것을 보면 격세지감이 들 정도다.

54. 수출 주도 공업화에서는 수출 진작을 위해 자국 통화의 항상적인 평가절하 상태를 유지하는 것이 유리하다. 그러나 한국의 개발독재 조절양식에서는 정부가 보통 때는 원화의 고평가를 가급적 최대한 유지함으로써 수입과 채무 상환에서의 부담을 축소시킨다. 고평가로 불리해진 수출을 조장하기 위해서는 다양한 수출 보조금 제도를 적극적이고 체계적으로 활용했다. 이로 인한 환율 왜곡이 누적되어 문제가 심각해지면 비로소 대폭의 평가절하를 시행했다. 이러한 환율정책은 차입-수출 주도 축적체제의 원활한 작동에 조응하는 것으로 나타났다.

렬한 반대를 무릅쓴 한일 국교 정상화(1965년)로 8억 달러의 식민지 배상금의 수령, 베트남 전쟁에 대규모 군대 파견으로 받은 다양한 대가와 전쟁터에서의 토목건설 공사 수주와 시행, 독일에 간호원과 광부의 파견, 1970년대 중동 열사의 사막에서 시행된 대규모 토목사업에 대규모 근로자 파견 등이 대표적인 사례들이다.

이러한 방식으로 1960년대에는 섬유공업 중심의 경공업화 그리고 1970년대에는 6대 전략산업[55] 중심의 중화학공업화가 강력하게 추진되었다. 수입은 물론 수출도 빠르게 늘어났고, 7~8%의 높은 실질경제성장률을 달성해 경제 규모의 급속한 확대와 더불어 경제 구조는 제조업 중심의 공업경제로 탈바꿈했다. 한마디로 선진국의 산업혁명에 해당되는 공업화에 성공한 것이다.

이른바 '한강의 기적'을 달성하는 데 국가의 계획적인 경제운용과 경제 관료들의 헌신적인 노력도 중요한 역할을 했다는 사실을 부정할 필요는 없다. 그러나 금융을 장악한 정부의 정책에 순응한 기업가들과 '선 성장 후 분배'의 논리를 받아들여 수출입국을 위해 저임금과 열악한 노동조건을 감수한 노동자들의 피땀이 없었더라면 그러한 경제적 성공은 불가능했다는 것도 진실이다. 농민 역시 앞서 본 바와 같이 농업 경시 정책에 따라 막대한 손해를 입었고, 이에 따라 농업은 사실상 정부 보조금 없이는 자립할 수 없는 산업으로 전락했다.

---

55. 6대 전략산업은 기계산업, 조선산업, 석유화학산업, 제철산업, 비철금속산업, 전자산업이다. 각각 순서대로 창원, 거제, 울산, 포항, 온산, 구미에 대규모 공단을 설립했다. 이들의 지리적 위치는 구미를 제외하면 동남해안 벨트를 이루고 있음을 알 수 있고, 이는 한국의 공업화 과정에서 일본 자본과 기술이 수행한 역할을 암묵적으로 증언한다.

민주화와 재벌 주도 수출경제

앞서 설명한 차입-수출 축적체제와 개발독재 조절양식에는 여러 가지 모순이 내재되어 있었다. 그 중에서도 가장 중요한 것은 대외제약의 심화, 즉 대외채무 잔고의 누적과 대외채무위기의 발생이라는 위험의 상존이다. 고속 압축 공업화를 추구한 만큼 생산재의 수입은 빠르게 증가했고, 그 결과 대외채무 잔고도 해마다 누적되었다. 그러나 수출액이 연간 지불해야 할 대외채무 원리금의 액수를 상회하는 한 이 방식은 지속될 수 있다. 문제는 어떤 이유로든 수출이 둔화되어 원리금 지불에 애로가 발생하는 순간, 그래서 대외채무 지불능력이 의문시되는 순간 채무위기가 발발한다. 실제로 채무위기는 1960년대 말과 1970년대 말, 두 차례에 걸쳐 발생했다. 전자는 규모도 작았지만 미국의 적극적인 협조로 상대적으로 용이하게 극복되었다. 문제는 1979년의 대외채무 위기였다.

1980년 대외채무 위기: 제1차 IMF 신탁통치

1970년대 말경부터 한국 경제는 삐걱거리기 시작했다. 그 원인은 조절양식보다는 축적체제에 누적된 모순 때문이었다. 고속의 중화학공업화를 시행하기 위해 부족한 기술과 자본재를 해외차입을 통해 지속적으로 수입해왔기 때문에 - 과잉중복투자라는 비판을 받을 정도로 - 수입의 증가세가 수출 증가세를 크게 상회했다. 이에 따라 대외채무가 눈덩이처럼 불어나 대외채무위기의 발생할 수 있는 내적 조건이 갖추어져 있었다.

이러한 상황에서 1970년대 말 제2차 국제 석유파동이 일어났다. 당장 국제유가 급등에 따른 석유 수입대금의 압박이 더해졌고, 세계 수요의 축소에 따라 수출마저 급격히 둔화되자 대외채무 원리금 상환 불능, 즉 대외채무 원리금 불이행 사태가 조성되었다. 물가 상승 속에서 기업은 줄도산하고 실업이 급증했다. 이른바 스태그플레이션이다. 결국 1980년은 해방 이후 최초로 마이너스 성장률을 기록한 연도로 기록되었다.

이 경제위기는 엄청난 정치적 및 사회적 격변(1979년 10월 부마민주항쟁, 10.26 박정희 시해사건, 신군부의 12.12쿠데타, 1980년 5월 광주민주항쟁 등)과 사회적 갈등을 동반했고, 이 과정에서 전두환의 신군부는 민주화 세력을 탄압해 정권 탈취에 성공했다. 군부독재는 부활되고 개발독재는 지속되었다.

전두환 정부는 미국에게 박정희가 비밀리에 추진해왔던 핵개발을 포기하는 대가로 IMF 긴급구제자금을 받아냄으로써, 이 경제위기를 진정시켰다. 그러나 약 5년간의 IMF 신탁통치[56] 하에서 긴축정책과 함께 수출 촉진 정책이 시행되었다. 긴축은 그동안의 고도성장 하에서 나타났던 높은 인플레이션 경향을 완전히 소멸시킬 정도로 강력했다. 전두환 군부독재정권은 재벌 간 빅딜big deal을 강요해 과잉중복투자를 인위적으로 해소함과 동시에 부품 및 소재 공업화 정책을 추진해 대외채무 누적의 주요인이었던 주요 소재와 부품의 국산화를 도모했다.

3저 호황

그럼에도 전두환 정권 하에서 좀처럼 경제성장의 모멘텀을 찾지 못하고 있던 한국 경제는 1986년부터 이른바 '3저 호황'(저 유가, 저 금리, 저 달러=엔 고)

---

56. 1980년의 경제위기와 관련해 거의 알려져 있지 않은 사실은 이때도 한국 정부는 IMF 구제금융을 신청해 이른바 IMF 신탁통치를 무려 5년간 받았다는 것이다. 당시 전두환 군부독재정권이 강력한 언론 통제를 통해 이 사실을 비밀에 부쳤기 때문이었다. 경제학자들조차 이 사실을 알고 있는 사람은 드물 정도다. 어쨌든 이것이 제1차 IMF 신탁통치였고, 1997년 외환위기 때의 IMF 신탁통치는 제2차라 명명하는 게 옳다.

이라는 엄청난 호기를 맞아 빠르게 비상하기 시작했다. 이미 과잉설비를 해소한 국내 수출 재벌 그룹들은 이 호기를 활용할 준비가 되어 있었다.

3저 호황의 메커니즘은 다음과 같다. 우선 낮아진 국제 유가로 석유 수입 부담이 대폭 경감되었고, 그 혜택은 높은 석유 의존도 때문에 상대적으로 더 컸다. 다음, 낮아진 국제 금리는 대외채무 원리금 부담을 경감시켜줌과 동시에 불가피한 신규 차입도 더 용이하게 만들었다. 끝으로, 가장 결정적인 효과를 준 것은 1985년 선진국들이 플라자Plaza 합의를 통해 저 달러 상태를 유지하기로 합의한 것이다. 이로 인해 특히 엔화의 가치가 폭등해 국제 상품시장 특히 미국 시장에서 한국 제품과 경합하던 일본 제품의 달러 표시 가격이 급등해 상대적으로 값이 싸진 한국 제품에 대한 국제 수요가 급격히 늘어났다.

이처럼 석유를 위시한 수입액의 감소와 공산품 수출의 급증으로 1986년부터 무역수지는 해방 이후 처음으로 흑자를 기록했고, 이 흑자는 1989년까지 지속되었다. 고작 이 4년 동안 무역흑자의 누적 규모가 그동안 누적 채무를 다 갚고 남을 정도로 많았기 때문에 한국은 만성적인 대외순채무국에서 대외순채권국(대외 채권총액이 채무총액을 상회하는 나라)으로 변신했다.

이러한 수출 호조로 인한 경제적 붐 속에서 1988년 서울 올림픽을 앞둔 1987년 6월에 폭발한 6월민주항쟁이라는 전국적인 민주화 시위가 일어났고, 그 결과 전두환 군부독재정권은 대통령 직선제를 수용했다. 이는 그동안의 고속 경제성장으로 높아진 국민소득이 국민의 의식을 바꾸어놓았고, 탄탄한 중산층의 시위 참가가 결정타가 되었다. 1987년 10월에는 수출 산업 역군들의 임금 인상 및 노사 민주화 요구가 봇물 터지듯 일어났다. 이른바 노동대투쟁이다. 이렇게 해서 한국에서 민주화 과정이 시작되었다[57]. 1988년 서울 올림픽은 한국의 공업화와 민주화의 성공을

축하하는 세계인의 축제가 되었고, 한국이라는 나라 이름과 한국 제품의 명성을 세계에 각인시키는 계기가 되었다.

1990년대의 반전

그러나 호사다마好事多魔인지 경제적 필연인지는 몰라도 1990년부터 수출의 역동적인 성장세에도 불구하고 수입이 수출보다 더 빠르게 증가하기 시작했다. 이에 따라 무역수지는 다시 적자로 반전되었고, 경상수지마저 적자가 누적되기 시작해 1997년 외환위기 발발 때까지 지속되었다.[58] 당연히 대외채무 역시 누적되기 시작했고 곧 다시 대외채무국으로 반전되었지만 수출 호조와 경제 호황 속에서 이 현상에 주의를 기울인 사람은 거의 없었다.

1990년대의 무역적자 누적의 주요 원인은 시장 개방으로 글로벌 경쟁에 노출된 한국의 대기업들이 경쟁력 확보를 위해 선진국의 최첨단 장비 등 자본재 구입을 크게 늘린 데 있었다. 그리고 1995년 플라자 합의 이후 지속적인 엔고 현상은 일본의 부동산 시장에 대규모 거품을 조성했고, 이 거품이 1990년대 초에 폭발하면서 일본 경제는 이른바 '잃어버린 10

---

57. 한국의 민주화 과정은 수많은 우여곡절에도 불구하고 단계적으로 진전되었다. 노태우 민선정부, 김영삼 민간정부, 최초의 정권교체를 이룬 김대중 정부, 노무현 정부에 이르기까지 꾸준히 진전되어왔다. 이후 이명박 정부와 박근혜 정부로 이어지는 보수정권 하에서 개인의 욕심과 무능으로 타격받았던 한국 민주주의는 2016년 촛불시위가 성공시킨 대통령 탄핵을 통해 재탄생의 기회를 맞았다. 2017년 조기대선을 통해 다시 진보정권인 문재인 정부가 탄생했다.

58. 경상적자 중 무역외 적자의 확대 원인의 하나로 해외여행과 호화사치품 구입 행태 등 국민의 방만한 해외소비를 지적하는 논자도 있다. 그러나 이것은 지엽적인 현상일 뿐 아니라 당시 외환초과 현상이 가져다준 결과이지 외환부족을 초래한 원인으로 보기는 어렵다.

년'이라 불리는 장기불황 속으로 빠져들었다. 일본 정부는 경기 부양을 위해 초저금리 상태를 유지했고, 한국의 종합금융회사를 비롯한 금융회사와 대기업들은 엔-캐리 트레이드Yen-carry trade를 통해 일본은행에서 단기로 차입한 달러 자금을 동남아 등지에 실물 부문이나 부동산에 장기 투자로 운용하는 사례가 급증했다. 이 속에는 단기채무와 장기채권 간의 만기 불일치에 기인한 채무 위기의 발생 위험이 숨어 있었다.

조절양식 면에서 보면, 1980년대 후반의 무역흑자는 미국과의 무역마찰을 조장했고, 미국의 압력으로 본격적인 상품 시장 개방 조치가 시행되었다. 당시 노태우 정부는 북한을 제외한 나머지 구 사회주의국가들의 경제 교류를 시작하는 북방정책을 전개했다. 수입 자유화를 마무리한 1992년 김영삼 정부는 개발독재 조절양식의 핵심 제도들을 폐기하기 시작했다. 개발독재기구의 사령탑 역을 하던 경제기획원 폐지와 경제개발계획 수립 중단, 산업정책과 무역정책의 사실상 포기, 정부의 시장 개입 자제 등 국가조절의 주요 제도들이 축소되거나 폐지되는 동안 시장조절 기제들이 확산되기 시작했다.

남아도는 외환 덕분에 해외여행 자유화 조치가 취해졌고, 한국인 관광객이 전 세계를 누비는 현상도 이때부터 시작되었다. 특히 1993년부터 김영삼 정부는 세계화 슬로건을 내걸었고, 선진국 클럽인 OECD 가입을 치적으로 삼기 위해 임기 내 가입을 목표로 그 가입조건을 갖추기 시작했다. 그동안 거의 폐쇄되어 있던 서비스 시장과 자본 시장의 개방을 빠르게 개방하기 시작했다. 그 결과 해외 단기성 투기자본이 한국의 신흥 주식시장에 고수익을 노리고 대거 들어왔다. 이러한 외국인 증권투자의 유입은 자본수지 흑자를 초래했고, 이는 종합수지 적자를 줄임으로써 대외수지 악화가 가진 위험에 착시를 일으키게 만든 주요인의 하나였다.

1997년 외환위기와 신자유주의 시대

1997년의 외환위기: 제2차 IMF 신탁통치

결국 대외채무가 얼마인지도 모르는 채 한국경제는 1997년에 IMF 외환위기[59]라 불리는 미증유의 경제위기를 맞았다. 그동안 고속성장에 취해 막대한 외채 차입으로 방만한 투자를 실행했던 재벌들이 동남아 나라들의 위기가 시작되면서 수출에 애로를 겪기 시작했고, 급기야 1997년 초 한보철강의 도산을 시작으로 재벌급 대기업들의 줄도산이 이어졌다. 『세계는 넓고 할 일은 많다』는 저서까지 내면서 세계화 경영을 강력하게 추진했던 김우중 회장의 대우그룹의 채무위기와 이에 대한 한국 정부의 미온적인 대처는 한국의 정부와 경제에 대한 국제 신인도에 결정타를 가했다.

이 와중에 1997년 중엽 태국에서 발발한 외환위기가 빠르게 동남아 나라들로 전염되었고, 동년 11월에는 한국에까지 상륙했다. 그 사이에

---

59. 이 위기를 통상 IMF 외환위기로 부르는데, 이 명칭은 이 위기의 본질을 왜곡한다. 먼저, 이 위기는 IMF의 위기나 IMF로 인해 초래된 위기가 아니다. IMF가 비록 잘못된 구조조정 패키지 정책으로 사태를 더욱 악화시키기는 했지만 자신의 입장에서는 위기에 빠진 한국경제를 구하기 위한 것이었다. 더욱이 이 위기는 한국경제의 내부 모순의 발로로 보는 게 맞다. 다음, 외환위기라는 명칭은 사실의 절반 또는 표면적인 현상만 포착한다. 이 위기의 진정한 원인은 대외채무의 누적에 따른 채무원리금의 상환불능 상태다. 따라서 비록 외환위기로 시작되긴 했지만, 곧 채무위기로 발전했기 때문에 외환위기가 아니라 채무위기가 본질이다.

1980년의 위기 때는 사실상 고정환율이 시행되고 있었고 외환시장이 거의 발달되어 있지 않아 대외채무는 중장기 채무 위주로 구성되어 있었고 단기 채무는 거의 없었다. 그래서 채무위기는 외환시장을 거치지 않고 바로 기업과 은행부문에서 시작되었다. 이와는 달리 1997년에는 조정 가능한 변동환율제 하에서 이미 개방된 외환시장과 자본시장이 상당히 발전되어 있었고, 단기 채무의 비중과 외국인 단기투자의 비중이 매우 높았기 때문에 채무위기는 먼저 외환시장에서 외환수요의 폭증이라는 형태로 나타났고, 이것이 환율의 폭등(원화 가치의 폭락)을 초래했던 것이다.

국내에 들어와 있던 외국의 단기자본이 위기를 감지하고 썰물처럼 빠져나가기(이를 안전자산선호flight to quality라 부른다) 시작하자 외환 수요가 급증했고, 심지어는 환율 폭등으로 차익 실현을 예상한 투기수요까지 가세했다. 마침 은행의 자기자본 비율을 맞추어야 했던 일본은행들이 더 이상 단기채무의 만기연장roll over을 거부했기 때문에 채무상환용 외환 수요도 급증했다. 당시 외환준비고 약 300억 달러를 다 투입하고도 외환시장에서는 부족 사태가 해소되지 않았고, 원/달러 환율은 폭등을 계속했다.

외환준비고가 고갈되고 국제금융시장 차입도 불가능해지자 국가부도 사태에 몰린 한국 정부는 일본 정부와 미국 정부에 매달렸다. 그러나 과거와 달리 미국 정부는 단호하게 도움을 거절했고 일본에게도 압력을 행사해 자금 공여를 거부하게 만들었다. 외환을 마련할 수 있는 어떤 방법도 강구할 수 없는 상황에 처한 한국 정부에게 남은 유일한 방법은 IMF에 긴급구제금융을 신청하는 것이었다. 결국 1997년 11월 말 구제금융 신청을 함으로써 한국의 외환위기는 공식화되었다. 그 결과 원/달러 환율은 2,000원 대를 돌파하기도 했다. 1997년 초의 800원 대에 비하면 엄청난 폭등이 아닐 수 없다.

IMF와의 구제금융 협상은 난항을 거듭했고, IMF가 제시한 조건은 전례 없이 가혹했다. 통상적이고 전통적인 구조조정 패키지 프로그램에다가 자본시장의 완전한 개방 및 노동시장 개혁은 물론 재벌 개혁까지 요구했기 때문이다.[60] 한국 정부는 합의를 해줄 수밖에 없었고[61], 구조조정

60. 1980년의 위기 때 미국은 한국을 위해 적극적으로 나섰다. 채권국들과 IMF를 설득해 한국의 디폴트default(채무 불이행) 사태가 초래되지 않도록 주선했던 것이다. 그랬던 미국이 1997년에는 정반대의 태도를 취한 이유가 무엇일까. 한편으로, 한국은 이미 주요 대미 흑자국으로서 미국 시장을 잠식해 강력한 경쟁자로 부상했기 때문에 미국 기업들

프로그램의 발표 이후 사태는 진정세로 돌아서기 시작했다.

IMF의 구조조정 패키지 프로그램은 긴축정책과 수입 억제를 통해 대외흑자를 올려 대외채무 상환을 위한 외환 확보에 초점이 두어진다. 그런데 가혹한 긴축은 오히려 국내경기 회복을 억제했고, 신용경색credit crunch 하에서 양호한 기업들의 흑자부도마저 빈발했다[62]. 최대 550억 달러 규모의 IMF 구제금융은 약속한 구조조정 프로그램의 이행 정도에 따라 단계적으로 투입될 예정이었다. 드러난 채무만 1,500억 달러 달하는 외채를 갚기에는 턱없이 부족했다.[63]

정부는 부족한 외환을 확보하기 위해 환율 변동폭 제한이 아예 없는

은 한국의 위기를 이용해 미국 정부가 한국의 수출 재벌들의 힘을 꺾어주기를 바랬다. 다른 한편으로, 미국의 월스트리트 금융복합체(금융자본, 금융관료)는 한국경제의 위기를 기화로 한국의 자본시장을 개방시키고 노동시장을 개혁함으로써 한국의 주식시장에서 돈벌이를 할 수 있는 가능성을 확보하고자 했다.

미국은 IMF의 자본에서 17~18%에 달하는 최대지분을 가진 나라다. 지분의 85% 이상 찬성을 얻어야 하는 긴급구제금융의 제공에 대해 거부권을 가진 세계에서 유일한 나라다. 미국 혼자만 반대해도 IMF 구제금융을 얻을 수 없다는 사정은 지금도 변함이 없다. 미국이 IMF를 좌지우지할 수 있는 소이이자 한국이 미국에게 매달릴 수밖에 없었던 까닭이다.

61. 지주형(2011)에 따르면 당시 한국 정부는 IMF의 요구 이상의 것을 자진해서 제시해 IMF 대표단을 놀라게 했다고 한다. 이로부터 한국에서 신자유주의 정책은 외부에서 강제된 것이 아니라 한국 정부와 관료 집단이 경제위기를 계기로 스스로 채택한 것이라는 해석이 가능해진다.

62. 신용경색이란 금융기관 간의 신뢰 상실로 상호 대출을 꺼려 콜 시장이 작동하지 않아 신용 시스템 전체가 마비된 상태를 말한다. 이리하여 은행들이 건전한 기업에 대한 운영자금마저 대출을 꺼리게 되면 말 그대로 유동성이 고갈되어 흑자 기업마저 부도 상태에 빠질 수 있다. 이러한 일이 현실화되면 이제 위기는 실물경제위기로 발전된다.

63. 국민들도 금모으기 운동을 벌이는 등 외채 상환을 위해 눈물겨운 거국적인 노력이 이루어졌다. 이는 구한말 국채보상운동을 상기시켰고, 해외 채권자들에게는 물론 채무위기를 경험했던 많은 다른 나라들에게도 깊은 인상을 남겼다.

완전한 시장변동환율제를 도입했고, 자본시장을 완전 개방한 후 건실한 공기업들의 주식을 외국인투자자들에게 매각했다[64]. 노사정 회의가 만들어져 노동시장 유연화 관련 논의가 이루어져 결국 정리해고제[65]가 도입되었다. 이러한 경제적 혼란과 신자유주의적 제도 개혁 속에서 1998년은 두 번째로 마이너스 성장률을 올린 연도로 기록되었다.

IMF 구제금융의 제공에도 불구하고 한국의 경제사정이 나아지지 않고 오히려 악화 모습을 보이자 IMF의 전통적인 구조조정 패키지 프로그램에 대한 비판이 증대했고,[66] 결국 IMF가 긴축정책의 오류를 인정하고 확장정책을 용인하자 경기는 비로소 회복세로 돌아서기 시작했다.

폭등한 환율 덕분에 수출량은 대폭 늘어나기 시작했지만 수출액은 그다지 늘지 않았다. 그러나 환율 효과와 내수 격감으로 수입이 격감했기

64. 한국의 주식시장과 외환시장의 완전 개방과 건실한 공기업의 민영화야말로 미국 정부와 미국계 금융자본이 한국의 외환위기를 계기로 은밀하게 추구했던 진정한 노림이었다는 사실은 이후의 사태 진전으로 증명되었다.

65. 정리해고는 경제적 이유로 시행되는 감원을 말한다. 원래 해고 요건은 법적으로 엄격하게 규정(형사상 범죄, 기업에 중대한 손실 야기, 기업 이미지에 먹칠, 재해나 사고 등으로 인한 노동력 상실 등의 경우)되어 있어 기업주가 기업의 경제사정 악화를 구실로 노동자를 해고할 권리는 없었다. 그래서 우리나라의 경우 1997년 외환위기를 계기로 명예퇴직(형식상 자진퇴사)이 널리 시행되었고, 노사정위원회의 합의로 정리해고제가 법적으로 도입된 이후에야 경제적 이유에 따른 해고가 가능하게 되었다. 물론 이 경우에도 일정한 조건을 갖추고 노사합의를 거쳐야 하지만 어쨌든 기업주가 합법적인 정리해고 권리를 갖게 되었다는 사실에는 변함이 없다.

66. 당시 IMF 구조조정 정책에 대한 비판의 핵심은 다음과 같다. 한국은 기초여건(fundamentals)은 건전한데 외환 유동성의 부족 때문에 사단이 났으므로, 자원 수출국인 남미 국가들의 대외채무 위기에 대한 대책으로 개발된 표준적인 구조조정 프로그램을 공업국인 한국에 그대로 적용해서는 안 된다는 것이었다. 대안은 긴축이 아니라 오히려 재정 확대 등 경기부양책을 써야 한다는 것이었다.

때문에 이른바 불황형 무역흑자가 나타났다. 이후 환율이 1,300원대에서 안정되기 시작하면서 수출액도 늘어나기 시작해 무역흑자도 확대되기 시작했다. 외환시장과 자본시장의 완전 개방 덕분에 한국 증시에 몰려들어온 외국인 증권투자도 외환 확보에 기여했다. 그러나 그 대가로 상당수의 공기업과 주요 금융기관은 물론 대기업들까지 아예 외국인 소유로 넘어가거나 주식 보유 구성에서 외국인 비중이 크게 늘어났다.[67]

외환의 위력에 새삼 놀란 한국 정부는 외환보유고 확충을 위해 수출 확대에 온 힘을 쏟았고[68] 이후 지금까지 해마다 빠짐없이 무역흑자 기조는 지속되어왔다. 개발연대의 축적체제가 차입-수출 주도형이었다면 1997년 이후로는 순수한 수출 주도형으로 바뀌었다고 해도 지나치지 않다. 요컨대 IMF 외환위기를 계기로 신자유주의적인 제도 개혁이 전방위로 이루어졌다. 정리해고의 도입 등 노동시장 유연화, 자본시장의 완전 개방, 완전한 자유변동환율제로의 이행 등 이른바 시장 조절을 위한 제도 개혁이 이루어진 것이다. 이 역시 수출 일변도 축적체제의 강화에 기여했고, 시장 조절은 사실상 수출 일변도 재벌에 의한 조절로 변질해갔다.

신자유주의와 1997년 체제

1997년 경제위기 이후 지금에 이르는 시기를 이른바 '97년 체제'라 부른

---

67. 외국기업에게 완전히 넘어간 대표적인 사례로 대우자동차와 삼성자동차 그리고 외환은행을 들 수 있다. 한국의 주요 공기업과 대표 기업들(예컨대 삼성전자와 포스코)의 주식 보유자 구성에서 외국인 비중이 절반을 상회하고 있다.

68. 그 후로 외환보유고는 지속적으로 증가해 최근에는 4,000억 달러를 넘어섰다. 오히려 지나치게 많은 외환의 관리비용이 걱정거리가 되었다. 그 상당 부분은 세계 최고의 안전자산인 미국 국고채에 투자되지만, 엄청난 외환보유고의 기회비용을 감안하면 관리비용은 만만찮은 셈이다.

다. 이 체제의 내용은 한마디로 신자유주의로 규정할 수 있다. 신자유주의 경제정책은 시장개방, 민영화, 규제철폐, 작은 정부를 모토로 삼는다. 한국에서의 신자유주의의 정착은 다른 선진국들과는 반대로 진보정권들에 의해 이루어졌다는 특징이 있다. 먼저 김대중 정부가 IMF의 요구를 상회하는 수준으로 신자유주의 정책을 채택했고, 뒤이은 노무현 정부 역시 그러한 기조 하에서 농민과 진보세력의 반대를 무릅쓰고 한미FTA를 밀어붙였던 것이다.

이 시기에 한국경제는 재벌 주도 수출경제로서의 특징을 각인하게 된다. 신자유주의 정책 기조가 한국의 재벌 대기업들에게는 날개를 달아준 격이었다. 대기업의 수출 역동성은 해마다 무역흑자를 늘려왔고, 과거 수출입국 시대에도 30% 정도에 머물렀던 수출의존도(=수출액/GDP)를 50%에 육박할 정도로 높여놓았다. 그런데도 재벌이 수출을 통해 벌어들이는 이득이 협력업체들을 거쳐 중소기업 근로자에게까지 흘러가지 않는 구조가 정착함으로써 대기업 수출부문은 한국경제의 비지飛地경제처럼 되었다. 수출이득이 국민경제 내부로 흘러가는 선순환이 차단됨으로써 이른바 낙수효과가 사라진 것이다.

수출 대기업의 정규직 노동자와 여타 노동자(대기업 비정규직과 중소기업 노동자) 간의 임금 격차가 심화되고, 이는 중산층의 몰락과 영세 자영업자의 곤란으로 이어졌다. 거시적으로 임금분배율(GDP에서 임금이 차지하는 비율)이 위기 이전의 60% 대에서 50% 미만으로 하락하는 등 소득과 부의 양극화가 급속히 진행함으로써 내수시장이 붕괴했다. 고 수출 의존도 경제에서 내수의 침체는 수출전선에 먹구름이 낄 때마다 불황을 야기한다. 더욱이 수출이 잘 되어도 국내 경기는 살아나지 않는 구조가 되었다. 선순환의 단절은 주로 수출 대기업들의 초국적기업화(생산기지의 해외이전, 소재와 부품의 글로벌 조달 등 생산계열의 국제화 등)와 대기업 정규직 노조의 이기주의에 기인한 바 크다. 한국이 일본식 장기불황의 덫에 빠질 수도 있다는 우려가 나타나기 시작했다.

2007년 서브프라임 위기 이후

2007년 미국 발 서브프라임 위기 발발 이후 선진국 경제들은 장기침체 상태를 좀처럼 벗어나지 못하고 있다. 그동안 일본은 잃어버린 20년을 넘어 장기불황을 지속하고 있고, 그리스를 비롯한 유럽연합 가맹국들은 재정위기를 겪었고, 영국은 최근 브렉시트 사태를 맞았고, 미국은 무역 전책을 보호주의로 선회하는 등 과거라면 믿기 어려운 일들이 줄지어 일어났다. 최근 미국과 일본이 회복세를 보이는 반면 중국의 성장 둔화가 가시화되는 등 다소 변화가 감지되지만 세계경제 전체로 보면 침체 상황을 벗어났다고 보기는 어렵다.

당연히 한국의 수출 일변도 축적체제 역시 활력을 상실해 경제성장률은 경향적으로 둔화되기 시작했다. 일부 선진국의 경제 회복에도 불구하고 한국경제는 과거처럼 이를 활용하지 못한 채 오히려 경제상황이 갈수록 악화되는 경향이 고착되고 있다. 가계들이 소비지출의 물꼬를 잠군 것은 오래 되었고, 대기업들은 투자처를 찾지 못해 내부유보금을 증가시키고 해외투자에 몰두했다. 이러한 내수 정체의 지속에 수출의 경향적 둔화가 결합해 한국경제에는 저성장 기조가 정착되었고, 그토록 우려해 온 일본식 장기불황이 이미 몇 년 전부터 시작된 것으로 보인다.

경제위기를 계기로 그리고 경제회복을 외치며 집권한 이명박 정부(2008~2012년)는 4대강사업 등 토목건설업을 통한 경기부양을 시도했지만 재정만 낭비했다. 회심의 부자감세 정책은 그토록 기대했던 낙수 효과(부자들의 소비지출 증대를 통한 수요 증가와 이에 따른 경제성장 효과)를 나타내지 않았다. 뒤이은 박근혜 정부(2013~2016년)가 일자리 창출에 목을 매었지만 무능의 극치를 달린 끝에 촛불혁명으로 탄핵까지 당했다.

2017년 집권한 문재인 정부는 이러한 상황 인식에 근거하여 거시경제 성장 방식을 소득 주도 성장체제로 획기적인 전환을 시도해왔다. 그 일환으로 공공부문 주도 일자리 창출, 비정규직의 정규직화, 최저임금의 고율 인상, 복지 확대 등을 추진해왔다. 정책 방향은 제대로 잡은 것 같지만 사용된 수단과 실행방식에서 미숙함을 드러냈다.

복지 확대는 과감하지 못했고, 증세 없는 복지는 곧 한계를 드러낼 수밖에 없다. 공공부문 일자리 창출에는 한계가 따르고 민간부문 일자리는 오히려 줄어들고 있다. 최저임금의 고율 인상은 그것이 경제 전체에 미치는 파급효과에 관한 무지로 인해 당장은 중소기업과 영세사업자의 인건비 부담만 증가시키는 부작용만 낳았다. 비록 저임금 소득자들의 소득은 상승할지라도 일자리가 줄어든 만큼 그 효과는 상쇄될 가능성이 높다. 소득 주도 성장의 핵심은 획기적인 재분배 정책의 강화에 있음에도 노동시장의 가격에 충격을 주는 방식에만 매달린다면 소득 주도 성장 정책의 지속이 중기적으로도 효과를 나타낼지는 확실치 않다.

단지 한 가지 우호적인 변수는 박근혜 정부가 주장했던 통일대박론의 새로운 버전이 어떻게 전개되는가이다. 2018년 벽두부터 조성된 북한의 핵 포기 선언에 따른 남북협상과 북미협상의 추진이 어떤 성과를 내느냐에 따라 남북경협이라는 호재가 실현될 수도 있기 때문이다. 북한의 개혁개방과 남북경제협력 사업은 한국경제에 전혀 새로운 경제적 도약의 기회를 제공할 가능성이 크다. 그러나 그 효과는 중장기적으로만 나타날 것이라는 사실에 유의해야 한다. 따라서 정권교체가 있든 없든 일관된 대북정책이 지속되지 않는다면 한국경제의 새로운 도약 기회는 물거품이 될 가능성이 크다.

자본주의 시장경제:
상품과 화폐 그리고 자본

제**3**장

하나의 메커니즘이자 제도로서의 시장이 경제의 작동에서 핵심지위를 차지할 때 비로소 시장경제를 말할 수 있다. 그리고 시장경제는 반드시 자본주의와 결합해야만 하나의 경제체제를 이룰 수 있는 것은 아니다. 실제로 사회주의 시장경제가 존재했듯이 말이다. 그럼에도 시장경제가 자본주의와 결합했을 때 활짝 개화했음은 부정할 수 없는 역사적 사실이다.

제3장

자본주의 시장경제: 상품과 화폐 그리고 자본

시장경제를 인체라고 한다면 시장은 심장, 상품은 세포 그리고 화폐는 혈액으로 비유할 수 있다. 그래서 시장경제는 곧 상품경제이자 화폐경제라 볼 수 있다. 시장경제는 시장을 중심으로 또는 시장을 매개로 상품과 화폐가 돌아가는 경제를 말한다.

따라서 시장과 시장경제는 엄밀히 말해서 같은 것을 지칭하지 않는다. 시장은 고대와 중세에도 존재했지만, 그 당시 경제를 시장경제라 볼 수는 없다. 하나의 메커니즘이자 제도로서의 시장이 경제의 작동에서 핵심 지위를 차지할 때 비로소 시장경제를 말할 수 있다. 그리고 시장경제는 반드시 자본주의와 결합해야만 하나의 경제체제를 이룰 수 있는 것은 아니다. 실제로 사회주의 시장경제가 존재했듯이 말이다. 그럼에도 시장경제가 자본주의와 결합했을 때 활짝 개화했음은 부정할 수 없는 역사적 사실이다. 이 장에 자본주의 시장경제라는 제목을 붙인 이유다.

1 시장경제

이 절에서는 시장의 의미와 종류, 시장경제의 성립 및 작동의 원리 그리고 시장경제의 핵심 변수에 대해서만 살펴본다. 그러나 시장경제가 이 책 전체를 관통하는 큰 주제임을 잊지 말자.

시장이라는 개념

시장의 의미

시장경제를 논하기 전에 시장market이 무엇을 지칭하는 것인지부터 알아야 한다. 시장 하면 먼저 새벽번개시장, 5일장이 서는 장터, 전통시장, 백화점, 대형마트, 슈퍼마켓, 이발소, 목욕탕, 음식점 등 실재하는 크고 작은 점포 또는 이러한 점포들이 즐비한 상점가 등 구체적인 형태를 가진 특정한 장소를 떠올릴 것이다. 이처럼 일상적인 의미의 시장은 상품, 즉 재화와 서비스의 거래가 이루어지는 구체적인 형태를 가진 장소를 말한다. 그렇다면 오늘날 번창하고 있는 홈쇼핑이나 인터넷 쇼핑몰은 도대체 어디 있는 것일까? 홈쇼핑은 TV방송국 스튜디오에 있고, 인터넷 쇼핑몰은 컴퓨터 모니터나 대형 서버 속에 있을까? 이처럼 실물이 아닌 가상적인 공간의 등장과 전자상거래의 발전은 시장이 눈에 보이는 구체적인 장소에 한정되지 않는다는 사실을 분명하게 깨닫게 해준다.

경제학에서 말하는 시장은 이러한 구체적인 형태를 갖춘 시장이 아니라 "특정 상품에 대한 수요와 공급이 만나는 추상적인 공간"이다. 이 정의를 정확하게 이해할 수 있는 사람이라면 아마 이미 상당한 경제학 지식을 가진 사람일 것이다. 상품, 수요, 공급, 추상적인 공간 등 그다지 어려운 용어는 아닌 것 같지만, 이 용어들의 의미를 정확하게 이해하는 것은 생각만큼 쉬운 일이 아니다. 미리 말해두자면, 수요demand와 공급supply은 구매buying와 판매selling라는 실제적인 경제 활동이 아니라 사고자 하는 또는 팔고자 하는 의도(특히 수량)를 지칭한다. 이러한 수요와 공급의 의도들이 만나 가격과 거래량이 결정되는 메커니즘이 바로 경제학적 의미의 시장이다. 이 메커니즘이 구체적으로 어떻게 작동하가는 4장의 고찰 대상이다.

그런데 이러한 추상적인 가격 결정 메커니즘이 작동하기 위해서는 수요자와 공급자가 서로의 의도를 확인하고 흥정할 수 있는 소통 매체는 물론 거래와 관련된 제반 규칙을 망라하는 제도적 장치가 필요하다. 말하자면 수요자와 공급자가 쌍방의 의도를 교환하는, 이른바 거래 관련 정보가 교류될 수 있는 구체적인 플랫폼이나 통신망이 필요하고, 나아가 상품의 배송, 대금 결제, 분쟁 해결 등과 관련된 방식이나 절차가 규정되어 있어야 한다. 이 점은 예를 들어 조직된 시장을 대표한다고 볼 수 있는 주식시장이 어떻게 만들어지고 어떻게 작동하는가를 생각해보면 좀 더 쉽게 이해할 수 있을 것이다. 이런 의미에서 시장을 하나의 제도로 간주하는 것이다.

그리고 시장이라는 용어는 수요의 규모를 지칭할 때도 있다. 자동차 시장이 확대되고 있다고 말할 때 이는 자동차를 사고자 하는 수요량이 커지고 있음을 말한다. 즉 시장의 규모는 공급 측면이 아니라 수요 측면에서 결정된다. 그런데 수요나 시장의 규모를 거론할 수 있으려면 지리적 공간의 경계를 설정할 수밖에 없다. 예를 들어 미국 시장의 규모는 한국 시장의 규모보다 10배 더 크다는 식으로 말할 수 있으려면 말이다.

끝으로, 이러한 추상적 공간으로서의 시장과 시장체제market system는 개념적으로 구별해둘 필요가 있다. 여기서 시장체제란 시장경제체제의 준말이다. 예를 들어 폴라니(1997)는 시장체제를 "시장만이 통제하고 조정하며 방향을 결정하는 경제체제"로, 린드블룸은 "중앙집권적 명령을 통해서가 아니라 거래 형태로 이루어지는 상호작용을 통해 인간 활동을 사회 전체적으로 조율하는 체제"[1]로 정의한다. 여기서 강조해두고 싶은 것은 시장 메커니즘의 작동방식을 아는 것은 시장(경제)체제에 대한 평가나 신봉 여부와는 무관하다는 점이다. 그리고 시장체제에 관한 평가는 마지막 7장에서 자세히 다루어질 것이다.

시장의 분류

무엇보다 시장은 상품별로 성립한다. 자동차 시장, 의복 시장, 신발 시장, 컴퓨터 시장, 휴대폰 시장, 서적 시장처럼 말이다. 앞서 본 바와 같이 특정 상품의 시장은 여러 회사가 만든 제품들이 경쟁하는 마당場이다.

특정 상품의 시장은 여러 가지 기준에 따라 세분될 수도 있다. 예컨대 자동차 시장의 경우라면 고급차 시장, 중형차 시장, 소형차 시장, 국민차 시장, 외제차 시장, 상용차 시장, 특장차 시장 등이 그러하다.

또한 시장은 공간적 차원에서 분류되기도 한다. 예컨대 한국 시장, 일본 시장, 미국 시장 등이 그러하다. 이러한 국가별 시장은 일정한 공간 내에서 거래되는 모든 상품들의 시장을 총칭하는 거시경제 시장이다. 이처럼 시장이 공간적으로 분류될 수 있는 이유는 사회적 분업과 교환의 네트워크가 형성되는 공간적 범위가 서로 다르고 또 각 시장을 지배하는

1. 찰스 린드블룸, *The Market System*, 이용범(2010, p.87)에서 재인용.

규범norms이 다르기 때문이다. 여기서 규범이란 경제 관련 법률, 규칙, 관습, 제도 등을 총칭한다. 그 중 가장 특별한 것이 화폐제도다. 예를 들어 한국 시장 내지 한국 경제는 원화가 통용되는 공간적 범위와 일치한다.

시장의 상품별 및 공간별 분류를 동시에 고려하면 한국의 자동차 시장, 미국의 컴퓨터 시장 등을 말할 수 있다. 그리고 시장의 공간적 범위는 대외개방, 자유무역협정, 세계화 등으로 인해 국가별 시장을 넘어 국제 시장으로, 종국적으로는 글로벌 시장을 향해 확장될 수 있다. 그러나 국제 시장이나 글로벌 시장의 경우 시장 개방 협정의 성격과 내용에 따라 해당 시장을 구성하는 각국 시장들은 각자 나름의 화폐 등 규범을 여전히 유지할 수도 있다는 사실에 유의하자[2].

끝으로, 시장은 그 구조에 따라 여러 유형으로 나뉠 수 있다. 시장의 규모가 수요 측면에서 결정된다만, 시장의 구조는 공급자 수에 의해 결정된다. 어느 유형의 시장이든 수요자는 다수인 반면 공급자의 수는 일정하지 않기 때문이다. 후자에 따라 해당 시장에서의 경쟁의 성격과 방식이 달라진다. 경제학에서 주로 다루어지는 것이 바로 이 구조별 시장으로서 크게 다음 네 가지 유형으로 나뉜다. 그것은 완전경쟁시장, 독점시장, 과점시장, 독점(적)경쟁시장이다.[3] 이 시장 유형들 각각에 대해 공급

---

2. 이처럼 각국 시장의 개방에 따른 국민경제들의 통합은 여러 단계를 거칠 수 있다. 그 첫 단계는 상품시장의 개방이다. 공산품, 농수산물과 서비스 등 어디까지 개방되는가는 협상에 따라 달라질 수 있다. 다음, 자본시장과 노동시장 등 생산요소 시장도 개방될 수 있고, 여기서도 개방의 단계는 세분될 수 있다. 경제 통합의 최고 단계는 화폐 통합이다. 동일한 화폐를 사용하는 경제적 공간은 사실상 하나의 경제로 보아도 무방하다. 그 대표적 사례가 유로존Euro zone 경제다.

3. 통상 경제학에서 시장의 유형이라 하면 이 구조별 시장을 지칭한다. 독점시장은 공급자가 하나뿐인 시장, 과점시장은 공급자가 소수인 시장, 독점(적)경쟁시장은 다수의 공급자들

자와 수요자의 행동을 분석하고, 가격과 거래량이 결정되는 방식을 탐구하는 경제학 분야를 미시경제학[4]이라 한다.

시장경제의 성립 및 작동 조건

시장경제가 성립하고 또 제대로 작동하기 위해서는 최소한 다음과 같은 조건이 충족되어야 한다. 자유 경쟁의 보장과 적절한 정부 개입, 사유재산권의 보장, 경제활동의 자발성, 유인에 대한 주체들의 반응, 정보의 공유 등이 그것이다.

이 차별화된 제품을 판매하는 시장을 말한다.

본서에서는 완전경쟁시장만을 염두에 두고 있는데, 그 주된 이유는 나머지 시장 유형들도 완전경쟁시장의 작동방식을 기본으로 하면서 시장의 특징에 따라 변형된 방식으로 작동하기 때문이다. 하지만 유의해둘 것은 완전경쟁시장은 현실에는 거의 존재하지 않는 하나의 이념형적 시장이라는 점이다. 그리고 여타 다른 시장 유형들의 작동방식에 관한 구체적인 내용은 경제학원론이나 다른 경제학입문을 참조하기 바란다.

4. 경제학은 편의상 미시(微視, micro-) 경제학과 거시(巨視; macro-) 경제학으로 나뉜다. 이 양자는 보통 '나무와 숲'에 비유된다. 미시경제학이 나무에 해당하는 여러 경제 주체들의 행동을 분석한다면, 거시경제학은 개별 나무들이라는 수많은 경제주체들로 이루어진 일정 범위의 숲, 즉 경제 전체를 분석대상으로 삼는다. 나무 없는 숲이 있을 수 없고, 숲 전체의 환경으로부터 영향을 받지 않는 나무가 없는 것처럼 경제도 마찬가지다. 그럼에도 나무들은 각자 나름의 차별성을 가지고 있고, 숲의 생태는 그 숲을 이루는 나무들이 가진 속성들의 단순 합으로 파악될 수 있는 것은 아니다.

   더욱이 미시적 경제주체들의 행동 논리는 거시적 경제 변수들의 운동 논리와 반드시 일치하지는 않는다. 이는 나중에 거론될 '구성의 오류'와 밀접한 관계가 있다. 역으로 경제주체들은 경제의 상황과 변동에 크게 영향을 받는다. 따라서 시장 참여자들의 행동 논리와 시장경제 메커니즘의 분석을 중심으로 하는 미시적 결론이 거시적으로도 항상 타당한 것은 아니다. 거시경제학이 별도로 존재하는 이유가 여기에 있다. 게다가 거시경제에는 가계와 기업과는 성격이 전혀 다른 정부(국가의 실체)라는 공공 경제주체가 존재하며, 나중에 보듯이 시장경제에서조차 정부의 경제적 역할은 막중하다.

첫째, 자유경쟁의 조건이다. 누구든지 시장 외부의 어떤 힘에 의해 시장 진입이나 퇴출을 강제당하지 않으며, 합법적인 모든 수단을 사용하여 자유롭게 경쟁을 벌일 권리가 보장된다. 이러한 자유경쟁의 조건은, 적어도 공공재가 아닌 민간재의 경우라면, 정부가 민간 경제주체의 자율적인 선택과 행동을 제약하는 시장 개입을 최대한 자제할 때 더 잘 보장될 것임은 확실하다.

둘째, 자율적 선택과 자기 책임의 조건이다. 시장 참여자는 외부로부터 어떤 강제도 받지 않고 자유로운 선택과 결정을 할 수 있어야 한다. 기업 활동과 합법적인 이윤 추구의 자유 역시 보장되어야 한다. 강요 없는 자발적인 생산과 교환 없이는 교환의 이득을 창출하는 사회적 분업이 제대로 이루어질 수 없고, 협력적 노동조직을 통한 대량생산의 이익도 실현되기 어려워진다. 이러한 자발적이고 자율적인 경제 활동의 보장은 그에 따른 결과에 대한 자기 책임의 원리에 의해 보완되어야 함은 물론이다.

셋째, 사유재산권의 보장 조건이다. 여기서 재산권은 재산의 사용권과 처분권을 총칭한다. 소득 증대와 재산(부) 증식은 자발적인 노동 및 경제 활동을 가능케 하는 유일한 기본 동기로서 그러한 활동의 성과를 사유재산으로 인정하지 않는다면 민간의 자발적인 경제 활동은 이루어지기 어렵다. 또한 재산의 사적 소유에 대한 명확한 규정과 보장이 없다면 절도나 강도 행위를 처벌할 수 없을 뿐만 아니라 상품의 거래 자체가 불가능해질 것이다. 왜냐하면 경제적 거래란 반드시 해당 상품이나 재산의 소유권 이전을 동반하기 때문이다.

넷째, 시장 참여자들 간의 정보 공유 조건이다. 완전경쟁시장이 전제하는 것처럼 정보의 부족이나 비대칭성이 없는 완벽한 정보의 공유까지는 아니더라도 상품, 가격, 경쟁자 등 시장 상황에 관한 기본적인 정보는 공유되어야 한다. 그렇지 않을 경우 시장 참여자가 원하는 것과 정반대의 결과를 가져오는 역선택adverse selection이 일어날 수 있고, 이러한 소위 개살구 시장은 통상적인 시장의 형성과 작동을 저해할 것이다.[5]

다섯째, 민간 경제주체들이 가격과 유인에 대해 일정한 반응을 한다는 조건이다. 현실에서 동일한 유인에 대한 경제주체들의 반응은 시간과 공간에 따라 다를 수 있고, 또 경제 환경이 바뀌면 달라질 수도 있다. 그럼에도 다수의 경제주체들이 동일하거나 유사한 반응을 보임으로써 시장이나 경제 전체의 차원에서 일정한 규칙성이 나타나야 한다. 만약 시장 참여자들이 가격의 변동이나 비용의 증감 또는 상벌(인센티브와 벌칙)에 상당히 일관된 반응을 보이지 않는다면 시장경제는 일정한 규칙성을 가질 수 없게 된다. 그렇다면 시장경제에 관한 어떤 이론(법칙적 인식)도 성립될 수 없을 것이고, 정책의 수립과 시행도 어려워질 것이다[6].

시장경제의 작동을 위한 이러한 기본조건들이 현실 경제에서 항상 관철되고 있는 것은 아니라는 사실에 유의하자. 과거의 자유방임주의자들은 정부의 개입이 없어야 이러한 조건이 갖추어진다고 보고 이른바 최소정부를 주장했지만, 역설적이게도 최근의 신자유주의자들은 시장이 이

---

5. 이에 대해서는 7장에서 시장 실패를 다룰 때 좀 더 자세히 논의될 것이다.

6. 이 조건은 최근 상당할 정도로 훼손되었다. 특히 금리 변경을 담당하는 통화 정책에 경제주체들이 거의 반응하지 않아 통화정책이 무용지물이 되다시피 했다. 지금까지는 정부가 불황에 대처하기 위해 기준금리를 인하하면 가계들이 소비를 늘리고 기업들이 투자를 늘리는 것으로 반응하기 때문에 효과를 거둘 수 있었다.

그런데 최근 많은 선진국들에서 명목 기준금리를 제로 수준까지 내렸음에도 불구하고 가계나 기업이 통상적으로 기대되는 반응을 하지 않아 경제가 불황에서 벗어나지 못하고 있다. 이러한 현상을 경제학에서는 경제가 유동성 함정(liquidity trap)에 빠졌다고 표현한다. 어쨌든 이러한 상황은 통화금융정책의 실효성 상실이라는 점에서, 나아가 시장경제의 기본조건 중 하나가 깨어졌다는 점에서 중요한 의미를 가진다.

러한 조건을 갖추고 있지 못한 경우 정부가 나서서 이러한 조건을 갖추는 방향으로 시장에 개입할 것을 요구한다. 때로는 위험에 빠진 대기업을 구하기 위해 공적자금의 투입, 파업 시 공권력 개입까지 요구하고 있다는 점에서 자가당착을 보이기도 한다.[7] 어쨌든 이 조건들이 완벽하게 충족되는 완전경쟁시장이라면 전혀 문제가 없는 것인지, 나아가 완전경쟁시장이라면 경제적 효율성을 넘어 사회적 공평성의 관점에서도 바람직한 것인지 등의 의문에 대해서는 나중에 살펴볼 것이다.

시장경제의 핵심 변수: 가격과 거래량

이미 본 바와 같이 시장경제란 말 그대로 시장이 중심이 되는 경제 또는 시장을 중심으로 돌아가는 경제다. 그리고 시장은 상품을 사거나 팔고자 하는 의도들이 만나 가격과 거래량(판매량이자 구매량)이 결정되는 메커니즘이 작동하는 추상적인 공간이다. 이러한 관점에서 보면 시장경제란 상품의 "가격과 거래량이 시장에서 결정되는 경제"라 할 수 있다. 그렇다면 시장경제의 성격을 이해하려면 시장경제의 핵심 변수라 할 수 있는 '가격'과 '거래량'은 물론 이것들이 '시장에서 결정'된다는 것이 무얼 의미하

---

7. 이처럼 현실에서는 자기 책임의 원리가 제대로 지켜지지 않는 경우도 많다. 개별 회사(기업, 은행)나 개인의 파산을 그냥 방치할 수 없는 경우가 그러하다. 예를 들어 그로 인해 시스템 위기(systemic crisis; 시스템 자체의 마비 또는 붕괴)가 유발될 가능성이 크거나 사회적 및 경제적 파장이 너무 커서 '대마불사(大馬不死, too big to fail)'(너무 커서 파산시킬 수 없다) 조치를 취할 수밖에 없는 경우가 그러하다.

   이러한 사태가 조성되면 공적자금을 투입하여 회사 자체(생산시설, 고용 등)는 구조해주더라도 부실을 야기한 경영진에 대한 책임은 반드시 물어야 한다. 그래야만 도덕적 해이를 방지할 수 있다. 문제는 우리나라의 경우 이러한 공적 지원의 당연한 조건마저 제대로 지켜지지 않는다는 데 있다.

는지를 알아둘 필요가 있다.

먼저, 가격의 의미에 대해 살펴보자. 상품의 가격은 개별 공급자(생산자 또는 판매자)의 매출액과 수익성을 결정할 뿐만 아니라 경제 전체 차원에서는 가용 자원의 상품별(및 산업별) 배분을 결정하는 중요한 역할을 한다. 예컨대 특정 상품의 가격이 상승하면 그 생산자들의 수익성도 높아질 것이므로 해당 산업으로 전보다 더 많은 자본이 이동해갈 것이고 그에 따라 노동도 더 많이 고용될 가능성이 크다. 해당 상품의 가격이 하락하면 이와 반대의 결과가 초래될 것이다. 요컨대 단기적으로 주어져 있는 자원의 량을 상품별(및 산업별)로 배분하는 것은 수익성(또는 이윤율)인데, 이 수익성을 결정하는 주요인이 바로 상품 가격인 것이다.

그리고 가격들의 가중평균으로 계산되는 물가지수는 가계의 명목소득이 갖는 구매력, 즉 실질소득에 영향을 미침으로써 결국 소비자인 국민의 생활수준에 큰 영향을 미친다[8]. 그리고 경제정책 당국의 주목표의 하나가 물가안정인데, 물가수준을 결정하는 직접적인 요인이 바로 상품들의 시장가격인 것이다.

---

8. 금액으로 표현되는 경제 변수들은 항상 명목치와 실질치를 갖는다. 이 두 수치를 구별지우는 것이 물가수준과 물가변동율이다. 명목치는 액면 그대로의 수치를 지칭하지만 물가수준이 다르면 같은 명목치가 갖는 실질 가치가 달라지기 때문이다. 따라서 명목치와 실질치의 구별은 경제적으로 대단히 중요하다. 예컨대 10년 전의 백만 원과 오늘의 백만 원이 동일한 가치를 갖지 않는다는 것은 누구나 안다. 10년 사이에 물가수준이 달라졌기 때문이다.

   명목소득(nominal income)과 실질소득(real income)의 관계를 예로 들어보자. 명목소득이 일정할 때(예컨대 월 100만 원) 물가가 10% 상승하면 실질소득은 10% 감소한 90만 원이 된다. 즉 동일 액수의 소득으로 구매할 수 있는 상품 량이 그만큼 줄어든다. 그리고 증가율로 보면 «실질소득 증가율=명목소득 증가율-물가상승률»의 관계가 성립한다. 예컨대 명목소득이 10% 증가했는데 물가가 5% 상승했다면 실질소득은 5%[=10%-5%]밖에 늘어나지 않는다.

다음, 거래량에 대해 살펴보자. 시장 거래량은 무엇보다 공급자들의 판매량이다. 판매량은 가격과 결합해 판매자의 매출액을 결정하는 직접적인 요인이다. 거시경제 관점에서 보면 재고 변동 없이 당해 연도의 생산이 모두 소비된다고 가정하면 최종소비재의 시장 거래액 자체가 판매액이자 생산액이 된다. 나중에 보게 되듯이 상품별 연간 거래액의 합계는 생산국민소득인 국내총생산GDP이다. 따라서 시장 거래량은 가장 중요한 경제지표인 GDP의 크기와 그 증가율을 결정하는 기본요인이다. 또한 시장 거래량은 소비자들의 구매량이기도 하므로 국민들의 소비생활과 후생 수준을 결정하는 요인이기도 하다.

이처럼 시장에서 결정되는 가격과 거래량은 생산과 소비 어느 쪽에서 보더라도 미시적 경제주체와 거시경제 전체에 대해 대단히 중요한 의미를 갖는 기본변수임을 알 수 있다.

끝으로, 이렇게 중요한 의미를 갖는 가격과 거래량이 시장에서 결정된다는 것이 무엇을 의미하는 것일까. 그것은 시장수요(개별수요의 합)와 시장공급(개별공급의 합)이 서로 만나 해당 상품의 가격과 거래량을 자율적으로 결정한다는 것을 의미한다. 여기서 자율적 결정이란, 다시 말하건대, 시장 참여자가 아닌 시장 외부의 어떤 세력으로부터도, 특히 정부로부터 영향을 받지 않는다는 것을 말한다. 가격과 거래량이 결정되는 메커니즘, 즉 시장(가격) 메커니즘은 4장에서 자세히 설명될 것이다.

이처럼 시장경제는 누가, 무엇을, 얼마나 생산하여 얼마에 판매할 것인지 그리고 누가, 무엇을, 얼마나, 얼마에 구매하여 소비할 것인가라는 경제에서 가장 기본적인 문제가 시장에서 결정되는 경제이다. 그런데 중요한 것은 시장경제의 의미가 이처럼 주요 경제활동에 관한 의사결정이 이루어지고, 그 결과 주요 경제 변수들의 값이 결정되는 장소가 시장이며 그 방식이 시장 메커니즘이라는 점에 한정되지 않는다는 것이다. 이미 말한 바와 같이 시장경제는 경제가 운용되는 특정한 방식과 제도를 지칭하는 경제체제economic system로서의 의미도 가지고 있다. 이것은 시장경제의 이데올로기적 성격을 말하는 것이기도 하다.

시장경제는 시장에 공급자로 참여하는 기업과 수요자로 참여하는 가계가 시장 외부의 어떤 주체(특히 정부)의 간섭도 받지 않고 자율적으로 공급과 수요(참여 여부와 수량)에 관한 결정을 내린다는 것, 그리고 시장가격은 이러한 공급과 수요에 관한 민간 참여자들의 자율적인 의도에 의해서만 결정되며 이렇게 결정된 가격의 변동도 시장 참여자들의 의도의 변경에 의해서만 이루어지며 시장 외부의 주체에 의해 인위적으로 제한되지 않는다는 것, 나아가 시장을 둘러싼 외부환경의 변화에 대해서도 시장의 민간 참여자들이 자율적으로 반응할 뿐이지 강제 당하지 않는다는 것을 내포한다.

요컨대 시장경제란 주요 경제 변수들(가격, 수요량, 공급량 등)의 크기가 시장 참여자들의 상호작용에 의해서만 결정되고, 각 참여자들은 오로지 자신의 이익(효용이나 이윤)의 극대화 원리에 따라 자율적으로 행동하는 경제를 말한다. 이러한 조건을 완벽하게 갖춘 시장경제라면 그것은 말 그대로 자유시장경제가 아닐 수 없다.

그런데 현실에서 민간 경제주체들이 이러한 자유를 완벽하게 누리는 시장경제를 발견하기는 어렵다. 심지어는 정부나 중앙계획당국이 생산 관련 결정을 내리고, 민간 경제주체들은 하달된 명령을 이행할 뿐인 통제경제controlled economy를 운용하는 사회주의 계획경제planned economy도 실재했던 적이 있다. 현실에는 이상적인 자유시장경제도 완벽한 계획경제도 존재하지 않는다. 각 국민경제는 시장경제를 기본으로 하면서 정부가 일정 정도 개입하는 혼합경제mixed economy다. 혼합경제의 구체적인 모습은 정부의 개입 정도와 정부와 시장 간의 역할 분담의 차이에 따라 상당히 다르다.[9] 여기서는 단지 이러한 완전경쟁시장이라는 이념형을 바탕으로 하는 자유시장경제가 과연 사회적으로도 바람직한 것인지에 대해서는 논란이 있다는 점만 지적해두고자 한다. 이 문제는 마지막 7장에서 보다 상세히 다루어질 것이다.

2 상품경제

앞에서 살펴본 것처럼 발전된 시장경제에서는 자급자족 경제에서와는 달리 생산자는 자신이 아니라 타인인 소비자의 수요에 부응하기 위해 생산 활동을 한다. 그래서 생산물은 곧 상품이 되고, 상품은 생산자로부터 소비자에게로 이동해가야 한다. 이러한 상품의 이동과 관련된 제반 활동을 유통distribution이라 한다. 유통에서 핵심 활동은 시장에서 이루어지는

9. 뒤에서 다룰 자본주의 다양성 논의를 참조하라. 그리고 이른바 계획경제에서는 중앙계획당국에 의해 누가 무엇을 얼마나 생산해서 누구에게 얼마에 얼마나 팔 것인가가 사전에 결정된다. 실재했던 계획경제들이 명령경제(commanded economy)라고도 불리는 까닭이다. 경제가 일정 규모 이상으로 성장하면 누군가가 경제 전체를 계획적으로 운용한다는 것 자체가 불가능해진다는 것은 현실 사회주의 계획경제의 붕괴로 증명된 사실이다.
그러나 자본주의 시장경제라고 해서 정부에 의한 경제의 계획적인 운용이 전혀 없었던 것은 결코 아니다. 자본주의 시장경제를 운영하는 개도국들에서는 통상 공업화를 위해 체계적인 경제개발계획이 시행되고, 전략산업의 육성을 위해 산업정책과 보호주의 무역정책이 채택되고, 심지어는 자금 흐름 전반을 통제하는 관치금융까지 실행된다. 그 대표적인 사례가 앞서 살펴본 고도성장기의 한국경제일 것이다.

거래(또는 매매)다. 시장에서 소비자는 상품의 구매자로, 생산자는 그 판매자로 변신해 서로 만나 거래를 하게 된다. 이들 사이에서 이루어지는 흥정은 오프라인과 온라인을 막론하고 다양한 방식으로 시행될 수 있다.

상품과 제품

상품commodities은 소비자에게 특정한 효용utility(쓸모, 사용가치)을 제공하는 재화나 서비스를 지칭한다. 상품의 명칭은 주로 그것이 가진 효용의 성격이나 기능에 의거해 붙여지며, 산업의 명칭으로 사용되기도 한다. 예컨대 자동차라는 상품은 자체 동력으로 스스로 움직이는 기계에 붙여진 이름이고, 자동차 산업은 자동차의 생산과 관련된 모든 기업과 활동을 총칭한다. 그래서 상품은 현실에서 여러 메이커makers(즉 기업)에 의해 생산되는, 서로 다른 고유의 이름(브랜드brand)을 가진 제품products의 형태로만 존재한다. 상품이 자동차라면 제품은 마티즈, 소나타, K5 등이고, 상품이 소주라면 제품은 좋은데이, 즐겨찾기 등이다. 유사한 외형을 가지면서 소비자에게 동일한 효용을 제공하는 제품들은 동일한 상품에 속하며, 해당 상품시장에서 서로 팔리기 위해 경쟁하는 관계에 있다.

상품은 시장에서 거래의 대상물이다. 한편으로, 어떤 상품을 누군가가 돈 주고 산다는 것은 그것이 구매자에게 어떤 효용을 제공할 수 있기 때문이다. 그렇지 않다면 어느 누구도 애써 번 돈을 주고 사지 않을 것이다. 다른 한편으로, 상품은 누군가가 돈 주고 사 갈 것으로, 즉 팔릴 것으로 기대할 수 있기 때문에 그것을 만들어 파는 기업이 존재한다. 그래서 상품은 생산자가 자신이 아니라 타인의 필요나 욕구를 충족시키기 위해 생산된다.

상품경제가 엄청나게 발전한 지금에도 생산 활동의 결과물인 생산물이 전부 상품이 되는 것은 아니다. 농부나 어민처럼 생산량의 일부를 자가 소비하기도 하지만 사회 전체의 생산량 중 그 비중은 무시해도 좋을 만큼 미미하고, 오로지 타인에게 팔기 위해서만 생산하는 전문조직인 기업에 의해 거의 모든 생산이 이루어지고 있다는 점에서 오늘날의 경제는 전면적인 상품경제라 불러도 무방하다.

유통

유통은 상품이 생산자로부터 소비자에게로 이동해가는 과정에서 일어나는 제반 경제 활동을 말한다. 유통에 종사하는 기업은 저장, 운송, 판매, 배송 등 여러 유통 기능들 중 하나 혹은 둘 이상을 담당한다. 대표적인 유통 활동인 판매를 담당하는 기업은 생산자와 소매상을 중개하는 도매상과 소비자 판매를 전문으로 하는 소매상으로 대별된다. 소매상은 구멍가게나 편의점에서부터 백화점이나 대형마트에 이르기까지 그 규모가 천차만별이다. 최근엔 기업형 슈퍼마켓[10]까지 등장했다.

사회적 분업의 발전에 따라 생산과 소비의 분리가 진전되고, 거래되는 상품의 수와 양이 동시에 늘어나면서 유통과 시장도 급속하게 발전해왔다. 유통 관련 활동이 발전되어온 까닭은 그럼으로써 경제 전체가 치러야 할 유통비용[11]이 절감되기 때문이다. 만약 소비자인 가계들이 일상생

---

10. 에스에스엠(SSM; super supermarket)이라 불리기도 하는 기업형 슈퍼마켓은 말 그대로 대형마트보다는 규모가 작지만 일반 슈퍼보다는 훨씬 큰 중규모 마트다. 따라서 20~30만의 인구를 갖는 시 단위가 아니라 1~2만 정도의 인구를 가진 동 단위에서도 운영될 수 있다는 장점이 있다. 그러나 대부분 재벌그룹에 의해 경영되는 SSM이 이른바 골목상권까지 장악함으로써 구멍가게나 슈퍼 같은 전통적인 소상인의 몰락을 촉진하고 있어 심각한 사회 문제로 대두하고 있다.

활에 필요한 상품을 각각의 생산자에게서 직접 구매한다면 적어도 수 백개의 기업과 접촉해야 하는 엄청난 불편은 물론 많은 시간과 비용을 들여야 한다. 그 대신 대형마트나 전통시장 또는 백화점에 나가거나 인터넷 쇼핑몰 혹은 TV홈쇼핑을 통해 필요한 상품을 한꺼번에 구입한다면 구매의 편의성이 증대되어 시간과 비용을 크게 절감할 수 있다.

물론 개별 상품별로 본다면 중개기능이 끼어듦으로써 유통 관련 비용과 상업 마진이 생산비에 추가되므로 생산자와 소비자가 바로 만나는 직거래에 비해 개별 상품의 소비자 가격은 더 높아진다. 그러나 수많은 종류의 상품을 구매해야 하는 소비자 입장에서 보면 소매상을 통한 구매 총비용은 엄청나게 줄어들 것이 틀림없다. 동일한 논리가 생산자에게도 적용될 수 있다. 즉 생산자가 소비자에게 직판하는 것보다 중간에 독립적이고 전문적인 유통업자를 매개로 판매할 때 판매 관련 사회적 총비용은 대폭 줄어들 수 있다. 이처럼 상업 등 유통 관련 전문기업의 존재 덕분에 생산자와 소비자 즉 사회 전체가 누리는 혜택은 막대할 것으로 추정된다.

최근 들어 생산자와 소비자가 도매상이나 소매상 같은 중간 매개인 없이 바로 연결되는 이른바 직거래가 유행하고 있다. 물론 이러한 직거래는 친환경 농산물 등 일부 특정 상품에 한정된 현상이지만, 홈쇼핑이나

---

11. 유통비용은 생산비용에 대응되는 개념으로 생산물이 생산자로부터 소비자에게로 이동해가는 과정에서 발생하는 모든 비용을 지칭한다. 유통비용은 크게 물류비용(logistic cost), 거래비용(transaction cost), 상업마진(commercial margin)으로 구성된다.

물류비용은 포장, 보관, 적재, 수송, 하역 등 상품이 공간적 및 시간적 차원에서 물리적으로 이동하는 데 수반되는 모든 비용을 말한다. 거래비용은 거래의 성립에 필요한 제반 비용으로서 가격뿐만 아니라 거래 전에 필요한 정보수집, 협상, 계약(준수 비용, 계약 불완전으로 인한 비용 등), 대금 지불 등 상품에 대한 소유권의 이전과 관련된 비용을 총칭한다. 상업마진은 상업 활동으로 창출된 부가가치로서 상업에 투자된 자본의 보수와 상업 종사자의 보수로 구성된다.

인터넷 쇼핑몰 등 새로운 판매방식이 등장하면서 중개 기능 중 특히 도매 기능이 소멸 또는 약화되는 경향이 강해지고 있다. 이러한 유통 산업의 탈중개화 현상은 새로운 기술의 활용이라는 측면도 있지만 기존 유통 과정이 지나치게 복잡하거나 중간거래상의 횡포로 인해 오히려 유통비용이 증가하고 소비자 가격이 상승하는 등의 폐단에 대한 대응책일 수도 있다.

이처럼 중개기능의 발전 정도는 사회 전체적으로 줄어드는 유통비용의 크기에 달려 있겠지만, 상품의 물질적 성격(크기, 무게, 강도 등)에 따라서도 달라질 수 있다. 특히 순수한 디지털 상품(음원 등 콘텐츠나 컴퓨터용 소프트웨어처럼 디지털 형태로만 생산, 전송, 저장, 소비될 수 있는 상품)이 지속적으로 개발되면서 중개와 물류(배송) 기능이 아예 필요 없는 상품도 늘어나고 있다. 그럼에도 기존의 실물(아날로그) 상품들 중 디지털 형태로 대체될 수 있는 것은 대단히 한정되어 있으므로 여전히 대다수 상품은 도소매 중심의 전통적인 물적 유통 시스템을 통해 이동될 수밖에 없다. 물론 이 경우에도 전자상거래 등 디지털 기술을 활용해 정보 수집, 흥정 및 결재와 관련된 거래비용은 대폭 축소될 수 있다.

사회적 분업과 교환의 이득

그렇다면 왜 인류의 경제는 자급자족 경제에서 상품경제로 바뀌어왔던 것일까? 이 물음은 사회적 분업social division of work과 교환의 이득gain of exchange이라는 원리로 해명된다. 간단히 말해서 한 사회(경제)를 구성하는 개인이나 집단들이 자급자족하지 않고 각자가 가장 잘 생산할 수 있는 것에 특화하여 그것만을 생산한 후 서로의 생산물을 교환한다면 경제 전체의 생산량은 더 늘어나고, 각자도 자급자족할 때보다 더 많은 소비를 할 수 있다는 것이다. 왜 그런지를 간단한 수치 사례로 살펴보자([표 3-1] 참조).

어떤 경제에 갑과 을 두 사람만 있고 물고기와 딸기 두 가지만 생산 가능하다고 가정하자. 애초 갑과 을은 각자 물고기와 딸기를 자급자족하고 있었다. 둘 다 하루 8시간 일하며 물고기와 딸기의 생산에 각각 4시간씩 투입한다. 그 결과 갑은 물고기 10마리와 딸기 5그릇을 생산해 소비하고, 을은 물고기 5마리와 딸기 8그릇을 생산해 소비한다. 이러한 자급자족 경제의 총생산량은 물고기 15마리와 딸기 13그릇이다. 사회적 분업이 없고 그래서 당연히 교환도 시장도 없으므로 각자의 생산량이 각자의 소비량이 된다.

이러한 상태에서 누군가의 제안에 의해 갑과 을이 각자가 상대방보다 더 많이, 즉 더 잘 생산하는 일에 전념하기로 했다고 하자. 이러한 분업(여기서는 당연히 사회적 분업)은 개별 경제주체의 입장에서 보면 특화 또는 전문화 specialization를 의미한다. [표 3-1]이 보여주듯이, 같은 시간을 들여 갑은 을보다 물고기를 더 많이 잡고, 을은 딸기를 더 많이 딴다. 분업 이후 갑은 하루 8시간을 전부 물고기 잡는 데 투하하여 20마리를 잡고, 을은 마찬가지로 해서 딸기 16그릇을 따게 될 것이다. 분업 이전의 자급자족 상태와 비교해보면 이 경제의 총생산량은 물고기 5마리와 딸기 3그릇만큼 더 늘어났음을 알 수 있다. 이 증가된 생산량이 분업의 효과를 지칭하는 분업의 이득이다.[12]

---

12. 무엇보다 여기서는 특화나 전문화에 따른 단기적이고 정태적 성격의 효과만 고려되고 장기적이고 동태적 성격의 생산성 증가 효과는 감안되지 않았다는 데 유의하자. 분업으로 생산의 특화(또는 전문화)가 이루어지면 요령의 획득, 숙련, 연구개발 등이 전보다 용이해지기 때문에 결국 노동 생산성이 향상되어 각자의 생산량은 그만큼 더 늘어날 수 있는 것이다. 이처럼 분업의 이득은 넓게 보면 분업이 가져다주는 정태적 및 동태적 생산 증가 효과를 모두 합친 사회 전체의 총생산 증가 효과로 측정될 수 있다.

[표 3-1] 사회적 분업 및 교환의 이득을 보여주는 예시

	자급자족 (생산량=소비량)		분업 후 (생산량)		교 환 (비율=1:1)		교환 후 (소비량)		후생 증가분 (소비량)	
	물고기	딸기	물고기	딸기	물고기	딸기	물고기	딸기	물고기	딸기
갑	10	5	20	0	−7	+7	13	7	+3	+2
을	5	8	0	16	+7	−7	7	9	+2	+1
계	15	13	20	16	0	0	20	16	+5	+3
증가			+5	+3			+5	+3		

이처럼 사회적 분업이 이루어지면 생산물의 상호교환은 불가피하고, 분업에 따른 생산의 증가분은 분업에 참가한 경제주체들 간의 교환을 통해 배분되어야 한다. 당연히 교환은 분업에 참가한 모두가 이득을 얻는 방식으로 이루어져야 한다. 왜냐하면 사회적 분업이 경제 전체의 생산량을 증가시킨다 하더라도 교환의 결과 누군가는 후생(여기서는 소비수준)이 증가하지 않는다면, 그로서는 이러한 분업에 참여해야 할 이유가 없기 때문이다. 이처럼 분업은 당연히 교환을 전제로 하고 있으므로 분업의 이득은 곧 교환의 이득이기도 하다. 과연 어떤 비율로 교환해야 할까. 앞의 수치 예를 다시 살펴보자.

갑은 분업 이전에 물고기 10마리를 소비하고 있었으므로 추가로 생산된 10마리 중 일부 또는 전부를 을에게 줄 수 있다. 을은 분업 이전에 딸기 8그릇을 소비하고 있었으므로 추가로 생산된 8그릇 중 일부 또는 전부를 갑에게 줄 수 있다. 그리고 갑은 분업 이전에 딸기를 5그릇 소비하고 있었으므로 최소한 그 이상을 받아야 하고, 을은 물고기 5마리를 소비하고 있었으므로 최소한 그 이상을 받아야 한다. 이러한 조건을 감안해 갑과 을이 예컨대 물고기 7마리와 딸기 7그릇을 교환하기로 합의했다면(이 경우 교환비율은 "물고기:딸기=7:7=1:1"이다) 교환 이후 갑과 을의 소비수준은 어

떻게 달라질까. 갑은 전보다 물고기 3마리와 딸기 2그릇을 더 소비할 수 있고, 을은 물고기 2마리와 딸기 1그릇을 더 소비할 수 있다. 갑과 을 각각의 소비 증가분을 합친 양은 분업 후 이 경제의 총생산 증가분과 당연히 같다. 요컨대 이 두 사람은 교환을 통해 분업의 이득을 서로 나누어가진 셈이다.

그래도 의문은 남는다. 특히 다음 두 가지 의문이 중요하다. 하나는 누가 무엇의 생산에 특화할 것인가, 즉 사회적 분업 패턴이 어떻게 결정되는가라는 의문이고, 다른 하나는 서로 얼마씩 교환할 것인가, 즉 교환의 양적 비율이 어떻게 결정되는가라는 의문이다.

분업 패턴의 결정

먼저, 분업의 패턴에 대해 살펴보자. 이것은 사회적 분업 및 교환의 네트워크에 참여하는 주체들이 각자 무엇의 생산에 특화할 것인가라는 가장 기본적인 물음이다. 앞에서 본 바와 같이 각자가 가장 잘 생산할 수 있는 상품에 특화하면 된다고 보는 것은 가장 단순한 해법이다. 좀 더 경제학적으로 말하면, 각자가 다른 사람보다 더 효율적으로 생산할 수 있는 것에 특화한다는 것이다. 여기서 효율성은 동일한 양을 남보다 더 적은 비용(노력, 시간, 생산비 등)을 들여 생산하거나 동일한 비용으로 남보다 더 많이 생산하는 것으로 판단할 수 있다. 요컨대 각 상품에 대해 분업 참여자들의 단위 생산비 또는 평균 생산비를 비교해 판정할 수 있다.

우선, 특정 생산물의 생산비가 절대액으로 상대방보다 낮은 쪽이 그 생산에 특화한다고 설명하는 것이 스미스A. Smith의 절대 생산비설에 근거한 절대우위absolute advantage 이론이다. 이 이론은 앞에서 인용한 수치 사례에서 적용된 바 있다. 그런데 이 이론은 모든 경우를 다 설명하지 못한다는 약점이 있다. 즉, 어느 한 참여자가 두 개의 생산물 모두에서 절대우위를 가진다면 다른 참여자는 어느 생산물에도 특화할 수 없게 되므로 분업 자체가 성립될 수 없다. 왜냐하면 분업에 참여하기로 한 모든 생산자가 적어도 한 상품의 생산에는 종사하여 생산물을 서로 교환해야만 살아갈 수 있기 때문이다.

다음, 이 문제를 해결한 것이 리카도D. Ricardo의 상대 생산비설에 바탕을 둔 비교우위comparative advantage 이론이다. 여기서 상대 생산비는 요즘 용어로 말하면 앞서 배운 바 있는 기회비용으로 측정될 수 있다. 요컨대 각자는 상대방보다 낮은 기회비용을 가진 생산물에 특화한다는 것이다. 앞서의 예에서 살펴보면, 물고기의 경우 갑의 기회비용은 5/10(=0.5그릇)이고, 을의 기회비용은 8/5(=1.6그릇)이다[13]. 갑의 기회비용이 을보다 낮으므로 물고기의 생산은 갑이 비교우위를 가진다. 반면, 딸기의 경우, 갑의 기회비용은 10/5(=2마리)이고 을의 기회비용은 5/8(=0.625마리)이다. 을의 기회비용이 갑보다 낮으므로 딸기 생산은 을이 비교우위를 가진다. 결국 갑은 물고기에 특화하고 을은 딸기에 특화하는 것으로 분업이 이루어진다. 이 결과는 절대우위 이론에 따른 패턴의 결정과 동일하다.

상대 생산비 또는 기회비용으로 논증하는 비교우위론은 생산조건에 관한 수치가 어떻게 주어지더라도 분업의 참여자들은 서로 다른 품목에 비교우위를 가질 수밖에 없다는 점에서 — 그 이유는 두 생산물의 기회

13. 이미 본 바와 같이 기회비용은 어떤 것을 선택함으로써 포기한 선택지가 가져다주었을 이득이다. 갑의 경우 딸기 대신 물고기를 생산한다는 선택에 따른 기회비용은 물고기 10마리 생산을 위해 딸기 5그릇을 포기한 것이므로 물고기 1마리 생산의 기회비용은 딸기 5/10그릇이 된다. 동일한 방식으로 계산해보면 을의 경우엔 물고기 1마리 생산의 기회비용은 8/5가 될 것이다. 갑과 을이 딸기 생산을 선택하는 경우에도 마찬가지 방식으로 기회비용을 계산할 수 있고, 그 결과는 본문에 제시된 바와 같다.

비용이 서로 역수로 주어지기 때문이다 — 모든 경우에 적용될 수 있다는 일반성을 가진다. 그래서 비교우위론은 국제분업을 비롯한 모든 사회적 분업을 설명할 수 있는 일반론으로 간주된다.

그런데 이처럼 두 개의 생산물과 두 사람의 참여자로 한정된 경우가 아니라 수많은 종류의 생산물을 대상으로 수많은 생산자가 참여하는 현실의 시장경제에서 누가 어느 상품의 생산에 비교우위를 가지고 있는지를 사전에 안다는 것은 불가능한 일이다. 오늘날처럼 복잡한 경제에서는 아마 각자 나름의 시장조사 결과를 바탕으로 자신의 주관적인 판단에 따라 특화할 품목이나 분야를 선택할 것이다. 각자는 자신이 선택한 생산물이 실제로 시장에서 팔리고 또 적절한 이익을 올린다면 생산을 계속할 것이다.

이와는 반대로, 잘 팔리지 않거나 손실을 보게 된다면, 이는 자신보다 더 낮은 비용으로 더 잘 만드는 사람(기업)이 있다는 걸 의미하므로 다음 두 가지 길 중 하나를 선택할 수밖에 없다. 하나는 그 사람(기업)만큼 또는 그보다 더 싸게 더 잘 만들 수 있기 위해 새로운 기술을 획득하거나 새로운 장비를 구입해 생산비를 낮추거나 품질을 개선함으로써 생산을 계속하는 것이고, 다른 하나는 그 상품의 생산을 포기하고 다른 상품의 생산으로 옮아가는 것이다. 이처럼 발전된 시장경제에서는 생산자들의 시행착오를 통해 사회적 분업의 패턴이 결정된다.

그러나 각자의 생산조건과 그것을 반영한 생산비는 시간과 더불어 변할 수 있다. 이는 분업의 패턴 역시 시간과 더불어 바뀔 수 있음을 함의한다. 사실 절대우위나 비교우위는 특정 시점에 주어져 있는 자원 및 기술의 상태만을 고려하는 정태적인 개념이다. 동태적으로는 수요 측면의 변동(인구 변동, 소비자 선호의 변화, 소득 변동 등)이 있을 뿐만 아니라 생산 측면에서도 신기술의 발명, 품질 개선, 조직 개편 등 각종 혁신을 통해 생산비를 낮출 수 있고 때로는 정부 보조금을 활용하여 가격 경쟁력을 인위적으로 만들어낼 수도 있기 때문이다. 이처럼 연구개발이나 지원을 통해 인위적으로 창조된 경쟁력을 경쟁우위competitive advantage[14]라 부른다.

동태적으로 보면, 개인이든 기업이든 나라든, 누구나 당장 비교우위를 갖지 못한 상품이라도 그 생산에 도전할 수 있다[15]. 이러한 동태적 과정이야말로 현실의 시장에서 전개되는 경쟁의 참모습이다.

교환의 양적 비율의 결정

이제 교환의 양적 비율이 어떻게 결정되는가라는 문제를 생각해보자. 위에서 든 간단한 물물교환 사례를 통해 각자가 전보다 소비수준(즉 후생)이 증가될 수 있으려면 교환비율이 각자가 상대방에게 줄 수 있는 최대량과

---

14. 경쟁우위라는 개념은 미국의 경영학자 마이클 포터(Michael Porter)가 고안한 개념으로서 경영학계와 재계에서는 널리 사용되고 있다. 경제학은 이 개념을 학문 체계 속에 제대로 반영하지 않고 있지만, 대개 경쟁력(competitiveness)이라는 용어로 다양한 우위들을 포괄한다. 단, 동태적 비교우위라는 개념을 통해 단기적으로 주어진 부존자원의 상태와 생산기술에 의거하여 결정되는 비교우위가 중장기적으로 변할 수 있다는 사실은 인정한다.

15. 예컨대 우리나라가 1970년대에 중화학공업 제품의 생산에 도전했던 것은 자본, 기술, 인력 등 부존자원이나 생산조건 면에서 기존의 공업국들에 대해 비교우위를 누리고 있었기 때문은 결코 아니다. 이처럼 불리한 상황에서도 기업과 국가가 경쟁력 확보를 위해 막대한 노력을 기울인 결과 오늘날과 같은 공업대국이 될 수 있었다는 사실은 경쟁우위 이론의 타당성을 증명해주는 좋은 사례다.
   사실 주어진 자원의 부존상태에 입각한 비교우위 이론에 따르면 지하자원이 풍부한 나라는 영원히 광물이나 에너지만 팔아서 살아야 할 운명이다. 농업국은 영원히 농업국이어야 하고 공업국은 영원히 공업국이어야 한다는 식으로 나라든 개인이나 기업이든 그 운명이 변할 수 없는 것으로 주어져 있다고 볼 수는 없다.

상대방으로부터 받아야 하는 최소량 사이에서 결정되어야 한다는 것을 알았다. 하지만 둘 다 자신의 이득을 극대화하려 들 것이 분명하므로 실제의 교환비율은 양측의 치열한 흥정(즉 교섭)에 의해 이루어질 것이고, 그 결과는 주로 양측의 세력관계(이 경우 교섭력(bargain power))에 달려 있을 것이다.

그러면 교환 참여자의 교섭력의 크기를 결정하는 것은 무엇일까?[16] 물물교환에서는 교환의 대상이 되는 생산물의 가치에 대한 사회적 평가(예컨대 시장가격)가 존재하지 않는다. 따라서 자기 것을 팔아야 할 필요성이 더 크거나 아니면 상대방 것을 갖고 싶은 욕구가 더 절실한 측이 교환비율의 협상에서 불리해질 수밖에 없다. 그리고 팔아야 할 수량이 많을수록 교섭력은 약해진다. 수량이 많을수록 개당 가치의 평가가 낮아지기 때문이다.

그런데 갖고 싶다는 욕구는 주관적인 것이어서 알기 어렵다고 본다면, 객관적으로 알 수 있는 각자의 보유량이 중요하게 작용할 것이다. 경제학에서 희소성의 원리라 불리는 이 원리는 실제로 수요-공급에 의한 시장가격의 결정에 항상 작용하고 있다. 그것은 수많은 수요자와 공급자가 존재하는 시장교환에서도 관철된다. 일반적으로 시장수요(량)과 시장공

---

16. 여기서는 자발적인 분업과 교환을 전제로 한다. 다시 말해서 분업의 참가 여부와 교환비율의 결정이 물리적 폭력이나 법적 조치로 강제되지 않는다는 것이다. 예컨대 어린애들이 구슬과 딱지를 교환한다고 가정하면 어떤 일이 벌어질까. 아마 힘센 아이가 제시하는 교환비율이 관철될 가능성이 높지 않을까? 그러나 물리적 힘에 의한 결정을 배제한다면? 각자 생각해보자.

부언컨대 경제적 거래에서 폭력의 배제는 저절로 이루어지지 않는다. 인간도 동물인 이상 법률과 처벌이 없다면 폭력에 의존할 것이 틀림없다. 이는 식민지 개척 시대에 만연했던 약탈무역이 여실히 증명해준다. 이로부터 자율적인 시장은 소유권을 확인해주거나 폭력에 의한 강제교환을 처벌하는 제도적 장치 없이는 성립조차 할 수 없음을 알 수 있다.

급(량) 중 더 큰 쪽이 가격 결정에서 불리하다. 이 점은 나중에 4장에서 시장가격 결정 메커니즘을 설명할 때 더 자세히 살펴보게 될 것이다.

지금까지 살펴본 분업과 교환의 원리는 어찌 보면 자명한 것처럼 보이지만, 이 간단한 원리가 복잡한 국민경제 내부에서 사회적 분업 패턴과 교환 비율이 어떻게 결정되는지, 다시 말해 누가 무엇을 생산하여 서로 어떤 비율로 교환할 것인가를 설명해주는 가장 기본적인 원리다.[17]

이처럼 시장경제의 가장 중요한 특징은 바로 상품경제라 할 수 있다. 하지만 상품이 시장에서 원활하게 거래되기 위해서는 그 가격(가치의 화폐적 표현)이 결정되어야 할 뿐만 아니라 가격의 지불을 위해서는 구매자가 가격에 해당하는 자금(일정량의 화폐)이 있어야 한다. 그래서 화폐가 없다면 대금 결제는커녕 가격조차 형성될 수 없고, 결국 상품 거래 자체가 불가능해진다는 점에서 상품경제는 곧 화폐경제라 할 수 있다.

3 화폐경제: 화폐와 자본

시장경제의 발전에는 화폐가 상품화 못지않게 중요한 역할을 했다. '돈은

17. 이 원리는 국제분업과 국제무역의 존재이유와 무역 패턴을 설명하는 데도 그대로 적용될 수 있다. 여기서 가장 고전적인 이론은 이미 살펴본 바 있는 스미스의 절대우위 이론과 리카도의 비교우위 이론이다. 20세기 후반 들어 새로운 무역패턴(선진국 간 동일 상품의 교환, 산업 내 무역 등)이 나타났는데, 이 현상들은 생산비 측면만 고려하는 고전파 이론으로는 해명될 수 없었기 때문에 주로 수요 측면에 초점을 맞춘 새로운 이론들이 개발되어 왔다.

오늘날처럼 발달된 무역 현상을 설명하려면 부존자원, 생산비, 연구개발 등과 같은 공급 측 요인은 물론 국내시장의 규모, 소득의 크기와 분배 상태, 소비자 선호의 변동과 같은 수요 측 요인을 동시에 고려해야 한다.

경제의 핏줄'이라는 말처럼 돈 없는 시장경제는 상상조차 할 수 없다. 시장경제에서 화폐는 모든 상품의 가치를 표현하는 일반적 등가물임과 동시에 유일한 지불수단이다. 그런데 일정한 금액을 자금funds이라 하고, 이 자금이 더 많은 돈을 벌어들일 목적으로 운용될 때 그것을 자본capital이라 부른다.

이미 말한 바와 같이 상품경제이자 시장경제에서는 상품의 생산과 판매가 오로지 더 많은 돈을 벌기 위해서 이루어지기 때문에 시장경제를 움직이는 핵심 주체는 바로 자본을 운용하는 주체, 즉 자본가인 것이다. 그렇다면 이러한 자본이 경제의 가장 중요하고 역동적인 활동, 즉 새로운 가치를 창출하는 활동인 생산을 담당하는 경제가 바로 자본주의 경제인 것이다. 이 절에서는 먼저 화폐를, 이어서 자본을 살펴보기로 한다.

화폐

화폐의 기능

너무나 익숙해서 주목받지 못하고 있는 사실이 있다. 한편으로, 발전된 화폐경제에서 화폐는 인간들이 가치(여기서는 사용가치) 있다고 간주하는 모든 생산물에 공통으로 내포되어 있는 가치(여기서는 교환가치)를 측정하는 유일무이한 수단이다. 이를 화폐의 가치척도 역할이라 한다. 다른 한편으로, 화폐는 사용가치를 가진 모든 것들과 교환될 수 있는 힘, 즉 구매력purchasing power을 가지고 있어 유일무이한 지불수단으로 기능한다. 물물교환에서는 어떤 물품이든 지불수단의 역할을 수행할 수 있지만 화폐적 교환에서는 오로지 화폐만이 지불수단의 역할을 전유한다. 가치척도의 역

할과 지불수단의 역할, 이것이 화폐의 두 가지 기본기능이다.[18]

가치척도로서의 화폐는 물리적 척도들(예컨대 미터나 그램처럼 길이나 무게를 측정하는 단위)과 마찬가지로 모든 경제주체에게 편의를 제공한다는 점에서 중요한 공공적 기능을 수행한다. 그래서 화폐는 일종의 공공재다. 반면, 일반적 지불수단으로서의 화폐는 개인 차원에서만 의미가 있다. 그래서 누구나 돈이 '많으면 많을수록 좋다多多益善, the more, the better'고 생각한다.[19] 여기서 일종의 구성의 오류가 나타난다. 개인 차원에서 돈이 많을수록 구매력이 증가하는 것은 맞다. 그런데 모두의 돈이 많아지면 돈의 단위가치가 하락해 개인이 가진 돈 구매력이 오히려 감소하는 결과가 초래되는 것이다. 이러한 관계는 현대의 법정화폐 제도에서 더욱 현저하게 나

18. 통상적으로 경제학에서는 이 두 가지 기능에 가치의 저장수단을 보태서 화폐의 3대 기능으로 간주한다. 필자가 이 세 번째 기능을 기본기능에서 뺀 것은 가치의 저장수단 기능은 미래의 지불을 위한 것이기에 지불수단 기능에서 파생된 기능으로 볼 수 있다고 생각하기 때문이다. 지불수단의 역할을 하지 못하는 화폐는 당연히 가치를 저장하는 기능도 하지 못할 것이다. 더욱이 가치저장 수단으로서 화폐는 부동산이나 골동품 같은 상품들보다 더 낫다고 보기도 어렵다. 항상적인 인플레이션(통화가치의 하락)이 일어나는 현대의 법정 불환지폐 시대에는 더욱 그러하다.

19. 사실 화폐경제에서 돈에 대한 인간의 욕망은 무한하다 해도 지나치지 않다. 옛날 물품화폐(쌀, 조개껍질 등)나 금속화폐(금화, 은화, 백동화 등)가 사용되던 시절엔 재산의 무한 축적이 불가능했다. 왜냐하면 정도의 차이는 있지만 물품이나 금속 자체가 갖는 비내구성非耐久性과 그것을 저장해둘 수 있는 물리적 공간의 제한 때문이다. 예나 지금이나 토지, 건물 등 부동산이 주된 축재 수단으로 활용된다. 이는 그 양이 제한되어 있어 가치의 유지가 용이하고 심지어는 가치가 상승하기 때문이겠지만, 장기간에 걸쳐 그리고 거의 무제한으로 보유할 수 있기 때문이기도 하다.

    그런데 오늘날 사용되는 불환지폐는 종이쪽지에 지나지 않고, 더욱이 전자화폐는 말 그대로 단순한 숫자에 지나지 않으므로 화폐의 축장에는 더 이상 시공적 및 양적 제한이 사라졌다 해도 지나치지 않다. 이처럼 화폐를 통한 재산의 무한 축장 가능성이야말로 부익부(富益富) 빈익빈(貧益貧)이라는 소득과 부의 양극화가 지나칠 정도로 진행되고 있는 작금의 현실을 야기한 근본이유가 아닐까라는 생각이 든다.

타난다.[20]

화폐 단위와 화폐 형태

그렇다면 도대체 화폐money 또는 통화currency는 누가, 언제 만들었고 또 어떻게 그토록 막강한 힘을 가지게 된 것일까?

사람들이 돈에 대해 말할 때 1,000원 또는 100달러처럼 항상 수치와 단위를 함께 말한다. 여기서 수치가 화폐의 양, 즉 금액(또는 액수)을 나타낸다는 건 누구나 안다. 그러나 단위를 동반하지 않는 수치는 어떤 경제적 의미도 가질 수 없고, 단위가 다르면 그 수치들은 어느 게 더 큰지를 알 수가 없다. 단위의 의미는 간단치는 않다. 이를 화폐의 명칭과 형태라는 두 가지 측면에서 살펴보자.

먼저, 명칭을 살펴보자. 이미 본 바와 같이 화폐는 상품의 가치를 측정하는 추상적인 척도다. 척도의 명칭은 사람이나 사물의 이름처럼 편의상의 약속에 지나지 않지만, 수많은 다른 사회적 약속들(예컨대 언어, 법률 등) 못지않게 중요하다. 한국은 원, 미국은 달러, 유럽은 유로처럼 각 나라의 화폐는 고유의 명칭을 가진다. 하나의 경제라면 화폐의 명칭도 하나인 것

---

20. 법정 불환지폐는 자체의 사용가치(소재가치)는 거의 없고 실물상품에 대한 구매력을 지칭하는 교환가치(명목가치)만 갖고 있다. 그래서 거래에 사용될 화폐 총액(즉, 통화량)이 거래될 상품의 총가치보다 많아지면 통화 한 단위의 구매력(즉 교환가치)은 감소할 수밖에 없다. 통화량 증가는 수요 증가를 유발하고, 이는 물가 상승을 초래하기 때문이다.
이러한 화폐 가치의 하락 현상을 인플레이션(inflation)이라 하는데, 이는 당연히 물가 상승으로 반영된다. 역으로 화폐 가치가 상승하는 현상을 디플레이션(deflation)이라 하며, 화폐경제에서 이는 당연히 물가 하락을 초래한다. 이처럼 화폐경제에서 인플레이션과 물가 상승은 동전의 양면처럼 항상 동시에 나타나지만, 양자의 원인은 서로 다를 수 있다. 물가 상승이 주로 생산비 상승이나 수요의 증가로 일어난다면, 인플레이션은 통화량의 팽창에 의해 발생한다.

이 보통이다.[21] 만약 명칭이 다른 두 개 이상의 화폐가 사용된다면[22] 환산

---

21. 화폐의 명칭은 국제적으로는 기호나 영문 약자로 표시한다. 예컨대 한국 원화의 경우는 ₩ 또는 KRW이다. 기호로 표시할 때는 특정한 영어 철자 하나에 두 개의 수직 또는 수평의 선이 첨가된다. 영문으로는 나라 이름 약자에 화폐 명칭의 초음자를 결합해 3개의 철자로 표현한다.

화폐의 명칭은 이미 말한 바와 같이 사회적 약속에 지나지 않으므로 필요하다면 얼마든지 바뀔 수 있다. 그렇다고 무턱대고 바꿀 수 있는 것은 아니다. 엄청난 경제적 여파를 미치기 때문에 명칭만 변경해도 화폐 개혁이라 부를 정도다. 왜냐하면 새 화폐를 발행해 기존 화폐들을 모두 바꾸어야 하는 등 막대한 비용이 초래될 뿐만 아니라 초기에는 엄청난 혼란이 불가피하기 때문이다. 하지만 때로는 바꾸지 않으면 오히려 더 불편한 경우도 있다. 전쟁 등으로 초인플레이션(hyper-inflation)이 발생하거나 인플레이션이 오래 지속되면 상품 가격을 나타내는 수치가 어마어마하게 커져 계산이나 결제 상의 불편이 커지기 때문에 화폐단위의 가치를 높여 가격들의 수치를 낮추기 위해서는 명칭을 바꾸는 것이 오히려 이익이 된다. 이를 디노미네이션denomination이라 한다.

우리나라의 경우 1953년에 100원(圓을) 1환(圜)으로, 1962년에는 10환을 1원으로 변경하는 화폐개혁이 두 차례 있었다. 수치 크기의 축소가 그다지 크지 않았음에도 불구하고 화폐개혁을 한 것은 지하자금을 색출하여 생산자금으로 동원하려는 금융개혁의 노림도 있었기 때문이다. 특히 1962년에는 금융개혁을 위해 화폐개혁을 했다고 해도 지나치지 않다.

22. 어느 나라든 자국 영토 내에서는 자국 통화 이외의 다른 어떤 외국 통화의 통용도 허용하지 않는다. 예컨대 비록 세계 기축통화의 역할을 수행하는 미국 달러화조차 한국의 영토 내에서는 지불수단으로 사용할 수 없도록 법으로 금지되어 있다. 이는 화폐주권을 유지하기 위해서다. 화폐주권이 없다면 통화금융 정책(특히, 통화량의 조절)이 실효성을 상실하고 위급 시 중앙은행의 최종대부자lender of last resort(통화 발행을 통해 대출을 할 수 있는 기관) 역할도 수행할 수 없기 때문이다. 만약 예컨대 미국 달러화가 국내에서 원화와 같이 통용된다면 자국 통화의 가치가 불안정해질 때 모두들 이를 안전자산인 달러를 바꾸고자 할 것이므로 자국 통화의 가치는 땅에 떨어질 것이다.

그런데 지속적인 불안정을 보이는 자국 통화 대신에 세계에서 가장 안정되고 안전한 통화로 간주되는 미국 달러화를 법정통화로 채택하려는 움직임도 있다. 이를 달러화(dollarization) 현상이라 한다. 중미의 파나마는 이미 시행 중이고, 아르헨티나 등 몇몇 남미 나라도 달러화 도입을 심각하게 고민한 바 있었다(한국은행, 1999). 인플레이션이 구조적인 성격을 띠고 있었기 때문에 통화주권마저 포기한 셈이다.

다른 한편, 유로화를 사용하는 유로존 회원국들은 자국 통화를 포기하고 제3의 통화

의 불편만이 아니라 환전 비용도 만만치 않을 것이다. 길이, 면적, 무게 등 물리적 크기를 재는 척도의 경우 우리나라가 전통적인 척도(척, 평, 근 등)들을 포기하고 서양식 미터법의 척도로 통일했던 이유는 무엇보다 10진법 척도의 편의성이 훨씬 더 크기 때문이지만, 두 개의 척도를 혼용할 때 따르는 환산의 불편이 너무 크다는 사실에도 기인한 것이다.

그런데 물리적 척도든 가치의 척도든 그 단위 크기는 시공에 따라 변하지 않는 게 중요하다.[23] 그런데 물리적 척도와는 달리 상품의 추상적인 가치를 측정하는 화폐단위의 가치는 실제로 항상 변해왔고 또 앞으로도 그럴 것이다. 한국 원화의 단위가치, 즉 1원으로 살 수 있는 상품의 양을 나타내는 구매력의 크기는 1945년 해방 후부터만 따지더라도 아마 적어도 수백만 분의 1로 하락했음에 틀림없다. 이것은 역으로 한국의 물가가 장기 지속적으로 상승해왔음을 말해준다.

이미 말한 바와 같이 화폐(여기서는 법정 불환지폐)의 쓸모가 오로지 상품에 대한 구매력에 있기 때문에 그 구매력의 크기는 대체로 경제 내에서 유통 중인 화폐의 양(통화량)과 상품의 양(거래량)에 달려 있다. 둘 중 어느 것이 변해서 일어나든 화폐 (단위)가치의 급격한 변동(인플레이션이나 디플레이션)은 경제에 상당한 불공평과 부작용을 초래한다.[24] 중앙은행들이 화폐 가치

인 유로화를 도입했다. 몇 년 전 그리스 등 몇몇 유로존 국가가 겪었던 재정위기의 근원에는 바로 이러한 통화주권의 방기로 인해 자율적인 통화정책과 최종대부자 역할을 수행할 수 없게 되었다는 사실이 숨어 있다.

23. 예컨대 미터(m)와 같은 물리적 척도의 단위 크기가 시공에 따라 바뀐다고 상상해보라. 예컨대 1m의 크기가 경상도와 전라도에서 다르고, 작년과 금년이 다르다고 생각해보라. 그 불편과 부작용을 넘어 척도로서의 기능 자체를 상실할 것이다. 하지만 가치 척도의 경우는 그런 일이 얼마든지 일어날 수 있다는 게 다른 점이다.

24. 만약 인플레이션(또는 디플레이션)이 상품, 노동력, 토지 등 사용가치를 가진 모든 것들

안정과 그에 따른 물가 안정을 기본사명으로 삼고 있는 이유다.

다음, 화폐 형태를 살펴보자. 화폐의 형태는 역사적으로 바뀌어 왔기 때문에 간략하게나마 그 변화의 역사를 알아둘 필요가 있다.

최초의 화폐는 물품화폐였다. 물품이 제대로 화폐 역할을 하려면 일정한 요건을 갖추어야 했다. 첫째, 그 자체로 일정한 가치(사용가치)를 가지면서 가급적 모든 사람이 필요로 하거나 원하는 것이어야 한다. 둘째, 일정 기간 동안 시장의 모든 거래가 원활히 이루어질 수 있을 정도로 생산량이 충분해야 한다. 셋째, 교환되어야 할 생산물들의 가치가 매우 다양하기 때문에 크고 작은 가치를 쉽게 표현할 수 있도록 양적으로 쉽게 세분될 수 있어야 한다. 끝으로, 보관과 운반이 상대적으로 용이해야 하고, 그 가치가 장기간 유지될 수 있어야 한다. 역사적으로는 지역 사정에 따라

의 가격을 동일한 비율로 상승(또는 하락)시킨다면 그것들을 보유한 사람들에게 미치는 영향은 중립적이다. 그것들의 가격을 나타내는 수치가 동시에 커질(작아질) 뿐 그것들의 상대적인 가치, 즉 실질가치에는 아무런 변화도 초래되지 않기 때문이다. 이러한 중립적인 인플레이션(또는 디플레이션)은 기피해야 할 경제적 이유가 전혀 없다.

물가 및 통화가치의 안정을 중시하는 이유는 상품과 자산들의 가격이 동일한 비율로 상승하거나 하락하는 경우는 거의 없으며, 이로 인해 경제주체들이 차별적인 영향을 받기 때문이다. 예컨대 누구는 가만히 앉아서 이득을 보고 누구는 자신도 모르게 손실을 입게 된다.

인플레이션으로 손해 보는 사람은 고정 수입의 연금 수령자, 고정금리 부 채권자는 물론 적어도 1년 동안은 임금이 고정되어 있는 근로자 등이고, 이득을 누리는 사람은 대표적으로 미래에 정해진 액수의 지출을 해야 하는 채무자다. 채무자 중에는 대다수 기업들이 포함된다. 디플레이션은 이와 상반되는 효과를 낳는다. 따라서 화폐의 관리자인 정부(즉 중앙은행)는 이런 일이 가급적 일어나지 않도록 방지하는 것이 중요하다.

그럼에도 실제의 법화경제는 항상적인 인플레이션 압력하에 있기 때문에 민간 차원에서도 이러한 불로소득을 추구하거나 부당한 손실을 상쇄시키려는 노력이 이루어진다. 전자의 수단이 투기로 대변된다면, 후자의 수단으로 변동금리와 물가 연동 임금(임금의 인상률을 물가상승률에 연동시키는 것)을 들 수 있다.

쌀이나 조개껍질 등이 화폐로 사용되었다.

그런데 물품 중에서 상기의 조건들을 가장 잘 갖추고 있는 것은 금속이므로 물품화폐는 서서히 금속화폐로 바뀌어갔다. 금, 은, 동, 철 등 여러 금속이 화폐로 사용되었지만 종국에는 세계의 거의 모든 곳에서 금으로 통일되었다. 오랫동안 금화가 사용되어 왔지만 물리적 마모[25]와 시뇨리지[26] 등의 문제가 대두되었고, 그 해결책으로 태환지폐兌換紙幣가 등장했다.

---

25. 여러분은 "악화(惡貨, bad money)가 양화(良貨, good money)를 구축한다"는 그레셤 법칙을 들어보았을 것이다. 여기서 악화란 실제가치(소재가치)가 명목가치보다 작은 금화를, 양화는 양자가 일치하는 금화를 말한다. 사실 애초 양화로 발행된 금화라 하더라도 유통 과정에서 여러 사람의 손을 거치다 보면 닳게 마련이고, 그러면 실제가치가 명목가치보다 작아질 수밖에 없다. 따라서 사람들은 양화를 축장하고 악화만 사용하려 들었고, 이에 따라 양화는 유통에서 빠져나와 축장되는 경향이 있었다.

    영국의 메리1세 시기의 재상이었던 토마스 그레셤(T. Gresham)은 이러한 불량화폐의 폐단이 있음을 알아채고 이 문제의 해결을 주장했다(차현진, 2011: 21~22).

26. 화폐의 명목가치와 실제가치의 차이를 시뇨리지(seigniorage)라 하는데, 우리말로는 화폐 주조(또는 발행) 차익으로 부를 수 있다. 물품화폐나 금속화폐의 경우엔(앞서 거론된 악화는 제외하고) 양자의 크기가 동일하기 때문에 이론상으로는 시뇨리지가 존재할 수 없다.

    봉건 군주나 영주들은 금화의 자유 주조를 금지시키고 주조권을 독점했다. 처음에는 주조 수수료만 받았겠지만 차츰 부당이득을 취하기 시작했다. 예컨대 액면(명목가치) 1달러짜리 금화가 금 1온스(실제가치)의 가치와 같다고 가정할 때 영주직영 주조소는 금 1온스를 받아 예컨대 0.9온스만으로 1달러짜리 금화를 만들어줌으로써 0.1온스의 금을 착복했다. 시뇨리지라는 단어가 영주(seignior)라는 단어에서 파생된 이유가 여기에 있다.

    그런데 불환지폐의 경우 그 명목가치와 실제가치의 격차는 어마어마하다. 예컨대 5만 원 짜리(명목가치) 지폐의 발행비용(실제가치)은 고작 몇 원에 지나지 않는다. 이 때문에 불환지폐는 중앙은행에 의해서만 발행될 수 있도록 함으로써 시뇨리지를 공적으로 흡수하고 사회화시킨다. 민간주체의 입장에서는 엄청난 시뇨리지를 노리고 위조화폐를 제작코자 하는 유인이 크다. 이러한 부당이득의 수취와 그로 인한 혼란을 방지하기 위해 법화를 사용하는 나라는 모두 화폐법을 제정해 위폐 발행과 그 사용을 단속하고 위반 시 강력한 처벌을 가하고 있다.

금에 대한 청구권이라 할 수 있는 태환지폐는 은행이나 정부에 의해 발행되고 언제든지 원하면 일정량의 금과 교환될 수 있다. 그리고 태환지폐의 발행량은 발행자가 보유한 금의 량에 의해 제한된다. 이러한 금화 또는 태환지폐를 본원통화로 사용하는 제도를 금본위제gold standard라 부른다. 우여곡절은 많았지만 이 금본위제는 대공황이 한창 진행 중이던 1933년에 최종 폐지되었다.[27]

---

27. 금본위제가 폐지된 가장 큰 이유는 통화 즉 금의 공급 제한 때문이었다. 산업혁명이 가져다준 생산력의 급증으로 자본주의 시장경제가 빠르게 발전했고 당연히 거래되어야 할 상품의 양도 급증했다. 그런데 금의 공급은 그에 비례해 증가될 수 없었기 때문에 경제는 항상 화폐 부족에 시달렸고 디플레이션 압력이 상존했다. 디플레이션은 대개 생산자에게 불리하게 작용하기 때문에 경제 성장에는 걸림돌로 작용한다. 대공황이 금본위제의 최종 폐지의 계기를 제공한 이유다.

    불환지폐는 금 보유량과 상관없이 발행권을 가진 중앙은행이 국민의 동의하에 필요하다고 생각하는 만큼 발행할 수 있다. 이제 통화 부족이 경제성장의 발목을 잡는 일은 더 이상 없어졌다. 호사다마라. 정부와 중앙은행이 자의적으로 통화를 발행할 수도 있게 되었기에 경제는 통화량의 과다 공급에 따른 항상적인 인플레이션 압력에 노출되어 있다.

    금본위제는 사실은 2014년의 브레턴우즈(Bretton-Woods) 협정에 의해 금-달러 본위제라는 형태로 재탄생된 적이 있었다. 브레턴우즈 체제 하에서 미국 달러는 '금 1온스=35달러'의 비율로 태환이 보장되고, 나머지 모든 국민통화들은 금이 아니라 달러와 일정한 교환비율을 정했다. 달러를 기축통화라 부르는 이유다. 각국은 달러와의 고정환율을 경상수지 악화의 구조적 요인의 존재를 증명하면 IMF의 승인 하에 변경할 수 있었다. 그러나 환율이 시장의 수급에 따라 변하지는 않기 때문에 고정환율제라 규정되는 것이다.

    이 금-달러 본위제는 1971년 8월 15일 닉슨 대통령의 일방적인 달러의 금 태환 정지 선언으로 폐지되었다. 금본위제는 이제 완전히 역사의 유물이 된 것이다. 1971년 8월 15일은 어찌 보면 인류의 경제사에서 엄청나게 중요한 혁명적인 사건이 일어난 날이지만 거의 주목받지 못했다. 세계 최후의 상품화폐(달러 태환지폐)가 사라지고 각국의 법정화폐들만 존재하는 시대가 시작되었다. 엄청난 혼란을 예상한 사람들도 있었지만 세계경제는 아무 일도 없었던 것처럼 지나갔다.

    그러나 중대한 문제가 남았다. 미국 중앙은행이 발행하는 일국의 불환지폐가 곧 세계경제의 새로운 화폐적 본위로 등극했다는 데 있다. 이젠 금의 뒷배 없이 말이다. 달러의 태환지폐를 대체한 것이 불환지폐不換紙幣다. 불환지폐는 단순히 기존의 태환지폐가 가지고 있던 금과의 교환 권리를 폐지함으로써 탄생했다. 생각의 전환만으로 가능한 일이었지만 그 경제적 의의는 막중하기 짝이 없다. 이제 화폐는 소재가치는 거의 없이 일정한 명목가치(즉 금액)만 표시된 종이쪼가리에 지나지 않는다.[28] 따라서 상품의 판매자는 그 대가로 불환지폐의 수령을 거부할 것이 뻔하고 거래는 불가능해진다. 사실 상품화

세계 지배력은 부당한 것임에도 그 힘은 더욱 강화되었다. 이것이 갖는 혁명적 의미는 다음 시뇨리지 개념으로 알 수 있다.

28. 각국 내에서 불환지폐의 시뇨리지는 중앙은행에 의해 전부 흡수되는데 중앙은행은 공공기관이므로 문제로 삼지 않는 것이다. 반면 민간 주체에 의한 중앙은행화폐의 발행, 즉 화폐 위조는 엄중한 처벌을 받는다. 그런데 국제사회에서 특정국의 불환지폐(예컨대 미국 달러)가 세계 기축통화로 사용되는 경우 이 통화의 발행국(즉 미국)은 어마어마한 (국제적인) 시뇨리지를 누리게 된다. 미국의 막대한 무역적자는 바로 이 시뇨리지의 크기를 말해준다.

이 문제의 근본적인 해결책은 전 세계가 특정국의 화폐가 아닌 제3의 통화를 만들어 세계 단일화폐로 사용하고, 이른바 세계중앙은행을 설립해 그 발행과 관리를 맡기는 것이다. 그러면 시뇨리지가 세계 공공기관에 의해 흡수될 것이다. 이 아이디어는 1944년 브레턴우즈 회의에서 영국 대표 케인스가 공식적으로 제안했지만 미국의 반대로 채택되지 못했다. 조만간 기축통화국이 될 미국이 막대한 시뇨리지를 포기할 리 만무했던 것이다. 이처럼 특정의 국민화폐를 세계 기축통화로 사용하는 것은 부당하기 짝이 없는 일이지만, 이는 국제통화제도가 논리가 아닌 힘에 의해 결정된다는 것을 보여주는 확실한 증거다. 그리고 이는 현행 국제통화제도가 가진 가장 근본적인 모순이기도 하다.

유로화의 출현은 특정 회원국의 통화가 아니라 제3의 통화를 도입한 유일무이한 사례다. 유로화 탄생의 역사로 보면 제3의 단일통화의 도입이 얼마나 어려운 일인지를 잘 보여주었다. 이를 세계 차원에서 확대시켜보면 전 세계가 제3의 단일통화를 도입하는 일은 결국 미국의 동의 없이는 불가능하다는 것, 나아가 미국이 이에 동의할 가능성은 현재로서는 전혀 없다는 사실도 잘 알 수 있다. 이 점은 제3의 언어로 개발된 에스페란토어가 결국 세계어로 되지 못했고 특정한 국민언어인 영어가 그 역할을 하고 있다는 사실과 일맥상통한다. 영어권 사람들이 누리는 이익과 비영어권 사람들이 영어를 배우기 위해 지출해야 하는 노력(비용과 시간)을 생각해보면 얼마나 불공평한 상황인지 알 수 있다.

폐(물품화폐, 금속화폐, 금화, 태환지폐 등 기존의 모든 종류의 화폐)가 일반적 구매력을 가지면서 지불수단의 역할을 수행할 수 있었던 까닭은 그 자체가 명목가치에 조응하는 소재가치를 가지고 있었기 때문이다. 불환지폐가 법으로 강제 통용력(즉 구매력)이 부여되는 법화法貨(법정화폐legal tender의 준말)일 수밖에 없는 이유다.[29] 법의 본질이 사회적 합의 또는 사회계약이라면 화폐 역시 그러하다. 그 형태가 무엇이든 화폐는 해당 경제의 참가자들 간의 합의로 탄생할 수 있다. 모두가 그것을 화폐로 인정한다는 상호 신뢰만 있으면 된다. "화폐는 곧 신뢰인 것이다."

디지털 기술의 발전과 더불어 출현한 새로운 화폐 형태인 전자화폐electronic money는 사실상 돈이란 게 추상적인 숫자와 단위의 조합에 지나지 않는다는 것을 잘 보여준다. 돈의 형태가 전자 형태로 완벽하게 추상화된 셈이다. 그럼에도 화폐의 기능을 수행하는 데는 아무런 하자가 없고 오히려 발행비용의 절감, 사용 편의성의 증대, 경제 투명성의 강화라는 긍정적인 효과가 더 크다. 이러한 화폐의 역사를 제대로 다루려면 따로 한 권의 책으로도 모자랄 것이다[30].

---

29. 이처럼 그 명목가치가 법적으로 보장되고 있다는 사실이 화폐가치의 안정을 보장하는 것은 아니다. 앞서 말한 것처럼 어떤 이유로든 통화량이 지나치게 증가하면 화폐의 단위가치가 하락하는 인플레이션이 나타나기 때문이다.

30. 참고로 쑹훙빙의 『화폐전쟁』(전 4권)은 일독을 권할 만하다. 내용은 어찌 보면 음모론으로 치부해버릴 사람도 있겠지만 화폐와 관련된 흥미진진한 역사를 이만큼 재미있고 설득력 있게 얘기해주는 책도 드물다. 중국에서는 희대의 베스트셀러가 되었다 한다.

자본과 자본주의

자본의 개념

앞서 말한 바처럼 자본이라는 개념은 여러 가지 의미와 용법을 가지고 있어 이해하기가 쉽지 않다.

첫째, 일상적인 의미에서 자본은 사업밑천으로서의 일정액의 화폐량, 즉 자금을 지칭한다. 이로부터 자본이 더 많은 돈을 번다는, 이윤profit 추구를 목적으로 운용되는 자금을 의미하며, 자본가는 이를 가지고 어떤 형태로든 자본증식을 도모하는 사람을 지칭한다는 것을 알 수 있다.

둘째, 앞서 보았듯이 생산요소의 관점에서 자본은 자본재의 준말이다. 자본재는 형태상 실물 형태를 취하므로 물적자본으로 불리기도 하며, 이 경우 화폐 형태를 취하는 금융자본과 대응된다. 또한 자본재로서의 자본은 노동력을 지칭하는 노동과 대응되는 개념이기도 하다.

셋째, 사회 계급의 관점에서는 자본은 자본가 계급의 약칭으로, 노동은 노동자 계급의 약칭으로 사용된다.

다섯째, 자본은 여러 가지 확장된 의미로 사용되기도 한다. 예컨대 사회간접자본social overhead capital이나 인적 자본human capital 또는 사회적 자본social capital이나 문화 자본culture capital 등이 그러하다.

사회간접자본은 통상의 자본재처럼 특정 기업의 소유 또는 사용 대상이 아니라 사회 구성원 전체가 소유하거나 사용할 수 있는 대상이라는 점에서 사회 전체의 공동 자본재를 의미한다. 예컨대 도로, 철도, 교량, 항만 등 한 사회경제의 인프라를 총칭하며, 대개 공기업에 의해 운영된다.

인적 자본은 앞서 말한 바처럼 노동력을 지칭하며 인적 자원이라는 용어와 대비된다. 인적 자원이 노동자의 수가 주어져 있다는 양적 의미를 갖는다면, 인적 자본은 노동자의 능력이 교육이나 훈련을 통해 향상될 수 있다는 질적 의미를 내포한다.

사회적 자본은 물적 자본이 아니라 특정 사회에서 구성원들 간의 '신뢰'의 다소에 따라 불필요한 사회적 비용의 지출이 달라질 수 있고 더욱이 해당 경제의 성과가 다를 수 있다는 점에 착안한 후쿠야마의 『신뢰』라는 저서에서 기인한다. 그는 이러한 신뢰를 하나의 사회간접자본처럼 간주해 사회적 자본이라 불렀다. 후쿠야마는 한국을 저 신뢰사회에 속하는 것으로 평가했다. 그의 말이 사실이라면 한국 사회는 신뢰의 제고 즉 사회적 자본의 축적을 통해 생산비를 낮출 수 있고, 이는 물가 안정과 수출 경쟁력 제고를 가져다줄 수 있다는 추론이 가능해진다.

문화 자본은 부르디외(Pierre Bourdieu, 1930~2002)가 개념화한 것으로 공동체가 축적해온 다양한 상징적 자원 등의 핵심 부분을 말한다. 문화 자본은 사회 계급들 간의 불평등한 분배를 통해 지배적인 권력 관계를 재생산하는 메커니즘으로 작용한다. 이는 문자 능력, 교육 접근권, 문화예술 생산물의 향유 능력 등으로 구성된다(김평수, 2014).

자본 증식 과정의 여러 유형들

여기서는 첫 번째 의미의 자본이 취하는 서로 다른 유형의 이윤 추구 방식이 어떻게 다른가를 살펴보기로 한다. 자본은 이윤 추구(자본 증식) 방식에 따라 대부자본, 상업자본, 산업자본, 투기자본으로 대별된다. 간단히 말해서 돈을 벌어들일 수 있는 여러 방식들이다. 이처럼 돈을 벌 목적으로 일정한 자금을 운용하는 행위를 투자investment라 한다. 기본적으로 투자는 성공한다는 보장이 없다, 즉 위험을 동반한다는 점에서 투자 수익은 위험 추구에 대한 대가라 볼 수 있다. 그리고 그 수익은 최소한 투하자금의 기회비용(이자)보다는 커야 경제적인 의미를 갖게 된다.

첫째, 대부자본이 돈 버는 방식은 가장 단순하다. ≪ $M-M'$ ≫(단 $M \leq M'$) (M은 화폐(money)). 간단히 말해서 돈 놓고 돈 먹기다. 대부자본가는 자신이 가진 여유 돈을 누군가 돈이 필요한 사람에게 빌려주고 빌려준 금액보다 더 많은 금액을 돌려받는다. 대부자본가는 이 차액을 그 이윤으로 삼으며, 이를 이자interest라 부른다. 그래서 대부자본을 이자부자본이라고 부르기도 한다. 이자의 종류도 은행 예금이자, 은행 대출이자, 고리대 이자, 채권이자 등 다양하다. 대부자본가의 대표적인 형태는 은행과 사채업자다.

그러면 이자의 원천은 무엇인가? 빌려준 대출금이 만기에 상환되지 않을 위험을 감수한 대가로 보는 사람이 있다면, 그 자금으로 올릴 수 있었을 수익 즉 기회비용으로 보는 사람도 있다.[31] 어쨌든 이자율은 물가상승률(즉 인플레이션율 즉 화폐의 단위가치의 하락 정도)보다는 커야 한다. 결국 이자율은 물가상승률과 비례관계에 있다.

둘째, 상업자본의 이윤 추구 방식은 ≪ $M-C-M'$ ≫(단, $M \leq M'$) (M은 화폐 (money), C는 상품(commodities))이다. 상업자본가는 애초 투하된 자금으로 어떤 상품을 사서 되팖으로써 더 큰 자금을 획득한다. 이 차액만큼 벌어들인 수익을 상업마진commercial margin이라 한다. 상업자본가(곧, 상인)는 특정 상품을 그 형태나 내용에 어떤 변화도 초래함이 없이 단지 시공적으로(다른 장소 또는 다른 시기로) 이동시킴으로써 그 가치를 증가시킨다. 옛날의 보부상이나 원격지 무역상이 그러하고 오늘날의 백화점이나 대형마트가 그

31. 지금은 당연시되고 있는 이자의 수령이 한때 금지된 적도 있다. 대개 기독교나 회교 등에서 종교적 이유로 그리했지만, 이 아이디어는 현대 자본주의에도 함축적인 의미를 가진다. 남의 돈을 빌려 그것을 운용해 수익을 냈다면 당연해 보이지만, 생활고를 이기지 못해 돈을 빌린 사람에게도 이자를 받아야 할지 생각해보자.

러하다. 어떻게 보면 상업자본은 다음에서 보는 산업자본의 회로의 마지막 부분 ≪ $C'-M'$ ≫에 특화한 자본으로 볼 수도 있다. 실제로 현대 시장경제에서는 대다수 상업자본이 이로부터 탄생한다.

셋째, 자본의 대표격인 산업자본의 이윤 추구 방식은 상당히 복잡하다. 즉, ≪ $M-C(Pm+L)$ ... P... $C'-M'$ ≫(단, $M \leq M'$) (Pm은 생산수단(Means of Production), L은 노동력(Labour), P는 생산과정(Process of Production))이다. 산업자본가는 일정액의 자금을 투하해 기계, 설비, 공장 등 생산에 필요한 일체의 생산수단과 일정 수의 노동력을 가진 사람을 사들인다. 구입한 생산수단과 노동력을 생산과정에서 결합시킴으로써, 즉 자본가의 지휘 하에 노동자가 자본가가 제공하는 노동수단을 사용해 역시 자본가가 제공하는 노동대상에 노동력을 가함으로써, 애초 투입된 상품들(즉, 생산요소들)과는 전혀 다른 사용가치를 가진 상품을 만들어내고, 이를 소비자(최종생산물의 경우) 또는 다른 자본가(중간생산물의 경우)에게 판매함으로써 애초의 투입 자금보다 더 큰 자금을 벌어들이는 것이다. 이 차액을 산업이윤이라 하며, 이것이야말로 진정한 자본의 이윤에 값한다.

이때 증가된 가치의 원천을 무엇으로 보느냐는 논자에 따라 다를 수 있다. 스미스와 마르크스에 이르는 고전파 경제학에서는 노동가치설에 따라 오로지 노동력만이 새로운 가치를 창출하는 능력을 가지고 있다고 본다. 반대로 근대경제학은 이윤의 원천이 자본재의 기여분이거나 자본가의 노력에 대한 대가로 본다. 산업자본의 회임기간(투자 시점에서 투자금을 회수하는 데 걸리는 기간)은 다른 자본 운용 형태보다 훨씬 더 긴 것이 보통이므로 그에 동반되는 위험은 특히 더 다양하고 또 더 크다. 그만큼 성공했을 때의 이윤의 크기도 더 크게 마련이다.

넷째, 투기자본이다. 투기자본의 이윤 추구방식은 상업자본과 동일하게 ≪$M-C-M'$≫(단, $M \leq M'$)이다. 양자의 결정적인 차이점은 이윤의 원천이 전혀 다르다는 것이다. 상업자본의 이윤이 해당 상품의 증가된 가치에서 나온다면, 투기자본의 이윤은 해당 상품의 상승된 가격에서 나온다. 즉 새로운 가치(그것을 잉여가치라 부르든 부가가치라 부르든)의 창출 없이 환매가격과 구입가격의 차이로 더 많은 이윤을 올리는 것이다.

투기의 대상에는 제한이 없다. 가치 있는 모든 것을 대상으로 삼을 수 있지만 전통적으로 주요 대상은 부동산과 유가증권(주식과 채권)이었다. 금융 자본주의의 발전(각국 외환시장과 자본시장의 개방, 금융 혁신 등)과 더불어 외환, 각종 파생금융상품(선물, 옵션 등)으로 확산되었고, 공급이 제한적인 석유와 희소자원 같은 원자재는 물론 기후에 따라 생산량이 크게 변하는 농산물을 대상으로 삼기도 한다.

투기자본 역시 항상 성공하는 것은 아니다. 어쩌면 어떤 투기자본의 성공은 어떤 다른 투기자본의 실패를 의미하므로 기대 성공률은 50%라고 할 수 있을 정도로 실패 가능성이 턱없이 높다. 예컨대 주식투자에서 개미투자자들의 대부분이 결국에는 돈을 잃을 수밖에 없는 근본적인 이유가 여기에 있다고 할 수 있다.

끝으로 이러한 자본의 유형론으로 볼 때 현대 자본주의를 금융 자본주의로 규정하는 것은 의미심장하다. 실물자본인 산업 자본과 상업자본이 새로운 가치의 창출을 통해 이윤을 증식시키는 일보다 금융자본에 속하는 대부자본과 투기자본이 새로운 가치의 창출 없이 이윤을 올리는 일이 더 흔한 일이 되었다. 실물자본과 금융자본 간의 세력관계가 전자의 우세에서 후자의 우세로 바뀌었다. 금융 자본주의를 카지노 자본주의라 부르는 이유도 여기에 있다.

자본주의

그렇다면 자본주의capitalism란 무엇인가? 자본주의라는 개념에 하나의 합의된 정의는 없다. 단지 그것이 특정한 경제(체제)를 지칭하는 것이라는 데는 이견이 없다. 여러 규정들의 핵심을 추려보면 자본주의는 이윤 추구를 목적으로 삼는 자본(자본가)이 주도하는 경제(체제)를 말한다. 경제에서 가장 중요한 활동인 생산과 유통 그리고 연구개발과 금융이 모두 자본(가)에 의해 주도되고 시행된다. 자본주의는 이러한 자본 축적이 경제 성장의 동력이 되는 경제 시스템이다. 그리고 생산양식으로서의 자본주의는 앞서 경제사에서 거론된 것처럼 근대 자본주의 시대의 물적 기반이기도 하다.

자본주의의 기본 성격은 생산수단 및 생산물의 사적(즉, 자본가의) 소유, 노동력의 상품화(즉, 고용 가능성), 합법적인 범위 내에서 자유로운 이윤 추구 등을 들 수 있다. 한마디로 자본주의는 시장경제와 가장 잘 어울리는 경제체제라 할 수 있고, 이는 역사적으로도 확인된다. 시장경제의 발전이 자본주의 체제를 확립시켰다면, 역으로 자본주의 체제의 확립과 더불어 시장경제는 더욱 발전해왔다고 할 수 있다. 이 책에서 자본주의 시장경제 체제를 말하는 이유다. 이전의 여러 생산양식들에서는 시장경제가 부분적으로 존재하거나 심지어는 그 발전이 억제되었고, 현실 사회주의 경제들에서처럼 시장경제는 아예 배제된 적도 있었다.

자본이 이윤을 추구하는 방식에 여러 가지가 있었듯이 자본주의도 어느 유형의 자본(가)이 주도하는가에 따라 여러 유형을 식별할 수 있다. 상업 자본주의, 산업 자본주의, 금융 자본주의, 카지노(투기) 자본주의 등이 그러하다.

생산양식으로서의 자본주의는 2장에서 보았듯이 원시 공산제, 노예제, 봉건제, 사회주의(또는 공산주의) 등 다른 생산양식들과 비교해보면 그 특징이 잘 드러난다.

한편으로 생산력 측면에서 자본주의는 다른 어느 생산양식보다 생산력 증대를 추동하는 이윤 추구와 자본 간 경쟁이라는 막강한 동력을 내재하고 있다. 산업혁명 이후 역사상 유례없는 속도의 생산력 발전을 이루어왔고 디지털 기술혁명과 더불어 그 속도는 더 빨라지고 있다고 해도 지나치지 않다. 어쩌면 자본주의만큼 빠른 생산력 증대를 가져줄 수 있는 다른 생산양식이 있을 법하지 않다.

다른 한편으로 생산관계 측면에서 보면 원시 공산제나 사회주의 체제에서처럼 생산수단과 생산물의 공유가 아니라 사유를 보장함으로써 개인의 창의력 발휘를 조장한다. 자본가와 노동자라는 양대 기본 사회 계급이 대립하고는 있지만 신분제와 결합되어 있지 않아 계급적 지위가 당연히 세습되지는 않는다. 누구나 여건과 능력이 되면 자본가가 될 수 있고 실패한 자본가는 노동자가 될 수도 있다. 노동자는 노예처럼 강제노동을 하지 않으며, 농노처럼 자유가 제한된 상태에서 봉건적인 속박을 당하지도 않는다. 노동자는 형식적으로나마 평등하고 자유로운 노동 계약에 의거하여 합의된 조건 하에서 자본가의 지휘를 받을 뿐이다.

이러한 자본주의 생산관계의 진보성이 현실에서 얼마나 관철되고 있는지, 나아가 향후 언제까지 유지될 수 있을지는 또 다른 문제다. 생산양식의 관점에서 본다면 이러한 생산관계 하에서 생산력의 급격한 발전이 지속될 수 있을지, 달리 말해서 생산력과 생산관계가 모순 관계로 들어서고 있는 것은 아닌지가 관건이 될 것이다.

시장 메커니즘:
가격과 수요·공급

제**4**장

수요법칙과 공급법칙이 보여주듯이 가격에 대해 수요와 공급은 상반된 반응을 보인다. 이처럼 수요와 공급 양측이 상반된 의도를 가지기 때문에 어떻게든 합의를 보지 않는다면 시장 가격과 시장 거래량이 결정될 수 없을 것이다. 이러한 합의가 이루어지는 방식이 다름 아닌 시장(또는 가격) 메커니즘이다.

제4장

시장 메커니즘: 가격과 수요·공급

이제 시장에서 구체적으로 무슨 일이 일어나는지를 살펴보자. 당연하게도 시장에서는 상품이 거래된다. 대형마트에는 가격표가 부착된 수많은 상품이 진열되어 있고, 소비자들은 자신이 원하거나 필요로 하는 상품들을 카트에 골라 담은 후 계산대에서 현금이나 카드로 지불하고 나온다. 너무나 당연해 보이는 이러한 일상적인 모습에 여러분은 과연 어떤 의문을 품을 수 있을까? 만약 당신이 현재 아이스크림 가격이 왜 500원도 2,000원도 아닌 1,000원일까, 그리고 왜 지난 한 달 동안 우리나라에서 판매된 아이스크림 개수가 100만 개도 300만 개도 아닌 200만 개일까라는 의문을 가진다면, 당신은 이미 경제학에 입문한 셈이다. 나아가 작년 여름엔 아이스크림 가격이 800원이었음을 생각해내고는 왜 지금은 1,000원으로 올랐는지 의아스러워 한다면 당신은 훌륭한 경제학도가 될 수 있는 소질을 가진 사람이다.

이처럼 당연해 보이는 현상에 대해 의문을 품는 것이야말로 모든 학문의 출발점이다. 상기의 의문들은 시장경제의 작동에 관한 이론적 해명의 출발점이자 시장경제에 관한 탐구의 시작이라 할 수 있다. 어찌 보면 경제학은 이러한 의문들에 대해 논리적이고 체계적인 답을 구하려는 노력의 산물이다. 이 과정에서 보통 수학의 기호, 방정식, 그래프 등이 많이 사용된다. 하지만 너무 걱정하지 말자. 수학은 경제학을 배우거나 연구하는 데 있어 훌륭한 수단일 뿐 수학을 모른다고 경제학을 할 수 없는 것은 결단코 아니다.[1]

시장에서 실제로 일어나는 행위는 구매와 판매다. 구매는 돈을 주고 실제로 물건을 사는 행위를, 구매량은 실제로 구매된 양을 말한다. 마찬가지로 판매는 돈을 받고 물건을 파는 행위를, 판매량은 실제로 판매된 양을 말한다. 이처럼 구매와 판매는 실제로 이루어진 행위를 지칭하고, 하나의 거래(또는 매매)에서 동시에 이루어지므로 구매량과 판매량은 당연히 같다. 양자를 동시에 지칭할 때 거래량이라 한다. 여기서의 관심은 주

---

1. 경제학(economics)은 원래 정치경제학(political economy)이라는 이름으로 시작되었다. 경제학의 발전과 더불어 점차 수학 기호들이 사용되기 시작했지만, 방정식이나 미적분 등 고급수학이 본격적으로 도입된 것은 19세기 말 이른바 한계(marginal) 개념이 발명되면서부터다. 그 후 명칭에서 정치가 빠지고 그냥 경제학이 되었고, 수학의 사용이 일반화됨에 따라 경제학은 누구나 일반적인 논리적 사고만으로 이해할 수 있는 학문에서 고등수학의 지식 없이는 접근조차하기 어려운 학문으로 발전(?)했다.

하지만 오늘날처럼 대학교육이 보편화되고 있는 상황에서 경제학을 전문적으로 연구하는 학자나 경제정책을 구상하거나 시행하는 관리가 아닌 학생이나 일반인도 경제 현상을 개념과 이론만으로, 즉 복잡한 고차방정식과 미적분을 사용하지 않고도, 이해할 수 있어야 하지 않을까? 그렇다. 경제학은 고급수학을 사용하지 않아도 얼마든지 존재하고 또 발전할 수 있는 학문임에 틀림없다.

그렇다고 경제학에서 수학의 유용성을 부정할 필요는 없다. 수학은 여전히 경제학을 배우고 연구하는 데 있어 중요하면서도 실용적인 수단이다. 간단한 기호, 방정식, 그래프를 활용하면 말로 풀어쓸 때보다 인과관계를 간단명료하게 보여줄 수 있기 때문에 이처럼 훌륭한 도구를 버린다는 건 어리석은 일이다. 더욱이 경제정책을 수립하려면 정책의 기대효과를 수치로 추정할 수 있어야 하고, 이를 위해선 복잡한 수학과 통계학의 지식이 반드시 필요한 것도 사실인 것이다. 그렇다 해도 일반인까지 경제를 이해하고 경제학을 배우기 위해 고등수학을 알아야 할 필요는 없다. 이 책에서 수학적 도구를 가급적 사용하지 않는 까닭이다.

어진 기간에 왜 특정한 가격으로 특정한 거래량(구매량이자 판매량)이 이루어지는가를 논리적으로 밝히는 데 있다.

사실 구매와 판매는 대개 정해진 가격으로 시행되므로 구매와 판매를 통해 가격이 결정된다고 보는 것은 논리적으로 맞지 않다. 그래서 경제학에서는 구매와 판매라는 용어 외에 수요와 공급이라는 용어를 추가로 도입한다. 여기서 수요는 사고자 하는 의도를, 수요량은 특정의 가격에서 사고자 하는 양을 지칭한다. 마찬가지로, 공급은 팔고자 하는 의도를, 공급량은 특정의 가격에서 팔고자 하는 양을 나타낸다.

여기서 가격에 대한 수요와 공급의 논리를 생각해보자. 우선 수요자는 가급적 낮은 가격을 지불하고자 하는 반면, 공급자는 가급적 높은 가격을 받고자 하기 때문에 결국 양자 간의 흥정(협상)을 통해 가격이 결정될 수밖에 없다. 다음, 수요자는 특정 상품의 가격이 상승(하락)할수록 더 적게(많이) 사고자 하는 반면 공급자는 더 많이(적게) 팔고자 하는 의도를 가지고 있다고 볼 수 있으므로 가격 변동에 대한 양측의 의도는 상충된다. 이처럼 수요자들과 공급자들 간의 상충하는 의도들이 시장에서 만나 흥정을 거친 후 서로 불만이 없는 수준에서 시장가격이 결정된다고 볼 수 있다. 이러한 만남과 흥정의 과정이 바로 (시장)가격 메커니즘이다. 수요와 공급, 그리고 가격 결정 메커니즘은 이것만 제대로 알아도 경제학의 절반을 배웠다 할 수 있을 정도로 시장경제를 이해하는 데 핵심 사안이다.

이 장에서는 먼저 상품의 가격과 가치가 어떻게 다른지를 알아본 후 수요와 공급에 관한 기본사항을 알아볼 것이다. 이어서 시장수요와 시장공급이 만나 어떻게 시장가격이 결정되는지, 나아가 이렇데 결정된 시장가격은 어떻게 그리고 왜 변동하는지를 살펴보고자 한다.

1 상품의 가치와 가격

상품의 가치: 사용가치와 교환가치

상품의 가격price이라 하면 무엇보다 그 상품이 가진 고유의 가치value(엄격히 말하자면 사용가치 또는 효용)와 밀접한 관계가 있다고 생각하기 십상이다. 상식적으로 상품의 가격은 그것이 가진 가치에 비례해야 한다. 그런데 현실에서는 이러한 관계가 항상 관철되지 않는다는 데 문제가 있다.

예컨대 경제학원론마다 예외 없이 거론하는 유명한 물과 다이아몬드 사례를 보자. 인간의 생명 유지에 없어서는 안 될 정도로 중요한 쓸모를 가진 물은 턱없이 싼 반면, 없어도 살아가는 데 전혀 지장이 없는 다이아몬드는 왜 그토록 비쌀까? 가격이 가치와 비례한다면 물이 다이아몬드보다 비싸야 마땅할 것 같은데 현실은 왜 그 반대일까?

이러한 현상을 가치의 이율배반 또는 스미스의 역설Smith's paradox이라 부른다. 스미스가 이 의문을 상품의 가치를 사용가치use value와 교환가치exchange value로 구별함으로써 해결했기 때문이다.[2] 상품은 사용가치와 교환가치를 동시에 가지며 양자는 동전의 양면처럼 서로 분리될 수 없다. 사용가치는 해당 상품이 가지고 있는 속성으로서 다른 상품들과 구별되는 고유의 가치(효용, 쓸모 등)를 말한다. 독자적인 사용가치가 없는 상품이

2. 현대경제학에서는 경제학의 아버지라 불리는 스미스가 만든 사용가치와 교환가치라는 용어를 사용하지 않고 효용과 가격이라는 용어를 사용한다. 이유는 확실치 않지만 마르크스경제학이 사용가치와 교환가치를 사용하고 있다는 사실과 무관하지 않을 것으로 짐작할 뿐이다. 이 책에서는 이해를 돕기 위해 두 용어 모두 사용한다.

라면 아무도 생산하지 않을 것이고, 다른 상품과 교환되거나 판매(일정량의 화폐와의 교환)될 수도 없다. 요컨대 사용가치는 상품이 교환가치를 가지기 위한 전제조건이다.

만약 상품의 가격이 사용가치(효용)에 의해 결정된다고 본다면, 그 크기에 대해 판매자(생산자)와 구매자(소비자)는 견해가 일치해야 한다. 그러나 이들이 상품의 사용가치에 대한 평가는 서로 비교조차 할 수 없다. 측정 기준부터 다르기 때문이다. 한쪽이 생산비라면 다른 쪽은 만족도다. 게다가 생산비는 객관적으로 측정될 수 있다 하더라도 만족도는 주관적인 것이어서 수치로 환산하기조차 힘들다. 그렇다면 상품 교환에서 양적 비율은 어떻게 결정되는 것일까.

먼저, 화폐가 개입되지 않는 물물교환(상품X↔상품Y)의 경우를 살펴보자. 예컨대 쌀 2말과 짚신 10켤레가 교환되고 있다면, 쌀 1말의 교환가치는 짚신 5켤레이고, 짚신 1켤레의 교환가치는 쌀 0.2말인 셈이다. 즉, 한 상품의 교환가치는 교환의 대상이 되는 다른 한 상품의 양으로 측정된 상대적인 가치다. 그러나 이것은 사후적인 관찰의 결과를 보여줄 뿐 교환가치가 어떻게 결정되는지는 설명해주지 않는다.

사용가치의 크기가 주관적인 것이고 이에 대한 거래 쌍방에 의한 평가가 다르다면 교환비율은 쌍방의 흥정을 통해 결정될 수밖에 없다. 이때 중요한 것이 쌍방의 교섭력이다. 교섭력이 상대방보다 클수록 자신에게 유리한 교환비율을 끌어낼 수 있기 때문이다. 교환비율이 구체적으로 어느 수준에서 결정되는가는 상황과 시공에 따라 다를 수밖에 없지만, 교섭력에 영향을 주는 일반적인 요인이 무엇인지는 짐작할 수 있다. 우선, 각자가 상대방이 가진 것에 대한 욕망의 크기다. 이 욕망이 클수록 자신에게 불리한 교환비율을 받아들일, 즉 양보할 가능성이 높다. 그런데 상대방이 품고 있는 욕망의 크기를 안다는 것은 완전 정보가 주어져 있지 않는 한 불가능하다. 다음, 각자가 가진 상품의 수량이다. 양이 많을수록 개당 가치는 낮게 평가될 가능성이 크고, 결국 양보하게 될 가능성도 크다. 요컨대 일종의 희소성 원리가 작용하는 것이다. 귀할수록 (교환)가치가 커진다는 사실은 일상에서 쉽게 확인할 수 있다. 예컨대 마실 수 있는 물의 양이 줄어들면서 물의 가격도 상승해왔다. 그러나 여기서 희소성은 절대적 희소성이 아니라 수요의 크기에 대비된 상대적 희소성이라는 사실에 유의하자.

이제 오늘날처럼 모든 거래가 화폐를 매개로 이루어지는 발전된 시장경제(상품 X↔화폐 M↔상품 Y)의 경우를 보자. 여기서는 모든 상품은 일정량의 화폐와 교환된다. 즉 상품의 교환가치를 화폐로 표현한 것이 바로 가격이다. 앞의 물물교환 사례에서 보면 예컨대 쌀 1말=100,000원, 짚신 1켤레=20,000원이다. 이러한 화폐적 시장경제에서는 특정 시점에 모든 상품의 가격이 주어져 있다고 볼 수 있으므로 수많은 상품 중 어느 두 상품을 선택하든 양자 간의 양적 교환비율은 자동으로 주어진다. 따라서 화폐적 시장경제에서는 문제가 특정 시점에 개별 상품의 가격이 어떻게 결정되는지를 밝히는 데 있다.

생산비와 지불용의

생산비와 공급법칙

먼저, 공급자인 생산자의 입장을 살펴보자. 생산자는 생산에 투입된 비용, 즉 평균 생산비average cost(=총비용÷생산비)보다 낮은 가격으로 상품을 팔

수는 없다. 여기서 말하는 생산비는 일정한 이윤(예컨대 사회적 평균이윤, 정상이윤 등)을 포함한 것이다. 생산자는 자신의 제품이 최소한 이 생산비만큼의 가치를 가진다고 생각하고 가능하다면 이보다 높은 가격으로 팔고자 한다. 이렇게 본다면 생산자는 시장가격이 생산비로 결정되어야 한다고 주장할 수 있다. 이를 생산비설이라 한다.

어떤 상품의 생산자가 한 사람밖에 없다면(독점시장의 경우), 그는 적어도 자신의 생산비보다 더 높은 가격을 관철시킬 수 있다(이 경우 정상이윤을 넘어서는 초과이윤을 누릴 수 있다). 생산자가 소수이고 이들끼리 담합이 가능하다면(과점시장의 경우), 그들 중 가장 높은 생산비를 가격으로 제시할 수 있는 힘을 가진다.

그러나 상품의 생산자가 다수이고 이들이 상호 경쟁 관계에 있다면(경쟁시장의 경우), 그들 중 가장 높은 생산비가 아니라 오히려 가장 낮은 생산비가 제시될 수밖에 없을 것이다. 물론 가장 낮은 생산비를 가진 생산자의 공급량이 시장수요를 모두 충족시키지 못한다면 그 다음으로 높은 생산비가 제시될 것이다. 이런 추론을 연장하면 시장수요가 모두 충족되는 수준에 해당되는 생산비가 판매가격으로 제시된다는 결론을 도출할 수 있다. 이로부터 시장가격이 높아지면 더 높은 생산비를 가진 생산자도 판매할 수 있게 되므로 시장공급량은 증가하고, 그 역도 성립한다는 것을 알 수 있다. 이로부터 '가격이 상승(하락)하면 공급량은 증가(감소)한다'는 공급 법칙law of supply이 나오게 된다.[3]

---

3. 여기서 미리 지적해두어야 할 것은 공급과 공급량이라는 용어의 차이점이다. 통상 혼용해 쓰이는 것 같지만 엄밀히 말해 공급량은 해당 상품의 가격 변동(상승 또는 하락)으로 인한 팔고자 하는 양의 변동(증가 또는 감소)을 지칭하고, 공급은 가격이 아닌 다른 요인의 변화로 모든 가격수준에서 공급하고자 하는 양의 변동을 지칭한다. 따라서 뒤에서 보게

하지만 생산비설說은 생산자의 입장만 고려한다는 약점이 있다. 가격을 지불해야만 하는 수요자가 과연 이러한 생산자의 논리에 동의할 수 있을까? 수요자의 논리가 생산자의 논리와 상충된다면 어떻게 될까? 수요자인 소비자 입장도 당연히 고려해야 한다.

지불용의와 수요법칙

먼저, 소비자는 특정 상품의 구입에 일정한 금액을 지불할 용의를 가지고 있다고 생각할 수 있다. 이를 소비자의 지불용의라 부른다. 그 크기는 상품의 사용가치가 소비자에게 가져다줄 효용(만족)의 크기에 달려 있다. 하지만 효용은 개인적이고 또 추상적인 것이어서 그 크기를 측정하기(즉 금액으로 환산하기) 어렵다. 그럼에도 불구하고 소비자는 상품의 효용을 크게 평가할수록 더 높은 가격을 지불할 용의를 가질 것이라는 추론은 가능하다. 그리고 소비에서는 한계효용marginal utility 체감의 법칙[4]이 작용하므로 마지막 한 단위의 소비가 제공할 효용에 소비자가 부여하고자 하는 금액이 그의 지불용의가 될 것이다. 요컨대 소비자들은 가능한 한 낮은 가격을 지불하고자 할 것이므로 한계효용보다 더 높은 가격을 지불할 의사는 없을 것이다.

되듯이 공급량의 변동은 공급곡선 상의 이동으로 나타나지만 공급의 변동은 공급곡선 자체의 이동으로 나타난다. 이러한 논지는 수요와 수요량에 대해서도 동일하게 적용된다.

4. 소비자가 소비량을 늘려갈 때 마지막 한 단위의 소비가 주는 효용을 한계효용이라 한다. 그런데 이 한계효용은 소비량이 늘어날수록 작아지는 경향이 있는데, 이를 한계효용 체감의 법칙이라 한다. 예컨대 아이스크림을 사먹는다고 하자. 첫 번째 아이스크림이 주는 효용보다 두 번째 것의 효용이 작을 것이고, 세 번째 것은 더 작을 것이다. 논리적으로 합리적인 소비자라면 한계효용이 가격보다 작아지지 않은 개수까지 아이스크림을 사먹을 것이라는 결론을 도출할 수 있다.

그런데 수요자는 언제나 다수이고, 각 수요자의 지불용의는 다를 수 있다. 그렇다면 어떤 상품의 가격이 낮을수록 지불용의가 더 작은 수요자도 구매할 수 있게 되므로 가격이 낮아지면 소비자들이 사고자 하는 양, 즉 시장수요량은 증가한다. 당연히 그 역도 성립한다. 이로부터 '가격이 하락(상승)하면 수요는 증가(감소)한다'는 수요 법칙law of demand이 나온다.

이러한 생산자와 소비자 각각의 입장으로부터 다음과 같은 결론이 나온다. 상품의 시장가격은 그 사용가치(효용)를 만들어내는 데 들어간 비용인 생산비와 그 사용에서 소비자가 얻는 효용(만족)에 대한 지불용의가 만나서 이루어지는 흥정의 결과이다. 그렇다면 다수의 공급자와 다수의 수요자가 참여하는 경쟁시장에서 이들 간의 집단 흥정이 어떻게 전개되는 것일까. 이 문제를 다루기 전에 도대체 시장경제에서 가격이 어떤 기능을 수행하기에 이토록 중요하게 취급되는지부터 알아두는 게 좋겠다.

가격의 기능

가격이 시장과 경제에서 수행하는 기능은 여러 가지다.

첫째, 가격은 시장 참여자들이 수요나 공급에 관한 의사결정을 내릴 때 가장 중요하게 고려하는 정보다. 시장가격은 수요자에게는 소비지출의 크기를 결정하는 기본요인의 하나고, 공급자에게는 매출액과 이윤의 크기를 결정하는 기본요인의 하나다. 어떤 참여자도 시장가격에 전혀 영향력을 미칠 수 없는 완전경쟁시장이라면 시장가격의 수준은 공급자로 하여금 해당 상품시장에서의 진퇴 여부를 고민하도록 만드는 중요한 정보가 된다.

둘째, 시장가격의 변동은 시장 참여자들의 행동을 변화시킨다. 예컨대 가격이 상승하면 생산자는 공급을 늘리기 위해 재고를 줄이거나 가동률을 높여 생산량을 늘리게 되고, 가격 상승이 지속되면 생산능력을 확충하기 위해 신규투자 계획을 세울 수도 있다. 가격 상승은 소비자로 하여금 수요를 줄이도록 만들 것이다. 그리고 가격이 하락하면 생산자와 소비자는 각각 앞서와 반대되는 반응을 보일 것이다.

셋째, 가격은 해당 상품을 누가 소비하고 누가 소비하지 않을 것인지를 결정한다. 이처럼 가격이 상품의 사회적 배분을 결정하는 까닭은 해당 상품의 소비를 통해 주어진 가격(즉 비용) 이상의 만족을 기대하는 소비자만 그것을 구매할 것이기 때문이다.[5] 이로부터 상품의 가치(효용)를 그 가격보다 높게 평가하는 소비자들만 구매·소비한다는 점에서 소비자 전체가 얻는 만족은 극대화된다는 것을 알 수 있다. 이 논리는 나중에 보게 될 후생경제학과 무관하지 않다.

넷째, 생산요소 시장에서 가격은 그 공급자가 벌어들이는 소득을 결정한다. 이른바 요소소득이다. 여기서 노동력의 가격은 임금, 자본의 가격은 수익률(이자율, 배당률 등), 임대토지의 가격은 지대(또는 임대료)라 불린다. 임금은 근로소득이 되고, 이자, 배당, 임대료 등은 재산소득이 된다. 요소소득의 크기도 가격에 판매량을 곱한 것이기 때문에 생산요소의 가격은 그 판매자가 얻는 소득의 크기를 결정하는 주요인이 된다. 요소소득은 생산물의 생산에 참여한 대가로 받는 소득이기 때문에 생산 과정에서 창출된 부가가치value added 중에서 지불된다. 이른바 소득 분배란 바로 이 부가가

5. 이 때 소비자들의 지불능력에는 문제가 없다는 것이 전제되어 있다. 다시 말해서 상품의 시장가격을 상회하는 지불용의를 가지고 있지만 소득의 부족으로 그 가격을 지불할 능력이 안 되는 사람은 존재하지 않는다고 보는 것이다. 하지만 현실에서는 이 가정이 항상 성립하지는 않는다. 이 점을 포착한 것이 케인스의 유효수요(effective demand) 개념이다.

치가 생산에 참여한 각 생산요소의 소유자들 사이에, 특히 기업과 노동자 사이에서 나누어지는 것을 말한다.[6]

2 수요·공급 이론

이제 수요법칙과 공급법칙이 무엇을 말하는지를 알았다. 그런데 현실에서 수요와 공급은 해당 상품의 가격만이 아니라 그 밖의 다른 많은 요인으로부터 영향을 받고 있음에도 이 법칙들은 가격에 대한 수요자 및 공급자의 반응만 고려한다. 다시 말해서 수요법칙이나 공급법칙은 수요나 공급에 영향을 주지만 해당 상품의 가격을 제외한 나머지 다른 요인은 모두 불변이라는 가정 하에 성립한다[7]. 따라서 가격 이외의 다른 요인으

---

6. 생산요소 시장은 노동시장, 자본시장, 토지시장으로 이루어진다. 이들 시장의 작동원리도 상품 시장의 그것과 기본적으로는 같다고 볼 수 있다. 하지만 이들 시장에서 거래의 대상이 되는 노동력, 자본, 토지가 갖는 고유의 특성으로 인해 이 시장들은 각각 일반 생산물 시장과는 다른 나름의 독특성을 가지고 있다. 이에 대한 자세한 논의는 경제학원론을 참고하기 바란다.

7. 여기서 '다른 조건은 불변일 때' 또는 '다른 변수들의 값이 모두 일정할 때'(라틴어로 '세테리스 파리부스ceteris paribus'라고 한다)라는 가정은 경제학의 모든 추론이나 명제(예컨대 "가격이 상승하면 수요는 감소한다"처럼 "A면 B다"라는 형식의 정언)에서 예외 없이 암묵적으로 전제되고 있는 일반적인 가정이다.

현실에서는 관련되는 모든 변수가 직접 또는 간접적으로 그리고 크든 작든 상호영향을 주고받고 있기 때문에 특정한 두 개의 변수 간의 관계가 여타의 다른 변수들과 전혀 무관하게 결정되는 경우는 결코 없다. 그래서 한 변수가 다른 한 변수에 어떤 영향을 주는가를 알아내기 위해서는 이 두 변수 모두 그 외의 다른 어떤 변수와도 영향을 주고받지 않는다는 가정이 불가결하다. 이러한 가정 없이는 두 변수 간의 이론적 관계를 규정하는 것 자체가 불가능해지기 때문이다. 이처럼 현실에서는 여러 요인(변수)이 상호 영향을 주고받고

로 무엇이 있는지를 살펴본 후 다시 수요법칙과 공급법칙으로 되돌아올 필요가 있다.

수요: 개별수요와 시장수요

어떤 상품이든 시장에서 그 수요자는 충분히 많다고 볼 수 있다. 그러므로 시장가격의 형성과 관련해 중요한 것은 개별수요가 아니라 시장에 참여하는 가계들의 개별수요를 모두 합친 시장수요다. 완전경쟁시장에서 개별수요가 시장가격에 미치는 영향은 거의 무시할 만하지만 그럼에도 수요에 관한 결정은 가계별로 이루어질 수밖에 없으므로 개별수요의 결정 논리를 무시할 수는 없다.

있음에도 "가격과 수요량 이외의 요인들은 불변이라고 하자"라고 가정하는 것은 마치 자연과학에서 인위적으로 실험실을 만들어 원하는 환경을 조성하는 것과 같다. 경제학과 같은 사회과학에서는 그러한 실험실을 만들 수 없기 때문에 이러한 가정이 필요한 것이다. 따라서 경제학의 모든 명제는 "다른 변수는 모두 불변"이라는 전제를 깔고 있다는 사실을 꼭 염두에 두어야 한다. 특히 현실 경제에 관한 어떤 설명이나 주장도 거기에 언급되지 않은 수많은 다른 변수들이 모두 불변이라는 가정을 깔고 있다는 사실을 결코 잊어서는 안 된다.

여기서 가정(assumption)과 유사한 용어들을 살펴보면 더 잘 이해할 수 있을 것이다. 가정이란 이미 짐작할 수 있듯이 그것은 현실에서 성립될 수 없는 상황을 상정하는 것이다. 예컨대 "내일 해가 서쪽에서 뜬다면", "내가 그녀와 헤어지지 않았더라면"라고 하는 것이다. 그리고 가정과 유사한 의미를 갖는 조건condition이나 가설hypothesis이라는 용어와 혼동하지 말아야 한다. 조건이란 "가격이 상승하면"처럼 현실에서 이루어질 수 있는 어떤 일이 실제로 일어나는 상황을 상정하는 것이다. 가설은 특정한 조건이 주어지면 특정한 결과가 나타난다는 명제를 지칭한다. 예를 들면 "가격이 상승하면 수요는 감소한다"고 말하는 식이다. 이러한 가설은 현실에서 검증되어야 하고, 검증된 가설은 법칙law으로 간주될 수 있다. 물론 이미 말한 바와 같이 사회과학에서 말하는 법칙은 자연과학의 법칙과는 달리 예외를 포함한다. "예외 없는 법칙은 없다"는 격언도 그래서 나온 말일 것이다.

개별 수요자는 어떤 상품에 대한 구매량을 결정하기 위해 어떤 요인들을 고려할까? 많은 경제학원론에서 인용되는 아이스크림이라는 상품을 예로 들어보자.

어떤 수요자가 아이스크림을 몇 개 살 것인가를 결정함에 있어 무엇보다 먼저 아이스크림 가격을 살펴볼 것이다. 이것이 해당 상품의 가격이라는 요인이며, 구체적으로 그가 가격에 어떻게 반응하는가는 이미 살펴본 수요 법칙에 따른다고 볼 수 있다.

아이스크림을 좋아하는 사람과 그렇지 않은 사람은 같은 가격에서 사고자 하는 양이 다를 수 있다. 이 요인을 선호 또는 취향이라 부른다.

하지만 아이스크림을 아무리 좋아하는 사람이라도 자신이 당장 사용 가능한 금액으로 구입 가능한 양보다 더 많이 구매할 수는 없다. 이것이 처분가능소득dispensable income[8]이라는 요인이다. 당장 지출 가능한 돈이 많을수록 더 많이 사고자 할 것이라는 가정은 설득력이 있다. 그런데 소득은 없어도 재산이 있다면 재산을 팔아 돈을 확보할 수 있다고 생각할 수 있다. 하지만 이러한 가능성이 당장의 아이스크림 수요를 결정하는 데 영향을 준다고 보기는 어렵다.[9]

8. 처분가능소득이란 일정 기간의 소득(여기서는 일차소득인 요소소득)에서 정부에 낸 세금이나 사회보장 분담금 등을 공제한 후 정부로 받은 보조금 등을 더한 것을 말한다. 즉 개인이 자신의 의사대로 처분(소비 또는 저축)할 수 있는 소득액을 지칭한다. 소비나 수요와 관련해 그냥 소득이라 말할 때 사실은 처분가능소득을 말하는 것으로 해석해야 한다.

9. 이와 관련해 한때 '부(재산)의 효과wealth effect'가 강조된 적이 있다. 이것은 부동산이나 주식 등 재산(또는 자산) 가격이 지속적으로 오르면 이를 담보로 차입한 돈으로 현재 소비를 늘리는 경향을 말한다. 경우에 따라서는 이 요인의 영향이 상당히 클 수도 있는데, 1990년대 후반 미국 경제에서 전형적으로 나타난 적이 있다. 대체로 자산 가격의 지속적인 상승으로 거품이 형성되고 있는 경우라면 일반적으로 나타나는 현상으로 간주된다. 그러나 거품이 꺼져 채무만 남게 되면 채무 상환을 위해 소비를 줄일 수밖에 없고, 이것이

만약 아이스크림의 대체재라 할 수 있는 팥빙수도 좋아하는 사람이라면 팥빙수의 가격도 동시에 고려할지 모른다. 이 사람은 팥빙수 가격이 생각보다 낮다면 아이스크림 대신 팥빙수로 욕구를 채우려 할 수 있다. 이것이 대체재의 가격이라는 요인이다.[10]

그런데 아이스크림이라면 날씨도 한 몫 하지 않을까. 별로 덥지 않은 여름이라면 예년보다 아이스크림 구매 욕구는 작을 것이다.

향후 아이스크림 가격이 상승할 것으로 예상되면 값이 오르기 전에 지금 더 많이 사놓으려 들 수 있다. 그 반대의 경우라면 당장의 수요를 줄이고 값이 내릴 때까지 기다릴 수도 있다. 이처럼 해당 상품의 가격 변동에 대한 예상이라는 요인도 수요에 영향을 줄 수 있다.

시장수요는 시장에 참여하는 모든 소비자들의 개별수요를 합친 것이므로 당연히 참여자들의 수효에 영향을 받는다. 만약 새로운 소비자가 이 시장에 참여하면 시장수요는 늘어나고, 기존 소비자가 이 시장에서 나가버리면 시장수요는 줄어들 것이다. 그런데 문제가 하나 있다. 시장수요를 개별수요의 합으로 계산할 수 있으려면 개별 수요자는 자신의 수요량을 타인의 소비에 영향을 받지 않고 독립적으로 결정해야 한다. 그

불황 또는 심지어 공황까지 유발하는 부작용이 있다는 사실은 2007년 미국 발 서브프라임 부동산 담보대출에서 시작된 세계금융위기로 극명하게 증명된 바 있다.

10. 어떤 상품의 수요는 다른 상품의 가격과는 무관할 것 같지만 영향을 받는 경우도 있다. 그래서 상품들은 독립재(independent goods)와 연관재(related goods)로 나뉘고, 연관재는 대체재(substitute goods)와 보완재(complementary goods)로 세분된다. 어떤 상품의 가격이 다른 상품의 수요에 아무런 영향을 주지 않는다면 이 두 상품은 독립재다. 만약 어떤 상품의 가격이 오를 때 다른 어떤 상품의 수요가 늘어나고 그 역도 성립한다면, 이 두 재화는 대체재다. 예컨대 쌀과 빵, 커피와 녹차의 관계가 그러하다. 이와는 반대로 어떤 상품의 가격이 오를 때 다른 어떤 상품의 수요가 줄어들고 그 역도 성립하면, 이 두 재화는 보완재다. 예컨대 설탕과 커피, 버터와 빵의 관계가 그러하다.

런데 현실의 소비자들이 항상 그렇게 한다고 보기는 어렵다. 많은 사람들이 사는 물건이라면 자신의 의도와 무관하게 남 따라 사는 사람도 있고(모방효과, 유행효과), 명품처럼 다른 사람이 같은 것을 가지고 있으면 더 이상의 구매를 포기해버리는 사람도 있다(속물효과). 게다가 가격이 높아질수록 더 많이 사고자 하는 비합리적인 수요자는 아예 없다고 단언하기도 어렵다.[11]

이러한 이유들로 인해 시장수요가 개별수요들의 합과 반드시 일치하는 것은 아니다. 그럼에도 대다수 소비자가 가격이 높을수록 더 적게 살 의도를 가지고 있는 한 시장에서 수요법칙이 관철되는 데는 큰 하자가 없다.[12] 이제부터 수요(량)는 별도의 수식어가 없는 한 항상 시장수요(량)를 가리킬 것이다.

---

11. 이러한 현상들은 소비에서 나타나는 네트워크 효과로 간주된다. 네트워크 효과가 크다면 개별수요의 합으로 시장수요를 계산하는 것은 논리적으로 타당하지 않게 된다. 그러나 이 현상들은 특정 상품들에 한정된 것이고, 시장수요 전체에서 차지하는 비중이 큰 경우도 흔치 않기 때문에 수요법칙의 일반성이 기각되는 것은 아니다.

12. 이를 대수의 법칙(large number's law)이라 한다. 표본의 수가 일정 수를 넘으면 개인들의 편차가 상쇄되어 대표적 개인의 행동을 전체 모집단의 행동으로 간주할 수 있다는 것이다. 이것은 인간사회에는 항상 예외적 현상이 있을 수밖에 없기 때문에 나온 법칙이라 할 수 있다. 자연법칙의 경우라면 단 하나의 예외라도 있다면 법칙으로 인정받을 수 없다. 예컨대 땅으로 떨어지지 않는 물체가 하나라도 발견된다면 뉴턴의 중력법칙은 기각될 것이다.

    백조(白鳥)라는 이름은 1697년 호주에서 검은 색의 백조가 발견되자 잘못 붙여진 이름이 되어버렸다. 영어로는 블랙 스완(black swan)으로 지칭하면 별 문제가 없다. 그 후로 블랙 스완은 도저히 일어날 것 같지 않지만 만약 발생하면 시장에 엄청난 충격을 몰고 올 수 있는 사건을 비유적으로 표현하는 말이 되었다(나심 니콜라스 탈레브, 2008). 블랙 스완의 출현은 과거의 경험에 근거한 판단이 반드시 옳은 것은 아니며 과거를 아무리 분석해도 미래를 예측할 수 없다는 것으로 해석되기도 한다. 이 저자는 향후 검은 백조의 출현이나 9.11 테러 같은 매우 희소한 현상이 더 자주 일어날 것으로 예측한다.

상기의 논의를 통해 아이스크림의 시장수요에 영향을 주는 요인에는 여러 가지가 있음을 알 수 있다. 이를 간략하게 함수관계로 표현해보면 다음과 같다.

$$Q_{dx} = f(P_x,\ P_y,\ R,\ C,\ E,\ N, \cdots)$$

여기서 Q_{dx}는 아이스크림(X재)의 수요량Quantity of demand, f는 함수관계 Function[13], P_x는 X재의 가격Price, P_y는 대체재 또는 보완재(Y재)의 가격, R은 소득Revenue, C는 기후Climate, E는 가격 변동에 관한 예상Expectation, N은 수요자의 수효Number를 가리킨다. 또 다른 요인이 있을 수 있지만 모두 생략되어 있다.

개별 소비자는 상기의 요인들 각각으로부터 서로 다른 크기의 영향을 받을 수 있고, 심지어는 여기서 거론되지 않은 다른 어떤 요인에게서 더 큰 영향을 받을 수도 있다. 어쨌든 현실의 소비자가 이처럼 수요에 영향을 줄 수 있는 여러 요인을 일일이 따진 후에 수요량을 결정하지는 않을 것이다. 그럼에도 합리적인 소비자라면 의식적으로든 무의식적으로든 이 요인들을 고려해 구매(즉 소비) 결정을 내린다는 것 역시 경험적으로 확인된다.

이제 특정 상품에 대한 가격과 수요의 관계를 나타내는 수요법칙으로 되돌아가보자. 여기서 오직 이 두 개의 변수 간의 관계를 알아내기 위해서는 앞서 설명한 '세테리스 파리부스'라는 가정 즉 가격 이외의 다른 요

13. 인과관계가 있는 두 변수 중 어느 한 변수의 값이 주어지면 다른 변수의 값도 주어지는 1대 1 대응관계를 함수관계라 한다. 함수관계는 원인과 결과를 나타내는 인과관계의 수학적 표현이다. 일반적으로 두 변수 사이에 어떤 관계든 관찰되면 상관관계가 있다고 할 수 있지만, 그 중에서 원인과 결과의 관계가 확인될 때만 인과관계를 말할 수 있다.

인들은 수요에 전혀 영향을 주지 않거나 혹은 불변이라는 가정이 필요하다. 이 가정 하에서 수요자는 상품의 가격 수준에 따라 사고자 하는 양을 달리할 것이다. 그리고 합리적인 소비자라면 가격이 낮을수록 더 많이, 가격이 높을수록 더 적게 사고자 하는 의도를 가질 것이다.

여기서 수요법칙을 다른 방식으로 설명해보자. 우선, 가격이 낮아지면 동일한 소득으로 해당 상품을 더 많이 살 수 있게 된다. 이를 소득효과라 부른다. 다음, 다른 상품들의 가격이 주어져 있으므로 해당 상품은 상대적으로 더 싸졌다. 이 경우 상대적으로 더 싸진 상품을 전보다 더 많이 구입한다면 동일한 소득으로 더 많은 효용을 누릴 수 있다. 이를 대체효과라 한다. 요컨대 가격이 하락하면 이 두 가지의 효과의 결합적인 작용으로 수요량이 증가한다. 반면, 가격이 상승하면 이와 정반대의 논리로 수요량은 줄어든다.

이제 특정 상품(X재)의 가격과 수요량의 관계를 함수식으로 표현하면 다음과 같다(임의의 상품을 지칭하는 첨자 X는 편의상 생략한다).

$$Q_d = f(P)$$

이 함수는 다른 요인들이 일정할 때 해당 상품의 가격이 특정 값으로 주어지면 수요량의 특정 값이 주어진다는 것을 의미한다. 이미 말한 바와 같이 수요법칙에 의거하여 가격이 상승하면 수요량은 감소하고, 가격이 하락하면 수요량은 증가한다. 이러한 함수관계를 그래프로 그려보면 우하향하는 곡선([그림 4-1]의 곡선 D)이 될 것이다.[14]

14. 이 그림에서 가격(P)을 세로축에 수량(Q)을 가로축에 표시한 것은 편의상의 약속에 따른 것이다. 사실 수요와 공급의 방정식을 수학의 관행에 의거해 그래프로 표시한다면 세

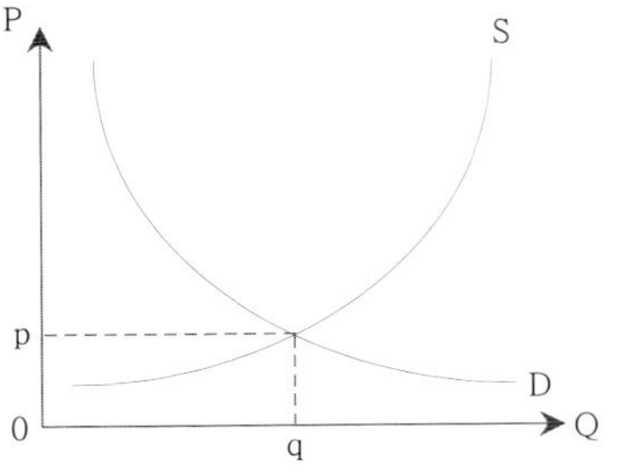

[그림 4-1] 수요곡선과 공급곡선

여기서 수요곡선의 모양에 의문을 품을 수 있다. 왜냐하면 가격이 변할 때 수요량의 증감 정도가 다르면 곡선의 모양도 달라질 것이기 때문이다. 소비자들이 가격 변동에 얼마나 민감하게 반응하는가에 따라 수요곡선은 더 가파르거나 아니면 더 평평한 모양을 가질 수 있다. 이 민감도를 수요의 가격 탄력성electricity(=수요량 변동률(%)÷가격 변동률(%))[15]이라 한다.

로축에 Y변수에 해당하는 수량을, 가로축에 X변수에 해당하는 가격을 표시하는 게 맞다. 하지만 방정식은 언제든지 형태 변화가 가능하다. 예컨대 y=ax+b를 x에 대해 풀면 x=(y/a)-(b/a)로 만들 수 있고, 이 두 방정식은 같은 것이다. 굳이 해명하자면 가격은 상승하거나 하락하므로 세로인 Y축에 표시하고 수량은 증가하거나 감소하므로 가로인 X축에 표시한다고나 할까. 어쨌든 어느 나라에 가서 경제학을 배우건 그래프를 그릴 때는 항상 Y축에는 가격 변수를, X축에는 수량 변수를 표시하도록 통일되어 있어 혼란을 일으킬 염려는 없다.

15. 탄력성은 어떤 한 변수가 변할 때 그로 인해 어떤 다른 한 변수가 변화하는 정도를 말한다. 달리 말해서 어떤 변수가 다른 어떤 변수의 변동에 얼마나 민감하게 반응하는가를 보여주는 민감도라 할 수 있다. 수요의 가격 탄력성이 1이면 단위 탄력적이라 하고, 1보다 크면 탄력적, 1보다 작으면 비탄력적이라 한다.

수요가 가격 변동에 대해 탄력적이라는 말은 수요의 변동률이 가격의 변동률보다 크다는 것을 의미하며, 이 값이 클수록 곡선의 모양은 수평선에 가까워진다. 반대로 수요가 비탄력적이라는 것은 이와 반대의 의미를 가지며, 곡선의 모양은 수직선에 가까워질 것이다.

이 탄력성은 그래프 상에서는 곡선의 기울기로 나타난다. 하지만 이 탄력성의 크기나 곡선의 기울기와 무관하게 모든 수요곡선이 우하향하는 모양을 가진다는 사실에는 변함이 없다.[16] 그래서 전형적인 수요곡선의 모습을 보여주기 위해 대략 45° 로 기울어진 곡선 또는 직선이 사용되는데, 그 이유는 오로지 설명의 편의를 위한 것이다.

공급: 개별공급과 시장공급

공급의 경우에도 수요의 경우와 동일한 논지를 전개할 수 있다. 완전경쟁시장을 가정하면 공급자의 수도 많다. 여기서도 개별 공급자의 공급의도 결정과 그 합으로서의 시장공급에 영향을 주는 요인을 살펴보자.

여기서도 아이스크림이라는 상품을 예로 들기로 한다. 여러분이 만약 아이스크림 생산 기업의 사장이라면 시장에 내다 팔고자 하는 양, 즉 공급량을 결정하기 위해 어떤 요인들을 고려할 것인가?

아마 당신은 무엇보다 먼저 아이스크림의 시장가격을 살펴볼 것이다. 현재 주어져 있는 기술 등 생산비 등 생산조건 하에서, 이미 배운 바 있는 공급법칙에 의거하여 가격이 올라가면 공급을 늘리고 가격이 내려가면 공급을 줄이고자 할 것이다.[17] 왜냐하면 평균 생산비가 일정할 때 가격이

예컨대 어떤 상품의 대체재의 수가 많을수록 그 수요의 가격 탄력성은 커진다. 왜냐하면 가격이 조금이라도 상승하면 수요자들은 대체재로 옮겨가버릴 것이고, 조금이라도 하락하면 대체제의 수요가 해당 상품의 수요로 옮겨올 가능성이 커지기 때문이다. 또한 수요의 가격 탄력성은 필수품의 경우가 사치품의 경우보다 더 작다고 할 수 있다. 필수품의 수요는 그만큼 가격 변동에 상대적으로 둔감하기 때문이다.

16. 엄밀히 말해서 실제의 수요곡선은 직선보다는 곡선에 가까울 것이다. 그런데 곡선의 경우에는 탄력성 또는 기울기가 가격의 수준에 따라 달라진다는 사실을 첨언해두자.

오르면 단위당 이윤폭이 커지고 가격이 내리면 이윤폭이 작아지고, 이윤이 커질수록 더 많이 팖으로써 이윤 극대화를 도모할 것이기 때문이다. 이것이 가장 중요한 해당 상품의 가격이라는 요인이다.

어떤 이유로 아이스크림 원료 구입비, 에너지 요금, 인건비 등 생산비를 구성하는 요소들의 가격이 상승하여 평균생산비가 상승한다면 시장가격이 일정할 때 이윤폭이 줄어들므로 생산자는 공급량을 줄이고 싶을 것이다. 이를 생산비 요인이라 한다.

수요의 경우와 마찬가지로 해당 상품의 가격 변동에 대한 예상도 영향을 준다. 예를 들어 가격이 오를 것으로 예상되면 나중에 오른 값으로 더 많이 팔기 위해 현재의 공급을 줄일 수도 있다. 그 역의 경우도 가능하다.

생산에도 대체재와 보완재가 있다. 예컨대 성인복과 아동복을 동시에 만들 수 있는 의류회사가 있다고 하자. 당장 생산능력을 증가시킬 수 없다고 할 때, 성인복 가격이 오른다면 성인복 생산을 늘리기 위해 아동복 생산을 줄일 것이다. 이는 성인복 공급과 아동복 공급에서 대체재의 가격이라는 요인으로 작용한다. 다른 예를 들어보자. 석유회사는 기술적인 문제로 휘발유와 경유를 동시에 생산한다. 만약 휘발유 가격이 올라 휘발유 공급을 늘리기 위해 생산을 증가시키면 자연히 경유의 생산 및 공급도 늘어날 수밖에 없다. 이는 휘발유 공급과 경유 공급에서 보완재의

---

17. 시장가격이 하락하면 개별 생산자가 공급량을 줄일 것으로 보는 것은 뭔가 잘못된 생각은 아닐까? 현실에서 공급자는 가격의 하락으로 이윤폭(=가격-생산비)이 줄어들면 오히려 광고 등으로 판매량을 증가시켜 이윤을 회복하려 들지 않을까? 개별 공급자의 입장에서는 충분히 그럴 수 있고, 현실의 공급자들은 일단 그런 식으로 가격 하락에 대응할 수 있다. 이를 시장 점유율 확대 전략이라 한다. 그러나 다수의 공급자가 존재하는 완전경쟁시장에서는 가격이 하락하면 생산비를 보전하지 못해 해당 상품의 생산을 중단할 수밖에 없는 생산자가 생기기 때문에 시장공급은 결국 줄어든다.

가격이라는 요인으로 작용할 것이다.

아이스크림의 경우라면 날씨도 공급의 의도에 영향을 미칠 수 있다. 날씨가 더울수록 공급량을 늘리려는 의도를 가질 것이기 때문이다.

시장공급은 개별 공급자들의 공급량을 합친 것이다. 그런데 완전경쟁시장에서는 공급자의 시장 진입과 퇴출이 자유로운 것으로 가정하므로 공급자의 수 역시 변할 수 있다. 따라서 시장공급은 공급자의 수효에도 영향을 받는다.

상기의 논의를 함수식으로 표현하면 다음과 같다.

$$Q_{sx} = f(P_x,\ C,\ N, \cdots)$$

여기서 Q_{sx}는 아이스크림(X재)의 공급량Quantity of Supply, f는 함수관계, P_x는 X재의 가격, C는 생산비Cost of production, N은 공급자 수를 가리키며, 날씨 등 나머지 다른 요인은 생략되어 있다.

여기서도 당장의 관심은 해당 상품의 가격과 공급량 간의 관계에 있으므로 공급에 영향을 주는 다른 모든 요인은 불변이라고 간주하자. 그렇다면 위의 함수식은 간단히 다음과 같이 표기될 수 있다(특정 상품을 지칭하는 첨자 x는 수요의 경우와 마찬가지로 생략한다).

$$Q_s = f(P)$$

이 함수식은 다른 요인이 불변일 때 가격이 주어지면 공급량도 주어진다는 것을 의미한다. 이미 알고 있는 공급법칙에 따라 가격이 상승하면 공급량은 증가하고, 가격이 하락하면 공급량은 감소한다. 간단히 말해서 가격과 공급량은 비례 관계에 있다. 이 함수식을 그래프로 나타내면 우상향하는 곡선([그림 1]의 S)으로 표시될 수 있다.

공급곡선의 모양에 대해서도 수요곡선과 동일한 언급이 가능하다. 그 모양은 가격 수준이 변할 때 공급하고자 하는 양이 증감하는 정도에 따라 달라진다. 즉, 공급자들이 가격의 변동에 얼마나 민감하게 반응하는가에 따라 공급곡선은 더 가파르거나, 아니면 더 평평한 모양을 할 수 있다. 이처럼 가격 변동률에 대한 공급량의 변동률의 비율을 공급의 가격 탄력성[18]이라 하며, 그래프에서는 곡선의 기울기로 반영된다. 하지만 탄력성의 크기가 얼마이든, 그래서 곡선의 모양이 어떻게 바뀌든, 모든 공급곡선이 우상향하는 모양을 가진다는 사실에는 변함이 없다. 여기서도 전형적인 공급곡선의 모습을 보여주기 위해 보통 편의상 거의 45° 로 우상향하는 곡선 또는 직선이 사용된다.

3 시장가격과 시장거래량의 결정 및 변동

시장 가격과 시장거래량의 결정

이제 해당 상품의 수요와 공급에 영향을 주는 요인들 중 가격 이외의 다른 모든 요인은 불변이라고 가정하자. 수요법칙과 공급법칙이 보여주듯이 가격에 대해 수요와 공급은 상반된 반응을 보인다. 이처럼 수요와 공급 양측이 상반된 의도를 가지기 때문에 어떻게든 합의를 보지 않는다면

18. 공급의 가격 탄력성 역시 수요의 가격 탄력성과 동일한 성격을 가진다. 공급의 경우엔 '공급의 증감률(%) ÷ 가격의 변동률(%)'로 측정되며, 이 경우에도 1이면 단위 탄력적이라 하고, 1보다 크면 탄력적, 1보다 작으면 비탄력적이라 한다.

시장 가격과 시장 거래량이 결정될 수 없을 것이다. 이러한 합의가 이루어지는 방식이 다름 아닌 시장(또는 가격) 메커니즘이다.

이제 앞 장에서 살펴본 수요(함수)와 공급(함수)이 주어져 있다고 하자.[19] 이 함수들은 [그림 4-2]에서 각각 곡선 D와 S로 표시된다. 수요곡선은 우하향하고 공급곡선은 우상향하기 때문에 두 곡선은 반드시 교차할 수밖에 없다. 두 곡선이 만나는 점을 균형점이라 부르며, 이에 해당하는 가격을 균형가격($\bar{p}$), 그 거래량(수요량이자 공급량)을 균형거래량($\bar{q}$)이라 부른다.

이로부터 시장가격이 균형가격에서 결정되리라는 것을 직감할 수 있다. 이를 논리적으로 어떻게 증명할 수 있을까. 직접적인 방식으로 증명하기가 어렵기 때문에 간접적인 방식이 사용된다. 즉 시장가격은 균형가격이 아닌 다른 어떤 가격수준에서도 안정되지 않으며 결국 균형가격으로 이동해간다는 것을 보여주면 된다. 이해를 돕기 위해 [그림 4-2]를 활용하자.

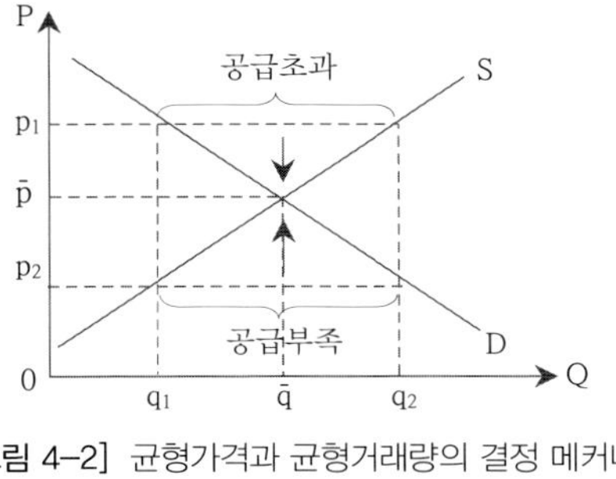

[그림 4-2] 균형가격과 균형거래량의 결정 메커니즘

19. 수요곡선과 공급곡선이 주어져 있다는 것은 가격의 각 수준에 대해 수요자들이 수요하고자 하는 양과 공급자들이 공급하고자 양이 주어져 있음을 의미한다. 이때 수요자와 공급자들의 의도에 영향을 주는 가격 이외의 모든 요인이 불변이라고 가정하고 있음을 잊지 말자. 하지만 현재 주어져 있다고 가정되는 이 요인들은 시간과 더불어 변한다는 사실은 곡선의 이동을 다룰 때 감안될 것이다.

먼저, 시장가격이 균형가격보다 높은 어떤 가격수준(p_1)에 있다고 가정해보자. 이 가격수준에서는 공급초과(또는 수요부족) 상태가 조성된다. 사고자 하는 양(q_1)보다 팔고자 하는 양(q_2)이 더 많으므로 공급자들 사이에 판매 경쟁이 일어난다. 가격 이외의 다른 요인은 불변이라는 가정 때문에 다른 공급자보다 먼저 팔 수 있는 방법은 오로지 가격 인하밖에 없다.[20] 이렇게 해서 가격이 하락하기 시작하면 공급량이 공급곡선을 따라 감소함과 동시에 수요량이 수요곡선을 따라 증가하기 때문에 공급초과의 크기는 그만큼 더 빠르게 줄어든다. 이 가격 하락 운동은 시장가격이 균형가격 수준에 도달해 공급초과가 사라질 때까지 계속될 것이다.

다음, 이와는 반대로 시장가격이 균형가격보다 낮은 임의의 한 수준(p_2)에 있다고 가정해보자. 이 가격수준에서는 사고자 하는 양(q_2)이 팔고자 하는 양(q_1)보다 더 많기 때문에 이번에는 수요자들 사이에서 구매 경쟁이 일어난다. 여기서도 수요자들이 남보다 먼저 살 수 있는 유일한 방법은 더 높은 가격을 제시하는 것뿐이다.[21] 이렇게 해서 가격이 상승하기 시작하면 수요곡선을 따라 수요량이 줄어듦과 동시에 공급자들은 공급곡선을 따라 공급량을 늘리게 된다. 이에 따라 공급부족의 크기는 그만

20. 아마 현실에서는 공급 초과가 발생하면 공급자(기업)들은 가격 인하 외에도 서비스 개선, 포인트 제도의 도입, 선물 제공 등 다양한 판매촉진 방법을 동원할 수 있다. 어떤 방법이든 기업에게는 추가 비용을 초래하고, 이는 이윤폭을 줄인다는 점에서 가격 인하와 동일한 결과를 초래한다. 그러나 이 경우 기존 가격은 그대로 유지된다는 점에서 차이가 있다. 여기서는 가격 인하 이외의 다른 방법은 사용되지 않는 것으로 가정한다.

21. 현실에서 소비자는 더 높은 가격의 제안이 아닌 다른 방법을 강구할 수도 있다. 심지어 판매자에게 웃돈이나 뇌물을 주는 등 불법적인 수단을 사용할 지도 모른다. 신규 아파트처럼 분양가가 주어져 있는 경우에는 선착순이나 추첨 등이 가장 일반적으로 사용되는 방법이다. 다시 한 번 상기하자. 다른 요인들은 불변임을! 따라서 당연히 가격 인상 이외의 다른 방법은 사용될 수 없다.

큼 더 빠르게 줄어든다. 이 운동은 공급부족이 사라지는 균형가격 수준까지 상승한 후에야 비로소 멈출 것이다.

요컨대 어떤 상품의 수요곡선과 공급곡선이 주어져 있는 한, 즉 수요자들과 공급자들의 의도가 주어져 있는 한, 시장가격은 균형가격 수준에서 안정될 수밖에 없다. 균형가격이 아닌 다른 어떤 가격수준도 수급 불균형(공급 초과 또는 부족)으로 인해 상승 또는 하락 압력을 받아 균형가격 수준으로 이동하게 된다. 이처럼 시장 메커니즘에는 수급 불균형을 해소하고[22] 균형 상태로 되돌리려는 일종의 복원력이 내재되어 있다. 바로 이 때문에 시장가격 메커니즘은 안정성을 가진다는 평가를 받는다.

결국 시장에 참여하는 수요자들과 공급자들의 의도와 이들 간의 양적인 세력 관계에 의해 결정되는 시장가격은 균형가격에서 성립하게 된다. 그렇다면 이렇게 해서 일단 결정된 시장가격은 그 복원력과 안정성 때문에 전혀 변동할 수 없는 것은 아닐까?

곡선 이동과 균형점 변동

현실에서 시장가격은 수시로 변한다. 물론 대다수 상품 가격은 날마다 변하는 것은 아니지만 다소 긴 시간을 두고 보면 끊임없이 변화, 특히 상승해왔다는 사실을 깨닫게 된다. 그리고 주가나 환율처럼 시장가격이 시시각각 변하는 경우도 있다. 그렇다면 시장가격이 일단 균형가격에서 성립하게 되면 가격 운동을 일으키는 수급 과부족이 없어 안정적이라는 말

22. 균형가격에서 수요자들은 사고자 하는 양을 다 살 수 있고, 공급자들은 팔고자 하는 양을 다 팔 수 있다. 이처럼 시장에서 수급 과부족이 사라진다는 점에 착안해 균형가격은 시장청산가격이라 불리기도 한다.

은 이상하지 않은가?

논리적으로는 균형가격이 변하지 않는 한 시장가격은 변할 수 없다. 그런데 균형가격이 변하려면 균형점의 위치가 달라져야 한다. 균형점의 이동은, 두 곡선의 모양이 주어져 있다고 가정하면, 수요곡선과 공급곡선 중 어느 하나 또는 둘 다 이동할 때 가능해진다. 그렇다면 수요곡선이나 공급곡선은 어떻게 해서 이동할 수 있는가라는 의문에 답해야 한다.

여기서 다시 한 번 상기해두자. 균형가격에 관한 지금까지의 논의를 요약하면 다음과 같다. 우선, 수요와 공급에 영향을 주는 여러 요인 중 해당 상품의 가격이라는 요인 외 다른 모든 요인은 불변이라는 것과 가격의 각 수준에서 수요량과 공급량은 주어져 있다는 가정이다. 이로부터 수요함수와 공급함수의 형태가 주어지고, 이는 그래프 상에서 특정한 모양과 위치를 갖는 수요곡선과 공급곡선으로 그려진다.

가격 상승에 따라 공급곡선은 우상향하고 수요곡선은 우하향하므로 두 곡선은 반드시 교차한다. 두 곡선이 교차하는 균형점에서 균형가격과 균형거래량이 결정된다. 완전경쟁시장에서 시장가격은 균형가격에서 안정되고, 균형거래량만큼 거래가 이루어진다. 이렇게 성립된 균형점, 따라서 균형가격과 균형거래량은 상기의 가정들이 철회되지 않는 한 결코 스스로 이동하거나 변할 수 없다.

곡선의 이동

이처럼 일단 성립된 균형점은 곡선들의 위치가 바뀌지 않는 한 이동할 수 없다. 곡선 자체의 위치 이동을 곡선의 이동이라 부른다. 이는 곡선 상의 이동과 전혀 다른 의미를 가진다는 점에 유의하자. 다시 말하건대 곡선 상의 이동은 앞에서 다룬 바와 같이 특정 상품의 수요(또는 공급)를 결정하는 여러 요인들 중 다른 요인들은 일정하다고 가정한 후 그 상품의 가격이 변동할 때 수요량(또는 공급량)이 주어진 곡선의 모양을 따라 변동하는 것을 지칭한다. 이와는 달리 곡선의 이동은 수요(또는 공급)곡선 자체가 통째로 좌측(또는 우측)으로 이동하는 것을 지칭하며, 해당 상품 시장에서 참가자들 전체가 모든 가격 수준에 대해 수요 또는 공급하고자 하는 양이 변한다는 것을 의미한다.[23]

곡선의 이동은 수요나 공급에 영향을 주는 여러 요인들 중 해당 상품의 가격을 제외한 다른 요인들 중에서 어느 하나 또는 둘 이상이 변할 때 일어난다. 왜냐하면 이러한 변화가 일어나면 해당 상품 가격의 모든 수준에서 수요(또는 공급)하고자 하는 양이 동시에 변하기 때문이다.

예를 들어보자. 수요곡선은 가계들의 가처분소득이 증감하거나, 소비자들의 선호가 변하거나, 대체재나 보완재의 가격이 변하거나, 해당 상품의 가격이 변동할 것으로 예상되거나, 심지어는 날씨에 이상이 있으면 이동할 수 있다. 공급곡선은 생산비가 변화하거나, 생산 측면의 대체재나 보완재의 가격이 변하거나, 해당 상품의 가격 변동이 예상될 때 이동할 수 있다. 이처럼 곡선을 이동시키는 요인들 중에서도 경제적으로 가장 중요한 것은 수요함수의 경우에는 가계 (처분가능)소득의 증감이고, 공급함수의 경우에는 생산비의 증감이다.

---

23. 필자는 수요곡선과 공급곡선이 항상 '좌우로' 이동한다고 본다. 경제학원론에 따라서는 곡선이 상하로 또는 대각선 방향으로 이동하는 것으로 표현되는 경우가 있는데, 이것을 틀렸다고 하기는 어렵지만 일관성이 없다. 왜냐하면 곡선의 이동이란 모든 가격수준에 대한 수요량이나 공급량이 변한다는 것을 의미하므로 곡선이 거래량을 나타내는 가로축을 따라, 즉 좌우로, 증감하는 것으로 보는 게 논리적으로 일관성을 갖기 때문이다.

지금까지 이 요인들은 불변으로 가정되었다. 그 이유는 이미 알고 있다시피 해당 상품의 가격과 수요(및 공급) 간의 관계를 알아보기 위해서였다. 그렇다면 만약 이 가정이 철폐되면 어떻게 될까? 불변으로 가정된 요인들 중 어느 하나 또는 둘 이상의 요인에 변화가 일어나면 곡선(들) 자체가 좌우 어느 한 방향으로 이동할 수 있고, 그 결과 새로운 균형점이 나타나고, 균형가격과 균형거래량의 수준도 달라질 것이다. 곡선의 이동을 초래하는 원인을 살펴보기 전에 곡선 이동의 종류와 그 결과를 먼저 살펴보기로 한다.

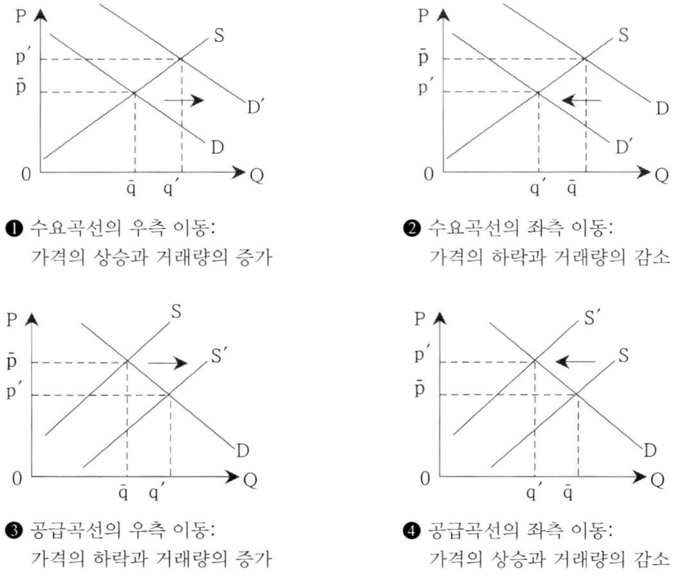

[그림 4-3] 곡선 이동의 네 가지 경우와 그 결과

곡선 이동의 종류와 그 결과

우선, 곡선 이동의 유형과 그 결과에 대해 살펴보자. 곡선의 이동에는 다음 네 가지 경우가 있다는 것은 쉽게 알 수 있다. 수요곡선의 우측 이동과 좌측 이동, 그리고 공급곡선의 우측 이동과 좌측 이동이 그것이다([그림 4-3] 참조). 이제 이러한 결과들이 갖는 경제적 의미를 간략하게 생각해보자. 여기서는 개별시장 차원(가격과 거래량)보다는 거시경제 차원(물가와 GDP)에서 살펴볼 것이다. 그 이유는 개별시장 차원에서 본 곡선 이동의 결과가 무의미해서가 아니라 동일한 이동이 많은 시장에서 동시에 일어남으로써 경제 전체의 총수요와 총공급의 변동으로 나타날 때 그 경제적 의미를 더욱 확실하게 알 수 있기 때문이다.[24]

먼저, [그림 4-3] ①의 경우를 보자. 어떤 이유로 수요곡선이 우측으로 이동하면 그래프가 보여주듯이 물가는 상승하고 거래량(즉, GDP)은 증가한다. 물가 상승은 수요자 입장에서 보면 일단 바람직한 현상이 아니다. 가계의 실질소득, 즉 구매력을 감소시키기 때문이다. 이 그림은 수요 증가로 인한 경제성장이 물가 상승(즉, 인플레이션)을 동반한다는 것을 보여준다. 수요곡선의 우측 이동은 보통 경제성장에 따른 소득 향상이 주된 원인이므로 물가 상승률이 가계의 명목소득 증가율을 상회하지 않는 한

24. 방법론적으로 보면 거시경제학에서는 개별 시장 메커니즘을 총수요(aggregated demand)와 총공급(aggregated supply)이라는 개념으로 확대해 사용한다. 이 책에서도 이 방법을 잠정적으로 인정한다. 경제 전체를 하나의 시장으로 간주하는 이러한 방법론은 개별 차원과 전체 차원 사이에 집계의 문제와 구성의 오류라는 다소 어려운 이론적 문제를 내포하고 있지만, 그럼에도 경제 전체의 변동을 아예 잘못 설명할 정도로 치명적인 것은 아니다. 그리고 시장들 전체의 거래량을 GDP와 동일시하는 까닭은 재고변동이 없는 것으로, 즉 매년의 생산량은 모두 판매된다고 가정하고 있기 때문이라는 점에도 유의하기 바란다.

물가 상승 자체는 큰 문제가 아니다. 물가 상승률이 아무리 높다하더라도 명목 GDP의 성장률이 그보다 더 높다면 실질 GDP는 증가할 수 있기 때문이다.[25] 이처럼 성장에 동반되는 인플레이션이라는 의미에서 이를 성장(또는 개발) 인플레이션이라 지칭한다. 경제성장은 통상 고용 증가와 때로는 임금 상승도 동반하기 때문에[26] 매우 바람직한 것으로 간주된다.

다음, 같은 그림 ②의 경우는 어떤 이유로 수요가 감소하여 수요곡선이 좌측으로 이동하면 물가가 하락하고 거래량이 감소함을 보여준다. 한편으로, 물가 하락은 소비자로서는 실질소득의 증가를 가져다주므로 일견 바람직한 현상으로 보이지만 기업의 수익성이 악화되거나 경쟁력이 약한 한계기업은 퇴출될 수 있다. 기업들이 어려워져 고용을 줄이거나 임금이 동결되면 가계로서도 좋은 결과는 아니다. 다른 한편으로, 거래량의 감소 즉 GDP의 감소는 마이너스 성장을 의미하며 경제는 크게 위축된다. 현실에서 마이너스 성장은 예외적으로만 나타난다. 여기서 거래량의 감소는 경제성장률의 하락에 따른 불황이나 경기침체를 지칭한다. 이처럼 수요 감소는 불황과 물가 하락을 동시에 유발함으로써 전형적인 디플레이션deflation 현상을 초래한다. 이것이 급격하게 진행되면 경제 공황 내지 위기가 발생했다고 한다.

그리고 ③은 어떤 이유로 공급이 증가하여 공급곡선이 우측으로 이동

25. 장기간에 걸쳐보면 물가가 끊임없이 조금씩 상승해왔지만 명목 국민소득이 그보다는 더 많이 증가하고 그래서 실질 국민소득도 증가해왔다. 이것이 현실적인 경제성장의 모습이다. 여기서 '실질 경제성장률(5%)=명목 경제성장률(8%)—물가상승률(3%)'의 관계에 있다는 데 주목하자.

26. 이른바 고용 없는 성장은 최근에 나타난 현상일 뿐 전통적으로 경제성장은 가동률 상승과 투자 증가를 통해 고용 증가를 동반해왔다. 그리고 고용이 완전고용 수준 이상으로 늘어나면 임금도 상승할 수 있다.

하면 물가가 하락하고 거래량은 증가한다는 것을 보여준다. 각각의 경제적 의미는 앞서 본 바와 같다. 공급 증가로 인한 물가 하락은 대단히 바람직한 현상이다. 공급 증가는 주로 기업의 기술혁신, 생산성 향상, 비용 절감 노력에 따른 평균생산비의 감소의 결과이기 때문에 생산자인 기업에게는 불이익을 주지 않으면서 소비자에게는 구매력 증가라는 혜택을 누리게 해준다. 이른바 생산성 이득gains of productivity(생산성 향상에 따른 경제적 이득)을 생산자와 소비자 모두가 나누어가질 수 있기 때문이다. 사실 인류의 장기적인 경제발전은 과학의 발전과 이를 바탕으로 한 생산기술의 혁신 덕분에 이루어져왔다고 해도 지나치지 않다.

끝으로, ④는 공급이 감소하여 공급곡선이 좌측으로 이동하면 물가가 상승하고 거래량은 감소함을 보여준다. 물가 상승과 거래량 감소가 각각 갖는 경제적 의미는 이미 설명한 바와 같다. 이 경우는 GDP의 감소 또는 정체, 즉 불황 하에서 오히려 물가가 상승하는 현상을 보여주며, 이를 스태그플레이션stagflation(=stagnation+inflation)이라 부른다.[27]

곡선 이동의 결과에 관한 상기의 논의로부터 공급곡선이건 수요곡선이건 감소를 나타내는 좌측 이동은 거래량(GDP)의 감소를 초래해 불황 등 각종 문제를 야기하는 반면, 이들 곡선의 우측 이동은 거래량의 증가를 초래해 호황을 조성하고 경제성장을 가져다준다는 것을 알 수 있다. 단, 경제의 성장 또는 후퇴가 각각 물가를 상승시키는지 아니면 하락시키는

---

27. 스태그플레이션은 역사적으로 흔한 현상이 아니었다. 그 대표적인 사례는 1970년대의 유가파동(oil shock)이 초래한 세계불황이다. 1973년 중동전쟁과 1978년 이란혁명에 따른 두 차례의 국제 유가 폭등으로 산유국을 제외한 거의 모든 나라가 스태그플레이션에 시달렸다. 1980년대 중반부터 유가 하락으로 스태그플레이션은 사라졌다. 그 후 2000년대 중반 들어 유가를 비롯한 각종 원자재의 국제 가격이 급등하자 우리나라를 비롯한 자원 수입국들에서 스태그플레이션 우려가 팽배한 적이 있었다.

지에 따라 그 영향도 달라질 수 있다는 점에 유의하자.

현실에서는 수요곡선과 공급곡선 둘 다 동시에 또는 시차를 두고 이동하는 경우가 많다. 이 경우 네 가지 조합이 가능한데, 그 경제적 해석은 더욱 복잡해질 것이다. 이에 대해서는 각자가 그래프를 이용해 생각해보라. 더욱이 현실에서 곡선이 어느 정도 이동하느냐, 그래서 가격과 거래량이 어느 정도 변동하느냐는 곡선 이동을 유발한 요인이 시장에 미치는 영향이 어느 정도인가에 달려 있다. 사실 곡선의 이동 정도는 사후적으로 확인될 수 있을 뿐 사전에는 대략적인 추정만 가능하다.

사전에 정확한 결과를 예측하려면 면밀한 조사가 필요하고, 이 조사에는 경우에 따라 복잡한 방법론이 요구된다. 그래서 여기서는 단지 곡선의 이동 방향만 결정하고 이동의 폭은 적당하게 보기 좋을 정도로 나타내는 데 그쳤다. 비록 이동의 정도는 정확히 알 수 없다 해도 어느 방향으로 이동하는지만 예상할 수 있어도 경제주체들에게는 대단히 중요한 정보가 된다. 그런데 사실은 시장 여건의 변화가 결과적으로 가격과 거래량에 어떤 영향을 미칠 지는 굳이 이처럼 까다로워 보이는 논증을 거치지 않더라도 누구나 상식적으로 또는 직관적으로 알 수 있다. 그렇다면 학문의 주요 역할 중의 하나는 역시 상식적인 것을 논리적이고 체계적인 방식으로 해명하는 데 있다.

요약해보자. 현재 균형을 이루고 있는 어떤 한 상품시장에서 주어진 것으로 가정되었던 여건(해당 상품 가격 이외에 수요나 공급에 영향을 주는 요인들)에 변화가 일어났을 때 그것이 시장에 어떤 결과를 초래하는가를 알아보는 것은 결국 시장가격과 시장거래량이 어떻게 변화하는가를 살펴보는 것이다. 이는 다음 세 가지 절차의 수행으로 요약된다. 먼저, 애초의 여건 변화를 초래한 요인이 해당 상품의 가격이 아니라 불변으로 간주된 나머지 다른 요인들 중의 하나임을 확인하고 이 변화가 수요(곡선)와 공급(곡선) 중 어느 것에 영향을 주는지 혹은 둘 다에 영향을 주는지를 판단한다. 다음, 영향을 받는 수요나 공급이 늘어날지 줄어들지를 판단한 후 해당 곡선(들)을 좌우로 적당히 이동시킨 후 새로운 균형점을 찾는다. 끝으로 이 새로운 균형점이 나타내는 가격과 거래량을 각 좌표축에 표시한 후 원래의 그것들과 비교해 가격이 상승(또는 하락)했는지 그리고 거래량은 증가(또는 감소)했는지를 판단한다. 나아가 이 결과들이 앞서 배운 것처럼 어떤 경제적 의미를 갖는지도 생각해본다.

곡선 이동의 원인

이제 수요와 공급에 영향을 주는 요인들 중에서 곡선 자체의 이동을 유발하는 해당 상품의 가격이 아닌 다른 요인들은 어떻게 해서 변동하는가라는 의문을 다룰 차례다. 이 요인들을 변화시키는 원인 역시 다양하지만, 크게 시장경제 자체의 역동성에 기인하는 내적 원인과 시장경제를 둘러싼 환경(또는 여건)의 변화를 초래하는 외적 원인으로 나눠볼 수 있다.

나아가 시장 외적 원인은 다시 다음 두 개의 부류로 나뉠 수 있다. 하나는 인위적인 성격을 띠는 것으로 대개 공공주체인 정부가 시장경제에 영향을 주기 위해 시행하는 다양한 경제정책의 변경이다. 다른 하나는 우발적인 성격을 갖는 것으로 전쟁이나 기상이변 등 대체로 비경제적인 사건이다. 이 부분 역시 앞에서 논의한 곡선 이동의 결과를 보여주는 [그림 4-3]을 참조하면 도움이 될 것이다.

시장경제 내적 원인

시장경제 내부에서 곡선의 이동을 초래하는 원인들은 시장경제 자체의 역동성에 기인하며, 이 역동성의 원천은 시장 참여자들 자신에게 있다. 생산자인 기업들은 더 많은 이윤을 위해 끊임없이 다양한 혁신 노력을 기울이고, 소비자인 가계들은 소득 증감이나 기호 변화로 수요를 변동시키기 때문이다.

한편으로, 특히 완전경쟁시장의 기업은 시장가격에 대한 영향력을 전혀 가질 수 없기 때문에 이들은 이윤 극대화를 위해 크게 다음 두 가지 방향의 노력을 할 수밖에 없다. 하나는 기존 제품의 평균생산비를 낮춤으로써 초과이윤(=시장가격−정상이윤 포함 생산비)을 추구하여 이윤폭을 키우는 것이다. 이를 위해 인건비 절약, 협력업체 납품단가 조정, 낭비의 근절, 생산 효율성 제고, 신기술 채택 등 비용절감을 위한 다양한 방식이 동원될 수 있다.

다른 하나는 판매량을 증대시켜 매출액(=시장가격×판매량)과 이윤량(=판매액−총비용)을 늘리는 것이다. 그 주된 방법은 품질 개선과 서비스 확대다. 만약 매출 증가가 시장점유율 증가를 동반하면 일정한 시장 지배력 즉 시장가격에 대한 영향력까지 획득할 수도 있다. 이렇게 해서 이윤폭과 이윤량이 늘어나면 공급이 늘어나고, 이는 공급곡선의 우측 이동을 초래한다([그림 4-3]의 ③ 참조). 물론, 다른 모든 기업과 마찬가지로 완전경쟁시장의 기업들도 연구개발로 신제품을 개발해 새로운 블루오션blue ocean[28] 시

28. 블루오션 시장은 레드오션(red ocean) 시장에 대응하는 용어로서 프랑스 인사이드 경영대학원의 김위찬 교수와 르네 마보안 교수(『레드오션 전략』, 2005)가 처음 제안한 용어다. 새로 개발된 신제품의 경쟁 없는 시장을 '파란 바다'로, 성숙기에 접어들어 수많은 경쟁자들이 피투성이가 되도록 싸울 수밖에 없는 기존 시장을 '붉은 바다'로 비유한 것이

장으로의 진출을 도모할 수 있다. 이는 전혀 새로운 수요와 시장을 창조하는 것으로 시장경제의 장기적인 역동성의 원천을 이룬다.

다른 한편으로, 시장경제의 역동적인 전개는 경제성장을 가져다주고, 이는 가계 소득의 증가를 동반한다. 가계 소득의 증가는 무엇보다 가계 소비를 증대시켜 수요곡선의 우측 이동을 야기하며([그림 3]의 ① 참조), 이에 따라 중장기적으로는 기업의 생산과 공급도 늘어나 공급곡선의 우측 이동을 초래한다([그림 3]의 ③ 참조). 이는 고용 증가와 임금 상승을 동반할 수 있고, 그 결과 가계의 소득과 소비는 더욱 증가될 수 있다. 이렇게 되면 경제에는 생산과 소비 간의 선순환 메커니즘이 작동하게 된다. 이는 마치 공급곡선과 수요곡선이 앞서거니 뒤서거니 하면서 서로의 우측 이동을 부추기는 것과 같다.

또한 가계 소득의 증가는 소비자 기호의 변동을 가져올 수 있다. 소비자의 선호가 강화되는 상품의 수요는 증가하고, 소비자 선호가 약화되는 상품의 수요는 감소할 것이다. 이러한 상품들의 부침에 더하여 기존 상품의 소멸과 새로운 상품의 등장이 끊임없이 반복될 것이다.

시장경제 외적 원인

다음, 현실의 시장경제는 일정한 외부 환경 속에서 작동한다. 무엇보다 현실의 혼합경제 체제에서 시장경제는 항상 정부의 특정한 정책과 제도가 주어져 있는 일정한 환경 속에서 작동한다. 따라서 시장의 수급 상황

다. 블루오션 시장에서는 수요의 확보가 경쟁이 아니라 창조를 통해 이루어지며, 높은 수익과 빠른 성장이 가능한 시장이다. 물론 블루오션 시장은 시간과 더불어 레드오션으로 변해가는 것이 보통이다.

은 정책 변경이나 제도 변화 등 주어진 환경에 변화가 초래되면 이로부터 직접적인 영향을 받는다. 그리고 인간 사회 전체가 그러하듯이 시장경제도 자연 생태계의 일부를 이루기 때문에 비경제적 사건들로부터도 영향을 받을 수밖에 없다. 이 점들을 좀 더 자세히 살펴보자.

먼저 정부정책의 변경이다. 시장 외부에 존재하는 공공 주체로서 정부는 시장경제를 자신이 바람직하다고 생각하는 상태로 유도하기 위해 또는 시장경제의 작동이 야기하는 문제를 해결하기 위해 다양한 경제정책을 시행한다. 이러한 정부의 경제정책은 경제성장의 촉진, 산업 육성, 경기 부양, 물가 안정, 대외수지 균형 유지, 경쟁의 패배자 돌보기와 경제적 약자 돕기 등 다양한 목적을 가지고 있다. 주어진 시점에서 시행 중인 정부 정책은 시장 참여자들로서는 당장 어떻게 할 수 없는 시장의 일상적인 여건이라는 점에서 정책 환경이라 불린다. 그렇다면 여기서 다루어야 할 문제는 주어진 정책 환경 자체가 아니라, 시행 중인 정책에 변경이 일어날 때 즉 정책 환경에 변화가 있을 때 시장이 어떤 영향을 받는지를 알아보는 것이다.

예를 들어보자. 만약 정부가 경기 부양 또는 경제성장의 촉진을 목적으로 기업의 투자세액을 감면해주거나 법인세를 인하했다고 하자. 그러면 기업들은 그만큼 생산비가 감소하거나 이윤이 증가하게 되므로, 생산과 투자를 늘리고 이에 따라 시장에 공급을 늘리고자 할 것이다. 또한 정부는 동일한 목적을 위해 개인소득세를 감면하거나 저소득층에 대한 보조금을 늘림으로써 가계들로 하여금 소비지출을 늘리도록 유도할 수 있다.

이러한 내수 진작을 위한 두 가지 방법 중 전자는 공급곡선의 우측 이동을, 후자는 수요곡선의 우측 이동을 야기함으로써 결과적으로 시장거래량을 늘릴 수 있다. 거래량이 늘어난다는 것은 생산과 소비 모두 증가

한다는 것을 의미하므로 경기 부양과 경제성장에 도움이 된다. 단, 이미 본 바와 같이 공급 증가는 가격에 하락 압력을, 수요 증가는 상승 압력을 가하기 때문에 어떤 정책을 사용할 것인가는 이러한 정책의 부수적인 효과를 감안해서 결정된다([그림 4-3] ①과 ③ 참조).

또한 정부는 물가 불안이 가시화되면 물가상승을 억제하기 위해 금리를 올리거나 통화량을 줄이는 등 통화정책을 사용할 수 있다. 한편으로, 한국은행이 기준금리를 인상하면 시중금리도 인상되는데, 이러한 금리 상승은 기업의 자금조달 비용, 즉 생산비 증가 요인으로 작용하기 때문에 공급곡선의 좌측 이동을 야기할 수 있다([그림 3]의 ④ 참조). 금리 인상은 또한 부채를 가진 가계의 상환 부담을 늘려 소비 의욕을 약화시킴으로써 수요곡선의 좌측 이동을 초래할 수 있다([그림 3]의 ② 참조). 다른 한편으로, 물가안정을 위해 시중 통화량을 흡수하는 정책이 시행되면 시중에 돈이 희소해지고 금리가 상승하게 되는데, 이는 중앙은행의 금리 인상 조치와 동일한 결과를 초래할 수 있다.

공급곡선이건 수요곡선이건 곡선의 좌측 이동은 거래량을 감소시킨다. 하지만 이 경우에도 가격에 대해서는 상반된 영향을 준다. 즉 공급곡선의 좌측 이동은 가격을 상승시키지만, 수요곡선의 좌측 이동은 가격을 하락시킨다. 예컨대 지나친 호황으로 형성된 거품의 폭발이 우려될 때는 이처럼 거래량의 감소 즉 경제성장률을 낮추는 경기안정화정책이 시행될 수 있다. 왜냐하면 경제성장률은 다소 낮아지더라도 거품의 폭발로 인한 급격한 경기침체의 발생을 방지하는 게 더 중요하다고 판단할 수 있기 때문이다.[29]

---

29. 거품 형성을 지칭하는 활황은 사실 실제성장률이 잠재성장률을 상회하고 있음을 의미한

어떤 이유로 특정 상품의 가격이 지속적으로 상승하는 경우 정부는 수입 증대 또는 시장 개방 정책을 사용할 수 있다. 그리하여 외국 상품들이 시장에 더 많이 유입되면 시장공급이 증가해 공급곡선의 우측 이동을 야기하고 이것이 가격 하락 압력을 낳을 것이기 때문이다. 이때 수입품이 국내 제품보다 더 싸다면 가격 하락 효과는 더욱 커진다. 그러나 기후불순으로 인한 농산물의 가격 상승에 대처하기 위해 사용되는 잠정적인 수입 증대 조치는 그다지 문제될 게 없지만, 시장 개방 정책은 수입 자유화와 다름없으므로 국내 기업들의 경쟁력을 감안해 신중하고 점진적으로 시행해야 한다는 게 중론이다.

다음, 제도 변화다. 앞서 본 바와 같이 시장경제는 그 존립 조건을 충족시키고 또 그 작동에 필요한 규칙을 제공하는 제도들 없이는 제대로 작동하기 어렵다. 예컨대 통화제도, 사회보장제도, 연금제도, 최저임금제도 등 수없이 많다. 제도 변화는 새로운 제도가 도입되거나 기존 제도의 내용이 변경될 때 일어난다. 이 경우에도 정책 변경의 경우와 마찬가지로 수요와 공급에 어떤 영향을 주느냐를 살펴봄으로써 그 결과를 예측할 수 있는 것이다. 그러나 제도 변화는 정책 변경보다 훨씬 더 큰 충격을 초래할 수 있고 경제주체들의 행동 틀 자체를 바꾸는 경우가 많으므로 사회적 합의를 거쳐 신중하게 결정되어야 한다.

현실에서는 주어진 제도 하에서 정책 변경이 일어나는 경우가 많지만 정책의 기조가 바뀌면 제도 자체의 변화(폐지 또는 설치)가 동반되기도 한다.

다. 이때 실제 성장률을 잠재성장률까지 낮아지도록 유도하는 것은 거품의 급격한 폭발이 야기할 수 있는 이른바 경제의 경착륙(hard landing)을 피함과 동시에 경기의 점진적인 안정을 도모하는 이른바 경제의 연착륙(soft landing) 정책으로서 오히려 바람직한 것이다.

그리고 정책 변경이나 제도 변화에 따른 이론적 효과를 예상하는 것은 어쩌면 간단하면서도 용이한 일이지만 현실에서는 복잡하게 얽혀 있는 연쇄관계로 인해 이론적으로 예상되는 효과와는 전혀 다른 결과가, 특히 중장기적으로, 초래될 수도 있다는 점에 유의해야 한다. 더욱이 정책 변경과 제도 변화는 경제주체들 사이에 상반된 득실을 가져다주기 때문에 사회적 갈등마저 초래될 수 있음을 잊어서는 안 된다. 그만큼 제도나 정책의 변경은 신중해야 한다. 그래서 정책 당국자나 제도 변화를 주장하는 사람들은 그로 인한 득이 실보다 더 크다는 이론적 및 경험적 근거를 확보하고자 노력한다.

끝으로, 우발적인 사건의 발생이다. 국내외에서 우발적으로 일어나는 여러 가지 사건도 시장 환경에 영향을 준다. 특히 지구 온난화로 대변되는 기후변화와 각종 자연재해, 전쟁이나 소요 등 사회적 및 정치적 불안정이 시장에 미치는 영향은 막대하다. 예를 들어 살펴보자.

태풍, 가뭄 등 자연재해로 인해 채소나 과일 등 농산물 작황이 타격을 받으면 해당 농산물 가격이 급등한다는 사실은 누구나 알고 있다. 농업 생산이 타격을 받으면 농산물의 공급이 줄어들고, 공급곡선은 좌측으로 이동한다([그림 4-3]의 ④ 참조). 하지만 자연재해가 일어났다고 해서 소비자들의 농산물 가격에 따른 구매 의도, 즉 수요가 당장 바뀌는 것은 아니므로 수요곡선은 영향을 받지 않을 것이다.

그림에서 볼 수 있듯이, 그 결과는 농산물 가격의 폭등과 거래량(판매량과 구매량)의 축소다. 그리고 과거 연평도 해전(1999년과 2002년 두 차례 발생)이 발발했을 때 중서부 연안의 어민들이 꽃게를 잡지 못한 적이 있다. 당연히 꽃게의 시장공급은 대폭 줄어들었다. 이 역시 공급곡선의 좌측 이동을 초래하고, 그 결과 꽃게 가격은 폭등하고 거래량은 급감했다. 하지만 이 경우에도 꽃게 수요자들의 가격에 대한 구매 의도는 그대로라 볼 수 있으므로 수요곡선은 이동하지 않는다.

이처럼 기상이변이나 전쟁 등 비경제적인 사건은 대개 공급을 감소시켜 가격 폭등과 거래량 축소를 초래함으로써 경제에 악영향을 미친다. 그렇다고 좋은 영향을 주는 사건이 전혀 없지는 않다. 예를 들어 태풍이나 가뭄 등 일기불순이 전혀 없어 풍년이 들었다 하자. 이에 따라 농산물 공급이 늘어나면 공급곡선은 우측으로 이동한다([그림 4-3]의 ③ 참조).

그렇다고 농산물 수요는 당장 영향을 받지 않을 것이므로 수요곡선은 이동하지 않는다. 그 결과 가격은 하락하고 거래량은 늘어난다. 이를 거시경제 차원에서 보면 물가안정과 경제성장이 동시에 나타나기 때문에 말 그대로 금상첨화錦上添花다. 때로는 풍작인데 농민들의 걱정이 태산인 경우가 있다. 판매량 증가보다 가격 하락이 더 커지면 오히려 전보다 판매액이 줄어들기 때문이다. 이런 일이 일어나는 것은 시장 자체보다는 중간도매상의 횡포나 투기 등 유통상의 문제가 개입되었을 가능성이 있고, 농민들의 생산이 특정 농산물에 집중되어 사회 전체적으로 예상보다 지나치게 많이 생산되었기 때문일 수도 있다.

경제에 장기에 걸쳐 긍정적인 영향을 미치는 것은 바로 과학의 발전(발명과 발견)이다. 과학의 발전은 기업의 기술혁신의 토대 역할을 한다. 기술혁신으로 성능이 더 좋거나 효율이 더 높은 생산 장비(기계와 도구)가 도입되면 기업의 평균생산비가 하락할 수 있고, 이는 공급의 증가 즉 공급곡선의 우측 이동을 야기한다. 그 결과 물가를 하락시키거나 아니면 적어도 물가 상승을 억제함과 동시에 거래량(및 생산량)을 증가시킨다.

장기적으로 보면 안정된 물가 하에서 생산이 늘어나면 소득이 증가하고, 소득 증가는 소비의 증가 즉 수요곡선의 우측 이동을 초래함으로써 거래량과 생산량을 더욱 증가시키게 된다. 과학발전과 기술혁신이 지속되는 한 이처럼 생산과 소비가 서로를 부추기는 선순환 메커니즘이 계속될 수 있다. 단, 여기에는 기업이 창출하는 부가가치(즉, 소득)의 증대가 소비의 증가로 이어지기 위해서는 소득의 분배(때로는 재분배)가 제대로 이루어져야 한다는 전제가 깔려 있다.[30]

이러한 선순환은 교육、훈련에 의해서도 초래될 수 있다. 교육·훈련이 노동 생산성을 증가시켜 생산비를 낮춰줄 수 있기 때문이다. 고도성장기 한국의 수출 역동성은 보통교육의 확산과 높은 교육열 그리고 기업 차원의 직업훈련 등이 가져다준 값싸면서도 질 높은 노동력의 덕을 보지 않았다고 하기 어렵다.

---

30. 오늘날 '고용 없는 성장'이 큰 문제로 제기된다. 이것은 경제의 성장에도 일자리는 늘어나지 않는 현상을 말하지만, 그 함의가 여기서 그치는 것은 아니다. 그것은 또한 부가가치 총액 즉 GDP에서 임금을 주 소득원으로 하는 가계에게 분배되는 몫이 줄어든다는 것을 의미한다. 그래서 이미 가계 소비의 정체로 저성장 기조가 정착되고 있는 상황에서 고용 창조까지 부진하면 저성장 기조가 장기화될 개연성이 농후하다. 이러한 상황이 '강 건너 불'이 아니라 당장 우리의 일로 다가오고 있다.

돌고 도는 경제:
시장경제의 순환

제5장

경제순환이 성장이 아니라 침체를 보이고 있다면, 순환의 어느 고리에 자극을 주어야 전체의 선순환이 다시 작동할 수 있는지를 판단해야 한다. 이 막혀 있는 고리를 찾아내기 위해서는 경제의 구조와 작동에 관한 객관적인 면밀한 분석을 바탕으로 현재 성장을 정체시키고 있는 원인이 무엇인지를 파악하는 게 우선적으로 필요하다. 이 문제야말로 실사구시(實事求是)의 태도가 절실히 요청된다. 이를 위해서는 먼저 소득 (재)분배의 개선과 성장 추구를 마치 별개의 현상이자 상충되는 것으로 간주하고, 둘 중 어느 하나를 선택해야 하는 문제로 간주하는, 이른바 이분법적 사고를 버려야 한다. 이는 경제순환과 거시경제의 작동방식에 관한 잘못된 또는 미숙한 인식에 기인하기 때문이다.

제5장

돌고 도는 경제: 시장경제의 순환

"요즘 경제가 잘 돌아가는 것 같아"라든가 "경제가 왜 이렇게 안 돌아가지"라는 말들이 있듯이 실제로 경제는 돌고 돈다. 이러한 현상을 경제의 순환circulation이라 한다. 시장경제에서는 이러한 경제의 순환을 시장이 매개하고 있다는 점에서 시장경제란 시장을 중심으로 돌아가는 경제이기도 하다. 이 장에서는 시장과 경제순환의 관계를 중심으로 시장경제가 어떻게 돌아가는지를 알아보자.

인간은 생존과 생활을 위해 소비 활동을 규칙적으로 반복해야 한다. 이를 위해서는 소비재 생산 활동은 물론 생산된 상품(재화와 서비스)을 소비로 연결시켜주는 유통 활동도 규칙적으로 반복되어야 한다. 이처럼 인간 사회의 존립을 위해서는 생산, 유통, 소비라는 기본적인 경제 활동이 반복해서 이루어져야 한다는 사실로부터 경제순환이라는 현상을 포착할 수 있다.

그렇다면 경제순환은 구체적으로 어떤 모습을 취하는 것일까? 현실 경제가 돌아가는 모습은 대단히 복잡하다. 그래서 경제학에서는 경제순환의 메커니즘을 명료하게 보여주기 위해 현실을 단순화시킨 모형들models을 사용한다. 여기서는 세 가지 모형을 다룰 것이다. 첫째는 가상의 기본적인 모형으로서 민간부문private sector만 존재하는 폐쇄된 민간시장 경제 순환 모형이다. 둘째는 공공부문public sector과 해외부문foreign sector까지 포함해 현실경제를 썩 잘 반영하는 개방된 혼합경제 순환 모형이다. 그리고 끝으로 자연을 포함한 경제의 순환을 보여주는 가장 실제에 가까운 생태적 경제순환 모형이다. 이 세 가지를 하나씩 차례대로 검토하기로 한다.

1 폐쇄 민간 시장경제의 순환

폐쇄된 민간시장경제라는 모형은 가장 단순하면서도 기본적인 경제순환 모형이다. 여기에는 두 개의 시장(생산물 시장과 생산요소 시장)과 두 부류의 경제주체(생산의 주체인 기업과 소비의 주체인 가계)만 있다. 이 모형에는 민간부문만 있고, 정부가 주도하는 공공부문과 외국 경제주체들을 상대로 하는 다양한 경제활동을 포괄하는 해외부문도 없다. 당연히 자연도 없다. 그래서 이 모형은 지극히 비현실적인 것임에도 경제순환의 골격을 가장 잘 보여준다는 장점이 있다.

상품 시장과 생산요소 시장

상품 시장

먼저 여기서 말하는 상품 시장은 모든 상품이 아니라 소비재가 거래되는 시장만을 지칭한다는 점에 유의하자[1]. 이 시장에서는 생산의 주체인 기업이 자신의 생산물을 상품으로 판매하는 공급자 역할을, 소비의 주체인 가계는 상품을 구매하는 수요자 역할을 한다. 상품 시장에서는 상품이 기업에서 가계로 흘러감과 동시에 거래량에 가격을 곱한 값에 해당되는 금액의 돈이 상품의 흐름과는 반대방향으로, 즉 가계에서 기업으로 옮겨간다.

호경기다 불경기다 하는 것은 무엇보다 상품 시장의 상황, 이른바 시황市況을 말한다. 경기가 좋다는 것은 상품의 흐름은 물론 그 반대방향으

---

1. 여기서 소비재라는 규정은 좀 더 자세한 설명이 필요하다. 모든 상품은 그 용도에 따라 소비재와 생산재로 대별된다. 어떤 상품이 생산재인지 소비재인지는 상품 그 자체의 성격에 의해 정해져 있는 것은 아니다. 그 상품을 누가 구매하는지 또는 구매의 목적이 무엇인지에 의해 결정된다. 어떤 상품을 소비자가 소비를 목적으로 구매하면 소비재가 되고, 같은 상품을 생산자가 생산과정에 투입하기 위해 즉 돈을 벌기 위해 구입하면 생산자가 된다. 예를 들어 동일한 소나타 승용차를 개인이 통근이나 여가용으로 구매하면 소비재이지만, 개인택시 기사가 영업용으로 구매하면 생산재가 되는 것이다.

 소비재는 인간의 필요와 욕구를 직접 충족시켜주는 재화, 즉 경제활동의 최종목적인 소비의 대상이 되는 재화이므로 최종생산물이라 불리기도 한다. 경제순환의 관점에서 보면 소비재는 노동력의 재생산에 기여함으로써 경제순환의 한 고리를 담당한다. 이와는 달리 생산재는 소비재나 다른 생산재의 생산에 투입되는 재화로서 소비재를 제외한 나머지 모든 상품이라 할 수 있다.

 예컨대 복잡한 우회생산 과정을 거치는 공산품은 여러 생산 단계를 거칠 수 있으며, 이를 생산계열이라 한다. 생산계열은 보통 원료, 소재, 부품, 부분품, 완성품의 단계를 거친다. 각 단계는 대개 서로 다른 기업에 의해 수행된다. 이러한 생산계열에서 최종 단계의 생산물만 경제순환 모형에서 거론되는 상품시장에서 거래된다. 그 외 나머지 생산물은 모두 기업들 사이에서만 거래되며, 소비재로서 완성되기 위한 중간단계의 생산물이라는 점에서 중간생산물이라 불린다.

 중간생산물은 기업이 다른 생산물을 생산하기 위해 구입하는 것이므로 기업투자의 대상이라는 점에서 투자재라고도 불리며, 자본스톡을 구성한다고 해서 자본재라고도 불린다. 자본재는 그 내구성(耐久性)에 따라 고정자본재—건물이나 기계처럼 장기간에 걸쳐 사용되므로 1회의 생산에는 그 가치의 일부만 생산물로 이전된다—와 유동자본재—원료나 재료처럼 1회의 투입으로 그 가치가 전액 생산물로 이전된다—로 나누어진다. 그리고 투자를 통해 자본스톡(자본재의 재고량)을 증가시키는 것을 자본형성이라고 부른다.

로 상품 구입대금 결제를 위한 자금의 흐름도 원활하다는 것을 의미한다. 이는 특히 가계들의 소비가 활발해 기업들이 생산한 재화나 서비스가 충분히 팔리고 있으며, 그 대금의 결제도 원활하게 이루어지고 있음을 의미한다. 따라서 상품 시장에서 일정 기간 동안 거래된 상품의 양과 거래액은 시장경제의 상태를 보여주는 바로미터barometer가 된다. 나중에 보게 되듯이 이 시장의 연간 거래액이 바로 국내총생산GDP이다.

그러나 순환이란 출발점을 떠난 흐름이 다른 길을 거쳐 출발점으로 되돌아오는 현상을 지칭한다. 그런데 상품 시장에서는 상품과 화폐가 각각 한 주체에서 다른 주체에게로 서로 반대방향으로 흘러간다는 사실만 보여줄 뿐 되돌아오는 것을 보여주지는 않는다. 이처럼 각 흐름이 출발점으로 되돌아오도록 만들어주는 다른 시장이 있어야 하는데, 그것이 바로 생산요소 시장이다.

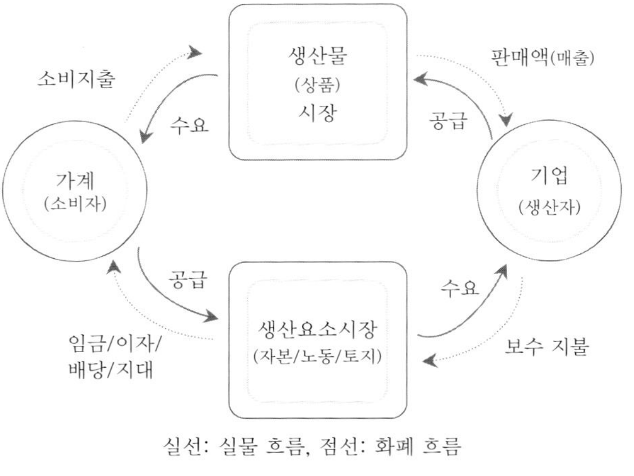

[그림 5-1] 폐쇄 민간시장경제의 순환 모형

생산요소 시장

생산요소 시장에서는 상품 시장에서처럼 가계와 기업이라는 동일한 경제주체들이 참여하면서 상반된 역할을 수행한다. 즉 여기서는 가계가 공급자이고 기업이 수요자다. 따라서 실물 흐름과 화폐 흐름이 각각 상품 시장에서와는 반대 방향으로 흘러간다. 이처럼 상품 시장과 생산요소 시장이 공존하기 때문에 비로소 시장경제의 순환이 완결될 수 있는 것이다.

생산요소 시장에서 실물 흐름의 내용은 상품이 아니라 상품의 생산에 필요한 요소들의 형태로 바뀌지만, 이 생산요소의 구입을 위한 지불수단은 변함없이 화폐다. 생산요소에 대한 수요는 상품에 대한 수요 없이는 독자적으로 존재할 수 없으며 상품 수요로부터 파생된다는 점에서 파생수요라고도 불린다. 여기서는 편의상 생산요소들 중 토지 시장은 제외하고 노동 시장과 자본 시장만 살펴보기로 한다.

먼저, 노동 시장부터 살펴보자. 여기서 거래되는 대상은 노동력working power이다.[2] 그 공급자는 노동력을 가지고 있으면서 일자리job를 구하는

---

2. 노동 시장에서 거래되는 상품은 노동이나 인간이 아니라 사람이 가진 노동하는 힘 즉 노동력이라는 사실에 유의하자. 이 점은 노동력이 없는 장애인이나 노동력을 상실한 환자, 노동력이 미흡한 미성년자와 노인은 고용되지 않거나 고용이 제한적으로 이루어진다는 사실, 현역 노동자도 안전사고 등으로 노동력을 상실하게 되면 해고된다는 사실 등에서 분명하게 드러난다. 그럼에도 노동력 시장이라 부르지 않고 노동 시장이라 부르는 것은 오로지 편의에 따른 관행일 뿐이다.

   그리고 주로 육체적 노동을 하는 단순 노무직의 노동력을 통상 인력(manpower)이라 부르는데, 이러한 인력 시장은 주로 새벽에 잠시 특정 장소에서 개설되곤 하지만, 요즘은 인력회사가 생겨 회원들 간의 통신 네트워크를 통해 인력과 일거리가 상시적으로 중개된다. 그리고 노동 계약이란 일정 기간 피용자가 고용자의 지휘 하에 노동을 수행하고 일정한 임금을 받기로 하는 계약을 말한다.

   이처럼 노동시장에서 거래되는 대상은 사람이 아니라 노동력임에도 불구하고 실제의 고용관계에서는 피용자가 인격적으로도 사용자의 속박을 받는 경우가 많다. 인간과 인간

가계이고, 그 수요자는 노동력을 필요로 하는 기업이다. 즉 가계는 취업을 위해 구직 활동을 하고, 기업은 필요한 사람을 고용하기 위해 구인 활동을 한다. 가계는 노동력을 기업에게 판매하고 그 대가로 노동력의 가격인 임금wage을 받는다.[3] 임금은 가계의 주요 소득원으로서 근로소득 또는 임금소득이라 불린다. 기업의 입장에서 보면 임금은 이중성을 갖는다. 인건비로서 생산비를 구성하는 요소임과 동시에 시장에서 자신의 상품을 사주는 구매력이 되기 때문이다.[4]

의 노동력은 서로 다른 것이지만 노동력이 인간 자체와 분리될 수 없는 것이기에 마치 인간이 상품인 것처럼 오인하기 십상이기 때문이다. 노예 해방(농노제나 노비제 폐지 포함) 이후 인간을 거래의 대상으로 삼는 이른바 인신매매는 불법화되었다. 장기(臟器) 거래 역시 불법이며, 자발적인 기증만 허용된다. 사람 그 자체와 신체의 일부는 상품 즉 거래의 대상이 되어서는 안 된다는 인식은 인권 존중 의식의 발로로서 근대에 들어 비로소 확립되었다.

3. 노동력이라는 상품은 일반 상품에 비해 매우 특수한 성격을 갖는 상품이다. 첫째, 노동력을 가진 인간은 생산 활동의 결과물이 아니라는 점이다. 그래서 그 공급은 경제 영역 바깥에서 외생적으로 이루어진다. 둘째, 한번 생산된 상품은 불변의 가치를 가지며 통상 시간과 더불어 가치의 크기가 줄어드는 속성을 갖는 반면 노동력은 시간과 더불어 그 가치가 변할 수 있다는 점이다. 특히 교육이나 훈련 그리고 반복된 행동을 통해 노동하는 능력은 향상될 수 있다. 셋째, 노동력은 매매 계약으로 완결되지 않고 그 사용과 관련해 복잡한 문제가 제기된다. 사용자와 노동자 간의 이해가 상충되기 때문에 구체적인 근로조건은 노사협상의 대상이 된다. 노동력이 사용되는 노동 과정에서 여러 가지 유인과 벌칙 등 다양한 노동 통제 장치가 발전되어온 이유다.

4. 개별 기업의 입장에서 임금은 당장 지불해야 하는 비용 즉 인건비다. 따라서 적게 줄수록 이득이다. 그러나 경제 전체의 관점에서 보면 임금은 가계의 주 소득원인 근로소득으로서 기업들이 만든 상품을 구매하는 역할을 한다. 따라서 다수의 기업이 임금을 너무 적게 주면 자신들의 상품을 사줄 구매력이 부족해져 시장수요 곡선이 좌측으로 이동하는 상황이 조성될 수도 있다. 이러한 임금의 이중성은 거시경제와 관련해 복잡다단한 문제의 원천이 되며, 특히 분배 문제와 관련해 그러하다. 이론적으로는 구성의 오류의 한 사례가 될 수도 있다. 임금과 경제의 관계에 대해 각자 생각해보는 계기가 되었으면 한다.

다음, 자본 시장에서 거래의 대상은 자금fund이다. 자본 시장에서도 공급자는 가계다. 가계는 미래의 지출에 대비하거나 재산 형성을 위해 소득 중의 일부를 쓰지 않고 남긴다. 이렇게 소비를 위해 지출하지 않고 남긴 소득을 저축이라 한다[5]. 가계 저축의 일부는 은행 대출, 신주 인수, 회사채 구입 등 다양한 방식으로 자본 시장을 통해 기업의 생산자금으로 전환된다.

자본 시장에서 자금의 수요자는 기업이다.[6] 기업은 생산에 필요한 시설이나 장비, 부품, 소재, 에너지, 인건비 등 자본재(또는 생산재)의 구매를

---

5. "근검절약 없이는 부자가 될 수 없다"는 말이 있다. 이를 경제학 용어로 표현하면 "저축 없이 재산(부) 형성은 불가능하다." 특정 기간에 이루어진 저축은 다음 기간부터는 재산으로 간주되기 때문이다. 스스로 저축하지 않아도 유산을 받거나 로또 당첨 등 횡재를 통해 재산을 형성할 수는 있다. 그러나 유산은 결국 부모가 과거에 저축을 통해 형성한 재산에 지나지 않고, 횡재는 누군가 다른 사람의 재산을 가져온 것이나 다름없다.

   가계는 이렇게 형성된 재산을 그냥 두지 않고 은행에 예치(예금)하거나 다양한 방식으로 운용하는데, 이를 통칭 재테크라 한다. 재테크라는 단어는 이종 합성어(財+Tech)로서 말 그대로 재산 증식 기법이다. 재산은 다양한 형태를 취한다. 재산은 크게 동산(動産)과 부동산(不動産)으로 구분되는데, 동산에는 현금, 예금, 수표, 주식, 채권, 외환, 차용증서 등 모든 유가증권이 포함되고, 부동산으로는 토지, 주택, 상가 등이 있다.

   이 모두가 재테크의 대상이 될 수 있지만 가장 널리 사용되고 가장 간단한 재테크 방식은 은행에 예금하여 이자소득을 올리는 것이다. 부동산 시장이나 증권 시장이 발전되어 있는 오늘날 경제에는 임대소득이나 금융소득을 올릴 수도 있다. 보다 적극적으로 재테크를 하는 사람은 부동산, 주식, 채권, 외환 등을 대상으로 투기 거래를 해서 시세차익(혹은 자본이득(capital gain))을 추구할 수도 있다.

6. 여기서 자본시장과 금융시장의 차이에 주목하자. 금융시장은 어떤 형태로든 화폐 및 화폐 관련 금융상품이 거래되는 모든 시장을 총칭하는 용어로서 실물시장과 대응된다. 따라서 금융시장은 자본시장, 외환시장, 주식시장, 채권시장 등 다양한 하위시장을 아우른다. 이와는 달리 자본시장은 생산요소로서의 자본이 거래되는 시장만을 지칭하기 때문에 어떤 방식으로든 기업의 투자자금 즉 자본재 구입을 위해 필요한 자금의 조달이 이루어지는 시장만을 지칭한다. 따라서 금융시장의 수요자는 모든 경제주체가 될 수 있지만, 자본시장의 수요자는 정의상 기업이라는 생산 주체에 한정된다.

의미하는 투자에 필요한 자금을 마련하기 위해 외부에서 자금을 조달한다. 이러한 투자자금 조달 방법 중 가장 흔히 사용되는 방법은 은행대출을 받는 것이다. 주식회사의 경우엔 당연히 신주나 회사채 발행을 통해 자금을 조달할 수도 있다.[7] 그 방식과 경로가 어떠하든 결국 가계의 저축이 기업의 투자자금으로 전환된다는 사실에는 변함이 없다.[8]

이처럼 생산요소 시장에서는 노동과 자본 그리고 토지가 가계에서 기업으로 이동해가고, 이러한 생산요소의 사용 대가가 임금, 이자, 배당, 지대 등의 명목으로 기업에서 가계로 흘러간다. 생산요소 시장에서 일어나는 이 흐름들이 경제순환의 또 다른 반쪽을 이루며, 이 두 시장의 상반된 흐름들이 합쳐져 경제 전체의 순환을 완결시키는 것이다.

---

7. 기업은 사내유보금 등 내부에서 투자자금을 조달할 수도 있다. 말하자면 기업 자신의 저축을 투자로 동원하는 것이다. 하지만 대개 기업은 외부(은행이나 증권시장)에서 투자자금을 조달한다. 외부 조달의 경우, 주식 발행으로 조달된 자금은 상환 의무가 없다는 점에서 회계 용어로 자기자본(회계상 자본)이라 하고, 은행대출이나 채권(여기서는 회사채) 발행을 통해 조달된 자금은 반드시 갚아야 하는 타인의 돈이라는 점에서 타인자본(회계상 부채)이라 한다.

8. 돈이라는 상품의 특수성은 돈의 거래를 일반 상품처럼 사고 판다, 즉 매매(賣買)한다고 말하지 않고 빌려주고 빌린다, 즉 대차(貸借)라고 말하는 데서도 잘 드러난다. 이처럼 남는 자금 즉 저축을 가진 경제주체로부터 투자나 소비를 위해 자금이 모자라는 경제주체에게로 자금이 이전되는 현상을 금융financing이라 한다.

   금융은 다양한 형태로 이루어진다. 자금의 이동이 은행(bank) 등 중개기관을 매개로 이루어지는 것을 간접금융 또는 중개금융이라 부른다. 은행은 자신의 계산 하에 고객에게서 수취한 예금을 바탕으로 대출을 한다. 예금금리와 대출금리의 차이를 예대금리차라 하는데, 이것이 은행의 기본 수입이다. 이와는 달리 자금이 중개기관을 거치지 않고 공급자에서 수요자에게로 직접 이동하는 경우를 직접금융이라 하고, 이러한 자금 이동은 주식이나 채권 등의 금융상품이 직거래되는 증권시장에서 이루어지므로 시장금융이라고도 불린다. 금융시장에서 가격에 해당하는 것은 예금, 대출, 채권의 경우엔 금리(이자율)이고, 주식의 경우엔 배당(율)과 주가이다.

이제 상품 시장에서 일어나는 흐름들과 생산요소 시장에서 일어나는 흐름들을 시장 참여자인 경제주체의 관점에서 살펴보자. 우선, 가계를 중심으로 보면, 가계는 기업에게 노동력 또는 자본(여기서는 자본재 구입 자금)을 제공하고 그 대가로 임금, 이자, 배당 등을 받는다. 가계는 이처럼 생산요소를 판매하고 벌어들인 소득으로 상품 시장에서 기업들이 생산하여 판매하는 상품을 구입해 소비함으로써 생활을 유지함과 동시에 노동력을 재생산함으로써 차기 순환을 시작한다. 다음, 기업을 중심으로 살펴보면, 기업은 가계의 저축으로부터 조달한 자금으로 상품 생산에 필요한 생산요소들을 구입해 생산 과정을 시행하고 그 생산물을 상품 시장에서 소비자인 가계들에게 판매하여 올린 수입으로 생산비를 보전해 다음 순환을 시작한다. 이 과정에서 창출된 부가가치 중 기업의 몫인 이윤을 사장이나 주주에게 분배하지 않고 재투자하면 전보다 더 큰 규모의 재순환(확대재생산)을 시행할 수 있다.[9]

이처럼 서로 다른 두 부류의 시장에서 가계와 기업이 공급자와 수요자의 역할을 서로 바꿔 수행한다. 한쪽 방향으로는 자본과 노동력 등 생산요소와 이것들을 투입하여 생산된 상품이 흘러가고, 그 반대 방향으로는 임금, 이자, 지대 그리고 상품가격의 형태로 돈이 흘러간다. 이처럼 실물(생산물과 생산요소) 흐름과 화폐 흐름이 각각 서로 반대방향으로 순환한다. 어느 흐름을 보더라도 출발점이 종점이 되고, 종점이 다시 출발점이 된

9. 매출액에서 중간재 등 물적 생산비(회계상 매입이라 불리는 부분)를 공제한 나머지를 부가가치(value added)라 한다. 부가가치 중에서 임금과 이자를 지불하고 남는 부분이 기업의 이윤이다. 이윤은 주주들에게 배당으로 분배되거나 향후 투자를 위해 사내에 유보된다. 사내유보금은 투자재원으로 사용되어 다음 순환으로 들어갈 수 있다. 이때 소요 투자자금보다 사내유보금이 부족할 때 기업은 자본시장에서 차입을 시행한다.

다. 아니, 사실은 출발점도 종점도 없는 흐름들이 원을 그리며 끊임없이 돌아가고 있다는 점에서 경제는 순환한다고 말하는 것이다.

경제성장과 경기변동

그렇다면 경제가 잘 돌아간다거나 아니면 잘 안 돌아간다고 하는 것은 구체적으로 무얼 의미하는 것일까? 인간사회가 존재하고 경제활동(특히 소비와 생산)이 지속되는 한 상기의 흐름들이 중단되는 경우는 없다. 단지 통상 1년 단위로 측정되는[10] 이 흐름들의 크기가 해마다 다르며, 따라서 이

---

10. 1년이라는 기간은 임의로 설정된 것이 아니다. 농업이 주된 생산 활동이었던 농업경제에서는 생산 과정이 사계절, 즉 1년마다 반복된다. 하우스 재배가 등장하면서 상당수의 농산물 생산이 계절과 무관해지는 경향이 있지만 여전히 농업은 기본적으로 계절 변동의 지배를 받고 있다. 어쨌든 경제가 제조업이 주도하는 공업경제로, 그리고 금융 등 서비스 산업이 주축이 되는 서비스 경제로 바뀌었어도 여전히 1년이라는 기간이 대부분의 경제 흐름들의 크기를 측정하는 기간으로 사용된다. 가장 중요한 거시경제지표인 경제성장률도 통상 연간으로 측정된다. 때로는 필요에 따라 1년을 전반기(1~6월)와 후반기(7~12월)로 나누는 6개월 기준 혹은 1년을 4개의 기간으로 나누어 1/4분기(1~3월), 2/4분기(4~6월), 3/4분기(7~9월), 4/4분기(10~12월)로 나누는 3개월 기준이 사용되기도 한다.

경제 변수는 크게 수량변수와 가격변수로 구별된다. 수량변수 중 그 크기를 측정하기 위해 일정한 기간을 설정해야만 하는 변수를 유량(流量, flows) 변수라 하고, 이와는 반대로 그 크기를 측정하기 위해 특정 시점을 지정해야만 하는 변수를 저량(貯量, stocks) 변수라 한다. 모든 수량변수는 유량 아니면 저량이다. 이 구별이 중요한 까닭은 자칫하면 그릇된 비교를 할 수 있기 때문이다. 저량은 저량끼리 유량은 유량끼리만 비교될 수 있고, 그것도 동일한 기간과 동일한 단위여야만 의미를 가진다.

예컨대 소득(income)은 대표적인 유량 변수이고, 재산(fortune)은 대표적인 저량 변수다. 소득은 1개월(월급) 또는 1년(연봉) 등 기간을 정하지 않으면 측정될 수 없고, 재산은 2012년 12월 31일 현재처럼 특정 시점을 정하지 않으면 측정될 수 없기 때문이다. 따라서 예컨대 연봉 1억 원과 재산 10억 원 중 어느 것이 더 큰가라는 식의 비교는 불가능하다. 하지만 유량이든 저량이든 그 크기는 항상 변할 수 있다는 사실에 유의하자. 단

것들의 연간 증가율도 달라질 뿐이다.

이 흐름들 전체를 대표하는 것은 상품 시장의 연간 거래액이다. 정의상 이 연간 거래액은 연간 생산액이나 연간 소비액과 같으며, 그 크기는 다름 아닌 국내총생산GDP이라는 지표로 측정된다. 바로 이 연간 거래액 즉 국내총생산의 크기가 해마다 증가하는 현상을 경제성장economic growth이라 하고, 그 연간 증가율[=(당해 연도의 GDP-전해 연도의 GDP)÷전해 연도의 GDP]을 경제성장률이라 한다.[11]

한편으로, GDP의 크기는 해마다 변한다. 장기적으로 보면 GDP 규모는 해마다 늘어나는 추세를 보여주지만, 경제성장률은 들쑥날쑥하다. 그래서 연간 실제 GDP의 변동을 보여주는 곡선은 우상향하는 직선이 아니라 물결 모양을 띠게 된다. 그 전형적인 모습이 [그림 5-2]에 그려져 있다. 이로부터 도출되는 우상향하는 장기 추세선이 바로 경제성장을 나타내며, 이 추세선과 실제 GDP 곡선의 격차를 GDP 격차gap라 부른다. 실제 GDP가 추세선보다 위에 있는 시기를 호황기, 아래에 있는 시기를 불황기라 부른다.

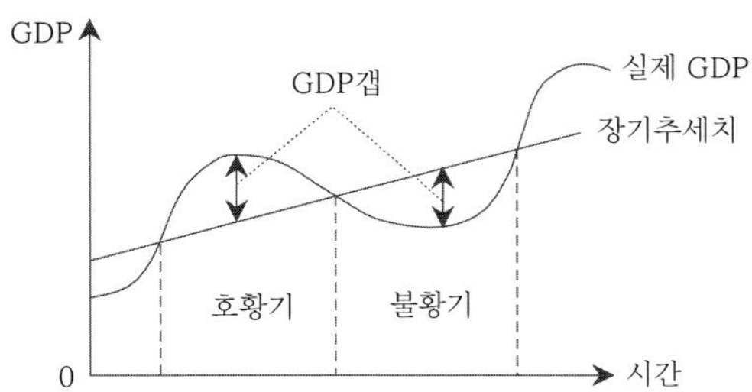

[그림 5-2] 경제성장과 경기변동

지 그 측정을 위해 유량은 기간이, 저량은 시점이 필요할 뿐이다.

11. GDP에 대해서는 6장에서 좀 더 자세히 살펴볼 것이다.

그림에서 볼 수 있듯이 호황과 불황은 시간의 흐름과 더불어 교대로 반복되는 경향이 있는데, 이를 경기변동business cycle이라 부른다. 호황이나 불황은 무엇보다 상품 시장의 상황, 즉 시황으로 나타난다. 경기가 좋다는 것은 상품의 흐름은 물론 그 반대방향으로 결제를 위한 화폐의 흐름도 원활하다는 것을 말한다. 상품 시장에서 일정 기간 동안 거래된 상품의 양과 거래액은 시장경제의 상태를 보여주는 바로미터라 할 수 있다. 호황 또는 불황 국면이 상당 기간 지속되는 경우가 없는 것은 아니지만 어느 국면도 무한정 지속된 경우는 없었다.

다른 한편으로, 경기변동은 잠재성장률[12]의 측면에서도 파악될 수 있다. 실제성장률이 잠재성장률보다 높은 수준에서 지속되면 경기 과열 현상, 즉 활황이 나타난다. 이는 완전고용 상태를 넘어서는 자원 투입이 이루어지고 있음을 의미한다.[13] 이와는 반대로 실제성장률이 잠재성장률보

---

12. 잠재성장률은 성장잠재력(growth potential)이라고도 불린다. 이것은 한 경제가 가진 인적 및 물적 자원이 모두 생산에 투입되고 있는 상태, 즉 완전고용 하에서 인플레이션을 유발하지 않으면서 달성 가능한 최대의 경제성장률을 지칭한다. 잠재성장률은 인구, 투자와 자본스톡, 생산성, 여타 제도들을 감안하여 추정되며, 이 요인들 역시 변하기 때문에 잠재성장률 자체도 해마다 변할 수 있다.

    그러나 잠재성장률을 구성하는 요인들은 단기적으로는 거의 변하지 않는 반면 중장기적으로는 상당한 크기로 변할 수도 있다. 대다수 선진국들의 경험에 비추어보면 경제가 발전할수록 잠재성장률은 하락하는 경향을 보여 왔다. 최근 한국경제의 잠재성장률이 낮아져 걱정하는 목소리가 커져왔다.

13. 잠재성장률 이상의 성장률이나 완전고용 이상의 상태가 존재할 수 있다는 게 이상하게 생각될 지도 모른다. 완전고용이란 말 그대로 실업자가 없고 가동되지 않는 기계나 설비가 없는 상태를 말하기 때문이다. 그러나 완전고용이라는 게 법정 노동시간 등 사회적으로 어떤 정상적인 상태를 전제한 것이기 때문에 이러한 정상적 기준 이상으로 일하거나 기계나 설비의 가동이 있을 수 있다. 이럴 경우 GDP는 그만큼 더 증가될 수 있다.

    그러나 사람이든 기계든 무리하게 사용하면 탈(병환, 고장 등)이 나듯이 경제도 실제성장률이 잠재성장률을 상회하는 활황(붐)을 지속하게 되면 물가상승(인플레이션)이

다 낮은 수준에서 지속되는 현상을 불황recession 또는 경기침체stagnation라 하는데, 이때는 자원이 불완전고용 상태에 있다. 때로는 GDP 증가율의 하락이 아니라 GDP 절대액 자체가 감소하는 현상(즉, 마이너스 경제성장률)이 나타날 때도 있는데, 이러한 현상을 경기쇠퇴regression라 한다.

경기변동의 전형적인 시나리오는 다음과 같다. 현재 경기가 호황 상태에 있다고 하자. 가계 소비가 활발히 이루어지므로 기업의 생산도 늘어난다. 가동률이 증가할수록 고용은 늘고, 노동 수요가 증가해 임금도 상승하게 된다. 이것이 다시 소비 증가를 유발하는 선순환이 작동한다. 이러한 상태가 지속될 것으로 보거나 혹은 지속되기를 기대하면서 기업들은 투자를 늘려 생산능력을 더욱 확충한다. 이리하여 생산량이 소비량을 상회하게 되면, 즉 수요 증가분 이상으로 공급 능력이 확충되면, 시장은 공급초과 상태가 된다. 이제 가격은 하락하고 거래량은 줄어들어 한계기업부터 판매부진 현상을 겪게 된다. 이제 경제는 불황기로 들어선다.

불황기를 맞아 공급자인 기업들의 창고에 팔리지 않은 상품인 재고가 늘어나면 기업은 차기의 생산량을 줄이고, 신규 투자나 채용을 중단한다. 더 심한 경우엔 정리해고 등 구조조정도 마다하지 않는다. 이렇게 해서 상품의 생산량과 소비량은 물론 고용 노동자 수마저 줄어들면, 임금이 정체되고 일자리가 줄어들고 고용이 불안해진다. 가계들은 불안정해진 현재와 불확실한 미래를 대비해 저축을 늘리고 현재의 소비지출을 줄이게 된다. 이에 따라 상품의 구매, 즉 수요가 줄어들면 기업들의 사정은 더욱 어려워진다. 이제 생산과 소비 사이에 네거티브 연쇄 즉 악순환이

일어남은 물론 거품(가치를 상회하는 가격)이 형성되고, 거품은 언젠가 반드시 폭발하는 속성을 갖고 있어 탈이 날 수밖에 없다.

형성된다.

이러한 불황 국면에서 서서히 재고가 축소되고 한계기업이 정리되면서 상품 시장에서의 공급 초과가 해소되면 경기는 회복 국면으로 접어들 수 있다. 그러나 이러한 경기변동의 모습을 자연발생적인 과정으로 보아서는 안 된다. 이 과정에서 민간 경제주체들은 나름 최선의 대응책을 모색하겠지만, 현대 시장경제에서는 특히 공공주체인 정부가 경기조절과 불황의 억제, 그리고 위기의 극복을 위해 그야말로 다양하고도 강력한 경제정책 수단을 사용하고 있다는 사실을 잊어서는 안 된다.

2 개방된 혼합경제의 순환

현실의 경제에는 가계와 기업으로 구성되는 민간부문만이 아니라 공공부문과 해외부문도 있다. 여기서는 이러한 경제를 개방된 혼합경제라 지칭하고자 한다. 이로써 좀 더 실제에 가까운 경제순환 모형을 가질 수 있다. 편의상 먼저 혼합경제를, 이어서 개방경제를 검토한다.

혼합경제: 공공부문의 역할

공공부문에는 시장경제의 바깥에서 제3의 경제주체 역할을 하는 정부 government가 존재한다. 경제학에서 말하는 정부는 중앙정부(행정부·입법부·사법부를 망라한 국가기구 전체)와 지방자치단체(또는 연방국가의 경우 지방정부)는 물론 공기업과 공공연구기관 등 공공적 역할을 수행하는 모든 기관을 총칭한다.

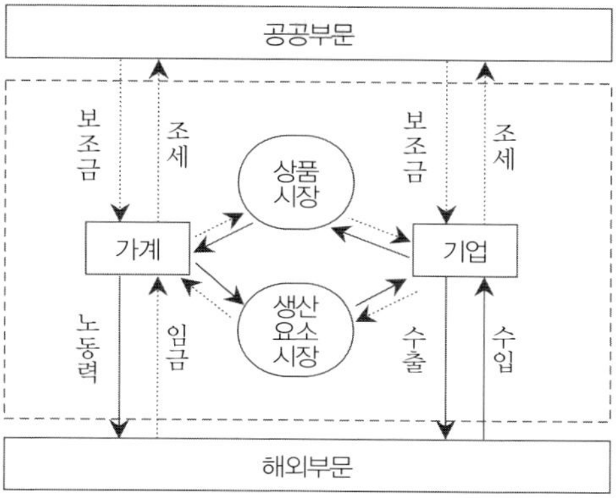

[그림 5-3] 개방된 혼합경제의 순환 모형

정부는 공적인 경제주체로서 민간 경제주체처럼 사적 이익(효용 또는 이윤)의 극대화가 아니라 시장의 작동을 위한 전제조건의 충족, 시장질서의 유지, 경기 조절 나아가 경제 성장 조장, 통화 및 금융의 안정, 사회적 안정 등과 같은 민간주체가 할 수 없는 사회 및 경제 전체의 이익(공익 또는 국익이라 불린다)을 돌보는 것을 사명으로 한다. 심지어는 정부지출을 통해 부족한 소비나 투자를 보충하는 역할을 하기도 한다. 여기서는 경제순환의 관점에서 정부가 수행하는 역할을 살펴보기로 한다.

시장경제의 작동 조건의 충족과 시장질서의 유지

정부는 또한 상법, 회사법, 공정거래법, 특허법 등 수많은 경제 관련법을 제정하여 민간 주체들이 이를 준수하는지 여부를 감시하고 위반자를 처벌함으로써 상거래와 금융거래 등 경제 질서 유지를 책임진다. 한마디로 시장경제의 외부에서 객관적이고 공적인 입장에서 시장경제 참여자들의 행동 규칙을 제정·시행한다. 이 기능은 시장경제의 작동에 불가결한 기능이지만 민간주체들 스스로에 의해 수행되기 어려운 과업이기 때문에 국가라는 공적 기구에게 그 역할이 부여된 것으로 볼 수 있다.

시장경제의 작동을 보장하는 가장 기본적인 법률은 사유재산권에 관한 것이다. 앞에서 말한 바와 같이 상품에 대한 사적 소유권이 불분명하다면 매매 자체가 불가능해질 것이고, 남의 재산을 훔치거나(절도) 강제로 빼앗는(강도) 행위가 처벌 받지 않는다면 남의 것을 획득하기 위해 그 대가(즉, 가격)를 지불하지 않으려는 사람이 생길 것이므로 상거래 질서는 무너질 것이다.

그리고 화폐법이 없어 누구나 화폐를 발행할 수 있거나 또는 있다 하더라도 위폐 행위를 제대로 단속하지 않는다면 경제는 여러 화폐의 통용으로 거래비용이 증가하고 불편이 가중되거나 위조화폐가 넘쳐나 물가폭등이 문제가 아니라 무법천지가 될 수도 있다.

근로자의 기본권인 노동 3권(단결권, 단체교섭권, 단체행동권)을 보장하는 법률이 없다면 근로자들이 노동력의 가치대로, 즉 정당한 임금을 받지 못하는 일이 빈번하게 일어나고 열악한 작업환경은 개선되지 않을 가능성이 높다.

이처럼 시장경제는 다양한 제도적 장치를 설치하고 관장하는 공권력(정부)에 의해 그 질서가 보장되지 않는다면 제대로 작동할 수 없다. 시장이나 경제에 대한 직접적인 개입을 자제하는 정부라 할지라도 시장경제의 기본질서를 유지하는 책임마저 방기할 수는 없을 것이다.

통화금융정책: 통화의 공급과 통화량 조절 그리고 통화가치의 안정

폐쇄 민간경제 순환 모형에서 본 바와 같이 상품은 기업에 의해 생산되고 노동력은 가계에 의해 제공된다. 그런데 법화(불환지폐) 제도 하에서 통화는 가계, 기업, 은행 등 어떤 민간주체에 의해서도 발행(즉 생산)될 수 없다. 이들은 오로지 다양한 방식으로 돈을 벌어들일 수 있을 뿐이다.[14]

그렇다면 화폐경제의 순환에 반드시 필요한 돈은 도대체 어디서 나오는 것일까라는 의문이 당연히 생길 수 있다. 불환지폐 이전의 상품화폐(물품화폐나 금속화폐의 통칭)는 그 자체가 일정한 소재가치를 가진 일반 상품의 하나이기 때문에 상품화폐의 통화량은 그것을 포함한 상품 전체의 상대가격 체계(다른 상품들의 가격에 대한)의 변화에 대한 경제주체들의 반응에 의해

---

14. 돈을 빌려주는 시중은행도 그럴까? 간단히 말하면 그렇다. 왜냐하면 시중은행은 누군가로부터 받은 예금을 바탕으로 대출을 할 뿐이며 중앙은행처럼 통화 발행권을 가지고 있지 않기 때문이다. 그러나 은행은 수신(예금, 은행의 차입 등)과 여신(대출, 어음할인 등) 과정에서 통화를 창조할 수 있다. 이러한 신용통화로 인해 시중의 통화량은 한국은행이 실제로 발행하여 경제에 투입한 돈(본원통화)의 양보다 훨씬 많다.

  그렇다면 은행의 통화 창조는 어떻게 가능한 것일까? 은행들은 예금을 받아 이를 바탕으로 대출을 하는데, 대출된 금액은 곧 해당 은행이나 다른 은행에 예금 형태로 되돌아온다. 은행들은 이렇게 대출 받아 다시 예치된 예금을 바탕으로 또 대출을 해줄 수 있다. 이러한 과정을 수없이 반복하게 되면 시중 통화량은 본원통화량 이상으로 크게 늘어날 수 있다. 이렇게 은행에 의해 창조된 통화를 예금통화 또는 파생통화라 하는데, 대출받은 사람이나 기업의 입장에서는 파생통화도 한국은행이 발행한 현금(본원통화)과 동일한 구매력을 가지므로 사용에는 아무런 문제가 없다.

  물론 이러한 시중은행의 통화 창조에 한도가 없는 것은 아니다. 예대금리차를 주 수입원으로 하는 은행의 입장에서 보면 받아들인 예금총액을 모두 대출하고 싶지만 예금의 일부는 고객의 일상적인 예금 인출에 대비해 보관(법정준비금)하고 있어야 한다. 따라서 시중은행의 통화창조의 한도는 한국은행이 결정하는 법정 지급준비율에 달려 있다. 현재 우리나라의 법정 준비율은 보통예금의 경우 5%다(예금 종류에 따라 다르다).

  그렇다 해도 은행의 현금 보유액 이상의 인출 요구가 있다면 은행도 지불불능(bank run)에 빠질 수 있다. 이런 경우를 대비한 방책의 하나가 은행들끼리 일일 시재금을 맞추기 위해 매일 이루어지는 콜(call) 거래다. 이때 적용되는 금리를 콜 금리라 하며, 이는 경제의 기준금리들 중의 하나로 간주된다. 이러한 신용통화의 존재 때문에 중앙은행에 의한 통화량 조절은 다소 수정된다. 중앙은행은 이처럼 민간경제 내부에서 만들어져서 소멸되는 통화의 량은 물론 본원통화량과 파생통화량 간의 관계도 고려하여 통화정책을 구사한다.

자동으로 조절된다. 예컨대 금화나 태환지폐가 사용되던 금본위제의 경우를 보자. 만약 금화의 소재인 지금地金의 상대가치가 오르면 금화보다 지금으로 사용하는 것이 유리해지므로 금화가 줄고 지금의 공급이 늘어나 지금의 상대가치는 하락하게 된다. 이처럼 금본위제를 비롯한 상품화폐 제도 하에서는 통화량을 증감시키는 일종의 자동조절장치가 작동한다. 요컨대 중앙은행이 존재해 통화를 공급하거나 통화량을 인위적으로 조절해야 할 이유가 없는 것이다.

그런데 자체의 소재가치가 없다시피 한 불환지폐 제도를 도입하는 순간 이러한 자동조절장치는 더 이상 존재하지 않게 되므로 경제 외부에서 이 통화가 주입되어야 한다. 이 역할을 전담하는 정부기관이 바로 중앙은행[15] 이다. 역사적으로도 중앙은행central bank은 불환지폐의 도입과 더불어 출현했다. 원리적으로 시중 통화량이 시장 전체 거래액보다 더 많아지면 물가가 상승하고 화폐가치는 하락한다. 이 현상을 인플레이션inflation이라 한다.

물가 또는 통화가치의 급변은 경제주체들에게 상반되는 영향을 미치기 때문에 불공평을 조장하고 경제의 작동에도 악영향을 미치기 때문에 중앙은행은 통화량을 조절해 통화가치와 물가의 안정을 도모한다. 한 해 동안 상품시장의 총거래액으로 측정되는 국내총생산GDP의 연간 증가율, 즉 경제성장률과 동일한 비율로 통화량이 늘어나도록 조절하는 것이 물가(따라서 통화가치) 안정 정책의 기본원칙이다. 하지만 여러 이유로 씀씀이가 많은 행정부의 강압으로 중앙은행이 신규 통화를 발행해 정부에게 빌

---

15. 우리나라 중앙은행 이름은 한국은행이다. 이처럼 각국의 중앙은행 이름에는 보통 국가명이 사용된다. 하지만 연방국가에서는 중앙 대신 연방이라는 단어가 사용된다. 과거 독일의 분데스방크(Bundesbank), 미국의 연방준비은행제도이사회(FRB) 등이 그러하다.

려준다면 통화량이 실물경제의 필요량 이상으로 늘어나 인플레이션이 유발될 수 있다.[16]

정부는 통화금융정책을 통해 민간경제의 순환에 큰 영향을 미칠 수 있다. 이 정책의 목적은 기본적으로 통화량 조절을 통해 경기를 조정하는 데 있다. 통화금융정책의 전통적인 수단은 기준금리의 변경, 공개시장(국공채) 조작, 지급준비율 변경 등이다.

먼저, 중앙은행이 기준금리 변경을 통해 시중금리의 변경을 유발하면 가계 소비와 기업 투자가 이에 반응해 실물경제는 영향을 받을 수 있다. 대체로 불황기에는 금리를 인하해 소비와 투자 동기를 부추기며, 호황기에는 금리 인상으로 통화량을 흡수해 거품 형성을 억제한다. 다음, 공개시장 조작이란 중앙은행이 국공채의 발행이나 환매를 통해 시중 통화량을 조절하는 방식이다. 예컨대 시중에 자금이 부족하면 국공채를 사들여 통화를 주입하고, 그 역도 가능하다. 끝으로, 법정 지급준비율의 변경은 시중은행의 통화창조 능력에 직접적인 영향을 준다. 이 방법은 그 영향이 너무 커서 긴급한 경우 외에는 사용되지 않는다.

최근 금융위기의 빈발로 각국 중앙은행들은 금융안정을 통화안정 못지않게 중요한 목적으로 삼게 되었다. 일상적으로는 은행 등 여러 금융

---

16. 이러한 정부의 행태 때문에 중앙은행의 독립성에 관한 논란이 일어난다. 물가 안정이 제1의 목표인 중앙은행은 정부의 간섭을 받지 않고 통화정책을 자율적으로 수행할 수 있는 독립성을 가져야 한다는 주장이다. 그러나 중앙은행의 완벽한 독립성도 부작용이 없는 건 아니다. 예를 들어 경기부양을 위해 팽창적 통화정책이 요구됨에도 중앙은행이 거부할 수 있고, 몇 해 전 그리스 재정위기가 발발했을 때 유럽중앙은행이 통화 발행을 통한 긴급구제자금의 투입이라는 최종대부자 역할을 거부함으로써 위기를 더욱 악화시켰던 사례가 있다. 중앙은행의 독립성이 어느 정도로 보장되는 게 좋은지에 대한 일치된 견해는 없다. 현실에서 그 정도는 나라에 따라 상당한 차이를 드러낸다.

기관들의 차입 및 대출 관련 행태를 규제함으로써 부실채권의 누적 등 금융기관들의 건전성이 유지되도록 감시·감독한다. 금융위기가 발생해 신용경색credit crash의 우려가 있을 때는 위기가 실물경제로 파급되지 않도록 긴급 유동성의 주입 등 최종대부자lender of last resort[17] 역할을 수행하기도 한다.

이처럼 정부가 관장하는 화폐금융제도는 시장경제(즉, 화폐경제)의 작동에 불가결한 역할을 할 뿐만 아니라 통화금융정책은 시장경제의 성장과 안정에 막중한 영향을 미칠 수 있다.

그런데 최근 세계경제가 보여주고 있는 모습은 각국 정부와 중앙은행을 당혹스럽게 만들고 있다. 장기침체가 지속되자 각국 정부는 기준금리를 지속적으로 인하해 제로 금리 심지어는 마이너스 금리까지 시행하는 경우가 나타나고 있음에도 경기는 거의 요지부동이기 때문이다. 더욱이 전통적인 통화량 조절 수단이 실효성을 상실하자 비전통적이자 예외적인 수단인 통화발행권을 활용해 신규 통화를 경제에 직접 주입하는, 이른바 양적완화quantitative easing 정책은 물론 마이너스 금리까지 사용하게 되었음에도 이마저 가시적인 효과를 거두지 못하고 있는 상태다.[18]

---

17. 최종대부자라는 용어는 다른 주체로부터 차입하지 않고 스스로 신규 통화를 발행해 대출을 시행할 수 있는 기관을 지칭한다. 법화 제도 하에서는 그러한 능력과 권한을 가진 주체가 중앙은행 밖에 없다. 중앙은행의 최종대부자 역할은 시중에 유동성이 부족하거나 막대한 구제자금이 필요함에도 불구하고 시중은행들이 이를 공급할 수 없는 처지에 빠졌을 때 중앙은행이 통화발행을 통해 구제자금을 투입해 일단 금융 시스템의 붕괴는 막을 수밖에 없다는 현실적인 필요에서 나온다.

18. 이처럼 중앙은행의 금융통화정책이 더 이상 통하지 않는 상황을 경제학은 대안 제시는 커녕 그 원인 진단조차 제대로 하지 못하고 있다. 경제위기가 경제학의 위기로 이어지고 있다고 보는 데는 여기에도 원인의 일단이 있다. 유일하게 내놓은 대책이라면 통화완화 정책을 계속하면서 재정정책을 더욱 확대하라는 것뿐이라 해도 지나치지 않다.

정부지출: 소비자 또는 생산자 역할

정부는 기본적으로 생산의 주체가 아니므로 스스로 소득을 창출하는 활동을 하지 않는다. 따라서 정부 운영에 필요한 재정자금을 마련하기 위해 민간 경제주체들이 창출한 소득의 일정 부분을 세금이라는 명목으로 강제 징수한다. 조세만큼 민간경제는 소득이 감소하고 유동성이 유출된다. 그러나 정부는 이렇게 거두어들인 조세수입(세입)을 행정, 국방, 치안, 사법, 입법, 교육, 복지, 인프라, 경제 등 다양한 부문에 지출(세출)함으로써 민간경제로 되돌려준다. 이로써 민간경제는 빼앗겼던 소득과 유동성을 회복한다. 정부는 이러한 기능을 재정정책을 통해 수행한다.

만약 정부가 조세로 거두어들인 만큼만 지출함으로써 이른바 균형재정(세입=세출)을 유지한다면 민간경제 전체 규모에는 변화가 없을 것이다. 이 경우 정부가 민간부문에서 조세로 거두어들인 일정 금액을 민간을 대신해서 지출하는 것이나 마찬가지기 때문이다. 그러나 균형재정을 유지하더라도 정부의 재정 활동을 통해 민간경제가 받는 영향은 중립적이지 않다.

여기에는 다음 두 가지 이유가 있다. 하나는 세입 측면에서 정부는 모든 민간 경제주체로부터 공평하게(동액의 또는 동률의) 세금을 거두어가지 않는다는 점이다. 예컨대 소득세(개인소득세와 법인소득세 등)와 같은 직접세의 경우 소득이 많을수록 높은 세율이 적용되는 누진세제가 거의 모든 나라에서 시행되고 있다. 다른 하나는 세출 측면에서 정부는 납세자들에게 각자가 낸 만큼 되돌려주지 않는다는 점이다. 민간부문이 아니라 공공부문에 종사하는, 즉 군인을 포함한 각급 공무원의 보수로 지급될 뿐만 아니라, 특히 복지나 사회안전망 관련 예산은 저소득층이나 빈곤층에게 더 많은 혜택이 돌아가도록 되어 있다. 기업에게 보조금을 지원하는 경우에도 통상 중소기업이나 자영업자에 대한 지원이 더 많기 때문이다.

이 때문에 민간부문에서 세금(-)과 보조금(+)을 감안한 결과로서의 이차소득(또는 재분배 소득)의 분배 상태는 과세와 보조금 시행 이전의 일차소득의 분배 상태와 비교하면 크게 달라질 수밖에 없다. 이렇게 재분배된 이차소득을 민간 경제주체가 실제로 지출할 수 있는 소득이라는 의미에서 처분가능소득이라 부른다. 이처럼 재정정책의 시행 후 민간의 소비 및 투자 지출의 크기와 구조가 변경될 수 있기 때문에 균형재정일 경우에도 그것이 민간경제에 미치는 영향은 작지 않다. 더욱이 앞서 말한 것처럼 유럽의 복지국가들처럼 세금과 사회보장 분담금을 상대적으로 더 많이 거두어 더 많이 지출하는 이른바 큰 정부를 운영할수록 공공부문이 경제에 미치는 영향은 그만큼 더 클 수밖에 없다.

정부는 심지어 적자재정을 감행하기도 한다. 각국 정부는 통상 국채 발행을 통해 민간에게서 차입한 자금으로 세입보다 더 많은 지출을 할 때도 있다. 앞에서 말한 것처럼 정부는 돈벌이가 목적이 아니므로 적자재정으로 유발된 정부채무는 결국 더 많은 세금을 거두어 메워야 한다. 이 경우 두 가지 결과가 나타날 수 있다. 한편으로, 정부의 적자재정이 경제성장에 기여한다면 민간부문의 소득이 늘어나 더 많은 세금이 들어오기 때문에 적자재정 정책으로 인해 늘어났던 빚을 갚을 수 있다. 이것이 적자재정을 통한 경기부양 정책의 이론적 근거로서 유명한 영국의 경제학자 케인스J. M. Keynes가 처음으로 주창한 바 있다.

하지만 만약 적자재정 정책이 어떤 이유로 경제성장에 기여하지 못하게 되면 정부 세입은 늘어나지 않은 채 부채만 떠안게 된다. 이렇게 해서 빚을 지게 된 정부가 통화발행권을 가진 중앙은행으로부터 차입한 돈으로 빚을 갚기로 결정하면 그만큼 시중 통화량이 늘어나 물가가 상승하게 되는데, 이는 결과적으로 정부의 채무 부담이 국민 모두에게 고스란히 전가된다는 것을 의미한다.

왜냐하면 중앙은행 역시 돈을 벌어들이는 기관은 아니므로 자신이 가진 통화발행권을 사용하여 신규통화를 발행하여 정부에 빌려줄 수밖에 없기 때문이다. 이러한 상황을 피하려면 정부가 민간부문에서 차입을 더 늘려야 하는데 이 경우 시중에 자금에 대한 수요가 늘어나 금리가 상승 압박을 받게 되어 민간경제에 좋지 않은 영향을 미치게 된다.[19] 그리고 정부든 민간이든 새로운 빚을 내 기존의 빚을 갚는 처지가 되면 이른바 채무의 덫debt trap에 빠졌다고 한다.[20] 현재 미국, 일본, 유럽 등 많은 나라의 정부가 이런 상태에 처해 있지만, 그들이 모두 같은 처지에 있다고 볼 수는 없다.[21]

---

19. 정부 차입으로 금융시장에 자금 수요가 증가해 금리가 상승하면 민간 투자가 위축될 수도 있다. 이를 정부 차입의 구축효과라 부른다. 이는 정부의 경제개입을 반대하는 논자들의 주요 근거의 하나다.

20. 참고로 개인이나 기업 또는 국가가 채무 상환 불능 상태에 빠진 것을 디폴트(default)라 한다. 이때 채무국이 스스로 상환 불능을 선포하는 경우를 모라토리움(moratorium) 선언이라 한다.

21. 사실 국가채무는 오늘날 세계경제의 화두가 되어 있다. 그러나 국가채무가 모든 나라에 동일한 결과를 초래하는 것은 아니다. 미국 정부는 세계 최대의 채무국이지만 자국 통화로 빚을 지고 있는데다가 달러가 세계 기축통화 역할을 하고 있어 최근 신용등급이 강등되었음에도 아무도 미국 정부가 채무 불이행 상태에 빠질 것으로 예상하지 않는다. 일본 정부 역시 GDP 대비 채무 비율로는 세계 최고수준이지만 대부분의 채무가 자국 통화 표시인데다가 대외 흑자국이자 채권국이기 때문에 국제적으로는 문제가 되지 않는다.
이와는 달리 1997년 한국의 외환위기나 얼마 전 발생한 그리스 재정위기가 모라토리움으로 이어지지는 않았지만 사실상 디폴트 상태에 빠졌던 이유는 이 나라들이 그 경제력과 변제능력에 비해 지나친 채무를 지고 있다는 간단한 사실에 기인하는 것이지만, 이 어느 나라든 보수주의 정부는 재정정책을 주로 감세의 형태로 시행한다. 미국의 레이건 정부와 한국의 이명박 정부가 대표적인 사례였다. 세금을 줄여 민간주체들의 가처분소득이 늘어나면 소비나 투자가 증가해 성장이 회복될 것으로 기대하는 것이다. 그런데 감세 정책은 대개 고액납세자인 부자나 생산주체인 기업의 세금을 줄여주는 부자 감세의 형태를 취한다. 이러한 부자 감세는 개방경제에서는 내수 증가보다는 오히려 수입 증가로 귀착된 경우가 많았다.

사실 기업들은 감세 덕분에 여유자금이 생겨 투자에 나서는 것이 아니라 이윤 전망이 있다면 차입을 해서라도 자발적으로 투자를 하는 속성을 가지고 있다. 부자들은 감세 덕분에 생긴 여유자금을 주로 해외소비로 지출하는 경향이 있어 내수 진작과 경기회복에 기대만큼 기여하지 못하는 것이다. 결국 부자 감세는 오히려 조세수입만 감소시켜 재정수지를 악화시킨 경우가 허다하다. 더욱이 정부재정지출 능력의 축소로 향후 팽창적 재정정책이 필요할 때 증세 조치의 실행을 더욱 곤란하게 만든다. 낮춰준 세금을 다시 올리는 것조차 쉽지 않은 까닭은 이 역시 조세 저항을 유발하기 때문이다.

공기업: 생산자 역할

이처럼 경제순환의 관점에서 정부는 무엇보다 소비자 역할을 한다. 정부지출의 대부분은 결국 시장에서의 재화 및 서비스 구입으로 귀착된다. 오늘날 공무원의 임금도 가계의 소득에 속하고, 정부조달시장의 규모는

로 인해 경제위기 발생했던 까닭은 자국 정부가 발행할 수 없는 달러화나 유로화로 대외 채무를 지고 있었다는 아주 간단한 사실에 있다.

막대하다.

그러나 정부는 기업체의 설립·운영을 통해 생산 활동에도 종사함으로써 일자리와 소득을 창출하기도 한다. 이처럼 정부가 투자 또는 운영하는 기업을 총칭하여 공기업公企業이라 부른다. 공기업은 대개 자본, 기술, 판매상의 이유로 민간기업이 쉽게 진출하기 어려운 분야, 사회적 인프라로서 특정 민간기업에 의한 독점이 바람직하지 않은 분야, 공공서비스 등 공공재 생산 분야 등에 집중된다. 예컨대 전기, 수도, 교통, 교육, 정책개발, 기초연구 분야 등이 그러하다.

공기업의 기본목적은 이윤 추구가 아니라 국민 모두가 필요로 하는 공공재나 가치재를 가능한 한 싸게 그리고 안정적으로 공급하는 데 있다. 그래서 대부분의 경우 공기업은 일자리는 창출하지만 이윤을 내서 정부에 소득을 가져다주는 경우는 드물다. 오히려 적자의 누적으로 정부재정을 압박하는 요인이 되는 경우가 더 많은 게 일반적이다.[22]

특히 개발도상국의 경우 대규모 자본이 필요하고 위험성이 높은 철강, 석유화학, 은행 등 기간산업에 경험과 능력이 부족한 민간 기업을 대신하여 공기업을 창설하여 운영하다가 일정 시점에서 민영화시키는 경우

---

22. 이 점은 공무원의 도덕적 해이와 더불어 공기업 민영화 주장의 강력한 근거를 제공한다. 이와 관련해 유의해야 할 것은 어떤 이유로든 공공재가 아닌 사유재를 생산하는 공기업의 민영화는 일리가 있지만, 사회적 인프라를 운영하거나 공공재를 생산하는 기업의 민영화는 신중할 필요가 있다는 점이다. 그동안 많은 공기업들이 민영화되어 왔기에 더욱 그러하다.

    그리고 최근 한국 최대의 모 공기업이 엄청난 이익을 실현해 법인세만 무려 5,000억 원을 납부했다며 자랑하고 있다. 공기업의 이윤은 국민의 비용이나 다름없다는 점에서 꼭 바람직한 것으로 볼 수만은 없다. 그런데 공기업조차 이윤 추구를 할 수밖에 없는 까닭이 독립채산제의 적용에도 있으므로 해당 공기업의 목적을 감안해 재고할 필요도 있는 것으로 보인다.

도 적지 않다. 한국도 예외는 아니며, 오히려 이러한 생산자로서의 정부 역할에서 보면 대표적인 성공 사례로 간주될 수 있다. 현재 글로벌 리더로 부상한 포스코(포항제철로 시작)나 두산중공업(한국중공업으로 시작)이 그러하고, 은행으로는 외환은행(국책은행으로 시작)이 대표적인 공기업들이었다.

경제발전 정책: 산업정책과 무역정책

정부들은 경제발전을 인위적으로 추동하는 정책을 수행하기도 한다. 개발도상국들이 경제개발계획을 세워 경제발전 정책을 직접적이고 명시적으로 추구한다면, 개발국들은 연구개발 지원 등 간접적이고 우회적인 방식을 사용한다. 관련 정책들 중 대표적인 것이 산업정책과 무역정책이다.

먼저, 산업정책은 정부가 선정한 특정한 전략산업의 육성을 위해 동원하는 다양한 정책조합이다. 제조업의 발전이 미진한 개도국들이 공업화 과정에서 주로 사용해왔다. 1970년대 한국의 중화학공업화 정책은 세계적으로도 유명한 산업정책이었다. 그러나 1995년 세계무역기구WTO: World Trade Organization[23] 출범 이후 특정 산업의 육성을 위한 산업정책의 사용은 금지되었다. 그러나 기간산업이나 미래전략산업 또는 연구개발과 같은 분야에 대한 정부 지원은 용인된다. 어쨌든 국제적 협약이라는 제약은 있지만 필요하다면 특정 산업의 발전에 기여할 수 있는 다양한 수단이 존재한다. 오늘날 세계경제의 장기침체 상황에서 구조적인 문제를 해결하기 위한 새로운 산업정책의 필요성을 주장하는 목소리가 커지고 있다.[24]

---

23. 스위스 제네바에 본부를 둔 WTO는 1995년에 GATT의 발전적 해체를 통해 탄생한 국제경제기구다. 국제무역에 관한 규범을 제정하고 위반 행위를 감시하는 역할을 한다. 통화금융 관련 국제 규범을 관장하는 국제통화기금(IMF: International Monetary Fund, 본부는 미국 워싱턴)과 함께 세계경제를 조율하는 쌍두마차 역할을 한다.

다음, 무역정책은 수출입에 대한 지원이나 통제 조치를 통해 무역수지 흑자를 도모하는 정책 패키지다. 그래서 무역정책은 대개 수출을 조장하고 수입을 억제하는 경향을 띤다. 유치산업보호론을 기반으로 한 보호무역주의가 대표적이었다. 전통적으로 수출 조장을 위한 수단으로는 수출보조금의 지급, 수출기업의 육성, 저환율 정책 등이 있고, 수입 억제로는 수입 금지나 수입 쿼터제와 같은 직접적인 양적 통제는 물론 관세율 조정을 통한 질적 통제가 있다. 때로는 고환율 정책을 통해 수입품 가격이 사실상 인상되도록 만드는 간접적인 수단이 사용되기도 한다.[25]

제2차 세계대전 이후 '무역 및 관세에 관한 일반협정GATT' 체제 하에서 상품 시장에서 농산물 시장까지 개방이 추진되어왔고, 1995년 WTO 출범 이후 서비스와 투자 분야까지 개방되고, 자유무역협정FTA: Free Trade Agreement[26]까지 가세하여 무역과 투자의 자유화는 세계적으로 거의 완성 단계에 있다 해도 지나치지 않다. 그동안 비관세장벽의 폐지와 관세화,

24. 예컨대 장하준 교수는 언론과의 한 인터뷰에서 '오늘날 한국에 과연 산업정책이란 게 존재하는가'라고 물었다. 이 물음은 한국경제의 침체 원인을 지적한 것이면서 동시에 미래 산업 육성에 대한 정부 전략의 부재를 질타한 것이다.

25. 환율정책은 수출입에 상반된 영향을 미치기 때문에 보완조치가 동반되는 경우가 많다. 이때 어떤 보완조치가 취해지는가는 각국의 경제발전 전략과 방식에 따라 상이하다. 예컨대 한국이 개발독재 하에서 경제성장을 위해 채택했던 무역정책 패키지 속에서 어떤 환율정책을 시행했던가는 앞에서 간략하게 언급한 바 있다.

26. WTO가 150개국이 넘는 회원국들 중 다수의 관련국들이 참가하는 다자간회의를 통해 협상을 진행한다면, FTA는 보통 둘 내지 소수의 나라들 사이에서 체결되는 무역 자유화 협정이다. WTO든 FTA든 그 명칭에 무역(trade)이라는 단어가 들어있지만, 무역과 무관하지 않다는 구실로 투자, 환경, 노동, 보건, 정부발주, 금융, 기타 서비스 등 사실상 경제의 거의 모든 측면을 다룬다. 바로 이 때문에 자유무역협정은 사실상 경제통합협정이나 마찬가지라는 평가를 받는다.

관세율의 인하와 폐지, 자본시장 개방, 외환 자유화로 줄기차게 이어져 왔다. 이러한 경제적 자유화 및 세계화 과정 속에서 전통적인 무역정책의 시행 가능성은 물론 그 실효성도 거의 사라졌다. 이제 글로벌 시장을 대상으로 자국의 경쟁력 강화를 위한 다양한 노력이 불가피하게 된 것이다.

사회 안정자 역할

자유경쟁을 기반으로 하는 자본주의 시장경제에서는 소득 불평등은 피할 수 없는 자연 현상처럼 보인다. 그러나 빈곤층과 저소득층 그리고 실업자가 늘어나기만 하고 이들의 경제적 처지가 개선될 전망도 없다면 이는 사회적 불안 요소가 된다. 사회적 불안은 시장경제의 안정을 해치기 때문에 정부는 다양한 정책을 통해 사회적 안정을 도모하게 되었다. 그 중 대표적인 것이 소득재분배 정책과 사회·복지 정책이다.

우선, 처분가능소득의 분배 상태를 개선하는 소득 재분배 정책은 빈곤층과 저소득층의 경제적 처지를 안정화시킴으로써 사회적 안정은 물론 경제성장에도 기여하자는 목적으로 시행된다. 시장경제체제 하에서는 정부가 상품 시장과 생산요소 시장에서 결정되는 일차소득 분배(임금, 이자율, 지대 등 일차소득을 결정하는 변수들)에는 가급적 개입을 자제하고 조세와 보조금 등 재정정책을 통해 사후적으로 소득의 재분배 상태를 개선하는 방식이 권장된다. 소득 구간이 높을수록 높은 세율을 적용하는 누진세제 역시 재분배 효과가 있다.

이러한 재분배 정책은 특히 불황이 유효수요의 부족에 있다고 판단될 때 내수 진작을 통한 경기부양책의 일환으로 사용될 수도 있다. 이른바 소득 주도 성장 정책이 그러하다. 이 정책은 소득이 낮을수록 소비성향이 높다는 경험적 사실에 근거를 두며, 고소득자의 소득 감소가 가져올 소비 감소보다 저소득자의 소득 증가가 가져올 소비 증가가 더 크므로 경제 전체로는 소비가 늘어날 수 있다는 것이다. 소득과 부의 양극화 심화로 내수가 침체되고 있는 상황이라면 이러한 재분배 정책의 경기부양 효과는 더욱 클 것이다. 최근 나온 가장 급진적인 방안의 하나는 기본소득basic income이다.[27]

다음, 사회정책과 복지정책도 사회 안정에 기여함과 동시에 재분배 효과를 가질 수 있다. 예컨대 특히 극빈층과 저소득층의 소득 안정을 통해 생활 안정과 이를 통한 사회적 안정을 도모하는 각종 보조금 제도가 그러하고, 차등적이거나 선별적인 복지 정책도 그러하다[28].

개방경제: 해외부문의 도입

현실의 경제는 대외적으로 개방된 경제이기도 하다. 일국의 경제주체들

---

27. 기본소득 아이디어의 핵심은 전 국민에게 일정액의 소득을 보장해주자는 것이다. 금액의 설정, 재원조달 방법, 수혜자들 행동 변화, 수요 진작 효과의 크기 등을 둘러싸고 찬반 논란이 심화되고 있다. 현재 여러 정부들이 소지역을 대상으로 기본소득 실험을 진행 중이다. 국내에서도 전라남도가 기본소득 실험을 준비하고 있다는 소식을 언론이 전하고 있다. 이것이 세계적 불평등의 완화와 세계경제의 회복을 위한 최종수단으로 될지 여부는 아직은 미지수다. 필자는 개인적으로 현재 상황이 지속된다면 그럴 수밖에 없을 것으로 전망하고 있다.

28. 이와 관련해 몇 해 전 학교급식을 둘러싸고, 선별복지와 보편복지 간의 사회적 논란이 있었다. 선별복지의 재분배 효과는 의심할 수 없지만 보편복지라고 재분배 효과가 없는 것은 아니다. 부자집 아이의 밥값이 그 집이 내는 종합소득세보다 크지 않는 한 그럴 것이다. 이 논란을 순전히 경제적으로만 생각해본다면 보편복지의 제공에 따르는 비용과 효과를 비교해보는 게 우선일 것이다. 부자에게도 덤으로 복지를 제공할 필요는 전혀 없다는 주장이 경제적으로 합리적인 판단인지도 확실치는 않다.

이 그 외부에 있는 다른 모든 국민경제의 경제주체들과 맺는 일체의 경제적 관계를 총칭하여 해외부문foreign sector이라 한다. 이러한 대외 경제활동의 구체적인 모습은 국민경제 내부에서 일어나는 경제활동과 다를 바 없지만 그 명칭(무역, 수출, 수입, 해외투자, 외국인투자, 외환 등)이 다를 수 있고, 더욱이 이 활동들이 국민경제에 미치는 영향에 차이가 날 수 있다.

오늘날 한국 기업들은 평균적으로 최종생산물의 거의 절반 가까이를 해외시장에 내다 팔고 있으며, 외국에서 수입하는 액수도 수출액에 거의 맞먹을 정도다. 한국의 무역액은 2011년 1조 달러를 넘어섰고, 세계에서 최소한 열 손가락 안에 꼽히는 무역대국이다.

외국인들이 우리나라 주식시장의 주가를 좌우할 정도로 큰손 역할을 하고 있는 것은 이미 오래되었고(외국인 증권투자), 국내에 공장을 짓거나 한국 기업이나 은행을 사들여 직접 경영하기도 한다(외국인 직접투자). 우리나라의 증권회사나 펀드도 외국 증권시장에 투자를 하고 있고(해외 증권투자), 적지 않은 수의 한국 기업이 중국과 동남아 등 해외에 공장을 설립해 운영하고 있다(해외 직접투자).

한국의 기업과 은행들은 외국의 글로벌 은행들로부터 많은 차입을 하고 있지만(해외차입), 국내 은행들도 국내외에 있는 외국계 은행이나 기업들에게 대출도 하고 있다(해외대출). 한국인들의 해외여행은 이제 일상화되었다 해도 지나치지 않으며 외국인들의 한국 관광도 그동안 많이 늘었다. 한때 미국 등지로 유학 가는 게 붐이었지만, 지금은 중국 등지에서 온 외국인 유학생이 더 많다.

정부 역시 여러 가지 대외활동을 한다. 무엇보다 정부는 외국정부나 국제기관들과 함께 무역, 서비스, 농업, 투자, 기술표준 등 경제 관련 각종 국제회의에 참가하고 또 관련 협정을 체결해 국민의 대외 경제활동에 관한 틀을 짠다. 한때 세계에서 가장 많은 외국원조를 받았던 한국은 이제 OECD(경제협력개발기구, 개발국들의 클럽) 회원국으로서 빈국들에게 의무적으로 원조를 제공해야 하는 나라가 되었고, 정부는 세금으로 운영되는 대외원조를 관리하면서 그 효과를 극대화하려고 애쓰고 있다.

대외활동이 수출과 수입, 즉 무역밖에 없다고 가정하자. 이때 만약 수출액과 수입액이 같아 무역수지가 제로가 되어 균형을 이루고 있다면 국내 상품시장의 거래총액은 무역이 전혀 없는 경우와 동일한 금액일 것이다. 그럼에도 국내시장에서 거래되는 상품의 구성(종류와 양)은 무역이 이루어지기 이전과 상당히 달라질 수밖에 없다. 따라서 무역이 존재하지 않을 때와 비교해보면 국내 소비자들은 제품 선택의 폭이 넓어지고, 수입품이 더 싸다면 물가 하락의 혜택도 누릴 수 있다. 마찬가지 논리가 투자의 경우에도 적용될 수 있다. 예컨대 외국인투자와 해외투자가 금액상 일치하더라도 투자의 대상(상품이나 부문)은 다양해질 수 있고, 특히 직접투자의 경우엔 새로운 경영방식, 사업모델, 노하우 등이 해외로 또는 국내로 이전될 수도 있다.

그런데 과거엔 대다수 국가들이 외국 경제주체들의 국내 활동에 대해 제한을 가하거나 아니면 반대로 특혜를 주곤 했다. 특히 외자가 절실히 필요한 개도국들은 외국인투자 유치를 위해 외자 기업에게 지나친 특혜(조세나 관세의 감면, 낮은 임대료, 인프라나 에너지 등의 사용료 감면)를 줌으로써 국내 기업이 오히려 역차별을 당하기도 한다.

어쨌든 1980년대 이후 무역 및 투자 자유화와 시장 개방이 대세가 되어감에 따라 WTO는 물론 최근 활발해지고 있는 FTA 등을 통해 이러한 외국 경제주체들에 대한 차별은 물론 특혜까지 없애는 방향으로 국제적 합의가 이루어지고 있다. 특히 국내에서 활동하는 모든 경제주체를 국적에 관계없이 동등한 권리와 의무를 부과하는 이른바 내국인 대우national treatment 원칙이 시행되고 있다. 이제 수입품에 대한 쿼터제 등 양적 제한은 거의 예외적으로만 남아 있고, 관세도 거의 유명무실한 수준으로 낮아졌다. 외국인의 국내 주식투자에 대한 제한도 거의 사라졌다. 오히려 해외송금 한도의 설정, 외국인 투자에 대한 인센티브 제공 등으로 국내 투자자들이 역차별을 받고 있다는 불평이 나올 지경이 되었다.

이러한 과정을 거쳐 각국 경제의 대외 개방도가 커지고 내·외국인의 국제적 경제활동의 자유도가 커지는 과정을 통해 세계는 마치 하나의 시장, 나아가 하나의 경제처럼 되어가고 있다. 이러한 과정을 경제적 세계화economic globalization라 부르며, 이 과정의 궁극적인 종착점은 말 그대로 단일한 글로벌 시장, 나아가 글로벌 경제의 형성일 것이다.[29]

3 생태적 경제순환

현실의 경제는 자연과의 끊임없는 물질적 신진대사 없이는 존재조차 할 수 없다는 엄연한 사실에도 불구하고 경제순환에 관한 논의는 여기서 끝난다. 그 이유는 아마 자연을 자원의 보고로서 경제 외부에 항상 주어져

---

29. 세계화는 공간의 통합과 규범의 통일이라는 두 개의 과정을 통해 구현된다. 공간의 통합이란 각국의 시장개방을 통해 국민적인 경제적 공간들이 좀 더 넓은 하나의 경제적 공간을 형성하는 것을 말하며, 규범의 통일이란 서로 다른 국민적 규범(법률, 규정, 관행 등)들이 하나로 통일되는 것을 말한다. 이러한 규범은 보통 WTO, IMF 등 국제경제기구들에서의 다자간협상 또는 FTA와 같은 쌍무협상을 통해 논의된다. 이른바 글로벌 스탠더드(global standard)란 세계의 모든 나라에서 시행 중이거나 시행이 권장되는 규범이라 할 수 있다.

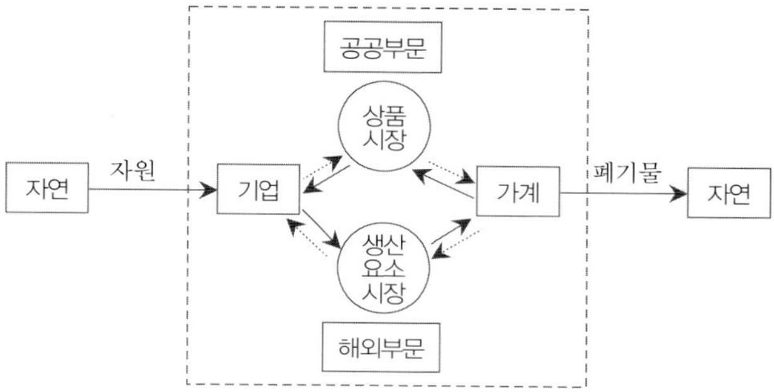

[그림 5-4] 생태적 경제순환

있는 것으로 보고 또 자연은 경제주체가 될 수 없어 자연과의 관계는 인간들 간의 관계 속에 넣을 수 없다고 생각하는 데 있지 않을까.

짐작컨대 경제학이 자연을 이렇게 인식한 배경에는 그동안 인간이 자연에서 가져다쓰는 양이 미미했고 또 자연에 내다버리는 양도 자연의 복원력이나 정화력을 해치지 않는 범위 내에 한정되어 있었다는 사실이 깔려 있었을 것이다. 그런데 산업혁명 이후 대량생산과 대량소비가 정착되면서 경제와 자연의 관계에 큰 변화가 일어났고, 자연이 인간의 경제 시스템에 미치는 영향은 더 이상 무시할 수 없는 것이 되었다. 이에 따라 경제순환을 자연 생태계 전체 시스템의 관점에서 살펴볼 필요가 있다는 인식이 나타났고, 이로부터 환경경제학 나아가 생태경제학이 태동했던 것이다.

경제가 자연과 맺는 관계는 두 개의 측면으로 나누어볼 수 있다. 하나는 인간이 자연으로부터 생산에 필요한 자원을 가져다 쓴다는 측면이고, 다른 하나는 인간이 생산과 소비 과정에서 생기는 폐기물을 자연으로 되돌려 보낸다는 측면이다. 따라서 생태적 경제순환은 "자연→경제→자연"이라는 연쇄를 이룬다([그림 5-4] 참조). 먼저 "자연→경제"라는 고리를 살펴본 후 "경제→자연"이라는 고리를 검토하기로 하자.

자연→경제: 자원 고갈

먼저, 자연에서 경제로 흐르는 흐름을 살펴보자. 여기서 자연은 경제에 대해 자원의 보고寶庫 역할을 한다. 자원이란 자연이 제공하는 것 중에서 인간에게 쓸모가 있는 것을 총칭한다. 지하자원이 지구의 생성 때부터 일정량으로 주어져 있다면, 농림 및 수산 자원은 자연의 생육력에 의해 끊임없이 재생산되면서 생태계 순환에 의거하여 대체로 일정한 개체수가 유지된다. 이러한 자원이 인간에 의해 생산 과정에 투입될 때 비로소 생산요소가 된다.[30]

경제사에서 배운 바와 같이 인류 최초의 경제활동은 자연이 가지고 있거나 자연이 생육시키는 동식물을 획득하는 것이었다. 이러한 생산 활동은 채굴, 채취, 수렵으로 대표된다. 그 후 인간은 자연에서 가져온 것을 가공, 변형, 결합시켜 자연에 존재하지 않는 뭔가를 만들어내는 생산 활동인 제조manufacturing 활동을 발전시켰다. 농림수산광업 등 자연을 대상으로 하는 1차 산업 없이는 제조업 같은 2차 산업이 존재할 수 없다. 예컨대 보리의 재배 없이 맥주 공장을 생각할 수는 없다. 제조업의 꽃이라 불리는 자동차는 차체, 엔진, 유리창, 바퀴 등 적어도 약 2만 5천 개에 달하

30. 이러한 관점에서 왜 자원 부국이 반드시 경제 대국인 것은 아닌 까닭을 이해할 수 있다. 자원 부국이라 하더라도 그것을 생산요소로 사용하는 제조업 등 산업을 발전시키지 못하면 공업국이 될 수 없고, 자원 빈국이라도 자원 부국으로부터 자원을 수입해 제조업을 발전시킨다면 더 잘 사는 공업 대국이 될 수 있기 때문이다.

는 부품과 부분품을 조립하여 완성되지만 이 수많은 부품을 만드는 데 필요한 원료와 소재는 원래 자연에서 가져온 것이 아닌가. 여기에는 어떤 예외도 존재하지 않는다.

바로 이러한 사실로부터 문제가 발생한다. 인간들의 생산력이 증대되고 소비가 늘어나면서 자연에서 가져다쓰는 자원의 양이 급속하게 늘어나자 자원 고갈의 문제가 대두될 수밖에 없다. 부존량이 정해져 있는 지하자원은 인간이 가져다쓰는 만큼 감소할 수밖에 없고, 자연의 생육력으로 일정한 개체수를 유지하는 농림수산 자원은 그 이상으로 갖다 쓰면 줄어들 수밖에 없다. 이러한 이유로 가장 중요한 에너지 자원인 석탄과 석유[31]는 조만간 고갈될 상태에 처해 있고, 바다의 물고기는 남획으로 멸종 위기에 처하기도 한다.

물론 인간들이 이 자원 고갈 문제에 대해 고민하지 않은 것은 아니다. 지하자원의 고갈이 예상되자 한편으로는 새로운 광산이나 유전의 발굴이나 지하 더 깊은 곳에 있는 자원(예컨대 셰일오일)을 채굴하기 위해 애써왔고, 다른 한편으로는 수력과 원자력 등 대체 에너지나 태양열과 태양광, 조력과 풍력 등 신 에너지의 개발은 물론 에너지/자원 절약적인 기술 개발 그리고 신소재 개발에도 치중해왔다. 소비 면에서도 에너지 절약과 낭비 축소를 위한 노력이 없지 않았다.

---

31. 사실 석유는 21세기 중엽까지는 고갈될 것으로 전망되었지만 지하 1,000미터 정도에 위치한 두꺼운 암반으로 된 셰일층 밑에 매장되어 있는 석유와 가스가 발견되어 매장량이 거의 두 배로 늘어났다. 최근 그 채굴 기술의 혁신으로 채굴 비용이 대폭 낮아져 셰일오일도 경제성을 가지게 되었다. 이 덕분에 석유자원은 당장 고갈 상태를 모면했을 뿐만 아니라 석유 가격도 크게 안정되었다. 애석하게도 셰일오일은 주로 미국, 중국 등 대륙적 규모를 가진 대국들에만 분포되어 있다고 한다. 21세기 초에는 이 문제와 관련해 미국과 중동 산유국들이 일종의 석유전쟁을 벌이기도 했다.

그러나 이 모든 노력에도 불구하고 지하자원의 고갈은 항상 시간문제일 뿐 피할 수 있는 문제가 아니다. 이와는 달리 농림어업수산 자원의 고갈 문제에 대해 인간들은 농사, 목축, 양식을 개발해왔다. 이를 통해 식량부족 내지 위기를 극복해왔지만 이처럼 인위적으로 동식물을 대량으로 산업적으로 생산하는 방식은 먹거리의 안전성 문제(동물 스트레스, 과도한 약품주입 등)와 또 다른 환경 훼손(동물 분뇨에 의한 오염, 적조 등)을 초래해 인간의 삶의 질을 악화시키고 있다.

이제 생태적 순환의 두 번째 고리를 살펴보자.

경제→자연: 자연 파괴와 환경 훼손

소비 과정에서는 물론 생산 과정에서도 다양한 폐기물이 발생하는데, 이것들은 모두 자연으로 되돌아간다. 폐기물은 태우면 대기 속으로, 묻으면 땅 속으로, 버리면 결국 바다로 들어간다.

대체로 산업혁명 이전 시기까지 오랜 세월을 자연은 놀랄만한 자정력과 생태계 복원력으로 인간이 버리는 폐기물을 수용해왔다. 인간의 폐기물은 양적으로 미미했고 질적으로도 자연이 생태적으로 큰 문제없이 수용할 수 있는 것들이었다. 그러나 산업혁명 이후부터는 폐기물이 양적으로 급격히 증가하고 자연이 화학적으로 수용하기 어려운 성분을 가진 폐기물이 나오기 시작하면서 문제가 누적되기 시작했다. 많은 나라들에서 공업화가 진행되고 사람들의 생활수준이 높아지면서 폐기물의 규모는 자연의 수용력 한계를 넘어서버린 것으로 판단된다.

먼저, 대기 오염이다. 공장의 매연, 자동차 배기가스, 쓰레기 소각 등으로 대기 오염이 발생해 오늘날 대다수 도시는 스모그smog=smoke+fog로 고통 받고 있다. 온실가스(이산화탄소, 프레온가스 등)의 다량 방출로 오존층이 파괴된 지는 오래 되었고, 기후변화(지구 온난화 등)로 남북극의 빙하가 빠르게 녹으면서 해수면이 상승하고, 엘리뇨나 라니냐 현상과 결합하여 기상이변(돌발성 집중호우, 계절 없는 태풍, 폭염과 강추위 등)이 빈발하고, 사막화의 빠른 진전으로 황사 현상이 강화되고 스모그와 결합해 미세먼지 농도는 참기 어려울 정도가 되었다. 심지어는 온대 지역이 아열대로 변하면서 식물 생태계가 혼란에 빠지고 있다.

다음, 토양과 수질 오염이다. 공장과 가정의 오폐수, 가축의 분뇨, 식수나 농업 및 공업용수 확보를 위한 댐이나 보의 건설 등은 육지는 물론 강과 바다의 수질 오염을 초래하는 주범이다. 수질 악화의 단적 증거는 바다의 적조와 강이나 호수의 녹조 현상이다. 그래서 물고기 등 수생동물의 떼죽음이 해마다 반복된다. 공장의 중금속, 음식물 쓰레기와 못쓰게 된 내구소비재 등 가정 폐기물, 원자력발전소의 방사능 폐기물, 각종 쓰레기 매립은 토양 오염을 유발한다. 도로 개설, 바다 매립 등 무분별한 개발 역시 환경 파괴에 일조하고 있다. 태평양 어딘가에는 한반도 면적만한 바다 쓰레기가 모여 있다는 소식도 있다.

환경 훼손이나 생태계 교란이라는 말이 무색할 정도로 자연 파괴가 진행되고 있다. 이러한 인간의 횡포에 더 이상 참을 수 없게 된 자연이 기상이변과 자연재해를 빈발시키고 있는 것은 아닐까. 인간에 대한 자연의 보복이 시작되었다 해도 지나치지 않다. 기후 변화로 인한 국지성 폭우, 해일과 홍수는 물론 인재에 가까운 산사태, 범람과 침수, 원인 불명의 대규모 산불 등으로 엄청난 물적 및 인적 피해가 초래되고 있다.

지하수 오염으로 부족해진 식수는 공짜나 다름없던 물 값을 폭등시키고, 천연의 수질과 수량을 자랑하던 우리의 금수강산조차 물 부족 국가가 되었다. 공기도 더 이상 공짜가 아니다. 좋은 공기를 마시기 위해서는 시간과 돈 들여 수목원이나 둘레길로 나가야 한다. 언제부턴가 여름이 길어지고 열대야로 불리는 폭염 때문에 잠 못 드는 밤도 늘어나고 있다. 미세먼지는 마스크 착용을 의무화하도록 만들 뿐만 아니라 수많은 사람의 건강을 위협하고 있다. 요컨대 자연을 토대로 구축된 인간의 경제 시스템이 이제 자신의 생존에 불가결한 토대 자체를 무너뜨리고 있는 것이다.

인간들은 자원 고갈에 대처해왔듯이 환경 파괴 문제에 대해서도 해법을 모색해왔다. 원자력의 활용[32], 친환경적인 신재생에너지(풍력, 수력, 조력, 태양열 및 태양광 발전 등) 활용, 폐기물 처리 방법의 개선, 재활용(퇴비, 재생에너지)의 활성화, 오염 총량제와 오염 배출권 거래제 등 다양한 방법들이 동원되고 있다. 하이브리드 또는 전기 자동차, 전기 자전거 등 친환경 교통수단의 개발과 보급, 걷기와 자전거 타기의 활성화, 승용차 수요를 줄이는 대중교통 시스템의 획기적 개선, 생태적 도시 정책의 전개 등도 한몫 하고 있다. 이러한 전방위적 노력에도 불구하고 인간사회의 에너지 시스템이 획기적으로 바뀌지 않고 있는 것은 안타까운 일이다.

국제적 차원에서도 환경 문제 해결을 위한 노력이 전개되어왔다. 경제와 환경 간의 상생만이 아니라 세대 간 연대를 중시하는 지속 가능한 발

---

32. 원자력은 화석연료(석탄과 석유)를 대체하기 위해 개발된 상당히 오래된 에너지원이다. 하지만 방사능 폐기물의 핵무기 원료로의 전용 가능성과 방사능 폐기물 저장소의 건설에 따르는 애로에다 측량 불가능할 정도의 피해를 초래하는 방사능 누출 사고로 인해 많은 나라들이 원자력 발전을 기피하는 경향이 강해져왔다. 그런데 한국의 지난 정부들은 전기 수급의 불균형을 핑계로 원전 확대 정책을 추진해왔다. 2017년 문재인 정부 들어 처음으로 장기적으로 원전을 폐기하는 방향으로 에너지 정책을 전환했다. 이로 인해 원자력 발전 산업이 위축되자 특히 경남 지역의 반발이 거세지고 있다. 이 문제를 슬기롭게 해결할 방법은 무엇인지, 그리고 좀 더 일반적으로 환경과 경제의 관계를 재고할 수 있는 좋은 계기가 되었으면 한다.

전sustainable development이라는 테제는 이미 세계적인 화두가 된 지 오래다. 그 핵심은 후속 세대들도 현 세대 못지않은 환경 및 생활수준을 누릴 수 있게 해주는 경제발전 방식을 시행하자는 데 있지만, 그 절실한 필요성에 비하면 실천은 미약하기 짝이 없다. 그 주된 이유는 선진국과 개도국 간의 입장 차이 때문이다.

개발국들은 개도국들마저 공업화를 시행하면 지구 환경은 돌이킬 수 없는 파국에 빠질 것으로 인식하고 개도국들도 친환경적인 개발 방식을 채택하도록 강요한다. 하지만 개도국들은 오늘날 인류를 위협하고 있는 환경 파괴와 그로 인한 피해는 대부분 선진국들의 책임이고, 생활수준의 향상을 위해 경제개발이 불가피한데 친환경적인 발전 방식으로는 목적을 달성할 수 없다고 생각하기 때문에 일방적인 희생은 받아들일 수 없다고 주장한다. 더욱이 선진국들의 입장이 일치하지도 않는다. 유럽 나라들은 대체로 환경 파괴와 기후 변화의 심각성을 인식하고 선도적인 실천을 하고 있지만, 세계 최대의 경제대국인 미국은 환경 관련 국제적 합의사항조차 무시하기 일쑤다(온실가스 감축을 위한 교토의정서의 비준 거부, 리오회의 결정의 사실상 미 준수, 트럼프 대통령의 지구 온난화 현상을 부정하는 발언 등).

이처럼 못 사는 개도국 국민들이 갈망하는 생활수준의 향상을 무시하기 어렵고, 이미 길들여진 선진국 소비자들의 에너지 남용이나 대량소비 습관을 바꾸기도 쉽지 않다는 점에서 자연환경의 보호 및 개선에 관한 한 낙관적인 전망을 세우기는 어렵다. 더욱이 개발국 국민들이 에너지와 관련해 획기적인 사고방식의 전환과 실천이 없는 한 개도국들의 경제발전을 위한 환경 측면의 여유를 확보하기는 쉽지 않을 것으로 보인다. 이러한 관점에서 보면 환경 분야에서의 글로벌 대타협이 반드시 필요해 보인다. 그 핵심은 선진국의 에너지 절약 및 환경 기술의 양도와 개도국의 경제

개발 속도의 조절 및 경제개발 방식의 친환경적 전환 간의 교환이 아닐까.

개인 차원에서 지속가능한 발전의 취지를 실천하는 노력도 불가피해 보인다. 적정 수준의 경제생활을 유지한다면 자원 소비량을 줄임과 동시에 폐기물의 양도 줄일 수 있기 때문이다. 과연 인류는 어떤 선택을 할 것인가. 생태적 경제순환의 관점에서 보면 갈림길에 서 있다. 더욱이 시간이 없다.

거시경제학 기초

제**6**장

경제학은 미시경제학과 거시경제학으로 대별된다. 미시경제학이 가계와 기업이라는 미시 경제주체들의 행동논리를 탐구해 시장경제가 작동하는 방식을 밝히고자 한다면, 거시경제학은 경제 전체를 대상으로 거시변수들을 활용해 그 작동방식을 탐구함과 동시에 공공부문의 기능과 해외부문과의 관계도 탐구한다. 이처럼 거시경제학과 미시경제학은 각각의 연구대상이 다름에도 불구하고 양자는 동전의 양면처럼 분리될 수 없는 긴밀한 연관을 가지고 있다.

제6장

거시경제학 기초

앞에서 경제순환을 다루면서 거시경제학의 일단을 엿보았다. 여기서는 개방된 혼합경제를 대상으로 그 거시적 작동방식을 이해하는 데 있어 가장 기초적이고 기본적인 사항만 다루고자 한다. 여기서는 거시경제의 기본지표에 관한 것을 바탕으로 경제 성장과 위기에 관한 총괄적인 이해를 시도해보고자 한다.

이미 말한 것처럼 경제학은 미시경제학과 거시경제학으로 대별된다. 미시경제학이 가계와 기업이라는 미시 경제주체들의 행동논리를 탐구해 시장경제가 작동하는 방식을 밝히고자 한다면, 거시경제학은 경제 전체를 대상으로 거시변수들을 활용해 그 작동방식을 탐구함과 동시에 공공부문의 기능과 해외부문과의 관계도 탐구한다. 이처럼 거시경제학과 미시경제학은 각각의 연구대상이 다름에도 불구하고 양자는 동전의 양면처럼 분리될 수 없는 긴밀한 연관을 가지고 있다.

문제는 이 두 개의 영역 간의 관계를 어떻게 파악할 것인가에 있다. 이것은 관점의 문제이자 방법론의 문제다. 혹자는 미시경제학에서 출발하여 거시경제학으로 나아가고자 하는데 이를 위해서는 거시경제학의 미시경제학적 기초 탐구가 불가피하다고 본다. 그 대표적인 방법론이 방법론적 개체론methodological individualism이다. 기본적으로 거시경제를 미시경제의 단순한 합sum, 또는 미시적 논리의 연장으로 파악하는 이 방법론은 많은 비판을 받고 있다. 특히 나중에 설명될 구성의 오류fallacy of composition에 의해 결정적으로 기각된다.

이와는 정반대로 전체에서 부분으로 나아가고자 하는 방법론이 있다. 이에 따르면 전체의 논리가 개체나 부분의 논리에 제약을 가하고 심지어는 결정한다고 본다. 대표적으로 전체론holism이 그러하다. 여기서 개체는 독자적인 논리를 가지지 못하므로 탐구의 대상조차 되지 못한다. 예컨대 전체주의 경제의 경우에는 미시 경제주체들은 중앙계획당국이 내리는 지시나 명령을 그대로 실행만 하는 피동적인 존재에 지나지 않았다. 사회주의 계획경제의 실패는 주체의 논리를 부정하는 이러한 전체론의 오류를 극명하게 보여주었다.

이와 관련해 최근 가장 설득력이 있어 보이는 방법론은 제도학파들이 제시하는 전체론적 개체론holist individualism이다. 이들의 논지는 세부사항에서 많은 차이점을 가짐에도 불구하고 개별 주체와 사회경제 전체가 각각 독자성을 가짐을 인정하고, 양자 사이에 제도institution라는 중개항을 설정해 개체와 전체의 관계를 매개하거나 조율하는 사회적 장치로 간주한다. 개인은 현행의 제도 네트워크가 가하는 제약 하에서 행동하고 또 의사결정을 내리지만, 집단적 행동과 정치적 영역과의 상호작용을 통해 제도 변화 또는 변경을 시도할 수 있다고 본다. 이로써 개체와 전체, 개인과 사회, 기능과 구조 등 다양한 이분론적 사고의 한계를 극복하고자 한다.

필자는 이러한 전체론적 개체론이 미시경제학과 거시경제학을 통합적으로 파악할 수 있게 해줄 뿐만 아니라 현실경제의 구조와 작동을 좀 더 잘 설명할 수 있게 해준다고 생각하며, 이 책의 서술도 이러한 방법론적 인식을 깔고 있음에 유의하자.

1 GDP와 국민소득

GDP의 정의와 측정

GDP의 의미

오늘날 한 나라 경제 전체의 규모를 측정하고 이를 국제적으로 비교하기 위해 국내총생산GDP; Gross Domestic Product이라는 개념을 대표 지표로 사용하고 있다. 먼저 이 개념의 의미부터 살펴보자.

먼저, '총Gross'이라는 단어는 해당 경제 내에서 생산 활동을 수행하는 모든 주체들이 새롭게 생산한 가치(즉, 부가가치)의 합을 의미한다. 부가가치는 가계의 임금과 기업의 이윤 그리고 정부의 조세로 나뉜다. 여기에 자본재의 기여분인 감가상각비를 포함시키면 GDP가 되고, 제외하면 국내순생산NDP; Net Domestic Product이 된다. 결국 '총'과 '순'이라는 용어는 국민소득 측정에 있어 자본재의 감가상각 부분의 반영 여부에 따른 것이다. 어쨌든 실제로는 자본재의 소모분에 해당하는 만큼 감가상각충당금이 설정되어 있어야 해당 자본재의 수명이 다한 후에도 자본재의 쇄신을 통해 생산이 계속될 수 있음은 불문가지다.

다음, '국내Domestic'라는 용어는 부가가치의 합계에 포함시킬 기업을 판정하는 기준의 하나다. 국내는 영토를 기준으로 한다는 의미로서 국적을 기준으로 삼는 국민National이라는 용어와 대응된다.[1] 따라서 GDP는 국적에 관계없이 국내에서 생산 활동을 수행하는 즉 사업자로 등록된 모든 기업을 대상으로 한다면, GNPGross National Product는 국내든 국외든 부가가치를 창출하는 모든 국적 기업들을 대상으로 한다. 예를 들어 보자. 국내 창원시에 소재한 쉐보레자동차(전 GM대우) 창원공장의 연간 생산액은 한국의 GDP 계산에는 들어가지만 GNP 계산에는 들어가지 않는다. 반면 미국에서 활동하는 한국계 기업 현대자동차 미국법인의 연간 생산액은 한국의 GDP 산정에는 포함되지 않지만 GNP 계산에는 포함된다.

GDP와 GNP는 각각 독자적으로 산정될 수 있고, 항목 조정을 통해 어느 하나로부터 다른 것을 계산해낼 수 있다.[2] 그런데 1980년대 중반 각국은 국제연합의 권고에 따라 각국의 경제력과 국민소득을 대표하는 지표를 GNP에서 GDP로 바꾸었다. 과거 국제투자(외국인투자와 해외투자의 총칭)가 활발하지 않았던 시기에는 GDP와 GNP는 유의미한 차이가 없었기 때문에 국적 기준이 선호되었지만, 다국적기업들 중심으로 해외투자가 활성화되자 각국의 GDP와 GNP 간의 격차가 갈수록 커졌다. 그렇다 해도 GDP가 일국의 경제 규모를 더 잘 반영하는 지표로 판단한 이유는 무엇

1. 개인의 국적은 쉽게 알 수 있지만 기업의 국적은 어떻게 판정하는가? 기업의 국적은 일단 그 소유자의 국적에 따른다. 주식회사처럼 소유자가 다수라면 다수 지분 보유자의 국적으로 판단한다. 현지법인(자회사 또는 지점)이라면 본사의 국적으로 판단한다. 결국 기업의 국적은 그 소재지와 무관하게 자본을 어느 나라 사람이 보유하고 있느냐에 달려 있다. 따라서 기업의 다수 지분의 보유자가 국적이 다른 사람으로 바뀌면 기업의 국적도 바뀌게 된다. 예컨대 대우자동차는 한국 기업이었지만 1997년 IMF 외환위기를 계기로 GM이 지분을 100% 인수해 미국 기업으로 바뀌었던 것이다. 삼성자동차도 마찬가지 방식으로 프랑스 르노자동차의 자회사가 되었다.

2. GDP와 GNP의 크기는 자국에서 활동하는 외국기업이 창출한 부가가치와 외국에서 활동하는 국적기업이 창출한 부가가치의 합계만큼 차이가 난다. 따라서 이 두 수치가 동일하다면 GDP와 GNP도 동일하다. 그리고 전 세계 나라들의 GDP 합계와 GNP 합계는 정의상 같을 수밖에 없다.

일까?

예컨대 한국에 소재하는 삼성르노자동차는 프랑스 회사이지만 한국의 국세청에 등록한 법인으로서 재산세와 법인세 등을 한국 정부에 내며, 고용 근로자의 대부분은 한국인이며, 자동차 생산에 필요한 에너지는 물론 소재와 부품의 대부분도 한국에서 조달한다. 따라서 르노삼성자동차 회사는 프랑스 경제보다 한국 경제와 더 많은 그리고 더 밀접한 관계를 가지고 있다고 볼 수 있다. 비록 이 기업이 그 생산물을 대부분 수출하는 경우에도 앞선 지적은 타당하고, 그 수출은 외국이 아니라 한국의 수출 통계에 잡힌다. 이와는 달리 현대자동차의 미국법인이라면 지금까지의 논의가 역으로 이루어질 것이다.

마지막으로, '생산product'이라는 용어는 생산 활동의 결과를 지칭하므로 생산물 자체와 생산액이라는 이중의 의미를 포괄한다.[3] 생산액으로서 GDP는 각 생산물의 생산량에 시장가격을 곱해서 구한 값들의 합계이기도 하다. 그러나 생산액으로 표시된 GDP는 총 규모를 산정하고 국제 비교를 하기 위한 수단에 지나지 않으며, 그 실질적인 의미는 생산물을 구성하는 실물 상품들(재화와 서비스)의 종류와 각각의 생산량에 있다. 예컨대 농업국과 공업국 혹은 중계무역국가의 GDP가 금액으로 100억 원으로 같다고 해서 이 경제들이 동일한 산업 구조를 가진다고 볼 수는 없음을 상기하면 쉽게 이해될 것이다. 그리고 GDP의 금액은 각 생산물의 생산량에 각각의 시장가격을 곱해서 계산하기 때문에 GDP는 생산물 전체의

3. Product는 생산이라는 활동의 결과를 지칭한다. Produce는 '생산하다'라는 뜻을 가진 동사이고, Producer는 생산하는 사람, 즉 생산자를 지칭한다. Production은 생산 활동을 지칭하는 명사다. 이제 GDP에서 P가 'Production'이 아니라 'Product'인 이유를 알 수 있을 것이다.

가치가 아니라 시장에서 거래된 부분의 가치만 반영한다. 연간 생산액과 연간 시장거래액은 다를 수 있지만 재고변동을 감안하면 같은 값으로 환산될 수 있다.

이러한 점들을 감안하면 결국 GDP는 국내에서 활동하는 기업들이 연간 생산한 최종생산물의 시장가격으로 환산된 가치 총액을 말한다. GDP는 나라 전체의 경제규모 특히 생산 능력의 크기를 보여주는 지표이지 그 나라 국민들의 생활수준을 드러내주는 지표는 아니다. 따라서 국민 개개인 생활수준을 알려면 GDP를 인구수로 나눈 일인당 GDP를 보아야 한다. 동액의 GDP라 할지라도 인구가 많을수록 해당 국민의 생활수준은 낮을 것이다. 따라서 국가별 GDP 서열과 1인당 국민소득의 서열은 다를 수밖에 없다. 덴마크처럼 경제 규모는 작아도 국민은 아주 잘 사는 개발국이 있는 반면, 중국처럼 경제대국이지만 국민의 평균적 생활수준은 상대적으로 낮은 개도국이나 중진국이 있을 수 있는 이유다.

나아가 1인당 GDP가 같은 두 나라가 있다 하더라도 양국의 국민들이 동일한 만족도를 가질 것으로 추정할 수는 없다. 왜냐하면 1인당 GDP는 일국의 평균소득을 의미할 뿐 개개인의 소득이 그렇다는 것은 아니기 때문이다. 따라서 국민소득이 국민들 사이에 얼마나 균등하게 나뉘는가에 따라 소득 불평등도[4]가 달라지고, 이에 따라 국민의 만족감이나 행복감의 정도도 달라질 수 있다. 국민소득의 분배 상태는 해당 경제의 총수요에도 영향을 줌으로써 경제성장률에도 영향을 미칠 수 있다는 점에서 대단히 중요하다.

---

4. 소득의 불평등도를 측정하는 지표로는 지니계수와 십분위분배율 그리고 로렌츠 곡선 등이 대표적이다. 각 지표에 대해서는 각자 공부하시기 바란다.

여기서 GDP나 GNP 등 국민소득 관련 지표가 가진 한계에 대해서도 알아둘 필요가 있다. 먼저, 이 지표들은 시장을 통해 제공되는 물질적 부의 크기를 측정하는 것이므로 국민의 행복(만족, 삶의 질 등) 수준을 직접 대변하지 않는다는 점이다.

다음, 시장에서 거래되지 않는 경제활동, 즉 대가가 지불되지 않는 활동, 예컨대 가사노동 같은 것은 아무리 중요해도 GDP에 반영되지 않는다는 점이다. 그래서 자신이 직접 한 집 청소는 반영되지 않지만 동일한 집 청소를 누군가에게 돈 주고 시키면 GDP에 반영된다는 모순이 있다. 이로부터 실제 생산에는 변화가 없어도 자가소비 하던 부분이 상품화되면 그만큼 GDP는 증가하게 된다는 것을 알 수 있다. 어떤 경제활동이든 대가가 지불되면 GDP에 반영되는 것이다[5].

셋째, 생산이나 소비 과정에서 파괴되는 가치가 있어도 그 대가가 지불되지 않는 한 반영되지 않는다는 점이다. 이와는 반대로 예컨대 파괴된 환경을 복구하기 위해 지출된 금액은 GDP에 산입된다. 오히려 GDP에서 그만큼 빼줘야 타당한 것처럼 보이는 데도 말이다. GDP가 이처럼 많은 약점을 가지고 있음에도 불구하고 실효성 있고 객관적으로 측정 가능한 대안 지표는 여전히 존재하지 않는다[6]. 그럼에도 GDP가 가진 약점들을 확실하게 인식해두는 것은 중요하다.

---

5. GDP의 한계를 비꼬는 우화 아닌 우화가 있다. 정부가 실직자들을 모아놓고 땅 파는 일을 시킨 후 일당으로 5,000만원을 지급하고 다음 날 이들에게 판 땅을 도로 덮는 일을 시키고 또 일당으로 5,000만원을 주었다면, 합계 1억 원에 해당하는 부가가치가 창출되었고, 이는 당연히 GDP 계산에 포함된다.

6. GDP의 대안 지표로는 녹색(Green) GDP가 대표적이다. 그 외 스티글리츠 교수의 행복 GDP, 유엔의 인간개발지수, 네팔의 국민행복지수 등이 있다. 중국은 녹색발전지수를 개발 중이고, 최근 문재인 대통령도 대안지표의 개발 지시를 내렸다고 한다.

GDP의 측정

생산 면에서 GDP를 계산하는 방법에는 두 가지가 있다. 하나는 최종생산물(즉, 최종소비재)의 연간 거래액을 합치는 방법이고, 다른 하나는 각 기업이 생산한 부가가치를 합치는 방법이다. 전자의 방식은 측정상의 애로 때문에 보통 후자의 방식이 사용된다. 각 기업이 창출한 부가가치는 연간 매출과 매입의 차이로 계산되며, 관련 자료는 세무당국에 신고해야 하므로 신고된 자료를 기초로 GDP를 추정하는 것이 좀 더 쉬운 방법이다[7]. 그러면 최종생산물들의 시장가치의 합계와 기업들의 부가가치 합계는 과연 일치하는 것일까라는 의문이 들 것이다. 이를 간단한 사례를 들어 알아보자([그림 6-1] 참조).

어떤 경제가 자동차라는 대표 상품 하나만 생산하고 그 생산계열이 다음과 같다고 하자. 어떤 한 해 동안 철광석 채굴회사는 광산에서 철광석

---

7. 이 경우 기업들이 매출과 매입 즉 부가가치 관련 자료를 얼마나 성실하게 신고하느냐에 따라 측정된 GDP는 실제 GDP보다 작을 수밖에 없다. 매입을 부풀리거나 매출을 축소해 신고하면 부가가치가 작아지고 GDP도 실제보다 그만큼 작아진다. 이 차액은 해당 경제의 투명성 정도를 가늠할 수 있는 요소 중 하나다. 기업이 이러한 행동을 하는 이유는 부가가치세(현재 한국의 세율은 10%, 프랑스는 20%)를 적게 내기 위해 그리고 그럼으로써 법인세나 개인소득세도 더 적게 낼 수 있기 때문이다. 이렇게 해서 누락된 부분의 크기가 나라 전체로 얼마인지는 당국이 전수조사를 하지 않는 한 정확하게 파악할 수 없다. 그래서 당국은 나름의 방법으로 이를 보정한다.

   우리나라의 경우 21세기 들어 신용카드 사용과 현금영수증 발급이 일상화되고 기업 간 전산결제가 정착되면서 전체 거래 중 세무당국에 자동 통보되는 거래의 비중이 대폭 늘어나 경제의 투명도가 증가했고, 이에 따라 GDP의 정확도도 크게 높아졌다고 추정할 수 있다. 그럼에도 아직 GDP의 10~20% 정도는 여전히 누락되고 있을 것으로 짐작되는데, 이는 현금 거래를 선호하는 자영업자들의 관행이 여전하고 소액 거래의 영수증 발급이 미진한 데 기인한다. 역으로 거래와 신고의 투명성만 증가해도 실제 GDP의 변동이 없어도 측정 GDP는 증가할 것이다. 최근 몇 년간 세입 실적이 예상액보다 많은 상황이 지속되고 있는 것도 이러한 효과가 반영된 것으로 보인다.

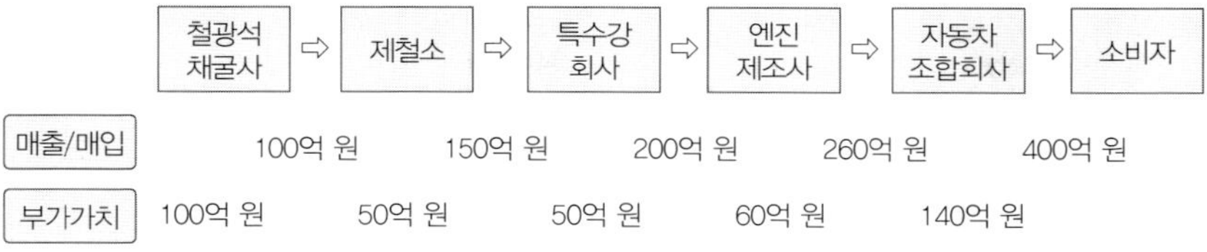

[그림 6-1] 생산GDP의 두 가지 측정방식

을 100억 원에 제철소에 판다. 제철소는 구입한 철광석을 녹여 선철을 만들어 특수강회사에 150억 원에 넘긴다. 특수강회사는 선철을 변형시켜 특수강을 만들어 200억 원에 엔진부품 제조사에 판다. 엔진부품 제조사는 엔진부품을 260억 원에 엔진제조사에게 납품한다. 엔진제조사는 엔진을 만들어 자동차 조립회사에 300억 원에 납품한다. 마지막으로 자동차 조립회사는 조립한 자동차를 400억 원에 소비자에게 팔았다고 하자.

이 사례를 가지고 GDP를 상기 두 가지 방법으로 계산해보자. 우선, 최종생산물은 자동차밖에 없으므로 그 거래총액은 400억 원이다. 다음 생산 계열에 따라 각 기업이 창출한 부가가치는, 철광석 채굴회사가 100억 원(=100억-0), 제철소가 50억 원(=150억-100억), 특수강 회사가 50억 원(=200억-150억), 엔진부품 제조사가 60억 원(=260억-200억), 엔진 제조사가 40억 원(300억-260억) 그리고 자동차 조립회사가 100억 원(=400억-300억)이므로 합계 400억 원이다. 어느 방법으로 계산하든 GDP는 400억 원으로 같다는 것을 알 수 있다.

국민소득 3면 등가의 법칙

지금까지 설명한 GDP는 국민소득을 생산 측면에서 측정한 생산국민소득이다. 생산에서 창출된 국민소득(즉, 부가가치)은 그것을 창출하는 데 기여한 주체들 사이에 분배된다. 현실에서 기업들은 창출한 부가가치에서 피고용자들에게 임금을 지급하고 남는 부분을 이윤으로 확보한다. 임금과 이윤 중 일부는 소득세(근로소득세와 법인세)로 정부에 납부된다. 또 이윤의 일부는 감가상각충당금으로 배정된다. 각 주체들이 분배받은 소득의 합계는 당연히 생산GDP와 같을 수밖에 없다. 이를 분배국민소득이라 한다.

이렇게 분배받은 소득을 가지고 경제주체들은 지출을 한다. 가계는 소비지출을, 기업은 투자지출을 그리고 정부는 정부지출을 한다. 이 지출들의 합계를 지출국민소득이라 한다. 만약 경제주체들이 그 해의 소득 전부를 지출한다면 지출국민소득은 당연히 생산국민소득이나 분배국민소득과 크기가 같을 수밖에 없다.

요컨대 경제가 해마다 적어도 지난 해 만큼의 생산과 소비를 반복하고 있다는 것은 생산물의 가치가 시장에서 실현(판매)되어 올린 소득이 분배되고, 모두 지출되고 있음을 의미한다. 이처럼 원리적으로 생산, 분배, 지출이라는 세 가지 측면에서 측정되는 국민소득은 모두 동액일 수밖에 없다는 것을 '국민소득 3면 등가의 법칙'이라 한다. 경제가 생산-분배-지출을 거치면서 돌아가는 모습은 앞서 다룬 개방된 혼합경제 모형을 통해 실물과 화폐 흐름들이 시장을 중심으로 순환하는 모습과 상응한다. 이 법칙을 거시 변수들 간의 관계로 표현하면 다음과 같다.

$$Y = GDP = W + \Pi = C + I + (G - T) + (X - M) \qquad (6\text{-}1)$$

여기서 Y는 국민소득national income, GDP는 국내총생산, W는 임금wages, Π는 이윤profits, C는 소비consumption, I는 투자investment, G는 정부지출government expenditure, T는 조세tax, X는 수출exports, M은 수입imports을 지칭함.

여기서 중요한 문제가 하나 있다. 만약 소득이 모두 지출되지 않는 한 지출액이 생산액이나 분배소득과 같아야 할 이유가 전혀 없기 때문이다. 그렇다면 국민소득 3면 등가의 법칙이 어떻게 성립될 수 있는가?

여기서 논의를 간단히 하기 위해 정부는 세입만큼만 세출을 하며($G=T$, 즉, $G-T=0$), 무역에서 수출과 수입은 같다($X=M$ 즉, $X-M=0$)고 가정하자. 그러면 상기 식 (6-1)은 '$Y=C+I$'로 축약된다. 즉, 국민소득은 가계의 소비지출과 기업의 투자지출의 합과 같다는 것이다. 여기서 만약 임금이 모두 소비로 지출되고($W=C$), 이윤이 모두 투자로 지출된다면($\Pi=I$), 아무 문제가 없다. 그런데 가계들은 보통 여러 가지 이유로 소득(W)을 모두 소비지출(C)을 하지 않고 남기는 경향이 있다. 이렇게 소득 중 지출되지 않고 남긴 것을 저축saving(S)이라 한다. 그렇다면 국민소득은 소비지출과 저축의 합($Y=C+S$)이기도 하다. 이 두 식으로부터 국민소득 3면 등가의 법칙이 성립하려면 '$I=S$'가 되어야 한다는 것을 알 수 있다. 즉 경제 전체 차원에서 투자와 저축이 같으면 생산과 지출(소비+투자)이 일치하게 되고, 경제는 최소한 이전과 동일한 규모로 재순환될 수 있는 것이다.

그런데 현실에서 저축의 주체는 가계이고 투자의 주체는 기업으로서 서로 다르기 때문에 저축과 투자가 같은 값이 된다는 보장이 전혀 없다. 만약 어떤 이유로 저축이 투자보다 많다면($S>I$), 이는 소득 중 일부가 순환에서 빠져나가는 것을 의미하므로 지출액이 생산액보다 적을 것이므로 다음 기의 GDP는 줄어들 것이다. 만약 저축보다 투자가 더 크다면($S<I$) 해당 경제 내부에서 조달 가능한 투자자금보다 더 많은 투자지출이 이루어진다는 것을 의미한다. 다른 조건에 변화가 없다면 이는 기업의 외부차입의 증가를 의미한다. 이처럼 저축과 투자가 일치하지 않을 때 표준경제학의 가르침은 자본시장에서 이자율이 변동해 저축과 투자

가 일치하도록 만들어준다는 것이다.

더 나아가 보자. 앞서 가정했던 것처럼 만약 공공부문과 대외부문 중 어느 하나 또는 둘 다 균형을 이루고 있지 않다면 어떻게 되는가? 현실에서는 오히려 불균형을 이룰 가능성이 훨씬 높다. 공공부문의 경우는 주체가 정부로 단일화되어 있고 또 대다수 정부는 재정균형을 재정정책의 목적으로 삼고 있으므로, $G=T$라고 가정해도 큰 무리는 없다.

그러나 무수한 국내외 기업들이 국제 거래를 시행한 결과로 나타나는 무역수지가 균형을 이룬다($X=M$)는 것은 완벽한 우연에 지나지 않는다. 만약 무역수지가 흑자라면($X>M$) 기업은 해외차입이 없어도 국내차입을 통해 저축보다 더 많은 투자($S<I$)를 할 수 있다. 그 역도 성립한다. 투자는 미래의 생산능력을 키우는 것이므로 투자의 증가는 경제성장의 전제조건이다. 이것이 대외채무를 늘리지 않고 경제가 성장할 수 있는 방식이다. 그래서 각국은 무역흑자를 통해 국내투자를 늘려 성장을 지속하고 싶어 한다. 많은 나라들이 할 수만 있다면 수출을 늘리고 수입은 억제하고 싶어 하는 근본이유가 바로 여기에 있다. 반대로 만약 무역수지가 적자라면($X<M$) 수출보다 더 많이 수입하는 것을 의미하므로 가계 저축의 일부가 수입에 할당되어야 하므로 다른 조건이 일정하다면 국내 투자는 저축보다 작아야 한다($S>I$). 이는 경제의 수축을 가져다줄 것이다.[8]

국민소득 방정식에서 3면 등가의 법칙은 사후적으로만 관철된다. 방정식을 구성하는 거시변수들은 각각 서로 다른 경제주체(가계, 기업, 정부, 외국 주체)에 의해 결정되는 것이므로 이들이 사전협의를 통해 3면 등가의 법

8. 여기서 저축의 역설이 거시경제에 대해 갖는 함의가 나온다. 저축의 역설은 7장에서 구성의 오류와 함께 좀 더 자세히 설명될 것이다.

칙이 성립하도록 조율하는 일은 자본주의 시장경제라면 결코 있을 수 없는 일이다[9]. 만약 이 법칙이 현실에서 관철된다면 그것은 그야말로 우연일 뿐이다. 단지 그러한 균형을 실현하고자 하는 힘들이 작용할 뿐이고 현실의 경제는 이러한 일치와 균형을 이루는 법이 없다.

대개 소비보다 더 많이 생산되거나 지출이 부족해 팔리지 않은 재고가 발생한다. 저축보다 더 많은 투자가 이루어지거나 또는 그보다 더 적은 투자가 이루어진다. 저축이 남아돌면 이자율이 낮아지거나 남은 저축은 부동자금을 형성해 자본시장(생산자금조달 시장)이 아니라 자산시장으로 갈 수도 있다[10].

이처럼 거시경제는 항상 불균형 상태에 있게 마련이며, 이것이 역으로 경제의 동학과 역동성을 설명해준다. 경제학이 균형을 얘기할 수 있다면 그것은 오직 불균형의 존재와 그로 인한 결과를 설명하기 위한 이론적 수단이 될 수 있기 때문이다. 경제학은 균형을 달성하기 위한 정학停學, statics이라기보다는 불균형 상태를 설명하는 동학動學, dynamics일 수밖에 없다.

---

9. 사회주의 계획경제에서는 그러한 일이 가능하다. 구소련의 경우 고스플랜(Gosplan)이라는 중앙계획당국이 사전에 면밀한 계획을 세워 생산, 분배, 지출이 일치하도록, 나아가 연간 성장률까지 정해서 모든 경제주체가 이에 맞추어 실행만 하도록 했기 때문이다. 이러한 완벽한 계획경제조차 실패했음은 현실이 여실히 보여주었다.

   그러나 자본주의 시장경제에서도 경제계획은 가능하다. 정부가 나름의 경제계획을 세워 주요 경제주체들(특히 대기업과 공기업)이 주어진 계획에 따라 움직이도록 만들고 나머지 경제주체들의 행동도 가급적 그에 부응하는 방향으로 행동하도록 유도하는 정책을 쓸 수 있다. 그 대표적인 사례로 박정희 개발독재 시절에 시행된 경제개발5개년계획을 들 수 있다. 한국의 성공적인 경제발전을 가능케 했던 요인의 하나로 이러한 정부의 적극적인 경제계획을 꼽는 것이 일반적이다.

10. 대표적인 자산시장은 부동산 시장과 주식이나 채권 등 금융자산 시장이다. 자산시장에서 운용되는 자금은 대체로 부동자금이며 자산 거품을 일으키기 십상이다.

이러한 동학과 불균형 상태가 전형적으로 드러내는 양태가 바로 경제성장과 경제위기다. 먼저 경제성장에 대해서 알아본 후 경제위기를 검토할 것이다.

2 경제 성장

모든 국민경제의 가장 일차적인 목표는 경제성장이다. 앞서 본 바와 같이 경제성장은 GDP 규모가 해마다 증가하는 추세를 지칭한다. 여기서는 경제성장이 어떻게 이루어질 수 있는지를 알아보자.

생산함수와 성장

경제성장은 무엇보다 생산의 증가 없이는 있을 수 없다. 즉 새로운 부가가치가 창출되지 않는 한 경제는 성장할 수 없는 것이다. 그런데 생산의 주체는 기업이고 개별 기업들이 창출한 부가가치의 연간 합계가 정의상 GDP이므로 GDP의 증가는 개별 기업들의 생산 증가에 의해서만 달성될 수 있음은 명백한 사실이다.

그렇다면 기업들에서 생산 증가가 어떻게 가능한지를 살펴보지 않을 수 없다. 기업의 생산은 생산요소들의 결합으로 이루어지므로 생산량은 생산요소의 투입량들에 의해 결정된다. 생산량과 생산요소 투입량 간의 양적 관계를 생산함수라 한다. 생산함수를 가장 간단하게 일차선형함수로 표현하면 다음과 같다.

$$Q = f(K, L) = aK + bL + c \qquad (6\text{-}2)$$

이 함수관계는 생산량Q이 자본 투입량K과 노동 투입량L의 함수임을 보여준다. 여기서 a는 자본생산성, b는 노동생산성, c는 총요소생산성을 나타낸다. c는 자본 및 노동의 투입량과 생산성으로 설명되지 않는 생산 증가분으로서 현재 사용 중인 기술의 종류와 성격, 노동조직과 경영의 효율성, 노동의 헌신과 학습능력 등 양적으로 측정하기 어려운 요인들을 포함한다. 그래서 잔여항 또는 블랙박스라 지칭되기도 한다.

생산함수가 경제성장과 관련해 의미하는 바를 살펴보자. 먼저, 생산은 자본이나 노동과 같은 생산요소(K와 L) 투입량의 증대로 증가할 수 있다. 이는 자본이나 노동이 신규로 도입되거나 기존의 자본재나 노동의 사용시간을 늘리는 것(가동률 증가와 노동시간 연장 또는 노동강도의 강화)으로 가능해진다. 이러한 성장을 외연적 성장 방식이라 한다.

다음, 각 생산요소의 생산성(a와 b) 향상도 성장을 가져다준다. 같은 수량의 기계라도 더 성능이 좋거나 같은 수의 노동자라도 노동능력이 더 클수록 더 많은 생산이 가능하기 때문이다. 그리고 생산조직이 더 효율적으로 되거나 노사문화가 협력적이어서 자발적인 헌신을 유도할 수 있다면 총요소생산성(c)의 증가로 생산은 늘어날 수 있다. 마지막 두 가지 방식 즉 생산성 향상을 통한 성장을 내포적 성장 방식이라 한다.

주로 요소 투입량을 증대시킴으로써 성장하는 외연적 성장 방식은 한국을 비롯한 아시아 개도국들의 고속 성장을 설명하기 위해 자주 사용되었다. 미국의 유명한 거시경제학자 크루그먼Krugman은 한 논문에서 이 방식은 요소량의 무한 증대가 불가능하므로 장기 지속될 수 없다는 간단한 사실에 근거하여 이러한 방식으로 빠른 성장을 구현해온 아시아 개도국들이 조만간 위기를 맞을 수 있다고 지적했다. 그 후 1997년의 아시아 위기가 발발하자 크루그먼은 마치 이러한 사태를 예견한 사람이 되어 국제적인 명성을 얻게 되었다.

어쨌든 크루그먼의 지적은 진실이다. 외연적 성장 방식은 요소부존의 한계로 인해 언젠가는(즉, 생산요소들의 부존량이 모두 사용되는 완전고용이 달성되면) 더 이상 성장을 추동할 수 없다. 이 때 이 한계를 돌파할 수 있는 방법이 생산성 향상을 통한 내포적 성장이다. 기술혁신이 직접적으로 자본 생산성의 제고를 가져다준다면, 노동자의 훈련 및 학습 능력의 제고는 노동 생산성을 향상시킨다. 생산조직의 개선, 민주적인 노사관계, 자율성과 창의성을 조장하는 노사문화 등은 총요소생산성을 증가시킬 수 있다. 이 모든 노력을 총칭해서 혁신Innovation이라고 부를 수 있다. 그리고 생산성 향상을 위한 혁신에는 적어도 이론적으로는 한계가 없다.

경제의 규모가 끊임없이 확대되어왔고 향후에도 그럴 것이라고 볼 수 있는 가장 중요한 이유다. 따라서 혁신을 추동할 수 있는 시스템의 중요성에 관한 인식이 증대될 수밖에 없다. 이는 기업 차원을 넘어 지역 나아가 국가와 사회 전체 차원의 혁신 시스템의 중요성에 대한 인식으로 발전되었다. 오늘날 선진 각국이 경제 난국을 타개하는 방안으로 교육·훈련 시스템이나 국가 혁신 시스템NIS, National Innovation System, 또는 사회 혁신 시스템SIS, Social Innovation System에 주목하는 까닭이다.

다른 한편으로 시장경제에서는 어떤 방식을 사용했든 생산량이 늘어나면 그만큼 지출(소비와 투자)이 늘어나 시장에서 팔려야 한다. 분권화된 시장경제에서 이 조건은 어떻게 충족되는 것일까? 이를 지출국민소득 방정식을 통해 살펴보자.

지출국민소득 방정식과 성장

앞서 국민소득GDP 3면 등가의 법칙을 설명할 때 제시한 방정식에서 지출국민소득 방정식만 분리해보면 다음과 같다.

$$Y = C + I + (G - T) + (X - M) \tag{6-3}$$

방정식 (6-3)은 어떤 이유로든 플러스(+) 부호를 가진 소비지출C, 투자지출I, 정부지출G, 그리고 수출X 중 어느 항목이 증가하면 국민소득은 증가하지만 마이너스(-) 부호를 가진 조세 T와 수입 M이 증가하면 국민소득은 감소한다는 것이다. 이때 국민소득의 증가 정도 즉 GDP 증가율(경제성장률)은 각 변수가 가진 승수multiflier의 크기에 달려 있다[11]. 여기서 소비와 투자는 민간부문을, 정부지출과 조세는 공공부문을 그리고 수출과 수입은 해외부문을 지칭한다. 판로 즉 수요 면에서 보면 소비와 투자 그리고 정부지출을 합쳐 국내수요(줄여서 내수)라 부르고, 수출을 해외수요라고 부른다. 각 항목과 성장과의 관계를 살펴보자.

첫째, 내수를 보자. 가계소비나 기업투자의 증가는 국민소득을 증가시킨다. 주로 이러한 방식으로 성장하는 경우를 내수 주도 성장이라 한다.

우선, 가계소비는 주로 소득에 달려 있으므로 임금소득의 증가는 내수증가를 가져와 성장에 도움이 된다. 이것이 주된 성장요인일 때 임금 주도 성장을 말할 수 있다. 국민소득GDP 중 임금이 차지하는 비중 즉 임금

---

11. 이 방정식들에는 승수가 표시되어 있지 않지만 생산함수 (6-2)에서처럼 계수를 가진 방정식으로 얼마든지 표현할 수 있다. 국민소득 방정식들에서 각 변수 앞에 붙는 계수를 특별히 승수라고 부를 뿐이다. 이는 한 변수의 증가가 다른 변수들에게 시차적으로 미치는 직간접 효과는 물론 타 산업과 경제 전체에 미치는 파급효과까지 고려한 것이다.

분배율의 상승은 가계소비를 증가시키지만 이것이 기업투자를 축소시킬 정도로 이윤 몫을 침범하면 내수 총액의 증가 여부는 불확실해질 수 있다[12]. 그리고 일차임금소득 못지않게 소비지출에 영향을 주는 것은 정부의 조세정책이 반영된 결과로 나타나는 처분가능소득(=일차임금소득-조세+보조금)이다. 이 점은 뒤에서 좀 더 자세히 다루어질 것이다.

끝으로, 가계 소득 중 또는 소득 증가분 중 어느 정도가 소비지출로 가느냐는 가계의 소비성향(평균소비성향과 한계소비성향)에 달려 있다[13]. 가계의 소비성향이 클수록 내수는 증가하겠지만 그로 인해 저축이 지나치게 줄어들어 기업의 투자자금 조달에 애로가 조성된다면 반드시 좋은 결과를 가져다주는 것은 아니다. 단 복지국가의 경우처럼 사회보장제도가 발전하면 가계의 저축 유인이 현저히 낮아져 처분가능소득이 거의 전부 소비지출로 가는 경우도 있다. 사회안전망 등 사회보장제도를 확충하면 내수가 증가해 오히려 경제를 성장시킬 수 있다는 주장이 나오는 이유다.

---

12 임금 분배율(임금/GDP)이 상승하는 것은 부가가치 중 임금이 차지하는 몫이 증가함을 의미한다. 이것이 결과적으로 경제성장을 가져다줄 것인지는 이론적으로는 판단할 수 없다. 반면 임금몫이 최종소비재의 수요를 실현할 수 없을 정도로 작다면 문제가 될 수 있음은 명백하다. 1997년 IMF 외환위기 이후 한국경제의 임금분배율은 60%대에서 지속적으로 하락해 50%대 아래로 추락했다. 이것이 저성장과 장기침체의 원인의 하나라는 지적은 설득력이 있다.

13. 소비성향은 소득 중 소비지출이 차지하는 비중을 말한다. 소득 중 지출하지 않고 남긴 것은 정의상 모두 저축이므로 저축성향은 1에서 소비성향을 뺀 수치가 된다. 따라서 어떤 이유로 가계들이 저축을 늘이면 소비가 줄어들기 때문에 경제성장에는 부정적인 영향을 미친다. 이로부터 앞서 거론된 저축의 역설이 나온다.

따라서 경제에서 저축이 미덕인지 소비가 미덕인지는 이론적으로는 알 수 없고 경제가 어떤 상태(불황과 호황)에 있는가에 따라 달라진다고 볼 수 있다. 그런데 가계 저축률이 거의 0인 선진국들이나 오늘의 한국 같은 상황에서는 기업저축이 증가해 투자자금을 자체 조달하는 상황이 조성되고 있다.

다음, 내수의 또 다른 항목인 투자의 증가는 투자승수만큼 경제를 성장시킨다. 투자는 자본스톡의 증가를 가져오며, 이는 생산능력의 증대를 의미한다. 이로부터 투자 없이는 장기적인 성장의 지속은 불가능하다는 것을 알 수 있다. 기업의 투자 여부 결정은 일차적으로 기대 수익성에 달려 있다. 기업은 수익이 날 것으로 판단되면 차입을 해서라도 투자를 할 것이다. 물론 차입 이자율보다 높은 수익률이 기대될 때만 그러하다.

금리가 낮을수록 투자가 는다는 진단이 나오는 이유다. 수익성 전망을 판단할 때 중요한 것이 소비 전망이다. 소비가 증가하지 않는 한 투자로 증대된 생산물이 팔릴 수는 없을 것이기 때문이다. 따라서 소비가 침체된 상황에서는 투자를 강요해도 효과가 없다. 때로는 투자 진작을 위해 소비 회복이 우선되어야 할 때가 있고, 지금이 그러한 때인 것처럼 판단된다.

둘째, 해외부문을 구성하는 대외무역을 보자. 수출은 국내 생산물의 해외 판매로 GDP를 증가시키며 외환까지 벌어다준다. 반면 수입은 국내 소득으로 외국의 생산물을 구입하는 것이므로 그만큼 내수를 감소시켜 GDP를 감소시키고 외환의 유출까지 초래한다. 이로부터 왜 각국이 가급적 수입보다 많은 수출 즉 무역흑자를 누리기 위해 수출을 조장하거나 지원하는 정책을 시행하고, 할 수만 있다면 수입을 억제하거나 통제하고자 하는 까닭을 이해할 수 있다[14]. 한국의 경우 개발연대 동안 '수출입국'

---

14. 역사적으로 보면 수출 진흥 정책보다는 수입 통제 정책이 더 광범위하게 시행되어 왔는데 수출 진흥은 결국 해외시장에서의 경쟁력 강화를 통해 관철되므로 결과가 불확실하지만 수입 통제의 효과는 즉각 나타나기 때문이다. 더욱이 수입 통제는 국내 기업들을 외국과의 경쟁으로부터 보호해주는 역할도 한다.

수입 통제 방법은 크게 비관세장벽과 관세로 나뉜다. 비관세장벽은 관세 이외의 수입 통제 수단을 총칭하는 것으로 대표적으로 수입할당(쿼터), 까다로운 통관절차, 위생이

이라는 슬로건 하에 수출 주도 성장 전략을 체계적으로 시행했을 뿐만 아니라 교묘한 수입통제 정책을 활용해왔다[15].

그런데 세계 전체로 보면 각국의 수출 합계는 각국의 수입 합계와 같다($\Sigma X = \Sigma M$). 따라서 어떤 한 나라의 무역흑자는 어떤 다른 나라(들)의 무역적자일 수밖에 없다. 이처럼 무역은 단기적으로는 제로-섬게임이기 때문에 무역흑자를 추구하는 무역정책을 통상 근린 궁핍화 정책이라 부른다. 이는 불황에 따른 생산 조정 부담을 수출을 통해 타국으로 떠넘기고자 하기 때문에 붙여진 이름이다. 이 정책은 1930년대 대공황 이후의 시기에 널리 시행된 바 있고, 그 결과 세계무역이 대폭 축소되었다.

문제는 어떤 이유로 무역흑자와 적자가 한 방향으로 고착화되는 이른바 국제적 무역 불균형이 장기간 지속되면 구조적인 무역적자에 빠진 나라가 상대국에 무역보복을 가하거나 보호주의 정책을 시행하거나 심지어는 무역 또는 환율 전쟁을 일으킬 수도 있다는 것이다.

1980년대 이후 미국의 적자와 동아시아 나라들(순차적으로 일본, 한국과 대만, 중국 그리고 동남아시아 나라들)의 흑자 사이에 무역 불균형이 장기간 지속되어왔다. 미국은 일본에 대해서는 1985년 플라자합의를 강요했고, 한국 등 아시아 수출국들에 대해서는 무역갈등을 통해 보복조치를 가하거나 시장개방 압력을 통해 해결해 왔다. 반면 중국에 대해서는 무역전쟁까지 불

나 환경 기준의 강화 등을 들 수 있다. GATT 체제 이후 국제무역 자유화 협상은 관세화 원칙(비관세장벽의 철폐와 관세만 인정)을 추구해왔고 1995년 WTO 체제로 전환한 이후로는 관세의 인하 및 철폐가 핵심쟁점이 되었다.

15. 한국의 대외무역정책과 수출주도성장에 관한 자세한 것은 서익진(2010b)을 참조하라. 한국은 수출 진흥 수단과 무역 통제 수단들의 교묘한 결합을 통해 실효성 있는 효과를 거둔 것으로 평가된다. 그 핵심 수단으로는 자국 통화의 고평가 유지와 대폭의 평가절하, 수입다변화 조치, 엄격한 외환통제와 외환할당제, 광범위한 수출 보조금을 들 수 있다.

사한다는 엄포를 반복하다가 결국 미국 우선주의를 기치로 내건 트럼프 정부가 중국에 대해 노골적으로 보복성 보호주의 정책을 시행하게 되었다.

미·중 무역전쟁의 결과가 어찌 될지는 두고 보아야 하겠지만, 어쨌든 경제적 및 군사적으로 세계 최강대국이자 기축통화국이면서 무기와 IT 등 첨단산업을 주도하고, 게다가 막대한 금융이득까지 누리고 있는 미국이 비록 그 규모가 막대하다고는 하지만 고작 공산품의 무역적자를 핑계로 원래 개도국의 특권이었던 보호무역주의를 추진하는 것은 역사의 아이러니를 넘어 현행 세계 정치경제의 진면목을 깨닫게 해주는 계기이기도 하다.

셋째, 끝으로 공공부문을 살펴보자. 정부가 증세를 통해 세입T을 늘리는 것은 GDP에는 마이너스 효과를 낳는 반면 동액의 세출G을 시행하면 그것이 상쇄됨을 알 수 있다. 나아가 정부가 세입보다 많은 세출을 시행하는 적자재정 정책이 GDP 증가에 도움이 된다는 것도 알 수 있다. 적자재정 정책에 대해서는 앞에서 여러 차례 다룬 바 있으므로 여기서는 생략하기로 한다.

지출국민소득 방정식에 사용되고 있는 용어들은 국민경제의 진단과 대책 수립과 관련해 정부와 언론이 가장 빈번하게 언급하는 용어들이다. 거시경제 기본 방정식들이 보여주는 거시 변수들 간의 관계를 아는 것은 정부의 경제정책을 이해하는 데 큰 도움을 준다.

분배와 성장

통상 분배distribution는 재분배redistribution를 포함한 것으로 사용되지만 분배와 성장 간의 관계를 정확히 이해하려면 분배와 재분배의 차이를 알아야 하고, 앞서 말한 임금의 이중성에도 주목해야 한다.

분배와 재분배

분배는 생산에서 창출된 부가가치인 GDP가 임금과 이윤으로 나뉘는 상태를 말한다. 식 (6-1)에서 '$Y = W + \Pi$'가 이를 보여준다. 현실에서는 기업 단위에서든 경제 전체 차원에서든 먼저 임금이 결정되고 나머지가 이윤이 된다. 이로부터 단기적으로는 임금과 이윤이 제로섬 관계임을 알 수 있다. 즉 임금 몫이 증가하면 이윤 몫이 줄고, 그 역도 성립한다. 이러한 상충관계가 임금인상을 둘러싼 노사 갈등의 기본원인이라 할 수 있다.

임금과 이윤의 분배몫은 각자가 부가가치 창출에 기여한 정도에 따라 결정되는 것으로 통상 간주된다. 그러나 이 기여도를 객관적으로 측정하기는 불가능하다. 그래서 이 결정은 주로 양자의 협상에 의해 결정되고 세력관계가 크게 작용한다.

그런데 임금은 가계 소비의 원천이고, 이윤은 기업 투자의 원천이다. 경제순환의 관점에서 보면 GDP 증가율만큼 임금을 인상하는 것이 합당한 것으로 보인다. 즉 재정균형과 무역균형을 가정할 때 임금과 이윤 간의 분배 상태는 지출국민소득에서 소비와 투자의 구성비율과 조응해야 함을 알 수 있다. 만약 임금 몫이 필요한 소비지출보다 적게 분배되면 소비가 부족해지고, 반대로 임금 몫이 지나치게 많이 분배되면 이윤이 압박을 받아 투자가 부진해지는 일이 일어날 수 있다.

예컨대 1997년 외환위기 이후 임금 몫의 지속적인 하락은 이러한 원칙이 관철되지 않고 임금에 불리하게 일차소득분배가 시행되어왔음을 말해준다. 그 원인은 노사 간의 세력관계가 노동에게 불리하게 변해왔기 때문이고, 이러한 세력관계의 변화는 IT 신기술 혁신의 노동절약적 성격과 노동자들 간의 국제적 경쟁을 격화시키는 신자유주의 정책에 기인한다고 볼 수 있다. 어쨌든 이러한 분배의 악화가 내수 정체 현상의 기본배경을 이루고 있음은 부정하기 어렵다.

재분배는 일차소득의 분배 상태가 정부의 조세정책에 의해 조정되는 것을 말한다. 특히 누진세와 보조금 제도의 조정 효과가 크다. 그 결과 재분배된 소득의 분포는 일차소득의 분배 상태와 크게 달라질 수 있다. 경제순환과 국민소득 삼면등가의 법칙이라는 관점에서 보면 재분배는 소비와 투자의 구성에 조응하지 않는 일차소득의 분배를 그에 조응하도록 조정할 필요에서 나온다. 특히 임금노동에게 불리한 방향으로 누적되어 온 불균형적인 일차소득의 분배 상태를 지출국민소득에서 필요한 소비를 충족시킬 수 있도록 사후적으로 교정하는 역할을 해야 한다.

이른바 소득 주도 성장은 이러한 재분배 정책의 시행을 동반할 때 비로소 실효성을 가질 것임을 알 수 있다. 이것은 거시경제 이론이 말해주는 바이고 재분배 정책을 구체적으로 어떤 수단을 통해 어떤 방식으로 시행할 것인가는 또 다른 문제일 수 있다.[16]

---

16. 예를 들어 최저임금의 빠른 인상은 그 자체로는 임금분배율의 개선에 기여할 수 있다. 그러나 그것이 모든 기업이 아니라 임금 인상의 여력이 없는데다가 임금 인상분을 자신의 판매가격(대기업 납품가 또는 소비자 판매가격 등)에 전가할 힘조차 없는 중소기업이나 영세사업자에게만 해당되는 조치라는 점에서 실효성이 적은데다 이들의 반발만 불러일으키고 있다.

근본적으로 재분배 정책의 핵심은 부자와 고소득층에 대한 증세를 통해 증가된 재정으로 빈자와 저소득층을 위한 보조금을 증가시키는 데 있다. 그동안 부자 감세를 해왔던 만큼 최소한 이를 원상 복귀시키는 것만으로도 상당한 효과가 있을 것이다. 이 경우 부자들의 조세저항을 이겨낼 수 있는 사회적 여건이 조성되어야 한다.

분배와 성장 논쟁, 이분법적 사고의 오류

성장은 경제 전체의 파이를 키우는 것이고, 분배는 그것을 국민들 사이에 나누어가지는 것이다. 얼핏 보면 먼저 파이를 키워야 나눌 몫도 커진다는 주장에 잘못된 것은 없는 것 같다. 오래 전 개발독재 시절부터 정부가 공식적으로 사용해온 '선 성장, 후 분배'라는 구호가 그러하고, '분배가 먼저냐, 성장이 먼저냐'라는 질문은 정책 관계자들만이 아니라 경제학자들에게도 논란거리다. 더욱이 분배 문제에는 정치적 이데올로기 색채까지 가미되어 있어 좌파와 우파를 가르는 기준이 되기도 한다.

후진국 또는 저개발국 경제발전론에서도 균형성장론과 불균형성장론이 대치되고 있다.[17] 그런데 현실의 역사에서 저개발국의 경제개발에는 대체로 불균형성장론에 입각한 전략이 더 나은 성과를 냈음은 사실이지만 경제개발 단계를 달성한 경우에도 여전히 그러하다는 증거는 없다. 한국의 경험 역시 그러하다. 1980년대 후반 이후 급속한 임금 상승이 없었더라면 1990년대의 사회적 안정과 민주화를 동반한 엄청난 경제적 호황이 가능하지 않았을 것임은 쉽게 알 수 있다.

이처럼 성장이 먼저냐 분배가 먼저냐를 둘러싼 논쟁은 해묵은 것이지만 경제순환의 원리와 국민소득 삼면 등가의 법칙을 배운 사람이라면 돌고 도는 경제순환에서 성장과 분배는 '닭이 먼저냐 달걀이 먼저냐'라는 문제처럼 정답도 없고 정확한 문제제기가 될 수 없다는 것을 안다. 앞서 보았듯이 생산과 분배 그리고 지출은 하나의 순환을 이루는 연쇄로 서로

---

17. 균형성장론이 농업과 공업의 병진, 산업간 균형 발전, 성장과 분배의 조화 등에 기반을 둔다면 불균형성장론 전략산업 우선 육성, 수출산업 주도, 선 성장 후 분배 등을 강조한다.

연결되어 있고 어느 하나가 변하면 당연히 다른 것도 변하는 상호영향 관계에 있기 때문에 어느 것이 먼저냐를 판정하겠다는 발상 자체가 어불성설이다.

진정한 문제는 경제순환이 성장이 아니라 침체를 보이고 있다면, 순환의 어느 고리에 자극을 주어야 전체의 선순환이 다시 작동할 수 있는지를 판단하는 데 있다. 이 막혀 있는 고리를 찾아내기 위해서는 경제의 구조와 작동에 관한 객관적인 면밀한 분석을 바탕으로 현재 성장의 정체시키고 있는 원인이 무엇인지를 파악하는 게 우선적으로 필요하다. 이 문제야말로 실사구시實事求是의 태도를 절실히 요청한다. 이를 위해서는 먼저 소득 (재)분배의 개선과 성장 추구를 마치 별개의 현상이자 상충되는 것으로 간주하고, 둘 중 어느 하나를 선택해야 하는 문제로 간주하는, 이른바 이분법적 사고를 버려야 한다. 이는 경제순환과 거시경제의 작동방식에 관한 잘못된 또는 미숙한 인식에 기인하기 때문이다.

예를 들어 보자. 과거 세계의 최후진국을 벗어나지 못하고 있던 1960년대 초 경제개발을 시작하면서 정부는 '선 성장, 후 분배'라는 구호를 국민들의 귀에 못이 박히도록 선전했다.[18] 당시 국민들 특히 근로자들은 소득이 낮아 내수가 거의 없는 상태에서 수출을 우선해야 한다는 정부의 개발논리를 이해했다. 기술이 없거나 낮은 상태에서 수출을 증대하려면

---

18. 이 구호의 진정한 의미는 임금 인상 억제 또는 저임금의 유지를 통해 임금 몫을 줄이고 이윤 몫을 키움으로써, 가급적 소비를 억제하고 투자를 증대시켜 다음 연도의 파이를 더 키우자는 주장이다. 경제순환의 관점에서 보면 이 주장은 국내에 소비 대비 생산 과잉을 초래하기 때문에 자기모순에 빠져 있음은 쉽게 알 수 있다. 이 주장이 이론적으로나 실제로나 타당성을 가졌던 이유는 그렇게 해서 늘어난 생산을 주로 해외에 판매하는 수출주도 성장 전략을 시행했기 때문이다. 더욱이 기업의 인건비로서 임금수준은 노동집약적 수출품의 국제경쟁력에 결정적인 요인이 아니었던가.

상대적인 저임금으로 국제 가격 경쟁력을 확보할 수밖에 없다는 주장도 받아들였다. 그래서 근로자들은 저임금과 열악한 근로조건에서도 나중의 분배 개선을 믿고 열심히 일했다. 그 결과 한국경제는 비약적인 성장률을 달성하고 국민소득은 엄청난 속도로 증가해왔지만 근로자의 처지는 그만큼 개선되지 못했기 때문에 상대적 박탈감과 약속 위반에 대한 불만이 누적되었다.

결국 노동자들은 1980년대 후반 격렬한 노동운동을 통해 급속한 임금 상승을 획득할 수 있었다. 그 후로 한국경제는 수출 호조에다 내수 증대라는 두 날개를 달고 고성장을 지속했다. 지나친 성장세는 거품을 일으켰고 당연히 거품은 폭발했다. 그것이 1997년 이른바 IMF 외환위기다.

1997년 이후 한국경제의 성장 방식은 다시 과거로 회귀하기 시작했다. 신자유주의 개혁 이래 수출의존도는 지속적으로 높아졌고 임금 분배율은 지속적으로 낮아졌다. 성장 방식으로 보면 내수를 포기하고 수출에 올인한 셈이나 마찬가지였다. 이번에는 낙수효과가 그 논거로 제시되었다. 이에 따르면 수출 대기업이 올린 소득이 중소기업 협력업체로 흘러넘쳐 중소기업 협력업체들의 근로자 소득도 올려줄 것이라는 논리다. 그러나 여러 가지 이유로 낙수효과는 작동하지 않았고, 수출 이득은 대기업의 호주머니에 차곡차곡 현찰로 쌓이기 시작했다. 더욱이 2007년 미국발 서브프라임 위기를 계기로 세계경제 전체가 침체 상태에 빠져들면서 한국경제는 수출 역동성마저 상실하기 시작했다.

이러한 상황을 돌파하도록 만들어줄 막힌 곳은 어디인가? 해외수요의 증대를 우리가 직접 도모할 수는 없는 일이므로 내수 증대밖에는 다른 도리가 없다. IT신기술 혁명과 이른바 4차 산업혁명으로 생산능력은 비약적으로 발전하고 있어 생산 측면에서는 당장 큰 문제가 없다. 오히려 생산 측의 역동성이 고용 없는 성장을 초래함으로써 임금 분배율을 낮추는 방향으로 압력을 가하고 있다.

실업이 증가하는 상황에서 임금 인상을 기대하기는 더욱 어렵다. 이러한 구조적 상황에서 어디를 뚫어야 할까? 분배의 개선을 통해 중산층과 저소득층의 가처분소득을 증가시키는 다양한 조치들의 시행을 통해 내수를 진작하는 방법밖에 없다. 이것이 소득 주도 성장론의 핵심 근거이다. 여기서의 소득은 일차적인 임금소득(예컨대 최저임금과 영세자영업자의 소득)의 증가만이 아니라 다양한 보조금의 제공으로 재분배 소득의 분포가 내수 증대에 기여하는 방향으로 개선되는 것도 포함한다. '선 분배, 후 성장'(올해 만든 파이를 더 공평하게 나눔으로써 다음 해에 만들 파이를 더 키우자)이라는 슬로건이 나와야 할지도 모른다.

이를 반대하는 성장론자들의 진단이나 주장은 상당히 그럴 듯하다. 국내외 시장의 구분이 없어진 글로벌 경쟁의 시대에 기업 경쟁력 강화는 절체절명의 과제이며, 기업이 일단 잘 굴러가지 않는 한 올려줄 임금도 더 낼 세금도 없다는 것이다. 기업이 부가가치를 더 많이 창출한다면 지금과 동일한 분배 구조 하에서 모든 경제주체들의 처지가 개선될 수 있다고 본다. 사실 성장 우선 논리는 그 자체로는 항상 옳다. 단지 이 논리는 생산, 분배, 지출 간의 연쇄고리 즉 경제의 순환(경제는 돌고 돈다는 간단한 진실)에 관한 인식이 없을 뿐이다. 만약 진정 기업들의 혁신 노력을 가로막는 규제가 있다면 이는 분배(재분배 포함) 문제와 무관하게 재고되어야 마땅하다. 그러나 기업에게 더 많은 소득을 몰아주기만 하면 모든 게 해결된다는 주장이야말로 신자유주의의 이데올로기에 지나지 않는다.

3 경제 위기

경제 위기라는 용어에 합의된 정의는 없다. 경제의 상태는 항상적으로 변한다. 호황과 불황의 주기적인 반복을 지칭하는 경기변동에 대해서는 이미 설명한 바 있다. 여기서는 경제성장률이 상당 기간 동안 잠재성장률을 밑도는 수준을 지속하거나 심지어는 마이너스 상태가 되는 경우가 있을 수 있다. 이럴 때 경제가 위기危機, crisis에 빠졌다고 한다. 경기변동이 주체들의 다양한 경제적 활동에서의 문제에 기인한다면 경제 위기는 주체들의 행동보다는 그것을 틀 지우거나 여건을 형성하는 경제 구조의 문제에 기인한다고 볼 수 있다.

경제 위기의 유형론을 전개한 조절이론(부아예, 2017)에 따르면 구조적 위기는 조절양식의 위기와 축적체제의 위기 그리고 조절양식의 위기로 대별된다.[19] 여기서는 자본주의 생산양식을 뒤흔들지 않으면서 조절과 축적에서 심각한 문제가 드러나는 구조적 성격의 위기들을 총칭해서 대위기로 다루고, 생산양식의 위기는 앞서 2장에서 다룬 역사상 대 시기들의 전환을 가져오는 위기로서 자본주의 생산양식의 위기에 대해서만 좀 더 자세히 살펴보고자 한다.

19. 첨언해둘 것은 조절이론에서는 먼저 소위기와 대위기를 구분한다는 것이다. 소위기는 경기변동 상에서 나타나는 불황을 지칭하며, 통상 활황-폭발 과정의 반복 재발 형태를 취한다. 이러한 위기는 경제의 구조나 제도의 변화 없이 민간의 노력이든 경제정책에 의해서든 자생적으로 극복될 수 있다.

대위기

구조적 위기

조절양식의 위기는 경제주체들의 행동을 관장하는 다양한 규칙과 제도들의 구도를 지칭하는 조절양식의 기능 약화, 즉 조절양식의 부작동 현상을 나타낸다. 따라서 이 위기의 극복을 위해서는 축적 방식에는 큰 변화가 없더라도 규칙의 제·개정과 제도 개편이 필요하다. 이 때문에 경제주체들 간의 세력관계의 재편이나 사회적 대타협 등이 요청되기도 한다. 비유컨대 게임의 규칙과 틀의 변경이 요구되는 위기다.

축적체제의 위기는 조절양식의 위기에다 기존 축적 메커니즘의 역동성 고갈이 겹칠 때 나타난다. 현행의 제도적 구도가 더 이상 기능하지 않을 뿐만 아니라 축적 방식이 효율성을 상실하게 된다. 따라서 이 위기는 축적체제 자체의 변경 즉 새로운 축적(성장) 메커니즘의 정착 없이는 극복될 수 없다.

그런데 이론적으로는 몰라도 현실에서 조절양식의 위기와 축적체제의 위기를 구별하기는 쉬운 일이 아니다. 그만큼 양자는 혼합되어 나타나기 때문이다. 굳이 양자를 구별하지 않고 구조적 성격의 대위기로 총칭하는 이유다. 대위기에서는 불황 또는 침체가 빠르게 그리고 강도 높게 진행되면서 상당 기간 동안 지속되는 모습을 드러내며, 구조적인 문제에 기인하기 때문에 자생적으로 회복되지 않는다는 성격을 띤다. 대위기가 경제적 곤란만이 아니라 흔히 정치적 격변과 사회적 혼란을 동반하는 이유다. 따라서 대위기의 극복을 위해서는 규칙과 제도의 변경 또는 구조와 체제의 변경 등이 요구되며, 이는 경제적 영역뿐만 아니라 정치적 및 사회적 영역에서의 노력까지 포괄한다. 그 극복 과정에서 사회적 대타협이나 새로운 정권에 의한 정책기조의 쇄신 또는 광범위한 제도 개혁 등이 이루어지는 이유다.

역사적 사례: 대공황과 대침체

역사적으로 대위기의 전형적인 사례는 1930년대의 세계 대공황Great Depression이다. 1929년 미국의 월가 주가 대폭락으로 시작된 이 대위기는 1930년대에 여타 선진국들로 확산되었다. 대공황의 원인으로 제1차 세계대전 이후 전례 없는 호황을 맞아 조성된 부동산 및 주가 거품의 폭발이 지목되기도 하지만, 실물경제 측면에서 보면 산업혁명을 통해 대량생산 체제를 구축한 엄청난 생산력 증대를 소비해줄 구매력의 부족이 근본 원인이었다고 보는 게 좀 더 설득력이 있다.

자본주의 생산양식의 근본모순의 하나인 생산과 소비 간의 누적된 불균형이 폭발해 해소되는 과정에서 기업의 줄도산과 은행 파산, 30%대의 실업률, 소득 격감 등 엄청난 사회경제적 혼란이 야기되었고, 정치적으로는 파시스트 정권들의 출현 그리고 국제적 차원에서는 무역 및 환율 전쟁과 제2차 세계대전의 발발 등으로 이어졌다. 이 장기간에 걸친 소용돌이 과정에서 과잉생산과 과잉설비는 폭력적으로 해소되었고, 뉴딜정책과 복지국가의 출현 등 정치적 변혁과 국가의 경제 개입 방식의 혁신은 물론 금본위제의 폐지와 법정화폐의 도입, 산별노조의 강화와 임금-생산성 연동제 등 다양한 제도 개혁을 동반했다. 국제적으로도 브레턴우즈 체제의 성립과 팍스 아메리카나의 정착 등 새로운 국제 질서의 정비도 빼놓을 수 없다.

기간과 강도의 차이는 있지만 한국에서도 유사한 대위기가 1980년 그리고 1997년에 발생한 적이 있다. 1980년의 대위기는 개발독재 조절양식과 차입-수출 주도 축적체제라는 기존의 성장체제의 핵심 요소를 더욱 강화함으로써 극복했다는 점에서 성격상 소위기로 해석되기도 한다. 필자는 개발독재의 강화를 위해 국가의 개입 방식이 노골화되었다는 점과 과잉생산 능력의 강제조정과 소재·부품 공업화의 일정한 성과를 바탕으로 한 축적영역의 확대가 이루어졌다는 점에서 대위기로 간주할 수 있다고 본다. 1997년의 이른바 IMF 외환위기라 불리는 대위기의 전개과정에 대해서는 앞서 한국의 근대경제사를 기술할 때 살펴본 바 있다.

대침체Great Recession는 짧게는 2007년 서브프라임 위기 이후부터 그리고 길게는 1980년대 이후부터 지속되고 있는 세계경제의 장기침체 상태를 1930년대의 대공황에 대비해서 지칭하는 용어다. 한국경제의 경우에도 2008년 이후에는 이러한 대침체 과정에 들어선 것으로 보인다. 20세기 말 이후의 이러한 대위기를 대침체라고 부르는 까닭은 그 성격과 양태가 1930년대의 대공황과 전혀 다르기 때문이다. 이처럼 대위기가 대공황처럼 급격하고 강도 높게 진행되지 않고 서서히 때로는 짧은 회복기를 동반하면서 장기적으로 침체(저성장과 고실업)를 지속하는 형태를 취하게 된 데는 여러 가지 이유가 있다.

가장 중요한 요인은 화폐제도의 혁신에 따른 정부의 성격과 역할의 변동이다. 금본위제와는 달리 법정화폐를 사용하는 관리통화제 하에서는 정부가 확장적 통화정책을 사용해 경기를 조절할 수 있다는 것, 중앙은행의 최종대부자 역할이 한계적인 대기업이나 대은행의 도산을 방지할 수 있다는 것, 복지국가 등으로 정부의 강화된 경제적 역할이 강력한 적자 재정정책을 통해 부족한 총수요를 인위적으로 충당할 수 있다는 것 등이다.

이러한 정부의 적극적인 경제 개입 외에도 1930년대 이후에는 별다른 기술혁명이 없었지만 1990년대부터는 대침체 속에서도 IT 신기술혁명과 4차산업혁명의 형태로 혁신이 지속되어 새로운 산업과 일자리가 창출되고 있다는 점도 중요한 차이점이 아닐 수 없다. 그러나 생산력의 새로운 증대 과정이 오히려 불평등과 양극화를 심화시킴으로써 자본주의 경제체제의 근본모순인 생산과 수요 간의 불일치가 축소되지 않고 오히려 확대되고 있어 대침체가 지속되고 있다고 진단할 수 있다.

자본주의 생산양식의 위기

생산양식의 위기는 경제체제 자체의 변경을 요청하는 위기다. 경제의 역사에서 배웠듯이 생산양식은 원시 공산제에서 고대 노예제로, 다시 중세 봉건제로, 그리고 근현대 자본주의 체제로 이행해 왔다. 각 시대의 이행은 이전 생산양식의 위기를 거쳤음에 틀림없다. 생산양식의 위기는 대개 수 십 또는 수 백 년에 걸쳐 이루어지며 기존 체제의 모순들의 누적과 발현 과정으로 인식된다.[20] 현재 세계경제와 각국 경제가 부닥쳐 있는 대침체를 계기로 자본주의 체제의 모순에 관한 인식이 점증하고 있다. 오늘의 자본주의 생산양식의 위기는 어떻게 볼 수 있는지를 생각해보자.

자본주의의 회복력

18세기 산업혁명을 통해 출현한 자본주의 경제체제는 19세기에 선진국

20. 20세기에 사회주의 생산양식이 성립했다가 소멸한 적이 있지만, 이는 세계사 전체로 보면 부분적인 성격을 가지며 그 존재기간도 약 70여년으로 다른 생산양식들에 비해 상대적으로 짧았다. 이 역시 생산양식의 위기를 거쳤음은 물론이다.

들로 확산되었고, 20세기 초중반에는 소련과 중국을 위시한 일부 나라들에서 사회주의의 출현으로 강력한 반격을 받았지만 결국 체제 경쟁에서 승리를 거둠으로써 세계의 거의 모든 나라가 자본주의 시장경제 체제로 일원화되었다. 이처럼 생산양식으로서의 자본주의는 두 차례의 세계대전, 30년대의 대공황, 사회주의 체제와 제3세계의 도전 등을 극복했다.

제2차 세계대전 이후에는 오히려 영광의 30년이라 불리는 지속적인 경제성장과 안정된 사회를 가진 민주국가라는 진정한 선진국으로서의 모습을 보여주었던 이른바 포드주의 복지국가까지 구현하기도 했다. 1980년대 이후 경제적 세계화가 빠르게 진행됨으로써 이제 글로벌 자본주의를 운위해도 지나치지 않을 정도다. 이처럼 경제체제 또는 생산양식으로서의 자본주의는 무수한 내적 모순의 발현(대공황 등)과 외부의 도전들을 극복함으로써 강한 회복력과 끈질긴 생명력을 보여왔음은 부정하기 어렵다.

이러한 자본주의의 회복력과 생명력에 대해 이론가들은 여러 가지 설명을 내놓는다. 무엇보다 첫 번째는 자본주의가 인간의 이기심을 인정해 사유재산권을 확실하게 보장하고 기업과 축적의 자유를 허용함으로써 자본 간 경쟁과 혁신을 유인함과 동시에 성과급 제도로 노동자도 자발적으로 더 열심히 더 효율적으로 일하도록 부추김으로써 끊임없이 생산력 증대를 위한 혁신을 추동하는 내부 메커니즘을 가지고 있다는 점이다.

둘째, 자본주의는 민주주의와 결합한 최초의 경제체제라는 점이다. 촘촘한 법과 제도를 통해 이해 갈등을 예방하거나 해소할 수 있는 장치를 갖추고 있음과 동시에 주체들의 이기적 행동이나 불법적 행동을 감시하는 장치도 발달했다. 더욱이 이러한 감시를 자발적으로 수행하고자 하는 시민사회가 발전해왔다는 점에서 더욱 그러하다.

셋째, 자본주의는 상업자본주의, 산업자본주의, 복지자본주의, 수정자본주의, 금융자본주의, 지식자본주의 등 다양한 형태 변화를 통해 스스로 모순을 해소하고 위기를 극복하는 힘을 보여왔다는 점이다. 심지어는 인간의 본성인 이기심을 부추기면서도 연대와 자선을 활용하는 기지를 보이기 한다는 점이다.

이처럼 자본주의는 자신의 형태 변화를 통해 여러 위기를 극복해오는 강한 회복력을 보여 왔다. 그럼에도 현대 자본주의가 드러내는 다양한 모순들이 너무나 심각해서 새로운 생산양식으로의 이행을 전망하게 만들기도 한다. 다시 한 번 자본주의의 회복력이 새로운 형태 변환을 통해 자본주의 체제를 유지하게 만들지 아니면 혁명적 정세를 거쳐 전혀 새로운 경제체제가 출현하게 될지는 아무도 확실히는 알 수 없다.

글로벌 자본주의 경제의 모순

여기서 자본주의의 미래를 전망하는 데 도움이 되기 위해서 글로벌 자본주의 경제가 드러내는 주요 모순들 중 몇 가지를 살펴보고자 한다.

첫째, 이른바 카지노 자본주의로의 발전이다. 금융 빅뱅 이래 경제의 금융화가 빠르게 진행되어 실물적인 부가가치의 창출을 통한 축적이 아니라 투기성 자본이득을 추구하는 장으로서의 금융부문이 독자적인 축적의 장으로 등장하고 이 부문에서 활동하는 금융자본이 산업에서 창출된 부가가치를 흡수해가고 있다.

금융자본이 가진 이러한 비생산성 내지 부패성을 넘어 금융자본은 자유로운 국제적 이동을 통해 각국의 개방된 자본시장에서 금융위기를 빈발시키며 막대한 이득을 취하고 있다. 2007년 서브프라임 위기 이후 이른바 금융 자본주의는 대안적 축적체제가 될 수 없음이 적나라하게 드러났고, 고삐 풀린 금융자본을 과거처럼 산업자본의 부가가치 창출에 기여할 수 있도록 어떻게 통제할 수 있을 지가 자본주의의 향후 운명을 좌우할 핵심 사안이 되었다.

둘째, 글로벌 불균형Global Imbalance 문제 그리고 이와 긴밀한 관계를 가진 국제적 시뇨리지seignorage 문제다. 글로벌 불균형은 수십 년 전부터 세계경제가 작동하는 주요 메커니즘으로 작동해왔다. 글로벌 불균형 문제란 미국이 무역 및 경상적자를 누적하는 반면 동아시아 나라들이 번갈아가면서(전형적으로 1980년대의 일본, 1990년대의 한국과 대만 그리고 2000년대 이후 중국) 무역 및 경상흑자를 누적시키고 있는 현상을 지칭한다. 이 때문에 미국은 제조업의 국내 소멸이라는 대가를 치렀다. 반면 일본은 '잃어버린 20년'이라는 장기침체를 겪었고, 한국과 대만은 대미 무역마찰은 물론 외환위기까지 감수했으며, 중국은 대미 무역전쟁을 치르는 중이다.

세계경제의 비정상적인 작동의 전형을 보여주는 글로벌 불균형을 가능케 하는 메커니즘으로 다음 두 가지를 들 수 있다. 그 하나는 달러 본위 국제통화체제다. 1970년대 초 브레턴우즈 체제의 붕괴 이후 세계 기축통화의 역할을 금이 아니라 일국의 법정통화인 달러에 의해 수행되고 있다는 모순이다. 이 때문에 미국은 무역적자를 모면할 수 없는 대신 막대한 국제적 시뇨리지 혜택을 누린다. 그것은 아무런 가치를 갖지 않는 달러 지폐를 주고 나머지 세계로부터 실물가치를 가진 상품을 수입할 수 있다는 것이고, 달러가 기축통화 역할을 하는 한 무역적자로 누적된 대외채무로 인한 국가부도를 면제받는다는 점이다.

다른 하나는 이른바 달러 리사이클링dollar recycling이다. 대미 흑자국들은 누적된 달러의 안정적인 운용을 위해 그 대부분을 미국 정부의 국고

채 구입에 투입함으로써 외부로 흘러나온 달러를 다시 미국으로 돌려보내고 미국은 이러한 대외차입을 통해 무역적자 보전 자금을 조달함으로써 신규 통화의 발행을 억제하는 효과를 누린다는 것이다. 이처럼 글로벌 불균형은 실물부문의 불균형과 금융부문의 불균형의 결합으로 이루어져 있고, 이를 통해 양측 당사국들은 서로 긴밀히 연계되어 있다. 이러한 관점에서 보면 미국과 중국 간의 무역전쟁의 근본원인이 어디에 있는지를 알 수 있다.

이러한 국제통화체제에서 미국이 국제적 시뇨리지가 주는 이익을 포기하지 않는 채 무역적자를 해소하려 드는 것은 막중한 부작용을 창출할 수밖에 없다. 중국은 무역전쟁으로 막대한 수출시장을 상실하면 국내의 경기 침체와 실업 증대를 어디까지 감수할 수 있을까? 더욱이 무역 축소로 인해 달러 수요가 줄어 달러 가치가 폭락하면 2조 달러가 넘는 외환보유고를 가진 중국은 물론 일본, 한국, 대만 등 동아시아 흑자국들이 견뎌낼 수 있을까? 그래서 트럼프의 미국이 대중 무역전쟁을 통해 진정으로 원하는 것은 미국의 무역적자 해소가 아니라 중국의 자본시장 개방이라고 보는 견해는 이러한 모순 관계를 이해하고 있는 해석이라 하겠다.

셋째, 글로벌 공급 과잉 또는 수요 부족의 문제다. 이 문제는 생산의 무정부성에 기인하는 자본주의 생산양식에 각인된 기본모순에 다름 아니다. 일국적 차원은 물론 국제적으로도 임금, 소득 및 부의 불평등이 날로 심화되어 사회적 및 정치적 불안정의 근원이 되고 있을 뿐만 아니라 세계적 차원의 수요 부족을 초래해 세계경제 대침체의 주원인으로 꼽힌다.

생산력의 발전을 억제하는 것이 불가능하거나 바람직하지 않다면 글로벌 수요를 증대시킬 수밖에 없다. 그런데 글로벌 과잉 생산 및 공급 상황은 기업 간 경쟁을 격화시켜 임금 인상이나 임금 몫의 제고를 통한 수요 증대를 기대하기 어렵게 만들고 있다. 이에 따라 각국은 대공황 시대처럼 알게 모르게 수출 증대를 통한 근린 궁핍화 정책의 유혹을 받고 있다. 그러나 전 세계 수출의 합계는 전 세계 수입의 합계와 같을 수밖에 없다는 폐쇄 시스템의 성격을 감안하면 이는 진정한 해법이 될 수 없다.

글로벌 수요의 증대는 각국 내수의 동시 진작을 통해 이루어져야 하는데 이러한 국제 공조를 달성하기가 쉽지 않다는 문제가 있다. 이른바 '고양이 목에 방울 달기'라는 딜레마다. 여기에 필요한 재원은 글로벌 기업과 금융기관들의 조세 피난처tax haven를 통한 탈세 방지와 각국 사정에 맞춘 부자 증세를 검토할 만하다. 현재의 세력관계로 보아 당장 시행은 어려워 보이지만 언젠가는 불가피해질 가능성이 크다. 더욱이 여러 나라에서 실험 중에 있는 기본소득을 동시에 시행할 수밖에 없는 상황이 도래할 수도 있다.

넷째, IT 신기술 등 새로운 기술혁명, 특히 로봇과 인공지능의 발전이 조장하고 있는 고용 없는 성장[21]에 어떻게 대응할 것인가라는 문제다. 제조업에서는 더 이상 일자리 창출이 불가능한 상황이고, 서비스 산업과 문화콘텐츠, 사회적경제 등에서 과연 충분한 일자리가 생길 수 있을 것인지도 불확실하다. 자칫 부자들에 의한 가사노동 서비스 일자리의 확충으로 현대판 노비사회로 회귀할 가능성도 없지 않다. 그리고 만약 고용 없는 성장 추세가 지속된다면 언젠가는 생산에서의 인간들 간의 관계가

---

21. 경제성장의 고용 창출력이 상대적으로 줄어드는 현상을 지칭한다. 예컨대 우리나라의 취업유발계수(10억 원의 가치를 생산할 때 유발되는 취업자 수)를 보면 2005년의 34.2명에서 2014년의 12.9명으로 지속적으로 그리고 큰 폭으로 낮아졌다. 이러한 투자의 고용유발 효과의 감소를 디지털 기술혁명의 탓으로만 돌리기는 어렵지만 가장 중요한 요인임에는 틀림없어 보인다.

사라지고 생산과정에는 기계소유주와 무인격의 기계만 남을 지도 모른다. 그럼에도 불구하고 인류의 경제사가 가르쳐주는 교훈은 진정한 문제는 기술 발전 자체가 아니라 기술이 가져다주는 다양한 혜택을 인간들이 어떻게 나눌 것인가이다. 결국 어떤 생산관계를 바탕으로 어떤 사회를 만들 것인가라는 문제가 대두되고 있다.

다섯째, 글로벌 공공재와 글로벌 거버넌스의 문제다. 글로벌 공공재는 인류의 지식 스톡, 문화 다양성, 종 다양성, 지구 환경 등을 포괄한다. 예컨대 지구의 자연 환경은 대표적인 글로벌 공공재임에도 불구하고 인류는 여지껏 기후변화에 대한 실효성 있는 대책을 시행은커녕 구상조차 제대로 하지 못하고 있다. 이는 경제적 세계화가 상당히 진전되고 있음에도 지지부진한 정치적 세계화로 인해 글로벌 이슈들이 제대로 해결되지 못하고 있기 때문이다.

국제연합UN, 경제협력개발기구OECD, 국제무역기구WTO, 국제통화기금IMF, 세계은행WB, 국제결제은행BIS, 국제노동기구ILO 등 헤아릴 수 없는 경제 관련 국제기관들이 존재하지만 이들은 각국 정부들과 동일한 성격과 권한을 가진 세계 정부는 아니다. 글로벌 시민사회가 갈수록 세력을 강화하고 있다고 하지만 국제사회에서 결정적인 영향력을 확보한 상태는 아니다. 인류는 세계정부라는 말에 값하는 진정한 세계기관을 만들어낼 수 있을까?

끝으로, 기업(자본)과 정부(국가) 간의 세력관계가 역전되었다는 사실이다. 기업들은 정부들의 정책적 지원을 받아 글로벌화 한 반면 정부들은 여전히 국민적 차원에 머무르고 있다. 글로벌 기업들은 전 세계를 자유롭게 이동하면서 각국에 대해 규제 철폐, 시장 개방, 민영화, 최소국가 등 신자유주의 주장을 펼치면서 이를 세계적으로 관철해간다. 무한-무차별

글로벌 경쟁 구도 하에 놓이게 된 국가들은 자본의 공세에 굴복해 신자유주의 정책을 시행할 수밖에 없다. 글로벌 기업을 유치하지 못하면 경쟁력을 상실하기 때문이다. 글로벌 자본의 유치 없이는 수출도 일자리도 조세도 없다. 서로 글로벌 자본을 유치하기 위해 더 많은 혜택과 더 많은 자유를 주기에 급급하다. 정부들은 이른바 '바닥으로의 경주race to the bottom'로 내몰리고 있는 것이다.

글로벌 자본의 자유로운 이동 때문에 각국의 전통적인 경제정책들의 실효성은 거의 상실되었다. 글로벌 기업과 금융기관의 탐욕으로 격발되는 금융위기와 경제위기 속에서 정부들의 통화정책의 자율성을 상실(제로금리 심지어 마이너스 금리 하에서도 경기는 회복되지 않는다)했을 뿐만 아니라 지속적인 적자재정정책으로 빚더미에 올라앉았고[22], 비전통적인 양적완화 정책의 확산으로 부동자금만 늘려 놓은 상황에 처해 있다. 이러한 상황도 진정한 글로벌 거버넌스의 필요성을 말해준다.

글로벌 경제가 드러내고 있는 이처럼 다양한 경제적 모순들을 자본주의는 헤쳐나갈 수 있을까? 글로벌 민간 주체들이 공멸의 가능성을 인식하고 일부 미국 부자들처럼 각성하여 노블레스 오블리제nobless obligée(귀족의 사회적 책무)를 실행할 수 있을 것인가? 국제사회와 특히 선진국 정부들이 서로 양보하고 타협해서 실효성 있는 공동대책을 마련해 자본주의를 구원할 것인가? 21세기 인류에게 주어진 역사적 사명이다.

---

22. 정부의 적자재정 정책이 소기의 성과를 거두지 못하게 되면 정부부채만 늘어난다. 그 대표적인 사례가 일본의 '잃어버린 20년'이다. 1990년대 초에 부동산 거품이 폭발한 이래 일본 정부는 강력하고 지속적인 적자재정 정책을 펼쳐왔고 최근에는 아베노믹스라는 이름으로 지속적인 양적완화 정책까지 펼쳐왔음에도 불구하고 일본 경제는 여전히 가시적인 회복세를 보여주지 못하고 있는 상태다. 그런데 2017년부터 일본 경제가 회복세를 보이고 있다는 진단이 나오고 있다.

자본주의 시장경제의 평가

제7장

끊임없이 변화하는 현실경제는 항상 불균형 상태에 있다고 해도 과언이 아니다. 왜냐하면 경제주체들은 결코 균형 상태에 만족하지 않으며, 특히 생산자들은 연구개발 등 혁신을 통해 초과이윤을 항상적으로 추구한다. 정부의 경제정책 변경과 시장을 둘러싼 제반 환경의 변화도 시장의 불균형을 조장하는 외적 요인이다. 그래서 비록 균형 상태가 이루어진다 해도 그야말로 일시적인 것이며, 시장과 경제는 항상 불균형 상태에 있다. 균형이론의 관점에서는 불균형을 초래하는 역동적인 인간의 활동 그 자체에 대한 고려를 할 필요도 없고 또 고려하기도 쉽지 않다. 요컨대 균형 개념을 중심으로 하는 시장이론만으로는 현실 경제의 복잡성과 역동성을 이해하기 어려운 것이다.

제7장

자본주의 시장경제의 평가

자본주의 시장경제의 역사와 시장경제의 기본적인 작동 메커니즘에 관한 지금까지 다루어온 바를 바탕으로 이제 시장경제를 둘러싼 여러 평가를 살펴보는 것으로 이 책을 마무리하고자 한다. 먼저 (완전)경쟁시장 모형의 장점으로 강조되는 것들이 무엇인지를 알아본 후, 이것들이 현실에서 그대로 관철되지 않는 이유는 무엇인지를 이른바 시장 실패market failure라는 개념을 중심으로 생각해본다. 이어서 이러한 시장 실패를 예방하거나 교정할 목적으로 정부의 시장 개입이 이루어지며, 그럼에도 정부도 항상 그 의도를 완벽하게 달성하지 못하는 까닭은 무엇인지를 정부 실패government failure라는 개념을 중심으로 정리해본다.

이러한 시장과 정부의 장단점을 둘러싼 논의를 통해 현실의 자본주의 시장경제에 관한 좀 더 객관적으로 이해하고 각자 나름의 판단을 할 수 있기를 기대한다.

1 완전경쟁시장 모형의 장점

완전경쟁시장 모형의 미덕에 관한 찬양은 도처에 있다. 이에 관한 다양한 논의들을 필자 나름의 방식으로 정리해 본다. 이를 통해 시장경제체제가 많은 사람들이 지향하는 이상향이라는 사실을 넘어 현실에서 거의 모든 경제체제들이 경제의 기본 골격으로 삼고 있는 까닭이 무엇인지 이해할 수 있을 것이다.

자원의 효율적 배분

시장경제 예찬론자라면 누구나 강조하는 시장의 가장 큰 미덕은 완전경쟁시장이 보장할 것으로 주장되는 자원의 효율적 배분이다. 이미 보았다시피 가격은 해당 상품의 생산과 소비에 관한 의사결정에서 참고하는 가장 중요한 요인이다. 균형가격에서는 팔고자 하는 공급량(생산량)이 사고자 하는 수요량(소비량)과 일치하기 때문에 생산량은 모두 판매되어 소비된다.

모든 상품과 생산요소 시장이 균형(이를 일반균형general equilibrium이라 부른다)을 이룬다고 가정해보자. 이는 한편으로 생산 측면에서 보면, 한 사회가 필요로 하는 상품들이 이것들을 가급적 낮은 비용으로 만들 수 있는 기업들에 의해서만 생산되어 공급되는 것이므로 그 사회가 가진 자원이 낭비 없이 효율적으로 배분되고 있다는 것을 의미한다. 다른 한편으로 소비의 측면에서 보면, 이렇게 생산된 상품들이 그 가치를 적어도 균형가격 수준 이상으로 평가하는 소비자들에 의해서만 구매되므로 자원의 상품별 배분이 효율적으로 이루어졌음이 사후적으로 소비자들에 의해 재확인된다는 것을 의미한다.

경쟁을 통한 혁신 조장

다수의 생산자들 간의 자유경쟁은 이들로 하여금 생산 효율의 극대화를 통한 생산비 절감과 품질 개선을 위해 끊임없이 노력하게 만든다. 더욱이 경쟁은 기업들로 하여금 항상 소비자 욕구needs를 파악하여 그에 부응하는 제품을 개발하게 만든다. 생산자들이 이러한 노력을 자발적으로 수행하는 까닭은 시장에서 살아남아 더 적은 비용으로 더 많은 돈을 벌고자 하는(즉, 이윤 극대화) 동기를 그 본성으로 삼고 있기 때문이다. 이러한 점에서 시장경제는 기본적으로 생산자가 소비자에게 봉사하도록 만드는 메커니즘이라 해도 지나치지 않다.

시장에서 소비자들의 환영을 받지 못해 충분한 판매를 하지 못하는 기업은 시장에서 퇴출될 수밖에 없다. 그래서 제품, 기술, 공정, 조직 등 모든 분야에서 혁신革新, innovation이 조장되고, 규모의 경제economies of scale와 범위의 경제economies of scope를 최대한 활용할 수 있는 방식으로 기업의 규모와 그룹의 크기를 선택하도록 만든다.[1]

---

1. 규모의 경제는 생산시설의 규모가 주어져 있을 때 생산량이 늘어날수록 평균생산비가 낮아진다는 비용 절감 효과를 말한다. 하지만 이 효과는 주어진 생산시설이 가진 최대 생산능력까지만 작동한다. 범위의 경제란 서로 다른 상품이나 기업들 사이에 공통의 생산요소가 있을 때 이를 공동으로 활용함으로써 중복되는 비용을 줄일 수 있는 효과를 말한다. 범위의 경제는 특히 기술적 연관이 있는 상품들 사이에 그리고 부산물이 있는 상품의 생산에서 전형적으로 나타난다.

   그런데 범위의 경제는 한국의 재벌과 같은 기업그룹들의 문어발경영을 합리화하는 근거로 사용되기도 한다. 이들은 경영 노하우나 자본조달 능력은 모든 기업에 공통적으로

불만 없는 시장 참여자와 공정한 소득 분배

시장에서 결정되는 균형가격 수준에서 공급자들은 팔고자 하는 양을 다 팔 수 있고 수요자들은 사고자 하는 양을 다 살 수 있기 때문에 시장에 참여한 경제주체라면 불만을 느끼는 주체는 있을 수 없다고 보는 것은 논리적이다. 이처럼 균형가격은 시장에서 수급의 과부족을 사라지게 만드는 시장청산가격이기도 하다.

역으로 이 점은 시장경제에서는 균형가격보다 높은 가격으로 판매할 수밖에 없는 공급자(및 생산자)와 그보다 낮은 가격이 아니면 구매할 수 없는 수요자(즉, 소비자)는 시장에서 배제된다는 사실을 의미하기도 한다. 물론 이러한 시장 배제 역시 자발적으로 선택되는 것으로 간주되기 때문에 문제가 될 수 없다. 만약 시장가격이 상승하면 더 높은 생산비를 가진 생산자가 추가로 시장에 진입할 수 있는 반면, 그보다 낮은 지불용의를 가진 소비자는 추가로 시장에서 배제된다. 만약 시장가격이 하락하면 반대의 현상이 나타날 것이다.

시장가격 메커니즘은 생산물(상품) 시장뿐만 아니라 생산에 투입되는 생산요소(노동, 자본, 토지) 시장에서도 마찬가지로 작용하므로 생산요소도 균형가격으로 거래된다. 그런데 생산요소의 가격은 그 판매자의 입장에서 보면 생산에 참가한 대가로 얻는 소득[2]의 크기를 결정하는 핵심 요소

필요한 요소이므로 기술적으로 상호 무관한 분야라 하더라도 이러한 공통요소가 활용될 수 있다고 주장한다. 하지만 문어발식 경영은 장점 못지않게 단점도 많다. 특히 지분참여나 상호출자, 상호보증 등을 통해 순전히 자본적으로만 연결된 기업들은 연쇄 도산의 위험에 항상 노출되어 있다. 구 대우그룹의 해체야말로 이 위험이 현실화된 전형적인 사례라 할 수 있다.

2. 이러한 소득을 요소소득이라 한다. 요소소득은 노동력이나 자본과 같은 생산요소를 제공

다. 이미 보았듯이 균형가격은 자발적으로 거래에 참가한 어느 누구에게도 불만을 야기하지 않는 가격수준이므로 균형가격에 의거한 소득의 분배는 '공정한' 것으로 간주된다. 그러나 균형가격에 의해 결정되는 소득의 수준이 생산요소의 공급자에게 해당 사회에서 평균적인 삶 또는 적어도 인간다운 삶을 보장해줄 수 있는 수준인지는 알 수 없는 일이다.

시장경제의 안정성

이미 살펴본 바와 같이 시장경제는 그 내부에 스스로 균형을 회복하는 자동 조절 메커니즘을 가지고 있다. 우선, 공급자와 수요자들의 의도가 주어져 있는 한 시장가격은 균형가격으로부터 이탈하지 않으며 어떤 이유로 이탈하더라도 원래의 균형가격으로 복귀하도록 만드는 일종의 복원력이 작동한다. 다음, 정부정책이나 제도의 변경 또는 우발적인 비경제적 사건이 발생해 시장 외부로부터 시장에 충격이 가해져 수요와 공급의 의도가 변화되고 그래서 시장에 수급 불균형이 초래된다면 시장은 스스로 새로운 균형점을 찾아가서 안정된다는 점이다.

이처럼 시장이 내부 교란이나 외부 충격으로 발생한 수급 불균형을 스스로 해소할 수 있다는 자동 조절 장치의 존재에 대한 믿음이야말로 시장 외부에 존재하는 어떤 주체(특히 정부)도 시장에 개입할 필요가 없다는

함으로써 생산에 기여한 대가로 얻는 소득이다. 요소소득은 나라 경제 전체로 보면 생산자(기업)들이 일 년 동안 새롭게 창출한 부가가치 총액인 GDP(국민소득)의 일부를 이루므로, 역으로 보면 국민소득이 생산에 기여한 사람들 사이에 그 기여도에 따라 분배된 것으로 간주될 수도 있다. 요소소득은 그 원천에 따라 근로소득, 이자 및 배당소득, 지대수입 등으로 나뉜다. 근로소득을 제외한 나머지 요소소득은 재산소득이기도 하다.

시장주의자들의 주장을 뒷받침하는 강력한 이론적 근거이다.

보이지 않는 손에 의한 사익과 공익의 조화

보이지 않는 손이라는 말은 경제학의 아버지라 불리는 애덤 스미스가 『국부론』에서 사용한 말로서 경제학을 전공하지 않은 사람이라도 들어보았을 정도로 유명한 말이다. 그런데 이 보이지 않는 손은 도대체 누구의 손이며, 또 무슨 일을 한다는 것일까? 한마디로 그것은 보이지 않는 신神의 손으로서 개인의 논리와 사회 전체의 논리, 즉 사익私益, private interest과 공익公益, public interest을 조화시킨다.

각 개인이 다른 사람이나 사회 전체의 이익을 전혀 의식하지 않은 채 자신의 사적 이익을 극대화하는 데만 몰두하면, 아니 오로지 그렇게만 한다면, 사회 전체의 이익에도 기여한다는 것이다. 스미스는 이러한 상황을 '자연적인' 질서로 간주했으며, 이를 자연법 철학자답게 보이지 않는 손이라는 은유로 표현한 것이다. 그럼에도 그것이 사실은 완전경쟁시장의 가격 메커니즘을 말하는 것임을 알아채기는 어렵지 않다.

여기서 말하는 사익 추구란 구체적으로 생산자는 더 많은 돈을 버는 것, 즉 이윤 극대화를, 소비자는 동일한 돈으로 더 많은 만족을 얻는 것, 즉 효용 극대화를 지칭한다. 스미스가 강조했듯이 당연히 합법적이고 도덕적인 방법으로 그렇게 한다는 것이 전제되어 있다. 그렇다면 경제적 차원에서 사회 전체의 이익을 지칭하는 공익은 구체적으로 뭘 말하는 것일까? 그것은 한마디로 말해 거시경제의 안정적인 성장growth과 사회적 후생welfare의 극대화로 간주될 수 있다.

경제성장이란 생산과 소비의 증가는 물론 소득과 일자리 창출을 함의

하며, 경제안정은 완만하고 예측 가능한 경기변동(호황과 불황의 반복적인 교체)과 물가 안정을 말한다. 사회적 후생의 극대화란 간단히 말해서 개인들이 누리는 이득의 총합이 극대화된다는 것으로 이에 대해서는 뒤에서 상술될 것이다.

이러한 미시적 주체의 사익과 거시적 공익은 경제의 가장 기본적인 문제인 생산과 소비에 관한 결정을 매개로 반드시 연계될 수밖에 없다. 누가, 무엇을, 얼마나, 어떻게 만들어, 얼마에 팔 것인가가 생산의 문제라면, 누가, 무엇을, 얼마나, 얼마에 살 것인가는 소비의 문제다. 이 양측의 문제가 동시에 해결되도록 만들어주는 것이 바로 상품 시장이고, 여기서 결정되는 시장가격이 상호 독립적으로 이루어지는 생산자와 소비자라는 양측의 선택에 따르는 이익을 극대화시켜줄 뿐만 아니라 이들 모두가 그 결과에 만족한다면, 당연히 사회 전체의 이익도 극대화된다고 보는 것이다. 이것이 바로 보이지 않는 손에 의해 구현되는 예정조화설(조화로운 결과가 사전에 예정되어 있다는 주장)이다.

과거 현실 사회주의 경제에서는 이러한 예정된 조화나 보이지 않는 신의 손의 존재를 믿지 않았기 때문에[3] 보이는visible 누군가가, 예컨대 중앙

---

3. 사회주의자들이 이러한 예정조화설을 믿지 않았던 것은 자본주의 경제체제의 내적 모순과 현실 자본주의가 드러낸 결함 때문이었다. 자본주의의 내적 모순은 무정부주의적(즉, 사회적으로 계획되지 않는) 생산과 착취(노동자가 생산하는 잉여가치를 자본가가 전유하는 현상)로 인해 생산에 비해 소비가 상대적으로 부족해지는 생산과 소비 간의 불일치 현상에 따른 경기변동의 불가피성과 경쟁의 필연적인 결과로 나타나는 독점화 경향이다.

   실제로 자본주의 경제의 역사에는 호황과 불황이 주기적으로 반복되어 왔고, 크고 작은 경제공황(economic crisis)도 간헐적이나마 재발되어 왔다. 금융산업과 정보산업이 주도하는 오늘의 첨단 자본주의 경제에서도 이 현상은 오히려 증폭되어 나타나고 있다. 따라서 사회주의 경제의 실험은 실패로 귀착되었지만 그렇다고 이를 자본주의 경제의 무오류성의 근거로 삼는 것은 논리적으로 모순이다.

계획당국이 인위적으로 계획을 세우고 지시를 내려야 한다고 믿었다. 이것이 이른바 계획경제planned economy다. 원리적으로 계획경제에서는 생산과 분배가 사전 계획에 의거하여 이루어지므로 생산과 소비 간의 모순(수급의 불일치)은 있을 수 없다. 그렇다면 외적 충격이 없는 한 경기변동도 물가 변동도 있을 수 없다.

이와는 반대로 생산과 소비의 주체가 분리되어 있고 양측이 독자적으로 의사결정을 하는 상태에서는 다양한 불균형이 발생될 수 있지만 이 불균형들을 조화롭게 해소되도록 만들어주는 자율적인 시장가격 메커니즘이 작동한다는 것, 나아가 이 메커니즘의 만능성을 가정하는 것이 바로 예정조화설인 것이다. 이 주장은 생산과 소비에 관한 모든 결정이 개별 경제주체의 자율에 맡겨지는 이른바 자유시장경제liberal market economy에서는 공익의 극대화도 자연스레 달성된다는 믿음을 바탕으로 한다.

사회적 후생의 극대화

균형가격이 가장 효율적인 자원배분을 가져다주고 요소소득의 공정한 분배를 보장한다는 것을 인정하더라도 그것이 사회 전체의 관점에서도 가장 바람직한 결과를 가져다주는가는 또 다른 문제다. 표준경제학은 이 점을 논리적으로 증명하고자 하는데, 그 핵심은 균형가격에서 경제 전체의 후생이 극대화된다는 것을 보여주는 데 있다. 이로부터 경제학의 중요 분야의 하나인 후생경제학welfare economics이 나온다.

균형가격이 사회적으로도 바람직한 결과를 가져다준다는 것을 보여주기 위해 표준경제학은 균형가격 수준에서 소비자와 생산자는 물론 이들 전체가 누리는 추가이득이 극대화된다는 점을 증명한다. 이를 위해 소비자 잉여consumers' surplus와 생산자 잉여producers' surplus 그리고 이 양자의 합을 지칭하는 순사회편익net social benefit이라는 개념이 도입된다.

소비자 잉여와 생산자 잉여

먼저, 각 가격수준에서 소비자들이 수요하고자 하는 양을 보여주는 수요곡선은 소비자의 관점에서 보면 각자가 해당 상품의 구입을 위해 지불하고자 하는 최대 금액을 나타낸다. 이미 본 바와 같이 소비자의 지불용의다.

다시 아이스크림을 예로 들자. 아이스크림을 별로 좋아하지 않는 소비자라면 100원도 아깝다 생각할 것이고, 아주 좋아하는 사람이라면 2,000원도 기꺼이 지불하고자 할 것이다. 이처럼 가격은 그 상품이 제공할 효용(쓸모 또는 만족)에 대한 소비자의 주관적인 평가를 금액으로 환산한 것이기도 하다. 균형점에서 결정된 시장가격이 예컨대 1,000원이라고 하자. 그렇다면 이보다 더 많은 금액(예컨대 2,000원)을 지불할 용의가 있는 소비자는 당연히 구매는 하겠지만, 그렇다고 해서 그가 합리적인 경제인이라면 2,000원을 지불하려 들지는 않을 것이고 또 그래야 할 어떤 이유도 없다.

따라서 이 소비자는 자신의 지불용의와 시장가격 간의 차이만큼 추가이득(이 경우 2,000원-1,000원=1,000원)을 얻는 셈이다. 바로 이 추가이득이 소비자 잉여다. [그림 7-1]을 보자. 시장에 참여하는 소비자 전체가 얻는 잉여의 크기는 시장가격 즉 균형가격선(ef)보다 위에 있으며 수요곡선(D) 아래에 있는 면적을 나타내는 △aef로 표현될 수 있다. 이 삼각형은 시장에 참여하면서 균형가격 이상의 지불용의를 가진 소비자들이 얻게 될 추가이득의 총합을 나타낸다. 이와는 반대로, 균형가격보다 낮은 수준의 지불용의를 가진 소비자는 자신의 의사를 바꾸지 않는 한 또는 가격이 하락하지 않는 한 이 상품을 구매하지 않을 것이다. 따라서 이 소비자들은 자의로 또는 어쩔 수 없이 시장에서 배제된다.[4]

다른 한편으로, 주어진 가격 수준에서 공급자들이 팔고자 하는 양을 나타내는 공급곡선은 생산자의 관점에서 보면 상품을 팔아 생산비를 보전하고 정상이윤(완전경쟁시장에서는 사회적 평균이윤)을 올릴 수 있는 최소한의 금액들을 나타내는 곡선으로 볼 수 있다. 따라서 공급곡선은 생산자들의 평균생산비(정상이윤을 포함한 생산단가)를 연결한 곡선으로 보아도 무방하다.

앞에서와 마찬가지로 균형점에서 결정된 시장가격이 1,000원이라고 하자. 그러면 균형가격 수준 이하의 평균생산비(예컨대 500원)로 생산할 수 있는 생산자만 시장에 참여할 것이다. 하지만 그가 합리적인 생산자라면 1,000원보다 낮은 가격으로 판매해도 정상이윤을 올릴 수 있다는 이유로 시장가격보다 낮은 가격으로 판매하려고 들지는 않을 것이다. 그렇다면 시장에 참여할 수 있는 생산자는 균형가격과 생산비의 차이(이 경우엔 1,000원-500원=500원)만큼 추가이득을 누릴 수 있다. 이러한 추가이득이 생산자 잉여다.

다시 [그림 7-1]을 보자. 생산자 잉여의 크기는 시장가격 즉 균형가격선(ef)보다 아래에 있으며 공급곡선(S) 위에 있는 부분을 나타내는 △ef0로 측정될 수 있다. 이 삼각형은 균형가격보다 낮은 생산비를 가진 생산자들이 누리는 추가 이득(다른 말로 하자면 정상이윤을 초과하는 이윤으로서 초과이윤)의 총합을 나타낸다.

---

4. 균형가격 이하의 지불용의를 가진 소비자는 아마 해당 상품(예컨대 쌀)의 가치를 낮게 평가하기 때문일 수도 있고 혹은 소득이 낮아 균형가격을 지불할 능력이 없기 때문일 수도 있다. 만약 해당 상품이 생존에 필수적인 재화라면 그는 시장가격이 더 낮은 어떤 다른 대체재(예컨대 밀가루, 감자 등)를 구매하여 생존해나갈 것이다.

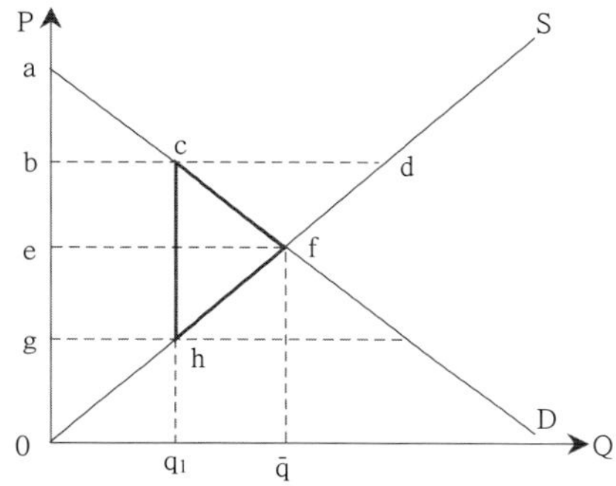

[그림 7-1] 소비자 잉여, 생산자 잉여 및 순사회편익

이와는 반대로 균형가격보다 높은 생산비를 가진, 즉 가격선보다 위쪽에 있는 수요곡선 상에 위치하는 생산자들은 평균생산비를 시장가격 이하로 낮출 수 없거나 혹은 시장가격이 오르지 않는 한, 손해 보는 사업을 할 수는 없으므로 결국 시장에서 배제될 것이다.[5]

균형가격과 순사회편익

생산자 잉여와 소비자 잉여의 합을 순사회편익이라 부른다. 명칭이 너무 고답적이긴 하지만, 주어진 가격수준에서 시장에 참여한 생산자와 소비자 전체가 거래를 통해 얻는 추가이익의 총합을 가리킨다. 즉, 순사회편

5. 소비자의 경우와는 달리 높은 생산비와 낮은 효율을 가진 생산자가 시장으로부터 배제되는 것은 경쟁을 바탕으로 하는 시장경제에서는 당연한 일이고, 더욱이 사회적으로는 전혀 문제 삼을 일이 아니다. 오히려 그러한 생산자는 퇴출되는 것이 사회적으로도 자원의 낭비를 막는 결과가 될 것이다. 만약 그가 시장에서 퇴출당하지 않으려면 기술혁신이나 생산성 향상 노력으로 생산비를 시장가격 수준으로 낮출 수 있어야 한다. 이미 본 바와 같이 여기서도 시장가격 메커니즘은 생산자들로 하여금 생산비 인하를 위한 끊임없는 노력을 강제하고 있음을 알 수 있다.

익은 소비자잉여와 생산자잉여의 합이다. 그 크기는 [그림 7-1]의 $\Delta af0$에 해당된다는 사실을 쉽게 알 수 있다.

길게 설명해왔지만 여기서의 관심은 어떤 가격수준에서 순사회편익이 극대화되는가를 알아보는 데 있다. 왜냐하면 바로 그러한 가격수준이야말로 사회적으로 바람직한 가격수준으로 간주될 수 있기 때문이다. 이를 증명하기 위해 여기서도 균형가격의 안정성을 설명할 때 사용했던 것처럼 균형가격이 아닌 어떤 가격수준이 가져다주는 순사회편익의 크기가 균형가격 수준이 가져다주는 그것보다 작다는 사실을 보여주는 방법이 사용된다. 다시 [그림 7-1]로 되돌아가 보자.

한편으로, 시장가격이 균형가격보다 높은 임의의 수준 b라고 하자. 이 가격수준에서는 수요가 공급보다 작기(수요 부족 또는 공급 초과) 때문에 실제 거래량은 수요량q_1을 초과할 수 없다. 이 경우 소비자 잉여는 수요곡선 아래와 가격선 위에 있는 면적인 Δabc가 된다. 생산자 잉여는 가격선 아래 공급곡선 위에 해당하는 면적인 $\square bch0$가 된다. 따라서 순사회편익은 이 두 개의 합으로 이루어지는 $\square ach0$가 될 것이다. 이 면적을 균형가격 수준에서의 순사회편익을 나타내는 $\Delta af0$와 비교해보면 Δcfh만큼 작다는 것을 알 수 있다.

다른 한편으로, 시장가격이 균형가격보다 낮은 임의의 수준 g에 있다고 하자. 이 가격수준에서는 수요가 공급을 초과하므로 공급 부족 상태가 조성된다. 소비자들은 더 많이 사고자 하나 생산자들이 더 적게 팔고자 하므로 거래량은 공급량을 넘어설 수 없고, 추가 이득도 실제 거래량에 대해서만 누릴 수 있다. 이 가격 수준에서 소비자 잉여는 $\square achg$이고, 생산자 잉여는 $\Delta gh0$이므로 순사회편익은 $\square ach0$가 된다. 이것을 균형가격 수준의 순사회편익과 비교해보면 Δcfg만큼 작다는 것을 알 수 있다.

이러한 결과가 나온 까닭은 가격이 균형수준보다 높아질수록 소비자 잉여는 급격하게 줄어들지만 생산자 잉여는 그보다 적게 늘어나며, 반대로 가격이 균형수준보다 낮아질수록 생산자 잉여는 크게 줄지만, 소비자 잉여는 그보다 더 적게 늘어나기 때문이다. 이 현상은 무엇보다 균형가격이 아닌 다른 어떤 가격수준에서도 공급 부족이나 수요 부족이 발생하므로 실제 거래량이 균형 거래량보다 적어진다는 사실에 기인한다. 따라서 가격이 균형가격으로부터 멀어질수록 순사회편익의 감소분이 커지는 반면, 가격이 균형가격에 가까워질수록 순사회편익의 감소분이 줄어든다는 것을 알 수 있다.

이렇게 해서 균형가격 수준에서 얻을 수 있는 순사회편익이 가장 크다는 사실이 증명된 셈이다. 이것은 시장가격이 균형수준에서 성립할 때 시장 참여자들이 얻을 수 있는 추가이득이 가장 크다는 것을 의미한다. 이에 따라 균형가격이 사회 전체의 관점에서 가장 바람직한 가격수준이라는 결론이 도출된다. 멋진 신세계가 아닌가?

2 시장 실패와 그 원인

완전경쟁시장 모형이 가진 이토록 엄청난 장점들이 왜 현실에서는 그대로 관철되지 않는 것일까? 어딘가 결함이 있는 것은 아닐까? 시장과 그 작동 메커니즘은 인간이 발명한 우수한 제도들 중 하나임에 틀림없지만 다른 모든 제도와 마찬가지로 완전무결한 것은 아니다. 현실에서는 시장이 앞서 다룬 장점들을 실현하지 못하는 경우가 빈번하게 일어나는데,

이런 경우를 총칭해서 시장 실패라 부른다.

그렇다면 시장 실패의 원인은 무엇일까? 여기서는 이에 관한 논의를 다음 세 가지 관점에서 정리해 보고자 한다. 시장경제는 무엇보다 그 자체의 태생적인 한계를 가지고 있다는 점, 여러 가지 비현실적인 가정들 위에서만 성립한다는 점, 그리고 그 작동이 항상 바람직한 결과만 가져다주는 것은 아니라는 점이다.

시장경제의 태생적 한계

필자는 시장경제가 자신의 존재 및 작동에 필요한 조건을 스스로 갖출 수 없다는 사실을 그 태생적 한계로 간주한다.

정부에 의한 사유 재산권 및 거래의 안전성 보장과 결제 시스템의 운용

시장경제는 사유 재산권과 거래의 안전성 보장 그리고 공신력 있는 결제 시스템 없이는 제대로 작동할 수 없다는 점은 이미 언급한 바와 같다. 그런데 이 조건은 시장경제 자체, 즉 시장 참여자들이 아니라 시장 외부의 제 삼자(결국에는 공권력인 국가)에 의해서만 충족될 수 있다. 국가에 의해 소유권 및 안전한 거래가 보장되지 않고 중앙은행에 의해 관장되는 은행 네트워크를 통한 결제 시스템이 운용되지 않는다면 재산의 보유, 상품의 거래, 대금의 결제 등이 불가능하지는 않겠지만 적어도 그러한 조건이 구비되었을 경우와 비교해 생각해보면 원활하게 이루어지기 어렵고 역동적이지도 못할 것임을 쉽게 알 수 있다.

역사적으로 볼 때 오늘날과 같은 시장경제의 형성은 국민국가national State의 성립과 궤를 같이 한다는 사실, 그리고 서로 다른 국가들 간의 자유로운 교역은 정부들이 체결하는 세계무역기구WTO와 같은 다자간 국제 협정 또는 자유무역협정FTA과 같은 쌍무협정 없이는 원활하게 작동하기 어렵다는 사실에서도 이 점은 뚜렷이 드러난다.

시장 자체의 불완전성

완전경쟁시장 모형과 완벽하게 일치하는 시장은 현존하지 않는다. 시장 근본주의자들은 바로 이러한 현실 자체가 시장 실패의 원인이라고 보기 때문에 현실의 시장들이 완전경쟁시장으로 되기 위해 필요한 조건을 갖추도록 만들어야 한다고 주장한다.

그런데 완전경쟁시장 모형을 현실에서 구현할 수 없도록 만드는 대표적인 요인 중의 하나가 바로 미래의 불확실성uncertainty이다. 이에 대해 인간들이 만들어낸 대비책의 하나가 보험insurance 제도다. 그러나 미래에 일어날 수 있는 모든 위험risk에 대비할 수 있는 보험시장을 만든다는 것은 어려운 일이고, 만들 수 있다 하더라도 완벽하게 작동하는 보험시장을 만들기는 더욱 어렵다. 더욱이 보험이란 위험이 현실화될 때 그로 인해 발생한 손실을 보상해주는 장치이지 위험 자체를 제거하는 장치는 아니라는 점에서 경제 활동의 불확실성과 그에 따른 위험은 제거될 수 없는 것이다. 물론 이것은 시장경제체제만이 아니라 다른 어떤 경제체제라도 피할 수 없는 숙명 같은 것이라 할 수 있다.[6]

---

6. 신고전파 표준이론에서는 이러한 불확실성을 무시해버리거나 합리적 기대라는 개념으로 해결하고자 하는 반면, 포스트 케인지언들은 불확실성을 전제하고 이를 경제이론에 도입하고자 애쓴다. 제도학파들은 다양한 제도의 존재이유가 이러한 불확실성의 축소에 있다고 본다.

비非 시장적 경제활동의 존재

사실 시장경제는 현실 경제의 일부에 지나지 않는다. 인간사회에는 가사노동, 상속, 기부, 자원봉사 등 시장 논리와 무관하게 그리고 시장을 거치지 않고 이루어지는 경제활동이 적지 않으며, 공공재나 가치재 같은 경우는 시장 메커니즘에 맡기면 사회가 필요로 하는 양만큼 생산되거나 제공되지 않는다. 따라서 인간의 모든 경제활동이 시장에서만 이루어지는 것도 아니며, 시장 논리에 의해 남김없이 해명되는 것도 아니다.

상품화 또는 시장화가 급속하게 진전되어 시장경제가 경제의 중추를 이루고 시장 논리가 지배적인 논리로 되기는 했지만, 인간이 필요로 하거나 원하는 모든 생산물이 상품으로서 시장에서 거래되는 상황은 아마 도래하지 않을 것이다. 만약 그런 상황이 조성될 수 있다 하더라도 모든 것이 시장에서 해결되는 그런 경제가 사회적으로도 바람직한 것인지를 판단해야 한다는 문제는 여전히 남는다.

대가 없는 경제 활동이 존재하지 않는 인간사회가 얼마나 삭막할 것인지 그리고 무료나 싸게 제공되는 공공재가 전혀 없는 사회에서 빈곤층의 삶은 얼마나 힘들 것인지를 생각해보자. 사회적 또는 공동체적 가치(봉사, 우정, 연대, 희생, 지원, 협력 등)가 경시되고 경제적 가치(돈, 타산 등)만 중시되는 사회가 진정 바람직한 사회라 할 수 있는지도 생각해보자(샌델, 2012).

이와 관련해 최근 주목할 만한 현상은 사회적기업이나 협동조합 같은 새로운 기업형태의 부상이다. 이는 한편으로는 고용 없는 성장으로 인한 일자리 부족 문제를 해결하고, 다른 한편으로는 경제적 가치와 사회적 가치의 조화를 추구함으로써 시장이 제공하지 못하는 부분을 보완하려는 노력의 일환이다.

시장이 다룰 수 없는 상품: 공공재와 가치재

먼저, 시장에서 거래될 수 있는 상품은 민간재 또는 사유재private goods에 한정된다. 사유재가 될 수 있으려면 경합성rivality(또는 소진성)과 배재성excludability이라는 두 가지 성격을 동시에 가지고 있어야 한다. 경합성이란 어떤 재화 한 단위를 누군가가 소비하면 다른 사람은 그것을 소비할 수 없기 때문에 소비자들 사이에 일종의 경합이 이루어지는 성격을 말한다. 그 근본원인은 해당 상품의 생산량이 무한하지 않다는 데 있다. 또한 사유재는 대가(즉, 가격)를 지불하지 않는 사람의 소비를 막을 수 있는 성격을 가지고 있어야 하는데, 이를 배재성이라 한다. 요컨대 시장에서 거래될 수 있는 사유재는 희소성이 있어야 하고 대가의 지불 없이는 양도하지 않거나 사용하지 못하게 할 수 있어야 한다.

그런데 세상에는 이 두 가지 성격 중 어느 하나 또는 둘 다를 가지고 있지 않은 재화나 서비스가 존재하는데, 이러한 상품을 공공재public goods라 부른다.[7] 광의의 공공재에는 치안, 국방, 소방, 도로, 매스컴, 의무교육, 공공시설 등이 있는데 간단히 말해서 여러 사람이 공동으로 소비하는 재화나 서비스다. 특히 순수공공재는 누군가 소비한다고 해서 그 양이 줄어들지도 않고 심지어는 가격을 매겨 유상으로 거래될 수 없는 경우도 있기 때문에 이윤 추구를 목적으로 하는 민간기업이라면 어느 누구

---

7. 상품은 경합성(소진성)과 배제성이라는 두 가지 성격을 기준으로 통상 다음 네 가지 부류로 구별된다. 이 두 성격 모두를 가진 것을 사유재, 두 가지 성격 모두 없는 것을 공공재, 경합성은 있지만 배제성이 없는 것을 공유자원(공유재산 포함), 경합성은 없지만 배제성이 있는 것을 클럽재(자연독점 재화)라 한다. 공유자원에는 바다, 하천 등이 있고, 클럽재에는 공공시설, 고속도로 등이 있다. 하지만 사유재가 아닌 것은 모두 광의의 공공재에 속하며, 그래서 공공재 중 공유자원과 클럽재를 제외한 나머지를 순수공공재라 부르기도 한다.

도 이러한 공공재를 생산해 공급하려 들지 않을 것이다. 이러한 공공재 중에서 사회적으로 반드시 필요한 것은 정부가 공기업을 설립해 생산 및 공급할 수밖에 없다. 공기업의 가장 근본적인 존재이유다.

다음, 가치재merit goods를 살펴보자. 가치재란 개인의 자발적인 선택에 맡기는 경우 사회적으로 바람직한 수준까지 소비되지 않는 재화나 서비스를 말한다. 이러한 가치재가 존재하는 이유는 단순히 생존에 필요한 필수품이지만 소득이 낮아 시장가격으로 구매할 능력이 없는 사람들이 존재하기 때문이다. 만약 사회 구성원 모두가 반드시 소비해야 할 이유가 없는 재화라면 시장가격보다 낮은 지불용의를 가진 소비자들은 자발적으로 해당 재화의 소비를 거부하는 거나 마찬가지이므로 사회적으로 문제 삼을 필요가 없다. 가치재의 대표적인 사례로는 교육, 의료, 주택 등을 들 수 있다. 대다수의 나라에서 일정 수준까지의 의무교육이 무상으로 시행되고, 보건소 등 무료 또는 실비의 공공의료기관이 운영되며, 저소득층을 위한 공공임대주택이 공급되는 까닭이 여기에 있다.

이처럼 사회적 가치가 높은 재화나 서비스는 통상적으로 복지나 사회안전망 차원에서 논의되어 왔지만, 최근 가치재의 관점에서 바라보아야 한다는 주장이 대두되기도 했다.[8] 물론 가치재는 명칭이 암시하듯이 가치판단을 전제하고 있기 때문에 가치재의 규정과 범위를 둘러싸고 논란

---

8. 가치재의 범위 즉 어떤 상품을 가치재로 인정할 것인가는 사회적 합의를 필요로 한다. 복지국가일수록 가치재를 더 넓게 인정하고 있는 것만은 분명하다. 그리고 무상급식 논란과 관련하여 이준구 교수는 오마이뉴스(ohmynews, 2010.3.13)에 인용 게재된 글에서 "모든 국민이 최소한 일정 수준 이상의 혜택이 돌아가게 만들어야 한다는 관점에서 정부가 직접 생산, 공급하는 상품으로서 ... 의료, 주택, 교육 서비스가 그 좋은 예로 공공재의 성격과는 전혀 관계가 없다. 의무교육은 교육이 가치재의 성격을 갖기 때문에 정부가 개입하는 대표적 사례 중 하나"라고 주장한 바 있다.

이 있을 수 있다. 그럼에도 가치재가 존재한다는 것 그리고 이러한 가치재가 시장 논리만으로는 사회적으로 충분히 공급될 수 없다는 사실만은 부정하기 어렵다.

균형 개념의 이론적 약점

상당수의 학자들은 균형 개념을 중심으로 전개되는 시장이론 자체에 대해 의문을 제기한다. 무엇보다 균형은 정의상 변화를 내포할 수 없다. 균형 상태에서는 변화를 유발하는 동인 자체가 없고, 균형점의 이동은 시장 메커니즘 외부의 어떤 변화로부터 주어진다. 균형점의 이동이 시장경제의 내적 역동성에 의한 것이라 할지라도 균형이론은 균형점의 이동 과정만 설명할 수 있을 뿐 그 내적 역동성의 원인 자체를 규명하지는 못한다. 이처럼 균형이론은 본성상 정태적 성격을 띠고 있으며, 결과의 설명에 지나지 않는다는 비판을 받는다. 바로 이 점 때문에 균형이론은 경제에서 가장 중요한 동태적 현상으로 간주되는 경제성장이나 경기변동을 설명하는 데는 나름의 한계가 있다고 평가된다[9].

끊임없이 변화하는 현실경제는 항상 불균형 상태에 있다고 해도 과언이 아니다. 왜냐하면 경제주체들은 결코 균형 상태에 만족하지 않으며, 특히 생산자들은 연구개발 등 혁신을 통해 초과이윤을 항상적으로 추구한다. 정부의 경제정책 변경과 시장을 둘러싼 제반 환경의 변화도 시장의 불균형을 조장하는 외적 요인이다. 그래서 비록 균형 상태가 이루어진다 해도 그야말로 일시적인 것이며, 시장과 경제는 항상 불균형 상태

---

9. 최근 표준경제학에 내생적 성장이론이 도입되었다. 이 이론은 연구개발을 모형의 내생 변수로 포함시켜 균형의 이동 즉 경제성장을 설명함으로써 이 비판을 극복하려는 시도다.

에 있다. 균형이론의 관점에서는 불균형을 초래하는 역동적인 인간의 활동 그 자체에 대한 고려를 할 필요도 없고 또 고려하기도 쉽지 않다. 요컨대 균형 개념을 중심으로 하는 시장이론만으로는 현실 경제의 복잡성과 역동성을 이해하기 어려운 것이다.

또한 균형이라는 아이디어에는 어떤 사회적 가치판단도 배제되어 있다. 예컨대 노동시장의 경우 수급 상황에 따라 형성되는 균형 임금수준이 사회적으로 평균적인 생활수준 심지어는 최저 생활수준조차 보장하지 못할 정도로 낮은 수준에서 형성된다 하더라도 시장경제의 관점에서는 아무런 문제가 되지 않는다.[10] 또 다른 예를 들어보자. 어떤 상품이 모든 사람에게 반드시 필요한 필수품이 아니라면 원하는 사람만 소비를 하고 더욱이 소비자 잉여라 불리는 추가이득까지 누린다고 해서 문제될 것은 전혀 없다. 하지만 만약 해당 상품이 누구나 사서 소비를 해야만 최소한의 생존이나 품위를 유지할 수 있게 해주는 필수품이거나 가치재라면 자발적이든 비자발적이든 그 상품의 소비로부터 배제되는 소비자가 적지 않다면 이는 사회 문제가 될 수 있다.

사실 어느 사회든 극빈층과 저소득층은 존재하고, 더욱이 얼마 전부터는 거의 모든 나라에서 소득과 부의 양극화(부익부 빈익빈) 경향이 강해지고 사회적 일탈 현상(자살, 묻지마 살인이나 방화, 절도나 강도, 폭동 등)도 늘어나고 있다. 그런데 완전경쟁시장 모형으로는 실재하는 이 문제에 대한 실효성 있는 해법 제시는 고사하고 원인조차 제대로 규명할 수 없다. 그래서 표준경

10. 그럼에도 불구하고 오늘날 거의 모든 나라에서 최저임금제가 시행되고 있다. 이것은 시장경제에서 생활임금이나 최소생계비에 미치지 못하는 임금노동자가 상당수 존재한다는 사실을 반증한다. 최근 우리나라 고용노동부는 최근 최저임금제의 적용을 받을 노동자가 256만 명에 달하는 것으로 추정했다.

제이론이 사회적 문제는 정치적으로 복지 차원의 문제로 해결해야 한다고 주장한다면, 이는 경제 영역이 정치 영역의 개입 없이 홀로 존재할 수 없다는 것을 보여주는 훌륭한 반증이 아닐까?

완전경쟁시장 모형의 비현실적인 가정들

지불능력을 가진 지불용의

수요곡선의 도출에 결정적인 역할을 하는 지불용의는 소비자의 지불능력에는 문제가 없음을 전제로 하고 있다. 그런데 균형가격 수준보다 낮은 지불용의를 표명한 소비자 중에는 해당 상품을 사고 싶은 마음은 굴뚝같지만 소득의 제한으로 낮은 지불용의를 표명할 수밖에 없는 사람도 있을 수 있다. 실제로 1929년 대공황 이후 케인스Keynes는 그 원인으로 지불능력을 가진 수요의 부족을 지적하고 유효수요effective demand라는 개념을 창안했는데, 이 문제와 무관하지 않다. 그렇다면 지불능력과 무관한 지불용의는 현실을 제대로 반영하지 못한 가정에 지나지 않는 셈이다.

완전경쟁

자유시장경제는 완전경쟁perfect competition의 조건을 갖추고 있을 때 비로소 사회가 필요로 하는 상품들의 생산에 한정된 자원이 가장 효율적으로 배분할 수 있고, 또 기업들이 가장 효율적인 생산기술을 채택하도록 강제할 수 있다. 또한 완전경쟁시장에서는 시장가격을 좌지우지할 수 있을 정도로 가격 설정력을 가진 독과점 기업이 존재하지 않을 뿐만 아니라 상호 경쟁하는 다수의 기업들이 수급 상태로 결정되는 시장가격으로 판

매 여부를 결정하거나 해당 산업에서의 진출입 여부를 결정할 수밖에 없다.[11]

하지만 현실의 시장에는 기업의 진입을 가로막는 다양한 진입장벽entry barriers이 존재한다. 예를 들면, 특허 등 지적재산권에 의한 생산기술의 독점, 막대한 초기투자자금, 시장수요의 크기에 맞먹거나 심지어 그것을 상회하는 규모의 경제, 특정의 전략산업 육성을 위한 정부의 산업정책, 선발 기업의 제품 차별화나 광고 전략 등이 진입장벽의 역할을 한다. 그래서 사실상 현실에서는 완전경쟁시장을 거의 찾아볼 수 없고, 오히려 독과점, 독점적 경쟁 등 불완전 경쟁imperfect competition이 지배하는 시장이 일반적이다.

이미 살펴본 바와 같이 시장의 가격기구가 효율적인 자원배분을 가져다줄 수 있는 것은 완전경쟁의 조건이 충족되는 경우에만 그러하다. 시장 지배력을 가진 독과점 업체의 이윤이 극대화되는 가격은 통상 완전경쟁시장 가격보다 더 높고 거래량(즉, 생산량)은 더 적기 때문에 사회 전체의 관점에서 볼 때 바람직하지 못한 결과가 초래된다.[12] 불완전경쟁 시장은

11. 일정한 가격 지배력을 가진 생산자를 가격 설정자(price setters)라 하고, 시장에서 주어지는 가격을 수용할 수밖에 없는 생산자를 가격 수용자(price takers)라 한다. 가격 수용자만 존재하는 완전경쟁시장에서 기업들은 가격이 아니라 품질이나 생산비로 경쟁할 수밖에 없다. 그래서 품질 개선, 생산성 향상, 비용 절감 노력이 경주되며, 가장 바람직한 방법이 바로 연구개발(R&D)과 혁신이다.

그러나 현실에서 기업들은 비용이 많이 들고 장기간이 소요되고 기대효과도 불확실한 혁신 노력을 하지 않는 것은 아니지만 협력업체의 납품단가 인하, 근로자의 임금인상 억제, 정리해고 등 구조조정의 강행 등으로 비용 절감이라는 단기적이고 효과가 확실해 보이는 처방에 몰두하는 경우도 적지 않다. 이는 자신이 해야 할 노력과 비용을 타 기업이나 여타 이해관계자에게 떠넘기는 행태나 다름없다.

12. 독점에 의해 초래되는 사회후생의 손실을 자중손실(自重損失, deadweight loss)이라 부

가장 효율적인 자원 배분과 후생의 극대화를 가져다줄 수 없다는 점에서 시장 실패를 초래하는 원인이 된다.

또한 교복이나 휘발유 같은 상품에서 볼 수 있듯이 과점 기업들은 담합談合해 초과이윤을 추구하기도 하며, 재벌그룹은 계열사들에게 물량 몰아주기 행태를 보임으로써 공정경쟁 질서를 해치기도 한다. 국제적으로는 다국적기업들의 이전가격transfer pricing 행태가 유명하다[13].

정보의 완전성과 공유

완전경쟁시장은 공급자건 수요자건 모든 시장 참여자들이 상품과 시장 상황에 관한 완벽한 정보perfect information를 가지고 있다고 가정한다. 그러나 현실에서는 이들이 경제적 의사결정에 필요한 정보를 획득하는 데에는 시간과 비용이 들 뿐만 아니라 정보가 공개되어 있지 않아 정보 자체에 접근할 수 없는 경우도 흔하다. 그래서 시장 참여자들은 대개 불충분한 정보를 가지게 되고, 그들이 가진 정보도 양과 질에서 서로 차이가 날 수 있다. 후자의 경우를 정보의 비대칭asymmetric information이라 부른다.

르며, 그 크기는 후생 삼각형(welfare triangle)으로 측정된다. 이는 앞서 균형가격이 사회적 후생을 극대화시키는 가격임을 증명할 때 균형가격이 아닌 모든 가격수준이 그보다 작은 사회적 후생을 가져다준다는 것을 보여줌으로써 이미 밝혀졌다. 독점가격은 균형가격이 아닌 어떤 수준에서 설정되기 때문이다. 이때 줄어든 사회적 후생이 자중손실이다.

13. 이전가격이란 둘 이상의 나라에 사업체를 가지고 있는 그룹이 본사나 자회사 또는 자회사 간의 국제거래를 할 때 그룹 차원에서 가장 유리하도록 가격을 설정하는 행태를 말한다. 예컨대 양국의 법인세율에 상당한 차이가 있을 때 법인세가 높은 나라에 있는 사업체에는 가급적 이윤이 적게 나도록 하는 반면 법인세율이 낮은 나라에 소재한 사업체에는 가급적 이윤이 많이 나도록 가격을 정할 수 있는 것이다.

이처럼 정보가 부족하거나 공유되고 있지 않을 때 시장 참여자들은 합리적인 선택을 할 수 없다. 예컨대 중고차 시장의 경우 판매자는 해당 중고차에 대해 잘 알고 있지만 구매자는 잘 모르기 때문에 이른바 역선택逆選擇, adverse selection[14]이 일어날 수 있다. 이러한 역선택이 자주 일어나는 시장을 개살구 시장[15]이라 한다. 요컨대 마찰friction[16]로 비유되는 정보의 부족 내지 비대칭이 존재할 때 시장은 실패할 수 있다.

그런데 최근 디지털 기술혁명에 따른 IT산업의 발전과 사이버 공간의 출현이 시장참여자들의 정보에 대한 접근 및 획득을 보다 빠르고 용이하게 만들어주고 있다. 이 경향이 특히 소비자와 생산자 간의 정보 비대칭을 축소시키고 있다는 사실을 부정하기는 어렵다. 하지만 디지털 경제에서도 정보의 바다에 모든 정보가 다 들어 있다고 보기 어렵고 탐색에 걸

---

14. 선택의 주체가 그 선택으로 기대했던 것과 반대되는 결과를 가지게 될 때 그러한 선택을 '역선택'이라 부른다. 이 용어는 애초 보험시장에서 나왔다. 예를 들어 건강보험의 경우를 보자. 동일한 보험가입 조건에서 건강한 사람보다는 건강이 나쁜 사람이 더 많이 가입하는 결과가 나타났고, 이를 역선택이라 지칭했다. 이러한 결과가 나타난 것은 건강보험 가입자는 자신의 건강상태를 잘 알고 있는 반면 보험회사는 잘 알 수가 없는 상태에서 건강이 나쁜 사람은 건강보험 가입 유인이 큰 반면 건강이 좋은 사람은 보험 가입의 필요성을 크게 느끼지 못하기 때문이다.

    그 후 보험사들은 이러한 정보의 비대칭과 그에 따른 역선택 문제를 해결하고자 보험가입자에게 건강상태에 관한 더 많은 정보를 요구하거나 건강상태에 따라 차등 보험료를 부과하는 등 다양한 방법을 강구해왔다.

15. 개살구는 살구보다 맛이 없지만 때깔이 좋다, 이 정보를 모르면 살구가 아닌 개살구를 구매하는 이른바 역선택이 나타난다. 이러한 시장을 비유적으로 개살구 시장이라 부르는 것이다.

16. 이러한 상황을 비유해 정보의 유통에 마찰이 존재한다는 표현을 쓰기도 한다. 이러한 관점에서 보면 정보의 완벽한 공개와 완전한 공유를 가정하는 완전경쟁시장 모형은 마찰 없는 경제(friction-free, friction-less economy)를 가정하고 있는 셈이다.

리는 시간과 비용 그리고 정보 해석력의 차이 등으로 인해 마찰이 완전히 사라지는 것은 아니다. 이와는 반대로 디지털 기술 표준의 선점과 무한대에 달하는 규모의 경제 등으로 인해 디지털 경제에서는 오히려 강력한 독과점 경향이 존재한다.[17]

외부효과의 부재

외부경제external economy, 또는 외부성externalities이라 불리기도 하는 외부효과external effects는 어떤 경제주체의 경제활동이 다른 경제주체(들)에게 손실 또는 이익을 초래함에도 불구하고 그 대가의 지불이 이루어지지 않는 경우를 말한다. 이러한 외부효과는 거래 당사자가 아닌 제 삼자에게 미치는 의도하지 않은 효과이므로 시장 내부에서 통제되기 어려울 뿐만 아니라 그 크기를 측정하기도 쉽지 않기 때문에 비용이나 가격에 반영되지 않는다. 그럼에도 외부효과는 실재하는 경제현상이므로 시장 실패를 초래하는 원인의 하나로 간주된다. 하지만 완전경쟁시장을 가정하는 표준이론에서는 당연히 무시된다.

외부효과는 두 개의 부류로 나뉜다. 제 삼자에게 이익을 주면 긍정적positive 외부효과, 또는 외부경제external economy라 하고, 손실을 초래하면 부정적negative 외부효과 또는 외부 불경제external diseconomy라 한다. 긍정적 외부효과의 예를 들어보자. 쇠락한 도심 상권에 영화관이 들어서서 유동인구가 증가하고 이 덕분에 도심 가게들의 매출이 증가하더라도 가

17. 그 대표적인 사례가 컴퓨터 운영체제 시장이다. 여기서 마이크로소프트사의 윈도우즈는 압도적인 시장점유율을 자랑하며, 각종 소프트웨어를 끼워팔기까지 한다. 이른바 디지털 경제의 특징에 대해서는 서익진(2010)을 참고하라.

게들은 영화관에 어떤 직접적인 대가도 지불하지 않으며 영화관도 그러한 대가를 요구하지 않는 경우다. 부정적 외부효과의 대표적인 사례는 공해pollution다. 온실가스를 방출하는 자동차를 만든 회사나 운전자가 자동차 매연과 그로 인한 대기오염으로부터 시민들이 피해를 입어도 그들은 어떤 직접적인 보상도 하지 않는 경우다.

이처럼 거래의 당사자가 아닌 제 삼자에게 미치는 긍정적 또는 부정적 외부효과가 실재하며, 그 영향이 사회적 문제가 될 정도로 커지더라도 그로 인해 발생한 수익이나 비용은 민간 경제주체들의 의사결정에 반영되지 않는다. 그렇다면 사회적으로 바람직한 최적의 생산이나 소비가 보장될 수 없다. 이것이 특히 부정적 외부효과에 대해 정부가 이를 야기하는 경제주체들이 관련 비용을 부담하도록 강제하는 규제(과징금, 공해방지시설 설치 의무 부과 등)를 가하는 이유다.

시장경제의 바람직하지 못한 결과들

구성의 오류와 시스템 위험

시장경제는 시장 참여자들이 오로지 자신의 이익을 극대화하는 데만 몰두하면 보이지 않는 손이 이러한 사적 선택들이 조화를 이루도록 만들어 줌과 동시에 사회 전체 차원에서도 가장 바람직한 상태가 조성된다는 예정조화설을 전제하고 있다. 그러나 이러한 미시적 합리성과 거시적 합리성 간의 일률적인 관계는 이론적으로도 현실적으로도 항상 성립하는 것은 아니다. 이처럼 미시적 논리와 거시적 논리가 배치되는 경우를 논리학 용어를 빌려 구성의 오류fallacy of composition[18]라 한다.

경제학에서 이 현상의 대표적인 사례는 저축의 역설paradox of thrift이다. 개별 경제주체에게는 소득의 전부를 지출하지 않고 일부를 저축해야 할 합당한 이유가 많다. 요컨대 미래의 다양한 지출을 준비하는 것이다. 게다가 고용 불안정과 불황의 지속 등으로 미래가 불확실할수록 현재의 지출을 줄이고 저축을 늘리고자 한다. 그런데 다수의 경제주체가 동일한 행동을 하게 되면 경제 전체로 저축이 늘고 소비지출은 줄어든다.

만약 투자지출이 그만큼 늘지 않는다면 경장성장이 둔화되고, 개별 주체들은 소득이 줄어들거나 심지어는 소득의 원천인 일자리 자체를 잃을 수도 있다. 그 결과 경제 전체의 저축이 오히려 줄어들 수 있는 것이다. 이처럼 개별 주체로서는 합리적인 행동이지만 다수의 주체가 동일한 행동을 할 때 그 목적과 상반된 결과가 초래될 수 있다는 점에서 저축의 역설은 구성의 오류의 전형적인 사례로 꼽히는 것이다.

구성의 오류 현상은 실수요 거래보다 투기 거래가 압도적으로 많은 주식, 외환, 부동산 등 이른바 자산 시장에서 흔히 나타난다. 자산 시장에서는 어떤 이유로 가격이 오르기 시작하면 계속 오르고, 일단 내리기 시작

---

18. 구성의 오류는 인식론에서 개체에 대해 참인 것을 전체에 대해서도 참인 것으로 잘못 추론하는 오류를 말한다. 가장 비근한 예는 다음과 같다. 장터에서 펼쳐지고 있는 마산오광대 탈춤 공연을 구경하기 위해 사람들이 동심원을 이루며 죽 둘러앉았다고 하자. 두 번째 줄에 앉은 관객이 앞 사람 때문에 잘 보이지 않아 더 잘 보기 위해 일어선다면(이는 개인적으로 합리적인 행동이다) 세 번째 이후의 동심원에 앉은 관중들 모두 일어설 수밖에 없다(이 역시 합리적인 행동이다). 그 결과 모두 다 일어서서 관람을 하게 되면 더 잘 볼 수 있기는커녕 다리만 아프게 될 뿐이다.

이 사례는 개인 차원에서 합리적인 행동일지라도 모두가 그렇게 할 때 개인의 목적 달성은커녕 전체의 사정도 더 나빠질 수 있음을 말해준다. 경제학에서 구성의 오류는 미시적인 개별 주체들의 합리적인 행동이 결과적으로 자신이 의도했던 목적을 달성하지 못하게 될뿐더러 거시경제 전체의 차원에서도 합리적인 결과를 가져오지 못하게 되는 경우를 말한다.

하면 계속 내려가는 현상이 반복된다. 왜냐하면 가격이 오를 때는 누구에게나 먼저 사두는 것이 이득을 극대화하는 합리적인 행동이고, 반대로 가격이 떨어지기 시작하면 누구나 먼저 팔아치우는 것이 손실을 극소화하는 합리적인 행동이 되기 때문이다.

이처럼 미래의 가격 변동을 예상하고 가격 차이로부터 이득을 도모하려는 투기 거래가 지배하는 시장에서는 그 참여자들이 모방(무리, 떼거리) 행태를 보이기 십상이다. 이러한 시장에서는 민간주체들이 개별 이익(손실)의 극대화(극소화) 전략을 충실하게 실행한다면 시장가격이 균형수준으로 복귀해 시스템이 안정되는 것이 아니라 시장가격의 지속적인 상승(하락)을 유발함으로써 시스템은 오히려 불안정해진다. 가격의 지속적인 상승으로 형성된 거품bubble(실제 가치를 상회하는 가격)은 영원히 커질 수 없다는 속성을 가지고 있어 결국 언젠가는 폭발하게 되고 이때부터 가격의 하락이 지속된다. 이러한 현상을 활황-폭발 과정이라 부른다. 문제는 가격 폭락 과정에서 거래자들의 손실이 눈덩이처럼 커질 수 있다는 점이다.

더욱이 이들이 다른 경제주체들과 연쇄적인 채권-채무 관계를 맺고 있다면 자산시장과 무관한 다른 경제주체들도 손실을 입게 되어 파산하거나 자금조달이 곤란해질 수 있다. 이런 일이 급격하게 일어나면 해당 시장에서의 거래 자체가 소멸되는 시장 붕괴 현상이 나타날 수도 있다. 이처럼 개별 참여자의 차원을 넘어 시장 시스템 전체가 마비될 수 있는 위험을 시스템 위험systemic risk이라 부르며, 이 위험이 현실화될 때 시스템 위기systemic crisis가 발생했다고 말한다.

이러한 구성의 오류와 시스템 위험은 시장 자체의 존립 근거를 위협하는 요인으로 간주해서인지는 몰라도 표준경제학은 이것들을 언급조차 하지 않는다. 오히려 효율적 시장이론이라 해서 금융시장 같은 자산시장에도 완전경쟁시장의 모형이 적용될 수 있다고 주장한다. 한국이나 미국의 경제학원론들도 이 문제들을 다루지 않는다. 구성의 오류는 아예 다루어지지 않는[19] 반면 저축의 역설은 언급되는 책이 간혹 있지만, 경제학적 추론상의 유의사항으로 간략하게 지적만 해둘 뿐이다. 그런데 오늘날처럼 고도로 발전된 금융시장을 가진 시장경제체제에서는 구성의 오류와 시스템 위험의 중요성이 갈수록 커지고 있다. 특히 최근 글로벌 금융시장에서 시스템 위기가 반복해서 발생하자[20] 시스템 위험에 대한 관심이 늘어나고 있다.

소득과 부의 양극화

소득income 획득과 재산fortune 증식은 개인의 경제활동이 추구하는 기본목적이다. 그런데 자유경쟁을 기반으로 하는 시장경제의 발전은 '부익부 빈익빈' 즉, 소득과 부의 양극화 현상을 동반한다.

시장경제는 무엇보다 자유경쟁을 통해 작동하기 때문에 시장 참여자들에게 기회의 균등이 보장된다 하더라도 각자가 경쟁에서 거두는 성과에는 격차가 있게 마련이다. 물론 이 격차가 자유롭고 공정한 경쟁의 결과라면 그 자체를 문제로 삼을 수는 없다. 그럼에도 이러한 개인별 성과

---

19. 예를 들어 유명한 새뮤얼슨(P. Samuelson)의 『경제학』(Economics)을 보자. 그가 직접 집필한 초기 판본들에는 구성의 오류가 다소 상세하게 다루어지고 있었다. 그런데 몇 번째 판부터인지는 확실치 않으나 그의 사후 그의 제자들이 계속 만들어내고 있는 판본들에서는 구성의 오류가 완전히 사라지고 없다.

20. 금융시장에서 발생했던 시스템 위기의 대표적인 사례는 1997년에 태국에서 시작되어 한국에까지 전파되었던 아시아 외환위기, 2008년에 미국의 서브프라임 대출시장에서 시작된 글로벌 금융위기라 할 수 있다.

격차가 누적되어 경제주체들 간의 소득 격차가 일정 수준을 넘어서고 그로 인해 시장수요의 증대마저 억제될 정도가 되면, 이는 사회 문제로 간주될 수 있다. 시장 근본주의와 경쟁 지상주의를 표방하는 신자유주의 시대에 소득 및 부의 불평등 확대, 이른바 양극화가 빠르게 진행되어왔고 이제 심각한 사회경제적 문제로 부상했다.

상품 시장에서 생산자인 기업들 간의 자유경쟁에 따른 승패는 원리상 받아들일 수밖에 없지만, 그로 인한 독과점 형성과 경제력 집중마저 용인하기는 쉽지 않다. 더욱이 이 과정이 불공정 거래 관행에 의해 조장되고 있다면 더욱 그러할 것이다. 오늘날 한국경제에서처럼 대기업과 중소기업 간의 경제력 격차는 갈수록 벌어지고, 대기업은 글로벌 그룹으로 발전하는 반면 중소기업은 대기업의 하청업체로 전락해가고 있다. 이에 따라 기업 간 양극화를 억제하고 대기업과 중소기업 간 상생관계의 확립이 한국경제의 새로운 도약을 위해 시급하다는 처방이 설득력을 얻고 있다.

노동시장에서 공급자인 개인들은 일자리를 두고 경쟁한다. 그러나 그들은 출발점에서부터 불평등한 상태에 놓여 있다. 무엇보다 자본주의 시장경제의 근간을 이루는 사유재산권에 기초한 상속 제도와 이에 따른 부의 세습 때문에 개인들은 타고난 재능과 후천적 노력만으로 경쟁하지 않는다.[21] 노동의 공급 측면에서 볼 때 교육의 중요성과 노동시장 진입 이

21. 이러한 현실 때문에 '개천에서 용 난다'라는 표현은 더 이상 적실성을 잃었고, 금수저나 은수저 또는 흙수저라는 은유적인 단어들에 대한 공감이 확산되고 있다. 이 단어들은 현대판 신분제 사회를 상징한다. 자본주의가 이런 식으로 계속 발전해가면 봉건제로 되돌아가지는 않을까라는 엉뚱한 의문까지 든다. 신분제 사회란 출생 시에 타고난 신분을 바꿀 수 없는 사회를 말한다. 괜찮은 일자리가 줄어드는 와중에 부잣집 하인 일자리가 늘어날 수도 있기 때문이다.

전에 지출되어야 하는 교육비의 증대 경향으로 소득 및 부의 양극화와 그 세습에 따른 출발점 상의 불평등이 강화되고 있다. 더욱이 부동산과 금융자산의 상품화 진전에 따른 재테크(재산의 운용을 통해 벌어들이는 소득, 즉 재산소득의 획득을 노리는 활동)의 일상화로 부익부 빈익빈 현상은 더욱 심화된다.

게다가 이러한 노동력 공급 상의 왜곡 경향은 수요 측 요인에 의해 더욱 강화될 수 있다. 기업의 필요와 사정에 따른 노동시장의 분절화(정규직과 비정규직, 사무직과 생산직 등) 경향이 강화될수록 제대로 된 일자리를 차지하기 위한 경쟁은 치열해지고, 이에 따라 교육의 중요성과 비용이 증대된다. 결국 가계의 소득과 재산 상태가 일자리 경쟁에서 차지하는 중요성도 커지는 것이다.

이렇게 해서 일종의 악순환이 발생할 수 있게 된다. 이는 "노동력 격차 → 소득 격차 → 부의 격차 → 교육 격차 → 지식 격차 또는 디지털 격차 → 노동력 격차"로 요약될 수 있다.

이처럼 시장가격 메커니즘이 효율적인 자원 배분을 보장한다 하더라도 소득과 부의 격차는 확대될 수 있다. 더욱이 시장 원리주의의 득세는 이 경향을 더욱 강화시킨다. 그런데 이러한 양극화 경향은 시장경제 자신으로서는 해결할 수 없는 문제이기 때문에 이것이 사회적 문제로 비화되지 않으려면 정부의 개입이 불가피하다. 더욱이 현재 각국과 세계가 빠져 있는 장기침체를 벗어나려면 (재)분배 개선을 통한 양극화 문제가 어느 정도 해소되지 않으면 불가능할 것으로 보인다.[22]

---

22. 한때 국제적 소득 불평등 문제를 해소하기 위해 글로벌 포드주의(global fordism)라는 아이디어가 네오케인지언들로부터 나온 적이 있었다. 그 핵심은 최빈국들의 과다 채무 탕감, 개도국 원조 증대 등을 통해 이 나라들이 대외채무로부터 해방되면 경제개발을 개시할 수 있고 여기에 필요한 생산재를 선진국들이 공급한다는 국제적 상생 메커니즘이

실업과 인플레이션

자유경쟁은 끊임없는 기술혁신을 조장함으로써 경제발전에 이바지한다. 하지만 기술혁신이 고용이나 실업에 미치는 영향은 일률적이지 않다. 장기적으로 볼 때 기술발전은 한편으로는 새로운 산업을 출현시키고 일자리도 창출하지만, 다른 한편으로 기존 산업을 도태시키고 자동화, 생력화省力化, 정보화 등으로 노동을 절약함으로써 일자리를 감소시킨다. 이처럼 기술혁신의 순고용 효과는 시공에 따라 다를 수 있지만, 오늘날 장기실업이 증가하고 재취업이 곤란해지고 있음은 사실이다. 요컨대 고용 없는 성장이라는 표현이 근거가 없지 않은 상황이다.

법화로서 불환지폐가 사용되는 오늘의 화폐경제에서는 인플레이션의 만성화 경향이 내재해 있다. 불환지폐 제도는 시장경제의 발전에 따라 이전의 금본위제가 가진 통화 공급 상의 제약을 극복함과 동시에 나아가 통화량 조절을 통해 거래의 원활화 및 경제의 성장을 도모하기 위해 불가피한 선택이었다. 하지만 통화량의 인위적인 조절이 가능해짐에 따라 시장경제에 내재된 경기변동(호황과 불황의 계기적 반복)을 완화시키기 위해 정부가 통화금융 정책을 운용하는 것이 일반화되었다. 경기부양을 목적으로 시행되는 통화량 확대 정책은 인플레이션(통화가치의 지속적인 하락)이 만성화될 수 있는 배경을 제공했다.

불환지폐의 도입 이후 그 이전의 금본위 시대와 비교해볼 때 거의 모든 나라에서 장기적으로 인플레이션(즉, 물가 상승)이 지속되어왔음은 부정하기 어렵다. 물론 명목 경제성장률이 물가상승률을 상회하는 한 실질

다. 그동안 과다 채무의 탕감은 어느 정도 이루어졌지만 선진국들의 대외원조 증가 약속은 거의 지켜지지 않았다.

경제성장률은 플러스가 될 수 있고, 불환지폐가 통용되는 경제에서 성장은 대개 이런 식으로 이루어져왔다. 글로벌 불황의 지속으로 미국, 유럽, 일본 등 거의 모든 선진국이 시행해왔던 양적 완화(제로금리 상태에서 이루어지는 통화팽창) 정책으로 늘어난 통화량이 가시적인 인플레이션을 유발하지 않고 있는 것은 그럼에도 글로벌 수요는 증가하지 않는데다가 중국산 저가 공산품이 범람하고 있기 때문이다. 그럼에도 글로벌 인플레이션에 대한 우려가 잠재되어 있다는 것이 작금의 상황이라 할 수 있다.

경제성장의 부산물

경제의 성장에는 부산물이 따르게 마련인데, 시장경제라고 예외는 아니다. 시장경제는 개인의 자유로운 사익 추구를 기반으로 삼고 있기 때문에 오히려 성장의 부산물이 더 많을 수 있고, 또 그로 인해 초래되는 문제들은 해결하기가 더 어려울 수 있다. 이러한 부산물에는 자원의 남용과 고갈, 환경의 오염과 파괴, 인구의 도시 집중과 도시의 난개발, 교통 혼잡 등이 대표적인 것들인데, 그 대부분은 부정적인 외부효과의 좋은 사례들이다.

문제는 긍정적인 외부효과든 부정적인 외부효과든 시장경제는 외부효과를 스스로 내부화internalization 할 수 있는 유인을 가지고 있지 않다는 데 있다. 내부화를 위한 시장경제적 해법의 하나로 오염권 거래 제도가 도입되었지만 널리 도입될 때까지 많은 시간이 걸릴 것으로 보이고 그것만으로 문제가 완전히 해결되는 것도 아니다. 사실 환경오염 물질을 배출하는 회사는 오염 배출 방지시설을 위한 투자를 하거나 배출된 오염의 정화 비용을 지출한 후 이를 자신의 생산물의 판매가격에 반영시키는 게 마땅하지만, 다른 경쟁자들도 동시에 그렇게 하지 않는 한 자신의 경쟁력만 약화되므로 자발적으로 그러한 선택을 할 수 없는 처지에 있다. 이것도 일종의 구성의 오류인 셈이다. 개별 기업의 입장에서는 비용이 많이 드는 오염정화시설을 하지 않는 게 합리적인 선택이지만 많은 기업이 그런 선택을 한다면 환경 악화는 불가피해진다.

그 결과 사회 구성원 전체가 피해를 입게 되고, 나아가 환경적으로 지속가능한 발전도 어려워진다. 바로 이 때문에 시장경제 외부에 있는 제삼의 주체인 정부가 공공주체로서 환경 관련 규제 등을 통해 모든 생산자에게 동일한 의무를 강제할 수밖에 없는 것이다.

3 정부 개입과 정부 실패

시장 실패는 정부의 시장 개입을 정당화하는 강력한 근거가 된다. 시장 자체에 내재된 결함은 물론 시장의 원활한 작동으로 초래되는 폐해나 부작용조차 시장 스스로 치유할 수 없다는 사실로 인해 시장 외부의 공공주체인 정부의 개입이 요청되는 것이다. 여기서는 정부의 시장 개입의 목표와 수단을 간략히 살펴본 후, 정부의 개입이 항상 그 목표를 달성하는 것은 아니라는 이른바 정부 실패government failure의 원인이 무엇인지를 살펴보기로 한다.

정부 개입의 목적과 수단

정부는 시장 실패를 유발할 수 있는 원인을 사전에 제거하기 위해 또는 이미 발생한 시장 실패로 인해 초래된 폐해를 해결하기 위해 시장에 개입할 수 있다. 전자가 사전 예방책이라면, 후자는 사후 교정책이다. 실제의 정책은 대개 사후 교정을 위해 시행되지만 차후 재발을 억제하는 사전 예방의 성격도 갖게 마련이다. 정부의 경제정책 일반에 대해서는 앞서 다룬 바 있으므로 여기서는 대표적인 사례 몇 가지만 생각해보기로 한다.

무엇보다 정부는 사유재산권을 규정하고 시장 질서에 관한 법률을 제정·집행한다. 그리고 무역이나 투자 등 대외 경제활동을 위해 다른 나라들과 경제협정을 체결한다. 이러한 정부의 행동은 어찌 보면 너무 당연한 일이지만, 너무나 당연시될 만큼 중요한 역할이 아닐 수 없다. 그렇다면 "정부 없이 시장은 없다"고 해도 지나친 말이 아닐 것이다.

정부는 민간이 생산하려 들지 않거나 민간기업에 의해서는 충분히 공급되기 어려운 공공재를 공급하기 위해 세금으로 공기업을 설립·운영하기도 하고, 교육, 의료, 주택 등 가치재의 공급을 위해 의무교육, 무상급식, 공공임대주택, 국민건강보험 등의 제도를 시행하기도 한다. 전기, 전화, 수도, 우편, 가스, 철도, 지하철 등 공공서비스는 대개 정부가 직접 경영하면서 요금을 결정하는 경우가 많고, 버스나 택시 등 대중교통 서비스는 대개 민간위탁으로 운영되지만 이 경우에도 요금 결정은 정부나 지방자치단체의 통제를 받는다.[23]

역설적이지만 정부야말로 완전경쟁시장 모형을 현실에서 구현할 수 있는 유일한 주체다. 반독점법(미국) 또는 공정거래법(한국)을 제정하여 독

23. 여기서 정부는 중앙정부와 지방정부를 총칭한다. 연방국가와는 달리 우리나라에서는 헌법을 가진 지방정부는 존재하지 않으므로 지방자치단체(시·도 등 광역단체와 시·군·구 등 기초단체)라는 용어가 사용된다. 공공서비스 요금의 통제권은 대개 지자체에 위임되어 있다.

과점의 형성을 사전에 방지하거나 이미 형성된 독과점 기업에 대해서는 시장지배력을 부당하게 행사하지 못하도록 규제함으로써 독과점의 폐해를 방지하고 공정한 경쟁 질서를 확립하고자 애쓴다. 한국의 공정거래위원회가 독과점 업체들의 가격 담합이나 재벌회사들의 계열사에 물량 몰아주기 행태 등을 적발해 과징금을 부과했다는 뉴스가 심심찮게 들리는 것은 바로 이 때문이다.[24] 이와 동시에 정부는 과거 국가 주도 공업화 시절에는 나름대로 긍정적인 역할을 했던 인·허가나 보호주의 조치 등 각종 규제들 중에서 더 이상 불필요할 뿐만 아니라 오히려 시장의 진입장벽으로 작용할 수 있는 규제는 가급적 폐지하려는 노력을 기울일 수도 있다.

정보의 비대칭성과 불완전성을 축소하기 위해 시장과 기업 관련 정보의 공개를 촉진하고 정보의 확산과 공유를 위해 인터넷 관련 인프라를 구축하기도 한다. 생산자의 횡포나 정보의 비대칭으로 인한 소비자 피해를 방지하기 위해 소비자보호법을 제정하기도 한다.

외부효과가 존재하는 경우, 긍정적 외부효과에 대해서는 인센티브를 제공함으로써 그 확산을 조장하고, 부정적 외부효과에 대해서는 벌칙을 부과하거나 규제를 가함으로써 그 발생을 억제한다. 특히 정부가 부정적 외부효과를 규제하지 않는다면 어느 민간주체도 자발적으로 그 비용을 부담하려 들지 않을 것이다. 그래서 예컨대 기업의 공해방지시설 설치를 의무화하거나 배출하는 오염량에 따라 벌금이나 환경세를 부과함으로써 비용을 시장에 내부화하도록 만들고, 때로는 하이브리드 엔진이나 전기차를 개발하는 기업 또는 그 구매자에게 재정자금을 지원함으로써 그 비

24. 정부의 노력과는 별도로 소비자들도 독과점의 횡포에 대응방안을 강구한다. 피해 소비자들의 집단 소송, 공동구매를 통한 가격 인하 등이 대표적인 사례들이다.

용을 사회화시킬 수도 있다.

정부는 구성의 오류와 시스템 위험을 방지하기 위해 유달리 투기성 거래가 번창하고 있는 주식시장이나 외환시장 등 금융시장에 대한 각종 규제를 시행할 수 있다. 특히 금융시장이 붕괴 위험에 처하면 공적자금 등 긴급 유동성을 투입하여 시스템의 붕괴를 저지하기 위해 개입하게 되는데, 이를 최종대부자 역할이라 한다. 막대한 고용을 하고 있는 거대한 산업체나 수많은 예금자의 돈을 운용하는 시중은행이 도산 위험에 처하면 그 사회적 악영향을 우려하여 구제자금을 지원해 이른바 대마불사 정책을 쓰기도 한다.

정부는 지나친 소득 불평등을 시정하기 위해 소득 재분배 정책을 시행한다. 누진소득세를 통해 소득의 크기에 따라 차별적인 세율을 적용하거나 시장경쟁에 참여할 능력이 없는 사람(장애인, 노인 등 사회적 약자)과 경쟁에서 패배하여 시장에서 배제된 사람들(빈곤층과 실업자)을 위해 보조금 지급 등 공공부조 정책을 시행한다. 사회안전망의 역할을 하는 이러한 소득 재분배 및 복지 정책은 무엇보다 그것이 없을 경우 야기될 수 있는 사회적 불안을 사전에 방지하는 역할을 하지만, 이와 동시에 유효수요의 창출을 통해 경기를 부양하는 경제적 역할도 할 수 있다.

정부는 심지어 경기부양을 위해 적자재정 정책을 쓰기도 한다. 이 정책의 논리는 이미 본 바와 같이, 정부가 차입한 돈으로 시장에 돈을 풀거나 사업을 전개하여 경기 부양에 성공하면 동일한 조세구조(세목, 세원, 세율 등) 하에서도 더 많은 세금이 들어오게 되므로 채무를 갚을 수 있게 된다는 것이다. 민간 경제주체들이 소비나 투자를 꺼리고 있어 시장 스스로 불황으로부터 탈출하기가 어려울 때는 정부가 이러한 적자재정 정책을 써야 한다는 것이 바로 케인스 학파의 주장이다.

정부 실패의 원인과 사례

시장 실패를 근거로 정부가 시장에 개입한다고 해서 정부가 항상 소기의 목적을 달성하는 것은 아니며 때로는 문제를 더 악화시킬 수도 있다. 이른바 정부 실패다. 정부 실패에는 여러 가지 원인이 있지만 여기서는 먼저 대표적인 정부 실패로 꼽히는 정부의 직접적인 시장가격 통제의 부작용을 살펴본 후 간접적인 개입방식의 문제점을 살펴보기로 한다.

시장가격에 대한 직접 개입: 가격 통제

시장 실패에 민감하거나 정부의 능력을 과신하는 정부, 국민의 호감을 사고자 하거나 사회적 약자의 보호자임을 자처하는 정부일수록 시장가격을 직접 통제하려는 성향이 강하다. 정부가 가격을 직접 통제하는 방법에는 두 가지가 있다. 하나는 정부가 어떤 상품의 시장가격이 일정 수준 이하로는 내려가지 못하도록 가격 하한선price floor을 설정하는 최저가격제이고, 다른 하나는 시장가격이 일정 수준 이상을 넘을 수 없도록 가격 상한선price ceiling을 설정하는 최고가격제다. 각각 사례를 들어 살펴보자.

먼저, 가격 하한선의 설정부터 살펴보자. 그 대표적인 사례는 최저임금제다. 만약 정부가 현재 노동시장에서 결정되는 임금수준이 너무 낮아 노동자들이 인간다운 생활을 하기 어렵다고 판단하거나 또는 저임 근로자들의 요구를 받아들여 일정 수준의 임금보다 낮은 근로 계약을 금지하기로 했다고 하자. 그렇다면 노동시장에 어떤 결과가 초래될 것인가.

이러한 임금 수준의 하한 설정이 실효성을 갖기 위해서는 그 수준이 현재 노동시장에서 노동력의 수급 상황에 의해 형성된 균형임금보다 더 높은 수준에 설정되어야 한다는 것은 쉽게 알 수 있다. 이 경우 [그림

7-2]이 보여주듯이, 균형임금 수준보다 높게 설정된 최저임금 수준에서는 균형임금 수준에 비해 노동 공급(구직자)은 늘어나고 수요(일자리)는 줄어들어 공급초과($q_1 < q_2$) 현상이 나타난다. 즉 일자리를 찾는 사람의 수가 기업이 제공하는 일자리의 수보다 더 많아지는 것이다. 이처럼 노동시장의 초과공급은 바로 실업자[25]의 발생을 의미하며, 이 때 실업자의 수는 공급초과의 크기와 같다.

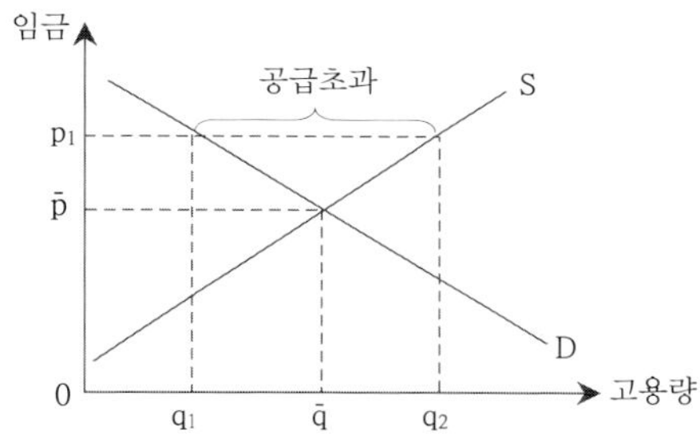

[그림 7-2] 최저임금제의 효과

---

25. 실업자의 정의는 경제활동인구 중에서 일자리를 찾고 있지만 일자리를 구하지 못한 사람을 말한다. 말하자면 구직 활동을 단념하면 아예 경제활동인구에서 빠져버리기 때문에 실업자로 간주되지 않는다. 우리나라도 채택하고 있는 국제노동기구ILO의 실업 판정 기준에 따르면, 실업이란 일주일에 유급 노동을 1시간도 못한 상태를 말한다. 다시 말해서 1주일에 1시간 이상의 유급노동을 한 사람은 취업자로 판정된다. 이 규정에 따르면 실업자는 사실상 일주일에 근로소득이 한 푼도 없는 사람이라 할 수 있다.

이러한 ILO의 실업 규정이 일반상식에 크게 어긋난다고 생각할지도 모르겠다. 그런데 법정노동시간이 주당 40시간이라면 20시간 미만의 유급근로자를 실업자라 해야 할까? 아니면 10시간? 곰곰 생각해보면 애매해서 적절한 기준을 정하기가 쉽지 않다. 그래서 유급근로를 전혀 하지 못한 사람만 식별해내기 위해 만든 것이 주당 1시간 기준이다. 실업 판정 기준이 여하하건 동일한 기준이 여러 나라에서 지속적으로 적용된다면 각국의 실업률 추이를 살펴보거나 실업률의 국제 비교를 하는 데는 큰 애로가 없을 것이다.

이러한 실업자의 발생이야말로 자유시장경제 찬양자들이 최저임금제에 반대하는 최강의 논리다. 왜냐하면 노동력의 가격인 임금수준을 정부가 직접 통제하는 것은 실업자만 양산하는 결과를 낳기 때문이다. 그럼에도 많은 나라들에서 최저임금제가 시행되고 있는 것 또한 현실이 아닌가. 이러한 상황을 어떻게 이해해야 할까?

사실 노동시장이라고 하지만 현실의 노동시장은 동질적인 노동력(즉 상품)이 거래되는 단일한 시장이 아니다. 현실의 노동시장은 여러 개의 하위 노동시장으로 분할되어 있다[26]. 대부분의 하위 노동시장에서 형성되는 임금수준은 최저임금보다 높기 때문에 최저임금제가 영향을 주지 못한다. 하지만 예컨대 아르바이트, 저숙련, 청소 등처럼 저임금이 고착될 수 있는 노동시장의 경우에는 최저임금제가 나름의 존재이유를 가질 수 있다.

그리고 최저임금제의 시행은 노동력이란 상품을 일반 상품과 동일하게 취급해서는 안 된다는 암묵적인 사회적 합의를 바탕에 깔고 있다. 일자리와 임금은 다른 대체소득을 갖지 못한 근로자의 생계와 직결되므로 어떤 일자리건 적어도 최소한의 인간다운 생활을 영위할 수 있는 수준의 임금(예컨대, 최저생계비, 생존임금, 생활임금 등)을 제공해야 한다는 것이다. 최저임금을 받고 일할 의사가 있는데도 일자리 공급이 모자라 실업자가 발생한다면 이들에 대해서는 사회가 다른 방법으로 도와주어야 한다. 사실 최저임금제의 시행 유무와 관계없이 많은 나라들에서 실업수당 등 보조금

26. 이러한 현상을 '분절된 노동시장'이라 한다. 예컨대 정규직과 비정규직, 사무직과 생산직, 숙련공과 비숙련공, 남성과 여성, 경력직과 비경력직, 대기업과 중소기업 등이 그러하다. 이것이 문제가 되는 까닭은 하위 노동시장들 사이에 부당한 차별이 존재하기 때문이다. 예컨대 비정규직은 정규직과 동일한 노동을 하더라도 임금이 훨씬 적고 기업복지의 혜택을 받지 못한다. 한마디로 '동일노동 동일임금'이라는 원칙이 준수되지 않는 것이다.

의 제공, 무상 재교육, 전직 알선, 장애인 고용 지원 등 다양한 방법으로 실업 대책을 강구하고 있는 것은 바로 이 때문이다.

다음, 가격 상한선이 설정되는 대표적인 사례는 임대주택 시장이다. 예컨대 정부가 집 없는 사람들의 서러움에 귀를 기울여 일정액 이상의 월세를 받지 못하도록 임대주택 시장에 임대료(즉, 임대주택 서비스의 가격) 상한제를 실시한다고 하자. 이 제도가 실효성을 가지기 위해서는 당연히 임대료 상한선이 시장의 균형가격보다 낮은 수준에 설정되어야 한다.

[그림 7-3]을 보자. 임대료 상한제의 시행으로 임대료가 균형수준보다 낮아지게 되면 임대주택의 수요는 늘어나고 공급은 줄어들어 공급부족 상태가 조성될 것이다. 임대주택 소유자는 공급부족($q_2 > q_1$) 상태임에도 불구하고 임대료를 상한선(p_1) 이상으로 인상할 수는 없다. 하지만 임차인을 얼마든지 구할 수 있기 때문에 임대주택의 관리에 소홀해질 가능성이 높다. 이처럼 임대료 상한제는 저소득 무주택자들의 집세 부담을 덜어주는 대신 이들이 질 낮은 불량주택에 살 수밖에 없도록 만드는 결과를 초래할 수 있다. 더욱이 임대료가 하락한 만큼 공급곡선을 따라 임대주택의 공급물량이 줄어들기 때문에 임대주택에 입주하고 싶어도 입주하지

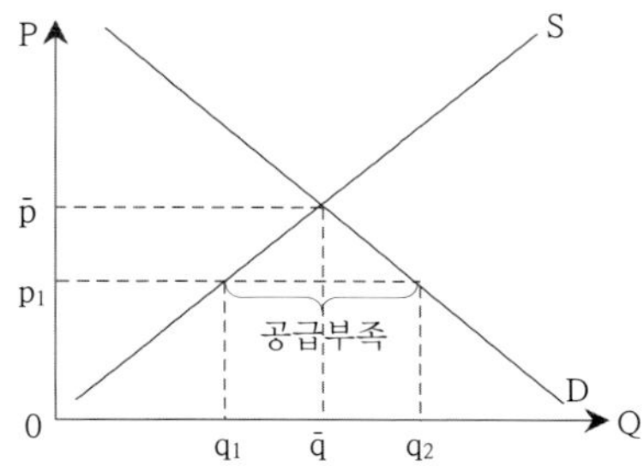

[그림 7-3] 임대주택시장의 임대료 상한제 효과

못하는 사람이 생기게 된다. 이들은 자가주택을 마련할만한 경제력이 없음에도 불구하고 무리하게 은행 빚을 내서 자가주택을 구입할 수밖에 없는 처지로 내몰릴 수 있고, 결혼한 자식이 분가할 엄두를 내지 못할 수도 있다.

이처럼 가격에 대한 직접적인 통제가 초래하는 부작용 때문에 시장론자들은 정부가 가격을 직접 통제해서는 안 된다고 주장한다. 시장경제에서 사회적 약자, 실업자, 저소득층, 무주택자 등이 발생한다면 이는 시장경제 자체의 잘못은 아니므로 이들을 도와야 한다는 사회적 합의가 있다면 다른 방법을 사용하는 게 부작용이 적다는 것이다. 말하자면 저소득층과 빈곤층에 대해서는 최저임금제의 시행 대신에 생계 보조금을 지불하고, 무주택자에게는 임대료 상한제의 시행보다는 월세 보조금을 주는 것이 더 낫다는 것이다. 시장경제를 유지하는 한 이 논지는 부정하기 어렵다. 하지만 시장 원리주의자들은 대개 이러한 경제적 약자들을 위한 보조금 공여 등 사회안전망 강화에 찬성하지 않는다. 시장경제에서 약자와 패자가 되는 것은 기본적으로 개인의 탓으로 간주하기 때문이다.

여타의 원인

첫째, 가장 빈번하게 지적되는 것은 관료제의 폐해다. 정부란 한 국가를 통치하는 공공기관들의 총칭에 지나지 않으며 정부에게 부여된 공적 과업을 실행하는 것은 관료(공무원)다. 관료는 자신의 권한 강화를 위해 규제와 인허가를 선호하는 경향이 있고, 국민의 공복公僕이자 공익의 수호자여야 할 공무원이 권한을 남용하여 사익을 추구하는 행태는 동서고금의 공통 현상이기도 하다. 특히 정치인이나 관료가 기업인과 한통속이 되어 공익을 희생시키고 사익을 추구하는 행태를 정경유착政經癒着이라 한다. 무능한 관료는 정책의 비일관성, 아마추어리즘, 무지와 판단 미숙으로 경제를 어려움에 빠뜨릴 수도 있다.

관료의 집단 이기주의도 문제시된다. 잘못된 정책인줄 알면서도 관료 집단의 체면상 또는 선임자의 책임을 모면시켜 줄 요량으로 후임자가 기존 정책을 그대로 추진하는 경우가 그러하다. 일반적으로 공무원은 비용 절감과 효율성 제고를 위해 적극적으로 노력하기보다는 자리보전에만 연연하는 복지부동伏地不動의 행태를 보이기 십상이다.

공기업을 운영하는 관료는 그 주인이 국민이란 엄연한 사실을 무시한 채 명확한 주인이 없다는 핑계로 방만한 운영에 빠지기 쉽다. 공기업의 경우 값싼 공공서비스의 제공이라는 명분하에 손실이 나면 세금으로 보전하면 된다는 식의 안일한 사고도 문제지만 공기업의 경영진을 낙하산 인사의 대상으로 삼는 정치권의 행태도 문제가 아닐 수 없다.

둘째, 정부 과잉의 문제다. 민주정부는 표를 의식하여 필요 이상의 과도한 공공사업을 벌이거나 과잉복지를 제공할 수 있다. 이른바 토건정부(토목·건축 산업의 부양에 몰두하는 정부)는 경기부양은커녕 환경 훼손만 초래하면서 정부 빚을 잔뜩 늘려놓는 결과만 초래할 수도 있다. 포퓰리즘[27]적 복지정책은 오히려 국민들의 근로의욕을 저하시키고, 이른바 복지병[28]을

---

27. 포퓰리즘(populism)은 대중추수주의 또는 대중영합주의로 번역되는데, 민주정부가 국민의 표를 의식하여 객관적인 근거가 박약한 대중의 요구나 인기에 영합하는 경향을 말한다. 서양에서는 우익 포퓰리즘이 극성이라면 한국에서는 우파에 의해 좌파 포퓰리즘이라는 비판이 제기되고 있다.

28. 복지병이란 공공부조 등 정부가 제공하는 복지 혜택에만 기대어 국민이 생산적인 활동을 기피하는 증상을 말한다. 복지병은 유럽의 복지국가들에서 심각한 문제로 대두된 바 있고, 신자유주의의 득세 이후 보수정권들은 실제로 복지를 축소하는 방향으로 정책을

키울 지도 모른다. 더욱이 정부가 차입금으로 복지 서비스를 제공하게 되는 상황까지 이르게 되면 재정적자와 국가부채의 문제가 발생할 수도 있다. 이는 오늘날 서구의 일부 복지국가들이 실제로 처해 있는 상황이기도 하다. 유로존 나라들처럼 정부의 재정위기는 국가경제의 위기로 이어질 수 있고, 글로벌 경제를 위협하는 요인이 되기도 한다. 이미 말한 바처럼 대기업이나 은행의 도산이 경제에 미칠 악영향을 우려하여 막대한 공적자금을 투입하는 대마불사 정책을 남용하거나 시장 개방으로 어려워진 농민이나 상인에게 조건 없는 지원을 제공하는 조치 등은 자칫 민간주체들의 도덕적 해이moral hazard[29]만 부추기는 결과를 초래할 수도 있다.

셋째, 정부 실패의 이론적 근거 중의 하나는 공공주체라고 해서 모든 정보를 다 가지고 있는 것은 아니며 불확실한 미래에 대해 더 정확한 예견을 하는 것도 아니라는 점이다. 때로는 정부가 잘못된 정보를 바탕으로 부적합한 정책을 펼칠 수도 있다.

이처럼 정부도 많은 곳에서 실패를 저지를 수 있다. 정부 실패를 근거로 시장주의자들은 규제 완화 또는 철폐를 핵심으로 하는 자유화 조치를 찬양하고, 공기업의 주인 찾아주기란 명목 하에 민영화를 주장하기도 한다.

이제 장을 바꾸어 이 책을 마무리할 때가 왔다.

시행해왔다. 글로벌 금융위기의 빈발로 신자유주의에 대한 비판이 거세지고 있는 가운데 복지의 성격과 내용 및 그 적정한 수준을 둘러싼 논쟁이 일고 있다.

29. 도덕적 해이는 원래 보험업계에서 나온 말로서 보험가입자들이 사고 예방을 위해 충분한 주의를 기울여야 함에도 불구하고 보험을 믿고 그렇게 행동하지 않는 경향을 지칭하는 용어였다. 오늘날에는 어느 분야 또는 누구에 대해서건 본연의 의무 이행을 태만히 하는 행태를 가리키는 것으로 그 의미가 확대 사용되고 있다. 이런 의미에서라면 기강 해이가 더 적절한 용어인지도 모른다. 경제학에서 이 용어는 사업 실패시 정부 지원이나 구조를 기대하면서 방만한 경영이나 무분별한 확장을 시행하는 행태를 말한다.

극단주의를 넘어서

끝말

극단주의를 넘어서 시장경제에 대한 균형 잡힌 시각을 회복하는 것이다. 이를 위해서는 시장과 국가라는 두 개의 제도 간의 보완성을 인정하고, 이 보완성을 극대화하는 방안을 찾아내야 한다. 오랫동안 해결하지 못한 인류사회의 숙제이지만 이에 대한 현명한 해법을 찾지 못한다면 각국 경제는 물론 세계경제가 장기화되고 있는 현재의 경기침체로부터 벗어나 새로운 안정된 성장궤도로 진입하는 데 필요한 중요한 조건 하나를 갖추기는 어려울 것이다.

끝말

/

극단주의를 넘어서

지금까지 살펴본 바와 같이 자본주의 시장경제가 장점과 단점을 동시에 가지고 있는 것과 꼭 마찬가지로 정부의 경제적 개입 역시 그러하다. 더욱이 시장과 정부가 마치 양자택일의 관계에 있는 것처럼 생각하는 것은 이론적으로 오류일 뿐만 아니라 역사적으로도 사실이 아니다. 실제로 오늘날 현존하는 모든 나라는 예외 없이 혼합경제를 운용하고 있다. 단지 나라마다 시대마다 시장과 정부의 혼합 비율이 다를 뿐이다.

결국 문제는 양자 간의 비율을 어느 정도로 하는 게 좋은지, 다시 말해서 시장과 정부 간의 역할 분담을 어떻게 할 것인지에 있다. 사실 이 문제에는 명쾌한 정답이 없고 합의된 해답도 없다. 인간의 경제에서 시장과 정부는 기본요소다. 시장 없는 경제는 효율적이지 못하며, 정부 없는 경제는 질서 있게 작동할 수 없다. 사람들은 대개 각자의 이념이나 이해관계에 따라 자유시장경제를 신봉하거나 정부 개입을 지지한다. 사람들은 경제체제라는 거창한 주제를 놓고 사활을 건 사상투쟁을 벌이기도 하고, 경제의 개별 사안이나 소소한 정책을 두고 갑론을박하기도 한다.

이렇게 볼 때 진정 문제가 되는 것은 어느 한 쪽의 극단으로 치우친 주장이나 이념이다. 한쪽 극단에 정부에 의한 통제경제가 있다면, 다른 한쪽 극단에 시장 근본주의(지상주의 또는 만능주의)가 있다. 전자의 전형이 사회주의나 국가 자본주의라면, 후자의 전형은 앵글로-색슨식 자본주의나 신자유주의라 할 수 있다. 국가 자본주의의 대표적인 형태의 하나였던 파시즘은 제2차 세계대전을 일으켜 파국을 맞았고, 현실 사회주의는 한때 자본주의의 대안으로 떠올랐던 적이 있지만 결국 체제 붕괴라는 비극으로 끝났다.*

현존했던 사회주의 경제체제의 붕괴 이후 득세한 것이 바로 그 정반대쪽의 극단이라 할 수 있는 '신자유주의적 자본주의 시장경제'다. 신자유주의는 1990년 경 소비에트 사회주의 국제체제의 붕괴를 계기로 현대사회를 지배하는 이데올로기이자 글로벌 스탠더드로 떠올랐다. 하지만 신자유주의적 경제 질서 하에서 경제적 불안정이 심화됨과 동시에 소득 불평등과 부의 양극화가 급속하게 진행되어왔고, 그 결과 사회적 및 정치적 불안정도 심화되어 왔다.

1980년대 초 금융 빅뱅 이후 금융 혁신을 동반한 금융 자유화 및 세계화가 빠르게 진행되어 금융 자본주의가 형성됨으로써 글로벌 금융 및 경제 시스템은 항상적인 불안정에 노출되어 있다. 1997년의 아시아 외환위기와 2007년 미국의 서브프라임 금융위기는 그 대표적인 사례에 지나지 않으며, 크고 작은 금융위기와 경제위기가 반복되면서 그 여파도 일국적 차원에서 글로벌 차원으로 확대되어 왔다. 이처럼 글로벌 차원의 시스템 위기가 더 이상 강 건너 불이 아니게 되자 신자유주의 진영 내부에서조차 철저한 반성과 대책 마련을 요구하는 목소리가 커지고 있다.

---

* 에릭 홉스봄은 1914년 제1차 세계대전에서 1991년 소비에트 붕괴에 이르는 기간을 『극단의 시대』라 명명했다.

신자유주의의 근간을 이루는 시장 근본주의는 말 그대로 시장이 모든 경제 문제를 해결할 수 있으므로 모든 것을 시장에 맡겨야 한다는 신앙을 가지고 있다. 예컨대 시장 실패의 원인의 하나인 외부효과는 소유권의 규정이 없거나 미비해서 그렇다고 보고 주인이 없는 모든 것에 주인을 정해주면 해결될 수 있다**고 주장한다. 이러한 소유권 확립 즉 사유화 주장은 상품화 즉 시장화 주장과 상통한다. 시장 만능주의는 시장 외부에 있는, 특히 정부의 개입에 대해 단호하게 반대하며, 최소정부를 주창한다. 이렇게 해서 민영화, 자유화(규제 철폐), 시장 개방이 신자유주의의 3대 금과옥조金科玉條가 되었다.

이보다 더 심각한 것은 시장 만능주의자들이 순수한 경제 문제만이 아니라 비경제적인 문제들에까지 시장원리를 적용해야 한다고 주장하는 데 있다. 이정우 교수는 "경제는 물론이고 교육, 의료에 이르기까지 뭐든지 시장원리를 적용하기만 하면 해결된다는 편협한 시장 만능주의의 폐해가 심각하다"(«이코노미 인사이트», 창간호)고 인식하고, 참여연대 시민경제교실 강의에서 한국의 경우 지난 IMF 외환위기를 계기로 신자유주의가 급속도로 도입되었지만 관치경제의 잔존 하에 시장화가 진전됨으로써 양자가 혼재되어 정신분열증적 경제 현상을 드러내고 있다고 진단했다.

한때 시장 원리주의자로 자처했던 곽인찬 파이낸셜 타임스 논설실장은 미국 발 세계금융위기 이후 시장 만능주의를 효율적 시장 가설에 기반을 둔 "시장의 무오류성에 대한 종교적 믿음"으로 단정하기에 이르렀다. 1971년 신자유주의를 전 세계로 전파하기 위해 글로벌 기업인들을

** 이를 코즈(Coase)의 정리라 한다. 이에 대한 자세한 사항은 각종 경제학원론을 살펴보거나 이용범(2010: 229-237)을 읽어보라.

끌어들여 다보스포럼(세계경제포럼의 별칭)을 창설했던 슈바브 회장은 2012년 연례총회 기간에 "나는 자유시장제도의 신봉자이지만 시장은 사회를 위해 기능해야 한다. 자본주의 체제는 너무 과잉이 많고, 포용성은 부족하다. 현 상황은 자본주의라는 말로는 설명이 안 된다"고 언론에 고백했다. 자본주의를 지탱해온 자본가들이 자본주의를 부정하기 시작했다고나 할까.

그럼에도 시장경제가 우리 인간들이 영위하는 경제의 근간이 될 수밖에 없다는 사실은 부정될 수 없다. 유시민(2002: 45)은 "고도 분업사회에 어울리는 경제적 기본질서는 '분권적 계획경제'인 시장경제밖에 없다. 시장경제가 숱한 결함을 안고 있는 질서임에는 분명하지만 지금 그보다 더 나은 체제를 찾을 수 없다는 의미에서 그것은 선택할 수 있는 유일한 경제적 기본질서다"라고 말한다.

하지만 적어도 비생산적이면서 시스템의 불안정만 조장하는 투기 거래는 일정 정도 통제되어야 하고, 시장경제의 약자와 패자를 돌보기 위한 사회안전망은 제대로 갖추어져야 한다. 아파트 분양 시장에서 전형적으로 실감할 수 있듯이 투기로 인해 급등한 아파트 가격으로 실수요가 위축되는 일이나 부동산 경기의 위축으로 시작된 미국의 서브프라임 대출 부실화가 금융위기를 넘어 글로벌 실물경제마저 침체에 빠뜨리는 것과 같은 일이 더 이상 반복되어서는 안 된다. 시장경제는 불가결하지만 '고삐 풀린 시장'이 되어서는 안 되는 것이다. 외환이나 주식 등 금융자산은 물론 지하자원, 식량 등에 대한 투기 거래도 적절히 통제되어야 한다. 금융은 실물경제를 위한 서비스 산업으로서의 원래 역할을 회복해야 한다.

이러한 요구들은 더 이상 이데올로기의 문제가 아니다. 시장경제의 창달을 위해서라도 불가결한 전제조건이기 때문이다. 한국의 대표적인 시장주의자인 전성철 IGM 회장은 "시장은 잔인한 곳 아닌 자애로운 곳"

(«한국경제», 2011.5.31.)이라는 제목의 칼럼에서 "사회안전망이 있어 일자리를 새로 구할 때까지 기본 생활이 보장될 수 있다고 한다면 시장이야말로 엄청나게 은혜로운 것"이며, "시장주의자들이 종종 비난을 받는 가장 큰 이유는 바로 ... 안전망 구축에 소홀하기 때문이다. 시장을 정말 제대로 지키기 원한다면 사회안전망 구축은 필수다"라고 단언했다.***

끝으로, '시장 대 국가'라는 식의 양자택일식 사고는 지양되어야 한다. 시장경제로부터 기대되는 효과가 제대로 발휘될 수 있도록 하기 위해서든 혹은 시장의 실패로 인한 폐해를 사전에 예방하고 시장의 붕괴를 막기 위해서든 국가 개입은 불가결하다. 남은 문제는 어떤 방식으로 어느 정도 개입할 것인가라는 것이다. 이것은 시장과 국가(또는 정부) 간의 관계를 재정립하는 문제이고, 여전히 해결되지 않은 인류의 숙제다.

중요한 것은 극단주의를 넘어서 시장경제에 대한 균형 잡힌 시각을 회복하는 것이다. 이를 위해서는 시장과 국가라는 두 개의 제도 간의 보완성을 인정하고, 이 보완성을 극대화하는 방안을 찾아내야 한다. 오랫동안 해결하지 못한 인류사회의 숙제이지만 이에 대한 현명한 해법을 찾지 못한다면 각국 경제는 물론 세계경제가 장기화되고 있는 현재의 경기침체로부터 벗어나 새로운 안정된 성장궤도로 진입하는 데 필요한 중요한 조건 하나를 갖추기는 어려울 것이다.

물론 이 조건의 충족으로 충분한 것은 아니다. 각 국민경제들과 글로벌 경제 간의 상호 조화를 보장하면서 오늘날 인류가 달성한 미증유의 경제력에 걸맞는 거시경제 성장 메커니즘을 찾아내야 할 것이다.

*** 구구절절 옳은 말이다. 하지만 그는 사회안전망이 어디까지를 포괄해야 한다고 생각하는지가 궁금하다.

장별 더 생각해볼 거리

1-1 경제 영역과 정치 영역의 관계에 대해 나름의 생각을 정리해보자. 예컨대 경제적 변동이 정치적 변동이나 사회적 변동과 무관하지 않다면, 예컨대 시장경제의 발전과 민주주의의 발전은 어떤 관계가 있을까?

1-2 만약 시장의 확대가 인구 증가나 가계 수의 증가와 무관하지 않다면, 인구 감소의 시대에는 공급 초과를 해소할 수요를 어떻게 확보할 수 있을까?

1-3 여러분은 고교 졸업 시 취업을 하지 않고 대학진학을 선택했다. 이 선택에 따르는 기회비용은 얼마일까를 생각해보자.

2-1 인류사의 3대 기술혁명은 무엇이며, 각각의 특징에 대해 좀 더 숙고해보자.

2-2 역사의 시대구분의 기준에 대해 생각해보자. 이 책에서 제시한 것에 동의할 수 있는지 혹은 더 좋은 기준이 있는지? 그리고 서양의

경제사와 동양의 경제사는 어떤 점에서 차이가 있는지 생각해보자.

2-3 오늘의 자본주의 시장경제체제의 미래는 무엇인지 생각해보자. 현재 드러난 모순에 어떤 것들이 있는지를 생각해보고 각각의 대안은 무엇이 가능한지를 생각해보자.

2-4 남북경협의 활성화 나아가 남북한의 경제통합이 오늘의 한국경제를 구할 수 있는 묘책이 될 수 있을지, 나아가 그렇게 될 수 있는 조건은 무엇인지를 생각해보자.

3-1 시장경제가 상품경제이자 화폐경제일 수밖에 없는 이유를 요약 정리해보자.

3-2 물물교환은 화폐라는 아이디어의 도입으로 화폐적 교환으로 바뀌었다. 여기서 화폐라는 아이디어가 무얼 의미하는지를 생각해보자.

3-3 직업 또는 일자리는 개인으로서는 생활수단을 확보할 수 있는 소득의 원천임과 동시에 사회적 분업 체계 속에서 한 자리를 차지함으로써 사회적 존재로서 인정받는 것이기도 하다. 자신의 현재 직업에 대해 또는 미래의 직업을 설정한 후 그것이 사회적 분업 체계 속에서 갖는 성격과 역할에 대해 생각해보자.

4-1 가치와 가격의 관계를 요약하고 자신의 생각을 정리해보자.

4-2 자신이 어떤 사설 박물관의 관장이라고 가정하자. 현재 입장료가 성인 기준 2,000원인데 입장료 수입 극대화를 위해 입장료 인상을

고려하고 있다. 인상 여부와 인상폭을 결정함에 있어 무엇을 고려하고 어떤 절차를 거칠 것인지를 생각해보자.

4-3 어떤 상품에 대한 수요의 가격 탄력성의 값이 구체적으로 얼마인지를 어떻게 알 수 있는가?

4-4 올 여름엔 태풍도 장마도 없어 단감농사가 대풍년일 것으로 기대된다. 이것이 금년 단감시장에 어떤 변화를 초래할 것으로 예상되는지 그래프를 활용하여 설명해보자.

4-5 수요 및 공급 곡선에 관한 논의에서 곡선상의 이동과 곡선의 이동이 어떻게 다른지 생각해보자.

5-1 경제의 순환 모형 세 가지를 그림으로 그리고, 각각에 대해 주요사항을 요약해보자.

5-2 경제순환 모형들에 대해 자신의 생각을 정리해보자.

5-3 선별복지냐 보편복지냐, 어느 것이 바람직한지 자신의 논거를 제시해보자.

5-4 생태적 경제순환 모형과 지속 가능한 발전의 관계에 대해 생각해보자.

6-1 GDP의 대안지표로 어떤 것들이 있는지 알아보고 각각의 장단점을 생각해보자.

6-2 경제위기는 어떤 상태를 말하는 것인지를 다시 정리해보자. 그 방지책과 수습책도 알아보자.

6-3 소득 주도 성장과 최저임금제에 대해 자신의 생각을 정리해보자.

6-4 기본소득에 대한 관심이 점증하고 있다. 쟁점은 무엇인지, 실현

가능한 방법과 조건은 무엇인지를 조사해보자.

6-5 자본주의의 과연 살아남을 수 있을까? 각자의 생각을 정리해보자.

7-1 현재 시행중인 아파트 분양가 상한제는 아파트 과열투기 방지와 부동산 시장 안정은 물론 서민들의 내 집 마련에 도움을 준다는 목적으로 채택되었다. 최근 정치권에서는 이 제도의 폐지를 검토 중이다. 이에 대해 여러분은 어떻게 생각하는가?

7-2 경상남도 도립진주의료원이 무수한 반대에도 불구하고 도지사의 밀어붙이기에 의해 결국 폐쇄되었다. 새 도지사는 다시 도립의료원을 설립하겠다고 한다. 공공의료 이슈를 둘러싼 그동안의 논란을 알아보고 경제적 쟁점들을 중심으로 정리해보자.

7-3 신자유주의와 고전적 자유주의는 어떻게 다른가를 알아보자.

7-4 완전경쟁시장이 성립하기 위해 필요한 조건을 망라해보자.

7-5 '구성의 오류'는 개별 차원에서 타당한 명제를 전체에 대해서도 타당한 것으로 추론하는 잘못을 말한다. 경제학에서는 '저축의 역설'을 대표적인 사례로 제시한다. 이 책에서 구성의 오류로 언급된 것으로 어떤 것들이 있는지 찾아보고, 일상생활에서 구성의 오류에 해당되는 것으로 어떤 것들이 있는지 최대한 찾아보자.

참고문헌

김승욱·김재익·조용래·유원근, 『시장인가? 정부인가?』, 부키, 2004.

김위찬·르네 마보안, 『레드오션 전략』, 교보문고, 2005.

김평수, 『문화산업의 기초이론』, 커뮤니케이션북스, 2014.

린드블롬, 찰스, 『시장체제』, 후마니타스, 2009.

마르크스, 칼 (강민철 역), 『철학의 빈곤』, 아침, 1989.

베버, 막스 (박문재 역), 『프로테스탄트 윤리와 자본주의』, 현대지성, 2018.

부아예, 로베르 (서익진 외 역), 『자본주의 정치경제학: 조절이론 매뉴얼 - 기초와 발전』, 한울, 2017.

샌델 마이클 (안기순 역), 『돈으로 살 수 없는 것들』, 와이즈베리, 2012.

서익진, 『디지털경제론 강의노트』, 2018, mimeo.

______, 『1970년대, 유신체제와 중화학공업화』, 리아미디어, 2011.

______, 『원조, 경제발전의 전제조건인가』, 리아미디어, 2010a.

______, 『1960년대, '개발국가'와 '차입·수출경제'』, 리아미디어, 2010b.

쑹훙빙 (홍순도 역), 『화폐전쟁』, 랜덤하우스, 1권 2008, 2권 2010, 3권 2011, 4권 2012.

슈마허, 에른스트 (김종욱 역), 『작은 것이 아름답다』, 범우사, 1986.

슈먼, 마이클, 『더 미러클 - 부를 찾아 떠난 아시아 국가들의 대서사시』, (사)한국방송통신대학교출판부, 2010.

스미스, 아담 (김수행 역), 『국부론』, 비봉출판사, 2007.

유시민, 『부자의 경제학 빈민의 경제학: 인물로 보는 경제사상사』, 푸른나무, 1992.

______, 『유시민의 경제학카페』, 돌베게, 2002.

유정호, 『관치 청산: 시장경제만이 살 길이다』, 책세상, 2004.

이용범, 『시장의 신화』, 생각의 나무, 2010.

이정우, «이코노미 인사이트», 창간호.

이준구 외, 『경제학원론』, 박영사.
이준구, "무상급식은 사회복지가 아니라 '가치재'", «오마이뉴스», 2010.3.13.
장하준, 『사다리 걷어차기』, 부키, 2004.
전성철, "시장은 잔인한 곳 아닌 자애로운 곳", «한국경제», 2011. 5. 31. 다산칼럼.
지주형, 『한국 신자유주의의 기원과 형성』, 책세상, 2011.
차현진, 『숫자 없는 경제학-인물·철학·열정이 만든 금융의 역사』, 인물과사상사, 2011.
최정규, "만일 내가 뿌린 씨를 내가 거둘 수 없다면", 한겨레신문, 2017년 6월 30일자.
탈러, 리처드 및 캐스 선스타인 (안진환 역), 『넛지: 똑똑한 선택을 이끄는 힘』, 리더스북, 2009.
탈레브, 나심 니콜라스 (차익종 역), 『블랙 스완』, 동녘사이언스, 2008.
토플러 앨빈(장을병 역), 『미래의 충격』, 범우사, 1997,
폴라니, 칼, 『거대한 변환-우리 시대의 정치경제적 기원』, 민음사, 1997.
카, 에드워드 (김택현 역), 『역사란 무엇인가』, 까치, 2007.
한국은행, "아르헨티나의 Dollarization 도입 논의와 전망" , «주간해외경제» 1999-5호.
헌팅턴, 새무얼, 『문명의 충돌』, 김영사, 2016.
홉스봄 에릭(이용우 역), 『극단의 시대』, 까치, 1997.
후쿠야마, 프랜시스 (함종빈 역), 『역사의 종언: 공산주의는 끝났다』, 헌정회, 1989.

ADDA Jaques, *La Mondialisation de l' économie: de l' origine à la crise*, Paris, La Découverte, 2012. (서익진 역, 『경제의 세계화: 기원에서 위기까지』, mimeo.)
European Fair Trade Association: 2006.
Samuelson Paul, *Economics*, tenth edition, 1976.

인터넷 사이트: 국립어학원 표준국어대사전, 네이버 지식백과사전, 두산백과사전, 매경경제용어사전, 위키백과사전, 21세기 정치학대사전.